↑2018 年 12 月 22 日至 23 日，朱永新（左二）出席纪念改革开放四十周年教育改革发展座谈会期间，参观相关展品

↑2021 年 8 月 8 日，在首期远山小学校长培训营中做分享

↑2021年9月6日，在东北师范大学出席第一届全球基础教育论坛
↑2021年9月6日，在2021·中国教师发展论坛闭幕式上讲话

↑ 2012 年 7 月，在新教育实验第 12 届年会上做主报告
↑ 2022 年 6 月 25 日，录制《家庭教育公开课》节目

↑ 2019 年 8 月 11 日，参加首届中国西部教育发展论坛
↑ 2019 年 7 月，在新教育实验第 19 届年会上致辞

朱永新教育作品

九四龄童南怀瑾

滥觞与辉煌

——中国古代教育思想的成就与贡献

朱永新·著

漓江出版社

·桂林·

图书在版编目（CIP）数据

滥觞与辉煌：中国古代教育思想的成就与贡献 / 朱永新著. -- 桂林：漓江出版社，2023.11
ISBN 978-7-5407-9485-9

Ⅰ.①滥… Ⅱ.①朱… Ⅲ.①教育史 - 研究 - 中国 - 古代 Ⅳ.① G529.2

中国国家版本馆 CIP 数据核字（2023）第 125839 号

滥觞与辉煌——中国古代教育思想的成就与贡献
朱永新 著

出 版 人 刘迪才
策划统筹 文龙玉
责任编辑 宗珊珊
书籍设计 石绍康
营销编辑 俞方远
责任监印 黄菲菲

出版发行 漓江出版社有限公司
社址 广西桂林市南环路 22 号
邮编 541002
发行电话 010-85891290 0773-2582200
邮购热线 0773-2582200
网址 www.lijiangbooks.com
微信公众号 lijiangpress

印制 天津嘉恒印务有限公司
开本 710 mm × 1000 mm 1/16
印张 21.5
字数 330 千字
版次 2024 年 1 月第 1 版
印次 2024 年 1 月第 1 次印刷
书号 ISBN 978-7-5407-9485-9
定价 79.80 元

总　序

　　朱永新教授的作品集出版在即，他要我写一篇序，大概是因为他看到我对教育也很关注，又不时地发表点看法的缘故吧，或者因为他和我都是马叙伦、周建人、叶圣陶、雷洁琼等民进前辈的后来人——我们是中国民主促进会的成员。不管他是怎么想的，我出于对他学术成就的敬佩，也出于对比我年轻些的学者的喜爱和对教育事业的兴趣，便答应了，尽管我不是这个领域的专家。不过这样也好，以一个时时关心业内情况的外行人眼光说说对这套作品集和作者的看法，或许能更冷静些，更客观些。

　　我曾经说过，中国的教育人人可得而道之。因为教育问题太复杂，中国的教育问题尤甚。且不说中国以一个发展中国家不强的实力在办着世界上最大的教育，单是中国处于转型期，城乡、东西部间严重的不平衡和几个时代思想观念的相互摩擦、激荡，就可以说是当今世界绝无仅有的了。随着教育普及率的提高，对教育发表评论的人当然也越来越多，多到几乎家家户户都会时常议论。这样就给有关教育的研究提出了许多也许在别的国家并不突出的问题。我认为其中有两个问题最为要紧：一个是教育的问题牵一发而动全身，既不能就教育论教育，更不能只论教育的某一部分而不顾及其他，要区别于人们日常的谈论；另一个是教育学如何走出狭小的教育理论圈子，让更多的人理解、评论、实践，也在更大范围内检验自己的理论是否能为群众所接受，以免专家和社会难以搭界。朱永新教授的这套作品集，恰好在这两个问题上都给了我很大的欣慰。

　　在这套作品集中，他从国际国内、政治经济、文化社会、古往今来的广阔视野来考察、思索中国的教育问题；他的论述几乎遍及受教育者所经历的整个教育过程；大到教育的理念、原则，小到课程的改革、课外的活动，他都认真思考，系统调查，认真实验，随时提升到理论层面；与教育学密切关联的心理学，在研究中国教育的同时展开的对国外教育的认识和分析，也是他涉及的范围。

朱永新教授并不是一位"纯"学者，虽然教育理论研究永远是他进行多头工作时在脑子里盘旋的核心。他集教师、官员和研究者三种角色于一身，随着自己孩子的出生和成长，他又多了一个家长的身份。这就使他不可能只观察研究教育体系中的某一段或某一方面，而必须做全方位、多角度、分层次的研究。他是中国民主促进会中央委员会副主席，作为同事，我见过他极度疲劳时的状况，心里曾经想过，这是天将降大任于是人的考验，还是他"命"当如此，不得不然？其实，这正是给他提供了他人很难得到的绝好的研究环境和条件：时时转换角色，就需要时时转换思维的角度和方法，宏观与微观自然而然地结合，积以时日，于是造就了他独特的研究方法和风格。

我们对任何事物的研究，如果只有理性的驱动，而没有基于对事物深刻认识所生发出来的极大热情，换言之，没有最博大的挚爱，是难以创造性地把事情做得出色的。朱永新教授对教育进行研究的特点之一就是全身心地投入。身，有那三种角色和一种身份，自然占据了他所有的时间和精力；心，是不可见的，但贯穿在他所有工作、表现在他所有论著中的鲜明爱心，则是最好的证明。

他说"教育是一首诗"。他常用诗一般的语言讴歌教育，表达他的教育思想：

　　教育是一首诗 / 诗的名字叫热爱 / 在每个孩子的瞳孔里 / 有一颗母亲的心

　　教育是一首诗 / 诗的名字叫未来 / 在传承文明的长河里 / 有一条破浪的船

如果是纯理性的，没有充沛的、不可抑制的感情，怎么能迸发出诗的情思？但他不是浪漫派。他本来已经够忙的了，却又率先自费开通了教育在线网站，开通了教育博客和微博，成了四面八方奋斗在教育改革前沿的众多网民的朋友。每天，当他拖着疲乏的脚步回到家后，还要逐篇浏览网站上的帖子和来信，并且要一一回应。有人说，这是自找苦吃。但他认为，这是"诗性伴理想同行"，是"享受与幸福"。他曾经工作生活在被颂为"人间天堂"的苏州，那里早已普及了十二年义务教育，现在正朝着普及大学教育的目标前进，但这位曾经主持全市文教工作的副市长，却心系西部，为如何缩小东西部教育的差距苦苦思索，不断地呼吁……他何以能够长期如此？我想，最大的动力就是那伟大的爱。

情与理的无缝衔接，正是和把从事教育工作及理论研究单纯当作职业的最大区别，而且是他不断获得佳绩、不断前进的要素。

教育是人类社会得以延续发展的根本保障。人之所以为人，区别于其他动物，从某种意义上讲，就是因为通过不同渠道，接受了不同程度和内容的教育。就一个国家而言，教育则是保障发展壮大的基础性工程。这些，都已经成为人们的共识。但是，教育又是极其复杂庞大的体系，需要大批教育理论专家、管理专家。身在其中者固然自得其乐，但是，在局外人看来，教育理论的研究是枯燥的、艰难的，有许多的教育学著作也确实强化了人们的这种感觉；管理工作给人的印象则是繁杂的、细碎的。这种感觉和印象往往是理论工作者、管理工作者和广大的教育参与者（包括家长、学生和旁观者）之间产生隔膜的原因之一。社会需要集理论研究和管理于一身，而且能把自己对教育的挚爱传达出去的学者，与人们一起共享徜徉在教育海洋里的愉快和幸福。但是，现在这样的学者太少了。是我们对像教育理论这样的人文社会科学的所谓"学问"产生了误解，以为只有用特定的行业语言，包括成堆成堆的术语和需要读者反复琢磨才能弄清楚的句子才是学术？还是善于用最明了的语言表达复杂事物的人还不多？抑或是教育理论的确深奥难测，必须用"超越"社会习惯的语言才能说得清楚？而我是坚信真理总是十分朴实、十分简单这样一个道理的。真正的大家应该有能力把深刻的思考、复杂的规律用浅显生动的语言表述出来，历史上不乏其例。

作为一名教育理论家，朱永新教授正在朝这一目标努力着，而且开始形成了自己的风格：论述、抒情、问答并举，逻辑严密的理性语言、老百姓习惯于说和听的大白话、思维跳跃富于激情的诗句兼而有之，依思之所至、情之所在、文之所需而施之。有的文章读时需正襟危坐，有的则令人不禁击节而赏，有的还需反复品味。可贵的是，这些并非他刻意为之，而是本性如此，自然流露。这本性，就是他对教育事业的爱，归根结底是对人民的爱。

在某一种风格已经弥漫于社会，许多人已经习惯甚至渗透到潜意识里的时候，有另外一种风格出现，开始总是要被视为"异类"（我姑且不用"异端"一词）。我不知道朱永新教授是不是也有过这样的经验。我倒是极为希望他能坚持下去，即使被认为"这不是论文"也不为所动，因为学术生命的强弱最后是要由人民来判断，而不是仅仅由小小的学术圈子认定的。我还希望他在这方面不断提高锤炼，让这股教育理论界的清风持续地吹下去。

教育，和一切与人民生活紧密相连的事物一样，都要敏感地紧跟时代的步伐，紧贴人民的需求，依时而变，因地制宜。如今朱永新教授的作品集改版并增补，主要收录了他从踏入教育学领域至2023年的论著。这从一个侧面反映了我国改革开放以来教育领域理论研究与实践的过程。"战斗正未有穷期"，在过去和未来的日子里，有层出不穷的教育问题需要解决，因而需要不停顿地观察、思考、研究。我们的教育学，就在这个过程中发展成长；有中国特色的教育学，也许就将在这一时期内形成。朱永新教授富于创造——"永新"自当永远常新，他一定会抓住这百年难逢的机遇，深化、拓展自己的研究，为中国教育事业、为中国的教育理论多奉献自己的才干和智慧，再写出更多更好的篇章。

我们期待着。

兹忝为序。

许嘉璐

写于 2010 年 12 月 14 日

修改于 2023 年 4 月 29 日

于日读一卷书屋

（作者为第九届、第十届全国人大常委会副委员长，著名语言文字学家）

聆听大师的声音（卷首诗）

沐浴着五千年的文明
我走近教育大师的身边
在汗牛充栋的典籍中间
我聆听他们智慧的声音

我聆听孔子
他的"有教无类"开创了私学的先河
他的"性近习远"张扬了学习的意蕴
他的"学而不厌，诲人不倦"指引着历代教师前行

我聆听《学记》
从"化民成俗，其必由学"到"建国君民，教学为先"
从"长善救失""教学相长"到"教之所由废""所由兴"
千余字的"微言"却道出了教育的"大义"

我聆听韩愈
他说：业精于勤而荒于嬉，行成于思而毁于随
他说：师者传道受业解惑，弟子不必不如师
一篇《师说》已成为历代无数教师的座右铭

我聆听朱熹
《白鹿洞书院学规》是古代学校管理的条例
《朱子读书法》至今不减当年的风韵

著名的"鹅湖之辩"仍然为知识分子们怀念

我聆听大师
体味那科举的创立与变迁
慨叹着书院的特色与贡献
我渴望：古老的教育思想能够不断发展、历久弥新

目 录／Contents

第九章　书院与中国古代教育

第十章　蒙学与中国古代教育

附录　朱永新：大写一个"人"

导论：我们为什么需要教育思想史

当人们研究和回顾人类教育历程的时候，总是十分关注人类教育历史中波澜壮阔的教育事件，以及一些影响人类教育发展进程的具有决定意义或开创性的教育制度以及教育法规、政策等，对教育史中的一些伟大教育家的教育思想，却不太重视。其实，在人类文明源远流长的历史发展轨迹中，无论是教育事件的发生还是教育制度的形成，都不同程度地受到教育家教育思想的影响。在一定程度上可以说，任何时代的教育家，都是用其所在时代的语言或案例阐述过去已经讨论过的话题，与过去的伟大教育家进行心灵的对话。因此，对历史上伟大教育家教育思想的深入细致的分析和研究，对于我们了解教育发展历程，把握教育发展规律，具有十分重要的意义和作用。可以说，在世界文明史上，这些伟大教育家的教育思想形成了丰富多彩、形式多样的教育思想内容，是进一步推动人类教育发展不可多得的宝贵财富。对这些教育思想做进一步的研究和分析，并在此基础上对他们的教育思想观念进行扬弃，对于我们做好当前的教育工作大有裨益。

一、教育思想史的性质及特征

（一）教育思想史的性质

教育思想史作为系统全面研究古今中外伟大教育家的教育观点、理论、思想的一门学科，越来越受到人们的普遍重视。但是，在具体的理论研究中，对于教育思想史的研究对象，不同学者有着不同的观点，对"教育思想"提出了许多不同的理解和解释，其中具代表性的有以下几种观点。

　　教育思想就是"对教育现象的理性认识。主要包括：教育主张、教育理论、教育学说等大致可分两个层次：一是较为零星的、不太系统的教育思想，如人们对教育总体或某方面的片断的初步的看法、想法、主张、要求与建议等；另一是较为系统和严密的教育思想，如人们在总结前人经验的基础上，经过深入探索、反复检验、整理改进而提出的教育理论、教育学说"[①]。

　　"不管教育思想的具体结果采取何种形式（观点、主张、学说或理论），在本质上，教育思想是人类种族及其个体对教育现象的一种理性把握。易言之，教育思想虽然是人类主体对教育这个大千世界的认识结果，但这种认识首先不是感性的、直觉的，其次不是模糊的、不确定的，也不是随意的、即兴而发的。在这个意义上，教育思想不同于对教育现象和教育问题的议论、感受、体验。作为人类理性的产物，教育思想是主体运用一定的概念、范畴对教育现象的把握，它是一种沉思活动的结果，并且是以某种形式确立下来的，或以某种方式表达出来的。"[②]

　　还有一些学者把教育思想定义为："人们对于各种教育现象及其客观规律的认识和概括，它既包括某些教育理论，也包括来自教育实践的经验和观点"。还指出它是"着眼于教育工作应如何进行所提出的各种各样问题所引起的关于教育方法方式的直接议论和答案。教育思想不同于对教育问题本身的议论而产生的教育理论。教育理论是把教育问题当作客观事实来探讨，回答的是'什么是教育'，而教育思想则是回答'怎样教育'的问题"[③]。

　　应该说，以上这些对教育思想的理解都是合理正确的，只是由于不同学者对教育思想所强调的角度、深度以及表达方式不同，所以导致了对教育思想的理解存在差异。

　　从字面上看，思想既有思考、想法、念头等意义，还指某一阶级、某一政党所持的一定的观点、概念、观念的体系等意义。毛泽东说："感性认识的材料积累多了，就会产生一个飞跃，变成了理性认识，这就是思想。"[④]

---

　　① 顾明远主编《教育大辞典》（增订合编本），上海教育出版社，1998，第776页。

　　② 张斌贤、褚洪启主编《西方教育思想史》，四川教育出版社，1994，第2-3页。

　　③ 张焕庭主编《教育辞典》，江苏教育出版社，1989，第763页。

　　④ 毛泽东：《人的正确思想是从哪里来的？》，载《毛泽东著作选读》下册，人民出版社，1986，第839页。

在他看来，思想就是人的理性认识。

综合思想的本义和其他学者对教育思想的理解，我们认为，教育思想就是在一定历史时代的社会条件下，在教育实践基础上形成的对教育现象与问题的认识和看法。因此，教育思想史就是关于教育思想产生、变革及发展规律的一门学科。很显然，同任何观念形态一样，教育思想也有一个历史发展的过程，而这一过程又具有一定的规律性，经过教育思想家和研究者对教育思想的不断反思、补充和研究分析，逐渐形成了内容丰富的教育思想体系，从而也就形成了教育思想史这门学科。

中外教育思想史既然是研究古今中外教育思想的产生、形成、发展和演进的历史过程，是建立在对过去教育思想家的教育思想研究和总结归纳基础之上的，那么，就决定了这门学科具有历史的性质和特点。

首先，教育思想的形成和发展要受到一定历史条件的影响和制约。每个时代的教育都与该时代整个社会有着密切的联系，要受到政治、经济、文化等条件的影响和制约。而教育思想又是人们在一定社会条件下对教育现象和问题的认识和看法，这就决定了教育思想与每个时代的社会历史条件有着密切的关系，教育思想的内容由社会历史条件所决定，社会历史条件及背景不同，教育思想的内容也会有所不同。

纵向来看，中国和其他一些国家都经历了不同的历史阶段，产生了不同的教育思想内容。从西方教育思想发展的历程来看，其历史发展大致经历了古希腊罗马时期、中世纪文艺复兴时期以及 17 世纪到当今的近现代社会发展等几个阶段，在这当中，曾经历了若干次教育思想的形成和发展，如雄辩家教育思想、经院主义教育思想、宗教改革教育思想、泛智教育思想、绅士教育思想、自由教育思想、"新教育"思想和进步主义教育思想、永恒主义教育思想等，其真正形成教育思想体系的不下数十种教育理论或流派，而这些理论或流派的形成均与当时社会历史条件密切相关，受到当时各方面条件的影响和制约。如其中的"新教育"思想、进步主义教育思想就是与 19 世纪末 20 世纪初欧美国家的社会和经济变革密切联系在一起的。19 世纪末 20 世纪初期，欧美国家存在着经济生活混乱、政治不稳定，以及严重的阶级对立等一系列社会问题，这就使欧美教育面临两个基本任务，一方面是为大工业提供受过一定教育，经过良好训练，具有某种主动性和创造能力的工人，这种人应该是"既能替资产阶级创造利润，又不会惊扰资产阶级的安宁和悠闲"①的人；另一方面，就是要培养忠于本阶级的利益，具有多方面的知识并具有首创精神的精干的领导者和统治人才。为适应当时社会的需求，便在这一时期形成了批判传统教育理论和方法，提倡新的教育形式、内容和方法的"新教育"思想和进步主义教育思想，成为当时欧美国家中一场广泛的社会改良运动的组成部分。从中国教育思想发展的角度看，中国经历了古代、近代和现代三个阶段，在这三个历史发展阶段中，也曾出现过许多教育理论思想和流派以及教育思潮，如儒家教育、道家教育、墨家教育、理学教育、洋务教育、维新教育、平民教育、生活教育等思想和思潮。同样，这些教育理论和思想的形成也受制于中国不同历史时期、不同的社会发展水平和背景。例如，在中国古代春秋末战国初期，孔、墨教育思想反映了奴隶制向封建制过渡初期的社会需要，反映了当时冲击"学在官府"、发展私学教育的进步趋势。

横向来看，在某一历史时期，教育思想也会呈现出多元性的特点。一般会形成一种占主导地位的主体教育思想，同时还会存在多种非主导地位的教育思想，而占据主导地位的教育思想大多是与社会历史发展水平相适应的，符合当时政治经济发展的教育思想。否则，就不能为社会所接受和承认，不能起支配作用。以西方文艺复兴时期为例，文艺复兴时期提倡以人为中心，反对中世纪神学以神为中心，歌颂人的伟大，提倡"自由意志"，重视人的世俗生活和世俗享受的意义，提倡世俗教育和科学知识。恩格斯曾给予评价说："这是一次人类从来没有经历过的最伟大的、进步的变革，是一个需要巨人而且产生了巨人——在思维能力、热情和性格方面，在多才多艺和学识渊博方面的巨人的时代。"②因此，顺应当时社会发展的需要，从批判经院主义教育思想出发，强调人的全面发展，主张拓宽学校课程内容和学科范围，提倡使用新的教育和教学方法的人文主义教育思想便形成和发展起来。人文主义教育思想在文艺复兴时期，起到了支配和主导作用，对当时教育思想的转变和教育质量的提高起到了十分重要的作用，而神学

---

① 吴式颖等编《外国教育史简编》，教育科学出版社，1995，第365页。

② 恩格斯：《自然辩证法·导言》，载《马克思恩格斯选集》第4卷，人民出版社，1995，第261–262页。

占统治地位的中世纪时期的经院主义教育思想则受到了攻击和冷落。另外，在文艺复兴时期，还兴起了早期空想社会主义教育思想、早期科学教育思想以及马丁·路德的宗教改革等教育思想，但在影响深度上远远不及人文主义教育思想。再如，在中国古代社会中，儒家教育思想一直在所有的教育思想中占据着主导地位，这是因为儒家教育思想十分适合封建社会政治、经济的需要，儒家的基本精神就是强调文化教育同政治、经济的密切联系。另外，儒家教育思想还提倡以"述而不作，信而好古"为宗旨，实际上又是"以述代作""寓作于述"，便于融会和凝聚中华民族的悠久文化传统和先圣前贤的智慧，植根于广阔而深厚的民族背景之中，又致力于传播民族文化于社会各个阶层和各个方面。而且，儒家教育思想能随着社会的不断发展而不断变化，不断进行自我调整。正是因为儒家教育思想适应当时中国社会和教育发展的需要，才能长期在众多的教育思想中居于主导地位，而当时的法家、道家、墨家等教育思想则因为不能与社会要求和历史发展保持一致，而没有受到统治阶级的重视和推广。

其次，教育思想的形成和发展的历史性还体现在教育思想的历史继承性上。恩格斯指出："每一个时代的哲学作为分工的一个特定的领域，都具有由它的先驱传给它而它便由此出发的特定的思想资料作为前提。"[1]他又说："历史思想家在每一科学领域中都有一定的材料，这些材料是从以前的各代人的思维中独立形成的，并且在这些世代相继的人们的头脑中经过了自己的独立的发展道路。"[2]在人类对教育现象和本质的认识研究发展过程中，也存在本质相同的现象，一个时代的教育思想是对这一时代的教育实践经验进行理论思考的结果，并获得一定规律性的认识，这些认识结果都作为历史思想资料遗留给后代，而后代的教育家在认识和研究其所处时代的教育现象和问题时，往往要综合前人的教育研究成果和教育思想资料，并结合其自身的社会特点和状况，加以继承和改造，从而在新旧教育思想之间建立一定的联系，使之具有一定的继承性。不同时代和社会的教育思想之间之所以会产生这种内在的联系，是因为虽然在不同的时代和不同的

---

① 恩格斯：《致康·施米特》，载《马克思恩格斯选集》第4卷，人民出版社，1995，第703页。

② 恩格斯：《致弗·梅林》，载《马克思恩格斯选集》第4卷，人民出版社，1995，第727页。

社会条件下，教育具有自身的特质及规律，但是，教育从产生之日起，它的一些本质特性，它区别于其他一切人类活动的根本性质以及基本关系，就已经确定下来，并被不断地强化、深化和形式化。[①]不论在任何时期，就教育的基本构成要素来讲，基本上都包括教育者、受教育者、教育目的、教育内容以及教育方法等方面，这就决定了教育在不断发展的过程中，自身具有一些稳定的本质规定，不同的社会阶段，基本上都是围绕这些教育本身的内在本质要素进行新的拓展。正因为如此，后代人可以汲取前人的思想成果，并把它转化为自己的思想工具和材料，人类就是在这样一个不断继承、更新和发展的基础上，向着真理的认识不断前进的。

（二）教育思想史的特征

上面我们对教育思想的性质做了分析，在对中外教育思想发展轨迹的分析和考察中，我们可以清楚地发现教育思想史具有以下几方面的特征。

1. 实践性

在中外教育思想的发展中，许多教育家都是在教育实践的基础上形成具有自己特色的教育思想的。他们不仅是著名的教育思想家和理论家，更是伟大的教育实践工作者，如中国古代的孔子，从30岁时便开始私人讲学，其一生的大部分时间和主要精力都是从事聚徒讲学和整理古代文献的活动，其弟子多达3000人，精通六艺的高才生有72人。孔子正是在其广泛的教育实践基础上，在教育上提出了许多独到的见解和观点，包括教育作用、教育对象、教育目的、教育内容、道德教育以及教学原则和方法等诸多方面的内容，对当时教育的发展作出了可贵的贡献，对中国和世界教育思想史都产生了十分深刻而重要的影响。再以外国教育史上的古罗马著名教育思想家昆体良为例，昆体良从58年就开始了其教师生涯，后来还在罗马历史上首次开办了由国库支付薪金的国立拉丁语雄辩术学校和希腊语雄辩术学校。昆体良主持拉丁语雄辩术学校，一直到他90年退休，达二十年之久。昆体良正是在其丰富的实践工作经验的基础上，精心撰写了《雄辩术原理》一书，总结了自己长期从事教育工作的经验，在教育目的、教育作

---

① 张斌贤、褚洪启主编《西方教育思想史》，四川教育出版社，1994，第6页。

用、雄辩家教育、教学理论以及教师等问题上提出了丰富的见解和观点，极大地推动了罗马教育的发展。古今中外的教育史上还有许多这样典型的事例。

教育实践是教育思想形成的源泉和基础，离开教育实践，教育思想也就成为无源之水和无本之木。教育思想以教育实践为基础。但反过来，教育思想又会在不同程度上影响教育实践，并指导教育实践，当然，这种指导作用有积极的方面，但有时也有消极的方面。

2. 民族性

每个民族都有自己生息活动的特定空间，都有自己的历史文化背景和氛围，以及本民族的社会经济和政治制度，从而也会形成具有自己民族特色的教育传统和特点。教育思想家所形成的教育思想也会受到以上因素的影响，从而具有鲜明的民族性。如中国古代儒家教育思想倡导的尊师重教、有教无类、注重德育、因材施教、教学相长、启发诱导以及学思结合等观点见解，成为中华民族教育思想中的优良传统，与世界其他国家民族相比，具有一定的民族特点。我们再以西欧中世纪的经院教育思想为例，由于中世纪教会控制了整个社会，并深深地渗透到教育当中，在这种社会背景之下，产生了具有浓厚宗教神学色彩的经院主义教育思想：在教育目的上，主张教育为教会和神学服务，培养虔诚的基督教徒和教会的教士；在教育内容方面，以《圣经》等神学教材为主，即使在道德教育上，也是从神学的立场出发来论述的。可以说，以神学为中心的经院主义教育思想对中世纪的影响具有全面性和决定性的特点，形成了西方民族教育思想的一个显著特点。在后来数百年的教育发展历程中，神学教育也不同程度地渗透在教育活动和教育思想中，成为中西教育实践和教育思想的一个明显的区别。

3. 阶级性

思想作为意识形态领域的一种形式，决定了它必然与阶级性相联系。从政治、经济与教育三者的关系方面看，教育要受到政治、经济制度的制约，而由此形成的教育思想在很大程度上也要受到统治阶级思想和经济基础的制约，教育只有适应政治、经济的发展，才能获得发展，在特定的社会当中，教育思想家的教育思想只有迎合统治阶级的利益，才能被承认和接受。这就决定了许多教育思想家的教育思想要符合统治阶级的利益。当然，也有一些教育思想不是维护统治阶级利益的，但往往会受到排挤和打击，不能成为主流的教育思想。总之，阶级性是教育思想的一个重要特征。如中国两汉时期的著名教育家董仲舒提出了著名的性三品说理论，并在《对贤良策》中提出了独尊儒术、兴太学和重选举的三大文教政策，此外，他还在教学、道德修养等方面提出了许多自己的见解。不可否认，他的思想和政治主张对两汉时期的教育发展的确起到了十分重要的作用。但同时也应看到，董仲舒的这些教育思想都是基于维护封建统治阶级统治的目的，他把孔子所创立的原始儒学神学化，成为封建统治者在精神上奴役人民的工具，以维护封建统治秩序。又如我国现代著名教育家徐特立，他在教育作用、教育方针、教学、教师等方面提出了精辟的论述，作为一名无产阶级革命家和教育家，其教育思想都是根据马克思列宁主义和毛泽东思想，从人民的利益出发，为促进新中国社会和教育的发展而提出的。

4. 规律性

辩证唯物主义认为，任何事物的产生和发展都具有一定的规律性，教育思想的产生和发展也不例外，它也具有自身的规律性。首先从教育思想的内容上看，一般都包括教育的作用和地位、教育的方针和目的、教育内容、教育教学方法、学生与教师以及教育管理等方面，古今中外的教育家基本上都是从这几方面出发进行研究和探索，从而形成自己的教育思想体系。

从教育思想的发展过程来看，一般都具有从片面到全面、从肤浅到深刻、从简单到复杂的认识发展规律。从这些教育规律出发，才能系统地、全面地、客观地研究某个教育家的教育思想。

二、教师为什么要学习教育思想史

西方曾有一位学者说过：历史能使一个年轻人变成既没有皱纹又没有白发的老年人，使他具有老年人所特有的经验，但没有年老所带来的疾病和不便之处，又能对将来的事情作出合理的推测。这句话说明了学习和了解历史对人的发展的重要意义。而作为从事教书育人活动的教师来讲，必须懂得教育，了解教育，特别是吸收别人的教育教学经验，而学习教育思想史则是达到这一目的的很好途径。古人云"学史明智"，广大教师只有通过教育思想史的学习，才能在了解教育历史发展的基础上，正确把握教育发展的现在和未来，才能消化吸收历史上伟大教育思想家的教育思想，取其精华，为我所用，才能减少自己盲目探索的错误，有效促进自己教育教学水平和能力的提高。具体来说，广大教师学习教育思想史的意义表现在以下几个方面。

（一）学习教育思想史，有利于拓宽教师的知识面

任何一个教师，他对学生所产生的影响绝不限于某一专业领域。这就要求教师必须具有更为广阔的知识面，而教育思想史这门学科，不仅可以使广大教师了解古今中外许多伟大教育家的教育思想，而且其中还包括了不同时期不同国家的教育状况的描述，甚至还反映出不同历史阶段各国的政治、经济、文化诸方面的发展状况和特点。我们可以从教育思想家的思想中学习到许多关于哲学、政治、宗教等方面的知识以及一些学习和治学的方法。如我国宋代理学家朱熹，不仅论述了一般教育的问题，还专门就读书方法提出了自己的见解，这就是著名的"朱子读书法"。他提出读书要掌握循序渐进、熟读精思、虚心涵泳、切己体察、著紧用力、居敬持志六法。就广大教师来说，在研究和学习朱熹的教育思想时，领会朱熹关于读书方法的见解不无裨益。再如，在介绍中世纪奥古斯丁和阿奎那等人的教育思想时，我们可以了解中世纪神学统治整个社会的状况，还可以了解从教父哲学到经院哲学的演变过程以及唯名论与唯实论之争等一些哲学和宗教问题。总之，广大教师通过教育思想史的系统学习，可以开拓知识范围，丰富知识底蕴。

（二）学习教育思想史，有利于提高教师的理论水平

广大教师在教育和教学过程中，都积累了一定的经验，但是这种个人的经验毕竟是有限的。要把个人的感性经验上升到理性高度，需要借鉴别人的经验，同时还要系统学习一定的理论知识。教育思想史这门学科正好适应了广大教师的这一需求，它以许多伟大教育家的亲身实践经验为基础，

系统全面总结了那些伟大教育家的实践工作经验，这些经验经过理性化的思考，上升到理性的高度，对提高教师理论水平大有裨益。

（三）学习教育思想史，有利于提高教师的实践工作能力

在教育思想史这门学科中，介绍的许多教育思想家关于教育教学方法的论述，如中外教育家提出的因材施教、学思并重、启发诱导、循序渐进、由博返约以及理论联系实际的教育原则和方法，都是前人的实践总结。又如在道德教育中有立志乐道、身体力行、自省自讼以及改过迁善等诸多德育原则和方法，这些古今经验的归纳总结，如能为广大教师所理解和接受，适当地运用到教育教学实际中，一定可以提高教育教学的效果。所以，在前人总结的理论经验的指导下，广大教师可以少走许多弯路，正确利用前人的经验总结，可大大提高在实践中的教育教学工作能力。有些教师曾用"相见恨晚"四个字描述自己学习教育思想史后的心情，的确是肺腑之言。

（四）学习教育思想史，有利于教师把握教育教学规律

在前面，我们已经介绍过教育思想具有规律性这一特点，其实，这种规律性也就是许多教育家对教育基本内容及其本质的探讨和研究。当今的广大教师，只有掌握教育教学规律，才能顺利实施教育教学工作。通过教育思想史的学习，了解前人对教育教学规律的探索，我们可以在直接借鉴他们的研究成果的基础之上，结合当前的教育实际和自己的实际经验，进一步对现代教育教学规律加以研究，取得事半功倍的效果。

（五）学习教育思想史，有利于增强教师的责任感和使命感

在人类教育发展的历程中，曾出现了无数伟大的教育家，他们不仅在理论上提出了许多独到的见解，为人类教育的发展提供了可贵的思想瑰宝。同时，这些伟大的教育家更是令人敬佩的教师，他们在工作中兢兢业业、无私奉献，甚至把自己的一生都献给了教育事业。在治学上，教育家具有许多常人不可比拟的优点，为广大教师树立了学习的榜样。我国近代的著名教育家杨贤江，就是很典型的一例。他1917年师范毕业后就开始了教育生涯，他坚持自己的共产主义信仰，为无产阶级教育事业作出了重大的贡

献。1927 年大革命失败后，他逃难出走，但仍然从事教育事业，写成了《教育史 ABC》一书。后来，由于日本警察的监察与迫害，他又回到上海，继续从事写作和翻译教育方面的论著，完成了著名的《新教育大纲》。由于积劳成疾，他 1931 年 8 月 9 日病逝于东京，年仅 36 岁。再如外国教育史上著名的教育家苏霍姆林斯基，从 17 岁起就开始做乡村小学教师，一直到他去世。在整个教育生涯中，他把全部的爱都献给了他的学生。为了实现他所追求的教育理想，他在农村一所完全中学——帕夫雷什中学做了二十余年的校长。同时，为把自己的教育教学经验传给别人，实现他的教育理想，他还写了四十余本教育专著，如《给教师的 100 条建议》《帕夫雷什中学》等，对整个世界的教育发展以及其他教育家教育思想的形成都产生了深刻的影响。古今中外这些伟大教育家高尚的道德情操和人格品质以及为教育事业无私奉献的精神都是广大教师学习的楷模和榜样。学习教育思想史，有利于广大教师增强自身的责任感和使命感，自觉提高自身的修养，提高献身教育的职业道德水平。这些优秀教育家的成长轨迹，也为教师的成长提供了学习借鉴的楷模，鼓励他们探索求真、立志成才。

（六）学习教育思想史，有利于教师在教育上不断创新，形成自己的教育教学思想和风格

前面我们说过，教育思想的形成和发展具有一定的继承性，任何教育思想的形成和发展都不是凭空产生的，它需要在前人的研究基础上做进一步的开拓。特别是现在，21 世纪已经到来，学校教育的内容、方法、组织形式、组织管理都要适应时代和社会发展的需要，传统的教育思想在许多方面已不能满足社会对教育的要求。因此，形成新的教育思想和观念已显得非常迫切，广大教师无疑在这一过程中起到重要作用。广大教师要使自己在教育思想上有新的创见，首先必须要在了解和研究别人的教育思想的基础上，找出别人教育思想中的优点和弊端，再根据现实的要求，形成新的教育观点和见解。当今许多优秀教师的新的教育思想的产生无不雄辩地证明了这一点。

三、教师如何学习教育思想史

"工欲善其事，必先利其器。"学习教育思想史，掌握科学的学习方法是非常重要的。我们认为必须注意以下几个问题。

（一）要坚持实事求是的态度和辩证的观点

马克思主义的辩证唯物主义和历史唯物主义是研究和学习教育思想史的总的方法论指导。对于任何一位教育家的教育思想，我们都应该持实事求是的态度和辩证的观点，做到具体问题具体分析，取其精华，去其糟粕，切不可以点盖面、以偏概全。任何一位教育思想家的教育思想都不可能是绝对正确或绝对错误的，即使在某一历史时期或特定条件下是正确或错误的，随着时空的变化，其正确与否也会发生变化。如我国著名的教育家孔子，他在教育思想史上的重要地位是毋庸置疑的，他提出的许多观点见解至今为人们承认和运用。但是，他的教育思想中也有不足之处，如在教育目的上，孔子主张"举贤才""学而优则仕"，但同时还主张"故旧不遗"。我们再以西欧中世纪教育思想家奥古斯丁的教育思想为例，中世纪学校所盛行的蒙昧主义、禁欲主义、体罚、机械训练，以及对古希腊、古罗马学术的鄙视态度等，都在一定程度上受到了奥古斯丁的影响。但是，我们不能认为奥古斯丁的教育思想就全无价值，他所提出的关于世俗知识可以为基督教信仰所用的见解，提倡中世纪早期教会致力于保存古典作品的做法，以及关于修道院学校的教育活动安排等方面的见解和思想，都是具有一定的积极意义和进步性的。总之，我们在评价和认识一位教育家的教育思想时，一定要持实事求是的态度和辩证的观点，不可因某些观点正确而肯定其所有思想，也不能因某些思想观点不正确而否定其所有的观点及思想。

教育思想是人类长期从事教育实践的产物，是人类智慧的结晶，它具有连续性，是不分国界的。因此，我们在继承和发展我国以往教育思想的同时，还要注意学习外国教育家的教育思想，根据我国的国情，融会提炼，为我所用，尤其对西方近现代的教育思想，要正确评价，去其糟粕，取其精华，在分析研究之中加以改造，使其适合我国的教育状况，这样才能把别人的先进思想吸收过来，成为我国教育思想体系中的一部分。当然，教育思想总是在一定程度上体现着统治阶级的意志。因此，我们在学习中外教育思想史，尤其是西方教育思想史时，应该具有一定的原则性，要认清资产阶级教育思想的本质，并予以批判。另外，教育思想的发展是具有一定联系和规律性的，并且具有一定的继承性，许多教育思想之间都存在一定的关联性。因此，我们在学习教育思想史的过程中，还要善于把不同年代不同国家的教育家的教育思想联系起来，进行分析和比较，在比较分析的基础上找出各种教育思想之间的异同，这样有利于我们把握教育思想的规律，同时还有利于我们加深对各种教育思想的认识和理解。

（二）要坚持理论联系实际的原则

理论联系实际是学习任何一门学科所必须遵循的基本方法。要学好教育思想史这门学科，必须认真读书，掌握本学科的基本理论和知识，努力掌握教育思想家的教育理论。但是，在认真学习理论知识的同时，广大教师还应当根据教学的需要和条件，把许多有价值的教育思想运用到具体的教育教学实践中去，或者有意识地带着实践中的问题来学习教育思想史。在学习过程中，要运用所学的教育理论思想来研究教育实践中的问题，学以致用。通过理论联系实际的方法，更深入地领会和理解所学的教育思想，用前人的教育思想来解决自己教育教学过程中所面临的问题，这也是我们学习教育思想史的一个主要目的。

（三）要采取学思结合的方法

孔子曰："学而不思则罔，思而不学则殆。"学习要与思考相结合。在学习教育思想史的过程中，一方面要认真阅读和理解教育思想史，努力吸取前人已有的教育教学经验和研究成果；另一方面还要充分发挥广大教师的主动性和积极性，进行独立思考，把培养创造性的思维，培养分析问题和解决问题的能力，作为学习教育思想史的一项重要任务。目前，我国正处于教育改革的转型时期，在教育价值、教育目的、教育内容、教育方法和手段等方面都要进行全新的改革，以适应时代发展的需要，因此，广大教师必须在学习教育思想史的过程中，将读书和思考结合起来，不为前人已有的教育观念和思想及现成结论所困，勇于探索和开拓教育思想的新境界。

（四）要提倡阅读教育家原著

在许多有关教育思想史的教材中，作者都采用专题的方式系统介绍每位教育家的教育思想，对古今中外教育家的教育思想进行了整理归纳。这样，可以使广大教师高效系统地掌握著名教育家的教育思想。但是，这种方式所形成的弊端是教师自身的思想观念极易受到研究者已有观念和思想的影响和支配，不利于广大教师对教育思想家的原有教育思想进行新的探索。所以，广大教师在学习教育思想史的过程中，在钻研教育思想史教材的同时，还要有选择地阅读一些教育思想家的教育原著。这样，一方面有利于对教育家的思想有更深入更具体的认识；另一方面，也容易促进广大教师发展创新性思想，提出新的观点和见解。

教育思想史是一门系统性较强的学科，它不仅讨论了教育思想家对教育的观点见解，还包括影响教育家教育思想形成的社会背景以及理论基础，包括哲学、宗教、心理学、生理学等诸多方面的知识。因此，广大教师如果能具备广博的知识底蕴，则对理解教育思想家的教育思想大有裨益。

总之，广大教师怎样才能学好教育思想史这门学科，除上述几点建议外，还应根据广大教师自身的学习方法、学习习惯以及条件，选择适应自己的学习方法。古人云："学无定法。"我们相信，只要广大教师在主观上充分重视，实践中勤奋钻研，就一定能掌握教育思想史这门学科，学习教育思想史也必将对广大教师的工作有很大的促进和帮助作用。

第一章　中国古代教育思想的起源与发展

　　大约在一百多万年以前，中国就已出现了原始人群。与此相应，原始的教育形态也初见端倪。我们的祖先在征服自然的过程中，把劳动和生活的经验传授给下一代，这便是最初的教育活动；而当他们自觉或不自觉地思考自身的教育行为时，最原始的教育思想的萌芽就已经产生了。虽然我们无法与先人对话，无法猜忖先人的教育思维，但借助考古的发现，我们对远古的教育亦可窥斑见豹。而文字与学校的出现，则使我们真正有可能把握古代教育思想的源头活水。

一、古代教育思想的滥觞

　　中国古代的教育思想可以溯源到最早有文字记载的殷周时期。此时，学校教育系统臻于完备，六艺教育的内容也趋于完善，从而为教育思想的诞生准备了条件。由于西周以前基本上是政教一体、官师不分的体制，教育思想往往也与政治、军事、哲学思想糅合在一起，未形成独立的理论形态。

　　中国古代最早的教育思想可以通过《尚书》《周易》《诗经》《周礼》等文献进行爬罗剔抉的整理和研究，但比较系统和具有代表性的，当推周公的有关论述。

　　周公，姓姬名旦，系周文王第四子，周武王母弟，又称叔旦。曾助武王伐纣灭商，为周朝开国功臣。在武王病逝后又扶持成王，"继文王之业，履天子之籍，听天下之政"[①]，为建立和巩固西周江山立下了卓越功勋。尽管周公在教育问题上并无恢宏之作和惊世之言，但由于西周在中国历史上

---

　　① 《淮南子·氾论训》。

的独特地位，由于周公对于西周王朝的独特贡献，周公的教育思想在中国教育思想史上必然有其特殊的地位。

（一）重视教育的政治功能

周公非常重视教育的政治功能，把教育作为治民安人、移风易俗的重要工具。他认为，只有经常对人民进行训告、教诲，他们才不会互相欺诈、违反法制。"古之人犹胥训告，胥保惠，胥教诲，民无或胥诪张为幻。"①如果不这样对民众进行教化，就会使他们"厥心违怨"（心中滋生反抗、怨恨的情绪）、"厥口诅祝"（口中发出诅咒的语言），从而危及社会秩序。

为了施行教化，使人民遵守规范，周公提出了"彝教"的主张。他说："无能往来，兹迪彝教，文王蔑德降于国人。"②"彝"，训"常"，指规范、准则，"彝教"是指对民众进行行为规范的教育。周文王时，正是由于有虢叔、闳夭、散宜生、泰颠和南宫括等贤臣不遗余力地宣扬教化，使文王的美德传播给国人，才使国民循规蹈矩、安居乐业。所以，周公在夺取政权后，也比较注重对殷民的教化，曾告诫康叔说："汝惟小子，乃服惟弘王应保殷民，亦惟助王宅天命，作新民。"③要求康叔不负天命，帮助成王把殷朝的旧民教化成为"新民"。刑罚与教化历来是统治阶级用以维护社会秩序的两面刃，但周公主张"明德慎罚"，先教后刑，注重教化的政治功能与心理效应。他说：

士制百姓于刑之中，以教祗德。穆穆在上，明明在下，灼于四方，罔不惟德之勤，故乃明于刑之中，率乂于民棐彝。④

意思是说，士师教导臣民遵守法令制度，教导臣民敬重德行，臣民就不会由于犯罪而受到刑罚的处置。当国王的有美德在上，当大臣的能明察于下，政治十分清明，光辉照于四方，所有的人无不勤勉地根据德教办事，

① 《尚书·无逸》。
② 《尚书·君奭》。
③ 《尚书·康诰》。
④ 《尚书·吕刑》。

因此用刑完全合乎法律，臣民完全服从统治，而乐于遵守法律。相反，如果不重教化，滥施刑罚，任意杀戮，就会激起民怨。

　　周公重视教育的政治功能的思想对后世影响很大，构成了中国古代教育的一个基本特征。后世如孔子"为政以德"的主张，《学记》中"建国君民，教学为先"和"化民成俗，其必由学"的观点，董仲舒关于"教，政之本也"的论述，以及王安石"天下不可一日而无政教"的提法，都是对周公这一思想的继承和发展。

（二）重视君主的榜样示范

　　周公在《尚书·召诰》中有这样一段对年幼的成王的训词："其惟王位在德元，小民乃惟刑用于天下。"意思是说，希望成王居于天子之位，而有圣人的大德，小民在下面便能够自行按照法度行事。周公认为，君主的品德与志行，对于小民有着重要的示范作用和心理影响。君主如果具有圣人的大德，小民在下面就能够自觉地遵章守法，显扬其美好的品德。否则，如果君主不能做好榜样，道德低劣，胡作非为，人们就会口出怨言，违法作乱。

　　《尚书·无逸》也是周公对成王的训词，它比较集中地论述了君主榜样示范的社会教化功能，阐明了小民犯罪与君主无德的内在关系。如认为君主不能贪图安逸享受，而要"先知稼穑之艰难，乃逸，则知小人之依"；赞扬过去的殷王中宗能"严恭寅畏，天命自度，治民祗惧，不敢荒宁"，所以能"享国七十有五年"。周文王也是如此，他"卑服，即康功田功。徽柔懿恭，怀保小民，惠鲜鳏寡。自朝至于日中昃，不遑暇食，用咸和万民"。由于他心地仁慈，态度和蔼恭谨，用自身的善行去影响百姓，所以人们能安居乐业，并把他的恩惠施及于那些鳏寡孤独、无依无靠的人。据此，周公一再告诫成王，要像文王等圣明君主那样，"皇自敬德"（更加恭敬地按规矩办事），反省"朕之愆"（自己的过错）。

　　正是从君主自身行为的教化功能出发，周公等人十分重视统治者自身的榜样示范，要求用自己的大德去感化万民。这种思想在《诗经》和《周易》中都有清楚的反映。如《诗经》曰"仪刑文王，万邦作孚"[①]，即只要

----

① 《诗经·大雅·文王》。

效法于文王，万邦就会对你信任；"成王之孚，下土之式"①，即王德取信于天下，天下之人以为法。《周易·临卦》也说："咸临，贞吉。"高亨注："盖读咸为感，谓君子志行正，方可以感人也。"这种强调君主的榜样示范，主张用君主的志行端正去感化万民的思想，后来经过孔子和孟子的发挥，成为儒家道德教育的一个重要内容。如孔子关于"其身正，不令而行；其身不正，虽令不从"的论述；王安石关于"教授必可以为人模范者"的观点，其思想渊源可能都与周公的上述见解有关。

（三）重视艺术的教化作用

中国古代的艺术教育是从原始社会宗教活动的仪式（礼）和原始音乐歌舞（乐）脱胎而来的。到西周时，艺术教育的内容主要体现在"六经"与"六艺"之中，其中最典型的就是诗教和乐教。

诗教和乐教在上古时期的教育中具有重要的地位。《尚书·舜典》曾记载了舜与夔的一段对话：

帝曰："夔！命汝典乐，教胄子，直而温，宽而栗，刚而无虐，简而无傲。诗言志，歌永言。声依永，律和声。八音克谐，无相夺伦，神人以和。"夔曰："於！予击石拊石，百兽率舞。"

在这段文字里，舜要求夔用诗与歌去教导年轻人，使他们形成正直而温和、宽大而谨慎、性情刚正而不凌人、态度简约而不傲慢的人格特征。

周公在诗教和乐教方面也身体力行，奠定了中国古代艺术教育的基础。言诗教必言《诗经》，这部中国最早的诗歌总集是儒家用以教化百姓的经典，虽然它经过漫长的流传、扩充、修订的过程，但周公对其创作、订定的贡献是不可磨灭的。据考证，《诗经》中《周颂》31篇，就是周公亲自创作或订定的，此外，《小雅》中的《棠棣》以及《诗经》中的《周南》和《豳风》，也可能是周公所作或为周公所定。②这些诗的教化作用是显而易见的，如

---

① 《诗经·大雅·下武》。

② 毛礼锐、沈灌群主编《中国教育通史》第1卷，山东教育出版社，1985，第138页。

《小雅·棠棣》云：

棠棣之华，鄂不韡韡。凡今之人，莫如兄弟。死丧之威，兄弟孔怀。
原隰裒矣，兄弟求矣。脊令在原，兄弟急难。每有良朋，况也永叹。兄弟
阋于墙，外御其务。每有良朋，烝也无戎。

这是劝教兄弟之间要友爱和睦的诗作。周公还注意采集征选民间诗歌，
以作为对统治者进行讽谏劝教的手段。汉代史学家班固就认为周公负有选
集民歌的职责，指出"孟春之月，群居者将散，行人振木铎徇于路以采诗，
献于大师，比其音律，以闻于天子"。《诗经·豳风·七月》就是由周公从
民间选辑到宫廷中的，该诗反映了百姓饥寒交迫、受尽剥削的状况：

七月流火，九月授衣。一之日觱发，二之日栗烈。无衣无褐，何以
卒岁？

周公把这首诗献与成王，就是要其"知稼穑之艰难"，"知小人之依"，
体恤民情，为政无逸。

在乐教方面，周公亦有提倡之功。虽然《乐经》早已亡佚，周公对其
有无贡献不得而知，但他创制乐舞却是载于史册的。《吕氏春秋·古乐》说：
"武王即位，以六师伐殷，六师未至，以锐兵克之于牧野；归乃荐俘馘于
京太室，乃命周公为作《大武》。"《大武》是西周时期规模宏大的乐舞，成
功地表现了周初开国的壮丽景象。作为乐教的内容，它是西周国学的必修
课程。

周公重视艺术的教化作用的理论和实践对后世影响甚大。如孔子就主
张"兴于诗，立于礼，成于乐"①，认为诗能激发人们的道德情感，乐则可
以使人们完成这一方面的道德修养。明代王阳明也指出，诗教与乐教能陶
冶学生情感、涵养学生德性，使其不受"邪僻"的侵蚀。②

---

① 《论语·泰伯》。
② 《传习录》卷中。

此外，周公对于教育培养德性的论述，对于师保之教的重视等，也对后世有一定影响。其中受到最直接、最重大影响的或许莫过于孔子。孔子的最大理想就是实施"周公之典"，恢复周礼，其教育思想在很大程度上受到周公的启发。由于孔子的教育思想代表着儒家文化教育思想的灵魂，也直接构成中华教育思想的表征，周公的教育思想及其在中国教育思想史上的地位，就不能不令人瞩目了。

二、两朵奇葩：孔子和《学记》

在中国和世界教育思想史上，有两朵瑰丽的奇葩，那就是堪称世界上第一位教育思想家的孔子和世界上第一部教育专著的《学记》。

（一）孔子的教育思想

孔子（前551—前479），名丘，字仲尼，鲁国陬邑（今山东曲阜）人。3岁丧父，17岁丧母，在30岁左右，孔子开始讲学，从事教育工作40余年。其中虽有过几次短暂的入仕经历，但收徒授业从未停止，号称弟子三千，贤人七十二。

孔子在教育上最大的贡献就在于创办私学，并公开打出了"有教无类"[①]的旗号。这种人人应受教育的主张，"充分表现了孔子教育思想中的人民性和民主性的因素，开创了通向文化下移和普及教育的新道路，是中国教育史上划时代的革命创举"[②]。

虽然在孔子之前或孔子的时代可能已出现私人讲学，但无论是规模还是影响都无法与孔子相提并论。孔子"有教无类"的主张，突破了"学在官府"的旧框框，给下层平民创造了接受教育的机会，这不仅有利于提高整个社会的文化教育水准，也促进了中国最早的知识阶层的崛起。[③]

孔子不仅明确提出了"有教无类"的主张，也躬行了这个主张。他自

---

① 《论语·卫灵公》。

② 匡亚明：《孔子评传》，齐鲁书社，1985，第277–278页。

③ 正是在这个意义上，冯友兰先生称孔子"创立，至少亦发扬光大，中国之非农非工非商非官僚之士之阶级"。参见冯友兰《中国哲学史》上册，中华书局，1961，第71页。

称"自行束脩以上，吾未尝无诲焉"①，即只要送给他一束肉干作为拜师求学的礼物，就可以收为弟子。所以，在孔子身边聚集着国籍、贵贱、贫富、老幼各不相同的学生。如鲁国的颜渊、冉求、公冶长，陈国的子张，卫国的子贡、子夏，宋国的司马耕，吴国的子游，楚国的公孙龙，秦国戎族的秦祖等，可谓来自"五湖四海"。从出身的贵贱贫富来看，有来自贵族家庭的南宫敬叔、司马牛和孟懿子，有来自"家累千金"的大商人家庭的子贡，也有"一箪食，一瓢饮，在陋巷"②的颜渊，"卞之野人"③子路，"无置锥之地"④的仲弓，"环堵之室，茨以生草；蓬户不完，桑以为枢；而瓮牖二室，褐以为塞；上漏下湿，匡坐而弦"⑤的原宪，絮衣破烂的曾参，"以芦花衣之"的闵子骞，甚至还有曾经"在缧绁之中"的罪犯公冶长等，可谓兼收并蓄。从年龄来看，有比孔子小 4 岁的秦商，也有比孔子小 53 岁的公孙龙，有颜路与颜渊、曾点与曾参父子前后入学，也有孟懿子与南宫适等兄弟同时受业。虽有人发出"夫子之门何其杂也"的疑问，但这恰恰反映了孔子是坚持自己"有教无类"的主张，实践自己"泛爱众，而亲仁"⑥的理想的。

孔子之所以提出"有教无类"的主张，是与他对人性的深刻理解分不开的。孔子提出了一个言简意赅的人性论命题："性相近也，习相远也。"⑦认为人的本性是相近的，没有很大的差异，人之所以成为各种不同的人，人的道德和知识水平之所以会有那么大的距离，都是后天的影响造成的，是后天学习、教育的结果。从这一理论出发，孔子认为人人都可以通过教育革新自我，可以通过教育得到改造和提高。这样，人人接受教育就不仅是一种可能性，更是一种必要性了。事实也正是如此，上述贫富贵贱各不相同、聪慧迂拙素质相异的人，在孔子"诲人不倦"的教育引导之下，大多成为人才，其中还有不少成为著名的贤才。

---

① 《论语·述而》。

② 《论语·雍也》。

③ 《史记·仲尼弟子列传》。

④ 《荀子·非十二子》。

⑤ 《庄子·让王》。

⑥ 《论语·学而》。

⑦ 《论语·阳货》。

孔子从"性相近，习相远"出发，强调教育对人的发展的意义，从而构成了中国儒家重视教育的传统，也开创了中国平民教育的先河。

在孔子的教育理想中，为学与做人的和谐统一是最高的境界。"学知与修身并举，使其弟子既学诗书，又学做人，从而有力地奠定了中国哲学之重人生、重世事的鲜明格调。"①这种格调在教育内容上的反映，就是注重具体的日常生活的准则，注重完善人格的实现。《论语·述而》阐述了孔子对于弟子为学的基本要求：志于道，据于德，依于仁，游于艺。

"道""德""仁"都是孔子用以形容品德修养的基本概念，要学习者立志于道、据守于德、倚依于仁，然后方可从事一招一式的学习过程，方可游憩于礼、乐、射、御、书、数六艺之中。《论语·学而》的一段话也有异曲同工之妙："弟子入则孝，出则悌，谨而信，泛爱众，而亲仁。行有余力，则以学文。"这样，孔子就把教育的基础奠定在具体的行为习惯的培养上，一开始就显示了与西方古代教育把认识最高理念世界作为教育理想的不同风格。即使所谓"六经"与"六艺"，也都是为了进一步陶冶和塑造完美的人格，培养良好的行为习惯。正如《礼记·经解》引孔子的话所说："其为人也，温柔敦厚，《诗》教也；疏通致远，《书》教也；广博易良，《乐》教也；洁静精微，《易》教也；恭俭庄敬，《礼》教也；属辞比事，《春秋》教也。"

作为杰出的教育家，孔子在其不懈奋斗的生涯中，积累了许多极有价值的教育经验，总结出一套建立在教育实践基础之上的原则和方法，如学思结合、启发思维、以身作则、因材施教等，这些是孔子教育思想中最精华的部分，也直接影响着中国古代教育原则和方法的形成与发展，可谓中华教育思想的基因成分。

如果把孔子放在世界教育史的舞台上与西方教育家做一番比较研究的话，我们也不难发现，无论是在教育实践还是在理论方面，孔子都毫不逊色。

在西方，第一位教育思想家当推古希腊的毕达哥拉斯，他是与孔子生卒年大致相同的教育家，约生于前580年，卒于前500年左右。毕达哥拉斯也有过招徒讲学的经历，他在克罗顿曾招收300个门徒，组成了一个学

---

① 高专诚：《孔子·孔子弟子》，山西人民出版社，1991，第4页。

园，所以被黑格尔称为西方"第一个民众教师"。但是，毕达哥拉斯组成的教团首先是一个宗教组织和政治组织，其次才是一个教育组织。这个团体每天都有必要的宗教仪式，而且要定期到神庙中聚会、举行献祭等；团体在克罗顿及至南意大利具有政治领导地位，成员的政治意识也非常强烈。毕达哥拉斯及其门徒还是古希腊最早的一批科学家，在数学和天文学的研究方面取得了辉煌的成就。音乐、算术、几何、天文是毕达哥拉斯学园的四种必修课，从内容上看，与孔子把伦理放在首位的教育不同，是侧重于科学。音乐也不是（或主要不是）起教化、陶冶的功能，而首先是体现一种和谐，而和谐也是宇宙的属性。毕达哥拉斯甚至认为太阳、月亮、星辰的轨道和地球的距离之比分别等于八音度、五音度、四音度，虽然无科学根据，但反映了他及其学派是试图从科学的思维视角来分析问题的。毕达哥拉斯作为一个哲学家、科学家是当之无愧的，作为一个教育实践家，他创办学园、招徒教学也功不可没。但他并不是一个教育思想家，尤其是对教育自身的内部规律方面，缺乏系统的阐述，所以是难望孔子的项背的。

毕达哥拉斯之后，西方教育家首推苏格拉底，他生于孔子去世后的第十个年头，卒于孔子去世后的第八十个年头。他与孔子一样"述而不作"，其哲学观点和教育观点散见于柏拉图著的一些对话和色诺芬的《回忆苏格拉底》中。他没有像孔子那样办学招徒，而是以社会为讲台，在集市、体育馆、广场、作坊、商店同形形色色的人谈论各种各样的问题。在教育方法上，苏格拉底的最大贡献是提出了传授知识和道德的方法。

苏格拉底认为，教师的任务并不是臆造和传播真理，而是做一个新生思想的"产婆"，帮助人们发现存在于自己内心的真理。据此，他常常通过问答的谈话方法，先向学生提出问题，然后引导学生作出回答，如果答案错了，并不立即给予纠正，也不指出错误之所在，而是提出补充的问题，使对方的答案显出荒谬之处。这就是著名的"苏格拉底法"。

苏格拉底曾说过："我不是授人以知识，而是使知识自己产生的产婆。"所以这种方法又被称为"助产术"或"产婆术"。这种方法不是教以现成的答案，而是在不断地揭露学生思想矛盾的过程中，使学生的认识不断深化，从而学会思考，学会正确地求得知识。

事实上，孔子运用问答式方法教育学生并不逊色于苏格拉底。孔子不仅明确提出了"不愤不启,不悱不发。举一隅不以三隅反,则不复也"的启发式方法,而且运用这个方法于教学实践。《论语》中记载他的学生所提出的各种各样的问题,就达一百多次,如"问仁""问礼""问政""问孝""问知""问君子"等。对这些问题,孔子采取了不同策略,但都贯彻着启发与因材施教的原则。《论语·颜渊》记载了一则与"苏格拉底法"异曲同工的对话:

> 子张问:"士何如斯可谓之达矣?"子曰:"何哉,尔所谓达者?"子张对曰:"在邦必闻,在家必闻。"子曰:"是闻也,非达也。夫达也者,质直而好义,察言而观色,虑以下人。在邦必达,在家必达。夫闻也者,色取仁而行违,居之不疑。在邦必闻,在家必闻。"

对于学生的问题,孔子也不是直接回答,而是提出反问,让学生自己思考,最后才对学生的意见加以肯定或否定。虽然记述可能省略了一些过程,但孔子上述方法的实质是与苏格拉底相同的。

苏格拉底对于教育的理论问题也有所涉及,如认为美德即知识,知识和美德可以通过教育而获得等,但大都属于教育哲学范畴,并没有像孔子那样深入、系统地论及教育的内部规律问题。

从上述简短的比较中我们可以发现,虽然中西文化教育起源各具特色、各有长短,如西方注重科学,中国注重伦理;西方侧重于教育哲学的思辨,中国侧重于教育内部的规律,等等。但就教育实践和教育理论的总体而言,就教育思想的广度、深度和系统性而言,孔子均超过了同时代的毕达哥拉斯及稍后的苏格拉底;就教育思想的影响而言,作为"万世师表"的孔子更是卓然绝伦,几乎找不出第二位能给后世如此巨大影响的教育家。孔子是当之无愧的世界上第一位教育思想家。

(二)《学记》中的教育思想

《学记》是《礼记》中的一篇。《礼记》又称《小戴礼记》,小戴是指西汉戴德之侄戴圣。戴德、戴圣都是今文礼学的开创者,戴德为西汉宣帝时太学博士,辑有关于中国古代各种礼制的论述 85 篇,世称《大戴礼记》,

今仅存 39 篇。戴圣辑编的《礼记》中的《学记》一篇，据考证，与《大学》的作者为同一人，即战国后期的思孟学派乐正克。

《学记》是一部专门讨论教育问题的专著。它虽然只有 1229 个字，但内容十分丰富，从教育的功能到学制的设想，从教育成败兴废的规律到师生间教学相长的关系，都进行了比较详尽的讨论，体系严密，极有价值。特别是关于教育成败兴废规律的研究，言简意赅地勾勒出学校教育的基本规律，可以说是一部学校教育学的大纲。它这样写道：

大学之法：禁于未发之谓豫，当其可之谓时，不陵节而施之谓孙，相观而善之谓摩。此四者，教之所由兴也。

发然后禁，则扞格而不胜；时过然后学，则勤苦而难成；杂施而不孙，则坏乱而不修；独学而无友，则孤陋而寡闻。燕朋逆其师，燕辟废其学。此六者，教之所由废也。

君子既知教之所由兴，又知教之所由废，然后可以为人师也。

这段文字阐述了学校教育中四方面的基本规律。一是教育的预防性，即在学生不良的行为发生之前就加以防范，把不良的行为消灭在萌芽状态之中。如果等不良行为发生之后才去禁止，积习既深，则难以矫正。二是教育的及时性，即抓住适当时机，及时地进行教育。如果不在最佳时机因势利导，就会贻误时机，事倍功半，虽勤苦也难以成就。三是教育的循序渐进，即根据学生的身心发展和已有知识水平循序进行教育。如果不按顺序，教材漫无系统，教学就难以收到应有效果。四是教育的观摩性，即同学之间互相学习，取长补短，发挥集体的教育作用。如果独自关起门来学习，缺乏师友的帮助，就不容易增进知识；如果交友不慎，与表现不好的同学结伴为非，就会违背师长的教诲；如果与这些同学群居终日，言不及义，就会荒废学业。作为一个教师，只有了解了教育兴废成败的原因所在，掌握了教育的内在规律，才能胜任工作。

《学记》对于学校制度的论述也具有重要意义。可以说，是《学记》首先提出了学制的雏形、教育视导制度、教学组织形式和作息制度，以及学习操行考查制度。它写道：

古之教者，家有塾，党有庠，术有序，国有学。

比年入学，中年考校。一年视离经辨志，三年视敬业乐群，五年视博习亲师，七年视论学取友，谓之小成。九年知类通达，强立而不反，谓之大成。夫然后足以化民易俗，近者说服而远者怀之。此大学之道也。《记》曰："蛾子时术之。"其此之谓乎！

大学始教，皮弁祭菜，示敬道也。《宵雅》肄三，官其始也。入学鼓箧，孙其业也。夏楚二物，收其威也。未卜禘，不视学，游其志也。时观而弗语，存其心也。幼者听而弗问，学不躐等也。此七者，教之大伦也。《记》曰："凡学，官先事，士先志。"其此之谓乎！

上述第一节提出了从中央到地方按行政建制建立学制系统的设想，是以中央为核心的学校教育制度的雏形，这个设想其实就是中国古代学制的原型，从汉代开始，封建统治阶级基本上就是按照这个设想去兴办教育事业的。[1]第二节论述了考校制度，分学年规定学习的内容和要求，定期测验教学的效果。第三节首先论及"大学之礼"，即学校的开学仪式，如最高统治者或主管教育的官员带领全体师生，戴着鹿皮帽子，端着芹菜之属，致祭先圣先师，以示尊重师道。其次论述了视导制度，对视学的时间和方法提出了要求。

此外，《学记》还就长善救失、藏修息游、教学相长等问题提出了颇具价值的意见。

如果把《学记》放在世界教育学史的范围审视一番，我们也自然会得出如本小节标题所示的结论。一般国外的教育论著往往把古罗马教育家昆体良的《雄辩术原理》（又称《论演说家的教育》）作为世界上第一部教育专著，如恩·阿·康斯坦丁诺夫等著的《教育史》就认为："在教育史上，这是密切联系学校实践的最早的著作之一。"[2]如果这是就西方教育史而言，基本上符合实际，因为在昆体良之前，毕达哥拉斯和苏格拉底均无专著问

---

① 张瑞璠主编《中国教育史研究》先秦分卷，华东师范大学出版社，1991，第124页。

② 恩·阿·康斯坦丁诺夫等：《教育史》，李子卓等译，人民教育出版社，1958，第23页。

世，柏拉图的《理想国》首先是一部政治学著作，亚里士多德虽然著作甚丰，但唯独没有教育论著。西塞罗的《论雄辩家》一书则是以雄辩家的方方面面为主线，兼及教育问题。而昆体良的《雄辩术原理》则是作者约二十年教学经验的结晶，其中第一、二、十二等卷论及了教育的一般问题。但如果是就整个世界教育史而言，这个论断就失之偏颇了。

　　首先，从时间而言，《学记》的成书时代大概在战国后期（前3世纪左右），而昆体良的生活年代大约是35年至95年，《雄辩术原理》是他50岁隐退后开始写作的，所以《学记》至少要比《雄辩术原理》早300多年。至于被推崇为"近代教育学之父"的捷克教育家夸美纽斯，其代表作《大教学论》则要比《学记》晚1800多年。

　　其次，从内容而言，虽然昆体良的《雄辩术原理》详尽讨论了学校教育的功能、学校教育的三个阶段（初级学校、文法学校和修辞学校）、学习的递进过程（模仿、接受理论指导和练习），强调教学要适应学生的个性和年龄特征，要求教师德才兼备等，但基本上是就演说家的教育而言，并主要探讨教学的微观问题；《学记》则把宏观、中观、微观问题结合起来探讨，比前者更具气势和系统。不过也不可否认《雄辩术原理》在微观问题的讨论上，可能比《学记》更为全面、更具深度。所以，在内容上各具千秋。

　　再次，从影响上言，昆体良的《雄辩术原理》是难以与《学记》相媲美的。《学记》问世后不久，东汉时就出现了注释本，到近代大约有140家注释，对中国古代的教育产生了深远影响。正如近代学者王树楠所说："此《记》为三代圣王教科之书。盖周秦以来儒者所述，其中小学大学之规模，入学之年限，教学之方法，俱载于篇，犹可据此以考见先王教民之大略，证之今日东西各国学校教育之法，多相合者，盖讲求师范者必要之书也。"[①]日本学者谷口武也论述了《学记》对日本教育的影响："《学记》是中国最早的一部教育经典著作，在我国古代学术界也是备受推崇的名著。当我们浏览山崎闇斋、山鹿素行、细井平洲、贝原益轩及其他我国杰出的教育家的教育学说和教育实践的遗著时，随时都能看出有关《学记》的章句及生

---

①　王树楠：《学记笺证》，《中国学报》1913年第5、6期。

动而蓬勃的精神。像这样一本名书，对日本教育史所产生的影响，是极为罕见的。"①相对而言，昆体良的《雄辩术原理》虽然也有较大影响，曾被认为是古希腊罗马时代教育经验的集大成者，"为文艺复兴以来教学理论的发展奠定了基础"②，但它是在手稿遗失了 1300 多年之后，在 1416 年才被人们重新发现的，它的传世时间比《学记》少了 1700 多年，时空的辐射面自然就远远不如《学记》了。《学记》不愧是世界上第一部教育专著。

三、古代教育思想的发展轨迹

中国古代的教育思想绵延数千年之久。在这个历史长河中，曾出现四次"百家争鸣"的高潮，推动了当时学术思想（包括教育思想）的发展。中国古代教育思想具有十分丰富的内涵，除了历史的不同阶段、不同时代有不同的教育思潮，教育思想还有地区的差异（如春秋战国时期曾出现过风貌迥异的区域文化教育——邹鲁、三晋、燕齐、荆楚文化教育）、民族的差异（汉文化为主的教育与少数民族的教育）、对象的差异（上层的、官办的、贵族的教育与下层的、民间的教育）等。这里我们试以四次"百家争鸣"为历史线索，把古代教育思想的发展划分为四个时期。

（一）先秦时期的教育思想

先秦时期泛指前 221 年秦王朝建立以前的殷周、春秋战国时代。这是中国古代社会由奴隶制过渡到封建制的巨大变革时期，社会的政治、经济、文化、教育乃至自然科学等各方面都发生了很大的变化，不同阶级和阶层的思想家为了解决社会大变革中提出的各种问题，各抒己见，展开讨论，因而出现了所谓"百家争鸣"的学术繁荣。

在文化教育方面，先秦时期出现了新的格局，即学术下移和士阶层的崛起、官学的没落和私学的勃兴。发轫于孔墨两学派之辩的百家争鸣，也促使教育思想的发展进入了空前活跃的时期。

---

① 谷口武:《学记论考·序说》，转引自高时良编著《学记评注》，人民教育出版社，1982，第 163 页。

② 中央教育科学研究所比较教育研究室编《世界著名教育家》，贵州人民出版社，1989，第 25 页。

儒家是孔子所创立、孟子和荀子为主要后继的一个学派，它不仅是先秦时期的显学，也是整个中国古代社会的国家学说。儒家强调教育的作用，认为教育具有改造社会和造就新人的功能。如孔子说："道之以政，齐之以刑，民免而无耻；道之以德，齐之以礼，有耻且格。"①强调教育具有刑罚所无法替代的功能。孟子也把教育视为推行"仁政"的主要工具："善政不如善教之得民也。善政，民畏之；善教，民爱之。善政得民财，善教得民心。"②至于《学记》，则更明确提出了"化民成俗，其必由学乎"和"建国君民，教学为先"的命题。儒家特别重视伦理道德教育，认为这是教育的根本所在。孔子所说的"君子怀德"③以及"君子务本，本立而道生"④，就是突出了道德至高无上的地位。孟子更直截了当地指出："设为庠序学校以教之。庠者，养也；校者，教也；序者，射也。夏曰校，殷曰序，周曰庠；学则三代共之，皆所以明人伦也。"⑤而所谓"人伦"，就是指"父子有亲，君臣有义，夫妇有别，长幼有序，朋友有信"⑥，是封建的伦理纲常。荀子也注重道德品质的培养和训练，把具有"德操"的"成人"视为道德教育的最高境界。⑦此外，儒家在教育的内容、教育的原则和方法等方面也多有论述，颇有建树。

墨家是代表手工业小生产者的一个学派，创始人为墨翟。在春秋战国之际，儒家和墨家都被称为"显学"。墨家思想体系的核心是"兼相爱，交相利"⑧，在教育上，也就主张能担当治国利民、兼爱相利的"贤士"或"兼士"。从"利天下为之"的原则出发，墨家重视实用技术的传习，在科学技术教育（如几何学、光学、力学、声学、机械制造等）方面具有突出的成就，不仅实现了我国古代生产技术向科学理论的最初飞跃，也开了我国古

---

① 《论语·为政》。

② 《孟子·尽心上》。

③ 《论语·里仁》。

④ 《论语·学而》。

⑤⑥ 《孟子·滕文公上》。

⑦ 《荀子·劝学》说："是故权利不能倾也，群众不能移也，天下不能荡也。生乎由是，死乎由是，夫是之谓德操。德操然后能定，能定然后能应。能定能应，夫是之谓成人。天见其明，地见其光（广），君子贵其全也。"

⑧ 《墨子·尚贤中》。

代科学技术教育的先河。此外，墨家"合其志功而观"的道德评价方法，"量力而至"与"务本约末"的学习态度，"以名举实"和"察类明故"的教学艺术，以及强调环境影响的"习染"学说，在中国教育思想史上也独具特色，有一定影响。

法家因变法、主张法治而得名。春秋初，齐桓公任用管仲变法，法家人物从此登上了政治舞台。此后，李悝、吴起、申不害、慎到、商鞅及韩非均是法家的重要代表人物。法家的教育理想是以社会教育取代学校教育的特殊形式——私学，并针对传统的"以礼为教""以儒为师"，提出了"以法为教""以吏为师"的主张，所以，实行法治教育乃是法家教育思想的突出特点。法家教育思想的明显失误是过分强化了法治的功能而忽视了教育的作用。韩非亦直言不讳地承认了这一点："今有不才之子，父母怒之弗为改，乡人谯之弗为动，师长教之弗为变。夫以父母之爱，乡人之行，师长之智，三美加焉，而终不动，其胫毛不改；州部之吏，操官兵，推公法，而求索奸人，然后恐惧，变其节，易其行矣。"①一切的教化在刑罚面前都黯然失色了。这种思想的极致就是文化专制主义，秦王朝的"焚书坑儒"不能不说是这一思想的行为外化。自然，法家的教育思想也并非一无是处，如注重事功人才的选拔和培养，注重职业技术教育，注重读书学习的"参验"等，其强调法治与儒家强调教化的传统也起了互补作用，成为维系社会稳定的重要因素。

道家的创始人是春秋时的老聃，其后有战国时期的庄周和以齐国田骈等为代表的稷下黄老学派。基于"小国寡民"的社会政治理想，道家提出了"绝圣弃智""无知""无欲""无为"，提倡摆脱一切束缚的个性自由发展的自然主义教育。道家的创始人老聃说："人法地，地法天，天法道，道法自然。"②教育的作用就在于促进人的自然本性的充分展开，使人摆脱社会生活的种种困扰和烦恼，回归自然无为的状态。

此外，尚有阴阳家、名家、纵横家、杂家、农家、兵家、小说家等，对教育问题也有论及，他们与上述儒家、墨家、法家、道家的教育思想交

---

① 《韩非子·五蠹》。

② 《老子·二十五章》。

相辉映，构成了先秦时期五光十色、丰富多彩的教育思潮。先秦时期的教育思想是中华教育思想得以形成和发展的重要渊源。

（二）秦汉六朝时期的教育思想

秦汉六朝时期包括秦、汉、三国、两晋和南北朝等许多王朝，从前221年秦王朝建立，至589年南朝陈灭亡为止，绵延八百余年。它大致可分为两个阶段，即中国统一而强大的君主专制中央集权封建制度建立、形成和逐渐巩固的秦汉时期，和中国历史上第二次大分裂、大混乱的六朝时期。在魏晋南北朝时期，出现了中国学术史上的第二次"百家争鸣"。

秦始皇统一中国后，创建了中国历史上第一个封建专制的国家，在政治上实行吏师制度，在文化教育上实施书同文、行同伦、一法度、定一尊等政策，对后世产生了重大影响。汉代初年，黄老学派在从秦代的法治教育向汉代"独尊儒术"的德治教育的转变中起了中介作用，而董仲舒提出"罢黜百家，独尊儒术"的文教政策则正式促成了古代教育的政治伦理化。经过董仲舒的阐发，以三纲（君为臣纲、父为子纲、夫为妇纲）五常（仁、义、礼、智、信）为核心的儒家伦理道德教育更加系统化、理论化，更加富有专制主义精神，并罩上了神秘的外衣。

汉代的教育事业有新的开拓和发展。首先是官学制度的建立和完善，如太学、宫邸学、鸿都门学（艺术专科）、郡国学校的体系、宦学事师的教学形式、经学教育的教学内容等。其次是私学教育的兴盛与繁荣，如既有以书馆为主要形式的蒙学教育，又有以乡塾为主要形式的一般经书学习，还有以精庐或精舍为主要形式的专经教育，后者在唐宋后演变为书院教育。再次是察举取士制度的产生和实施，形成了兴官学以养士、重选举以取士，养士皆学儒经、取士皆选儒生的格局，这也对科举制度产生了直接的影响。教育事业的发展也孕育出一代卓越的教育思想家，其中最为突出的就是董仲舒和王充。

被称为"汉代孔子"的董仲舒，继承了儒家的德治传统，强调教育的社会政治功能，他的三大文教主张（罢黜百家，独尊儒术；置明师，兴太学；重选举，广取士）被统治者所采纳，成为汉代的文教国策。从"性三品"的学说出发，董仲舒认为"圣人之性，不可以名性，斗筲之性，又不可以名性"，只有"中民之性"才可以"性待渐于教训，而后能为善"①。在道德教育方面，他首倡的三纲五常的内容及正谊明道、不计功利，躬自厚而薄责于人，积小致巨，以微致显的德育原则和方法也具有相当的影响。

东汉王充在批驳当时流行的谶纬迷信和崇古宗圣的学风中，提出了独树一帜的教育理论。他肯定环境和教育在人的培养中的作用，提出了"学校勉其前，法禁防其后"②的主张；他反对"生而知之"的先验论，提出了"知物由学，学之乃知，不问不识"③的命题；他还认为"人有知学，则有力矣"④，这可能是"知识就是力量"的最初始的表达，而这一表述比英国的弗朗西斯·培根（1561—1626）要早1500余年。他反对呆读死记，重视学习与实际练习相结合的方法；他反对"信师好古"地盲目学习，而倡导"问难之道""核道实义"⑤的探索学风。

秦汉时期还有一些重要的典籍，如《吕氏春秋》《淮南子》《法言》《史记》《新语》《新书》《白虎通德论》《汉书》《说苑》《申鉴》《太平经》等，也都程度不同地涉及教育问题，丰富了这一时期的教育思想。

魏晋南北朝时期，国家离乱动荡，政权频繁更迭，豪族巧取强夺，社会上玄学风行，官学时兴时废，私学昌盛发达，出现了"百家争鸣"的局面。在教育思想方面，以人才教育、玄学教育和家庭教育三方面的内容最引人注目。"乱世出英雄"，这一时期不仅社会上需要人才，实践上重视人才培养，在理论上也形成了一套比较成熟的人才教育思想。如诸葛亮在《诫子书》中指出："才须学也，非学无以广才，非志无以成学。"提出了成才以学习为本，而学习以立志为先的人才教育观。刘劭的《人物志》则系统地论述了人才的类型和人才的培养、任用、鉴别等问题，堪称人才教育学的专著。⑥

魏晋玄学是指魏晋时期以老庄思想为骨架的一种特定的哲学思潮，玄学家大多是当时的"名士"，如何晏、王弼、嵇康、阮籍、向秀、裴頠、郭

---

① 董仲舒：《春秋繁露·实性》。

② 王充：《论衡·率性》。

③④⑤ 同上书。

⑥ 1937年，美国学者斯莱奥克（J. K. Shryock）曾把《人物志》编译成一本书，题为《人类能力之研究》，由美国东方学社出版。

象、张湛等。玄学家虽然对于一般的教育原则及教育内部规律无甚兴趣，但在反对传统的儒家教育思想方面却别开生面，富有批判精神。如嵇康在《难自然好学论》中这样辛辣地鞭挞儒家的名教与经学教育："今若以明堂为丙舍，以诵讽为鬼语，以六经为芜秽，以仁义为臭腐，睹文籍则目瞧，修揖让则变伛，袭章服则转筋，谭礼典则齿龋。于是兼而弃之，与万物为更始，则吾子虽好学不倦，犹将阙焉；则向之不学，未必为长夜，六经未必为太阳也。""越名教"是破，"任自然"则是立。玄学家认为儒家名教的最大失误是压抑个性，破坏了人的自然发展。所以，教育的关键是让受教育者的个性自然地发展。玄学教育的最高理想就是培养"文明在中，见素抱璞。内不愧心，外不负俗。交不为利，仕不谋禄。鉴乎古今，涤情荡欲"的"至人"[①]。在西方教育史上，首先明确亮出"归于自然"教育旗号的是法国的卢梭（1712—1778），他在《爱弥儿》中说："出自造物主之手的东西，都是好的，而一到了人的手里，就全变坏了。"嵇康等玄学家的观点虽然不一定能与卢梭的自然教育相提并论，但他们在早于卢梭1600多年前就提出了"任自然"的教育主张，不能不被认为是中外教育思想史上的一次革命。

　　这个时期家庭教育的思想也是不容忽视的。成就最高的当是颜之推的《颜氏家训》。这本书分二十篇，从立身、治家、处事、为学诸方面，全面阐述了教育的意义和家庭教育的普遍问题。颜之推强调家庭教育要及早进行，认为"人生小幼，精神专利，长成已后，思虑散逸，固须早教，勿失机也"[②]。他既批评"无教而有爱"的教育方式，也反对"苛虐于骨肉"的棍棒体罚，而主张"威严而有慈"[③]，把严与爱结合起来。他还就家庭教育的具体内容（如强调语言、道德与立志）和指导孩子学习的方法（如"眼学""勤学""惜时""切磋"等）进行了颇具特色的阐发。他的家庭教育理论对后世影响极大，后代封建士大夫的家庭教育深受此书的影响，称其为"家教规范"，并作为家庭教育用书的范本。难怪有人认为"古今家训，以

---

① 《嵇康集·卜疑》。

② 《颜氏家训·勉学》。

③ 《颜氏家训·教子》。

此为祖"①，"六朝颜之推家法最正，相传最远"②。

此外，魏晋南北朝时期的佛学教育、道家教育及民族教育也别开生面，具有一定的规模。

（三）隋唐两宋时期的教育思想

隋唐两宋时期指隋、唐、五代、两宋四个阶段，从 581 年隋王朝建立，到 1279 年南宋灭亡，绵延约七百年。这个时期是中国古代在长期分裂后又重新走向统一的时期，文化教育出现了空前的繁荣与昌盛，学术上也出现了第三次"百家争鸣"的局面。

隋唐两宋时期的教育事业又有进一步的发展，并具有若干新的特点。隋朝继汉代鸿都门学之后，又设立了书学、算学、律学，唐朝在司天台、太仆寺、太乐署等进行职业性训练，从而使中国古代的专科教育与职业教育走向正规化。隋唐始建并逐步完备的科举制度与唐宋发端并日趋完善的书院制度，都对古代的教育产生了前所未有的深刻影响。

这个时期的教育思想也相当活跃，呈现出学派林立、丰富多彩的局面。韩愈亮出维护儒家道统的旗号，提出了"明先王之教"的教育宗旨。他的《师说》从教师的作用、任务、择师标准和师生关系诸方面全面地论述了教师问题，留下了"古之学者必有师"，"师者，所以传道受业解惑也"，以及"弟子不必不如师，师不必贤于弟子"，"闻道有先后，术业有专攻"等千古名言，是中国古代第一篇集中论述教师问题的名著。他的《进学解》则是一篇文字优美、寓意深刻的教育散文，以对话形式集中论述了学习问题，其中"业精于勤，荒于嬉；行成于思，毁于随"等也是脍炙人口的名句。他的《子产不毁乡校颂》对于提倡地方办学也有一定积极意义。他的"性三品"学说，阐述了教育在人的发展中的作用，对后世亦有较大影响。

两宋时期是中国古代教育思想发展的高峰期。以范仲淹、王安石为代表的教育改革家，提倡经世致用的教育，积极主张改革教育制度、教育内

---

① 王三聘：《古今事物考》二。

② 袁衷等：《庭帏杂录》卷下。

容和教育方法，试图变培养人才和选任人才的恶性循环为良性循环。尽管他们的兴学改革运动最终失败，但某些成果仍以不同形式保存下来，对宋代教育产生了不可低估的影响。至于范仲淹"先天下之忧而忧，后天下之乐而乐"的做人格言，和王安石《伤仲永》的警世小文，都已成为历代教育的重要教材，流传于世。胡瑗在实践范、王的改革理想方面进行了可贵的尝试，更确切地说，是胡瑗的教育改革实践与理论启迪了范、王的宏观教育改革设想。他的分斋教学、主副科制度，早于世界发达国家 400 多年；他的自学辅导、直观教学、游戏教学、考察游历等教学方法，也不守成法，别具风格。

宋代理学有濂（周敦颐）、洛（二程）、关（张载）、闽（朱熹）四大学派，其中以程颢、程颐、朱熹为代表的"程朱理学"在教育上影响最大，形成了理学教育的思想体系。在教育的宗旨上，程朱理学明确提出了"圣贤千言万语，只是教人明天理，灭人欲"[1]的纲领，并肯定了教育在育人才、一道德、变气质、正人心、美风俗方面的重要作用。在教育的内容上，程朱理学开创了"四书"（《大学》《中庸》《论语》《孟子》）与"五经"并列的局面，对中国古代封建社会后期教育内容的格局产生了决定性的影响。在道德教育方面，程朱理学主张培养能够"诚意正心修身齐家治国平天下"的"圣人"，并通过立志、主敬、存诚、养心、寡欲、养正于蒙、禁于未发等修养方法，使人达到"与天地同德，无物欲之累，大公而无私，极高明而不同污合俗，不偏不倚而无适不中"的道德境界。[2]在教学理论方面，程朱理学进一步深化了因材施教、启发诱导、循序渐进、温故知新、博约结合等教学原则，朱熹的读书法也对古代的教学理论有重要贡献。程朱理学的教育思想无论在当时还是对后世都有很大的影响，在朱熹去世后不久，就逐渐定型为中国封建社会后期占支配地位的官方教育思想。

与程朱理学相抗衡的，是以陆九渊为代表的心学教育思想。陆九渊从"宇宙便是吾心，吾心即是宇宙"以及"心即理"[3]的基本心学命题出发，

---

① 黎靖德编《朱子语类》卷十二。

② 参见毛礼锐、沈灌群主编《中国教育通史》第 3 卷，山东教育出版社，1987，第 151 页。

③ 《陆九渊集·杂说》，《陆九渊集·与李宰》。

认为教育的目的是"发明本心";"古人教人,不过存心、养心、求放心。……保养灌溉,此乃为学之门,进德之地"①。在此基础上培养具有优良德操的"完人"和具有独立精神的"超人"。在道德教育方面,陆九渊的心学全面论述了德育的过程:"'履,德之基也;谦,德之柄也;复,德之本也;恒,德之固也;损,德之修也;益,德之裕也;困,德之辨也;井,德之地也;巽,德之制也。'……九卦之列,君子修身之要,其序如此,缺一不可也。"②在教学方面,他不同程朱理学"泛观博览,而后归之约"的观点,而主张"先发明人之本心,而后使之博览"③,并提出了自立精神、切磨辨明、涵泳功夫等具体原则和方法。有人曾概括陆九渊教育思想的主要特色:是整体明了,不是逐一理解;是"尊德性",不是"道问学";是反省内求,不是外求外铄;是提倡独立思考,不是盲目迷信书本和圣贤;是注重躬行实践,不是言行相违。④应该说前三点大致把握了心学教育与理学教育相异的主要特点。

以陈亮、叶适为代表的事功学派,既反对程朱理学,又反对陆九渊的心学,在批判理学家与心学家空谈性命道德的同时,建立了求实用、讲功利、论真才的教育理论。他们倡导的学以致用、开物成务的教育宗旨,经史与艺能并重而以实理实事为中心的教育内容,以及大胆批判勇于创发、严谨治学师友讲论的教育原则和方法,成为明末清初早期启蒙思想家教育思想的理论来源,也成为清代汉学大师们的学术养料,为中国古代文化教育的发展增添了光彩。

(四)元明清时期的教育思想

元明清时期包括元、明、清三个朝代。本书所讨论的古代历史分期,从 1279 年元灭南宋统一全国起,讫于 1840 年鸦片战争,绵延 560 多年。这个时期社会处于大变革状态,各种学术思想也比较活跃,形成了中国古代学术思想史上的第四次"百家争鸣"。

---

① 《陆九渊集·与舒西美》。

②③ 《陆九渊集·语录上》。

④ 郭齐家:《中国教育思想史》,教育科学出版社,1987,第 290-293 页。

　　元明清时期的教育体制基本承袭汉唐，但也呈现了一些新的特点，其中社会教育的兴起最具特色。虽然中国古代教育家早就提出了社会教化的思想，但真正付诸实施则是从元代开始的。元代的社学与庙学是典型的社会教育机构。元世祖至元二十五年（1288），元朝正式发布政令："诸县所属村庄，五十家为一社，择高年晓农事者立为社长。……每社立学校一，择通晓经书者为学师，农隙使子弟入学。如学文有成者，申覆官司照验。"①庙学则是以孔庙的活动为中心展开的以宣传普及儒家道德为主要内容的社会教育形式。这个时期教育的另一特点是政府进一步强化了对于学校教育和科举考试的控制，文化教育实施封建专制主义。

　　在教育思想上，明清时期的反理学倾向比较突出，张扬个性、倡导实学的教育思潮有所发展。王守仁继承和发展了陆九渊的心学教育观，提出了"致良知"的教学理论和"知行合一"的道德教育论。在儿童教育方面，他反对"督以句读课仿，责其检束"，"鞭挞绳缚，若待拘囚"的扼杀儿童天性的施教方法；主张用诱导、启发、讽劝等顺应儿童"乐嬉游而惮拘检"的特点的方法，使他们如"时雨春风，沾被卉木"一样，"莫不萌动发越"②。在课程设置方面，他认为必须把读书与歌诗、习礼等结合起来，也是符合儿童身心发展规律的。在王守仁去世前两年诞生的李贽，也是反理学的急先锋，他公开反对盲目崇拜孔子，明确提出学习申、韩之书。在教育思想上，他的主要贡献是提出了"师之即友"的师生关系说和倡导女子教育③，并且亲身躬行，他与学生的师生关系就是"学同术，业同方，忧乐同事"，如同"真骨血一般"；他在麻城讲学时亦公开招收女生，向世俗和封建礼教提出了挑战。

　　明清之际的黄宗羲是中国古代第一位比较系统完整地提出具有近代色彩的民主主义教育思想的学者。他从民主政治的高度出发，对以八股取士的科举制度进行了猛烈抨击；为了反对封建教育的专制与特权，他设计了一套普及教育的学制体系，即从蒙学（小学）、郡县学（中学）到太学（大学）

---

① 《新元史·食货志》。

② 《王文成公全书·训蒙大意示教读刘伯颂等》。

③ 李贽：《焚书·为黄安二上人三首》。

和书院（研究生院）的学校体系，具有近代学制的萌芽。另一位明清之际的著名教育思想家是著作丰富、学问渊博的王夫之，他把教育作为强国的"财、兵、智"三纲领之一，认为明朝灭亡的原因是"教化日衰""失其育才"[①]；他从"性日生日成"的人性理论出发，强调人性的"未成可成""已成可革"，从而揭示了教育对人的发展的作用。他提出的学思相资、因材而授、因机设教、教必著行、乐勉结合、恒教其事等教育原则和方法，集中国古代教育精华之大成，并多有创新见解。

明清时期还有一个值得一提的教育流派，即以颜元、李塨为代表的实学教育学派，他们反对宋明理学倡导的读死书和死读书，倡导"实学""实用"的教育，开辟了中国古代教育向实践靠近的新方向。在教育目标上，实学教育主张培养"经世致用"，能"利济苍生""为生民办事"的人才；在教育内容上，实学教育提出以"实文""实行""实体"和"实用"为原则，重视艺术教育、体育、自然科学教育和劳动教育；在教育方法上，实学教育反对静坐空谈，提倡"习行""讲辩"，认为"为学为教，用力讲读者一二，加功于习行者八九"，这是现代教学论"精讲多练"的雏形。实学教育突破了儒家传统的教育内容和方法，冲破了几千年的封建教育桎梏，在某种程度上预示着近代科学教育和劳动教育的必然产生。换言之，实学教育反映了中国古代资本主义萌芽时期市民阶层的心声，是近代教育内容改革的理论基础之一。

---

① 王夫之：《读通鉴论》卷五。

第二章　中国古代教育思想的主要特质

中国古代教育思想是在中国这个空间、古代这段时间的特殊的生态环境中产生和发展起来的。要想真正地认识和把握中国古代教育思想的主要特质，就必须对这个特殊的生态环境进行详密的分析，探寻古代教育思想赖以生存和发展的支点。

中国古代教育思想虽然是属于过去时态的东西，但我们却不能漠视它的现代意义。历史告诉我们，如果不重视古代教育思想的积极意义和消极因素，如果不重视古代教育思想的渗透力量和潜在影响，如果不重视古代教育思想的惯性机制和再生能力，现代教育就会失去坐标，就会步履维艰。

一、古代教育思想的生态环境

从文化生态学的角度来看，生态环境是影响文化类型的关键因素之一。生态环境一般是由一定的文化或民族所处的地理环境、物质生产方式、所建立的社会组织形态构成的。在生态环境之中，自然地理环境的不同，往往导致生产方式的差异，而生产方式的差异又造成了社会组织形态的区别。温带大陆型的自然条件决定了中华民族是以农业型的自然经济为主，而农业生产方式的绝对优势又使中国形成了以家长为中心的宗法制度。在这个生态环境下成长起来的古代教育思想，无疑打上了它的烙印，具有明确的中国特色。所以，我们首先分析一下特殊的生态环境。

（一）半封闭的大陆环境

从气温带和濒海性来区分，我国属于温带大陆性气候。温带与热带、寒带地区不同，由于气候适中，提供了良好的生产和生活条件，有可能成为世界文明的发祥地。正如黑格尔所说："历史的真正舞台所以是温带，当然是北温带，因为地球在那儿形成了一个大陆，正如希腊人所说，有着一个广阔的胸膛。"[①]处于东亚大陆的温带—暖温带的中国，由于得天独厚的地理环境，而滋生出世界上最早的文明。

与海洋民族不同，我们的先民自古生活在东亚大陆上，这里东面濒临着难以跨越的茫茫大海，西北横亘着遥无边际的茫茫戈壁，西南耸立着险峻难涉的青藏高原。在古代陆海路交通十分不便的情况下，形成了一个对内回旋开阔、对外则相对隔绝的半封闭地理环境。正是这样的地理环境，把几千年的中国文化孕育在一个巨大的"避风港"内[②]，造成了文化学中的所谓"隔离机制"，使中国古代文化得以绵延不断，始终没有出现类似印度文化因雅利安人入侵而被摧毁、埃及文化因亚历山大大帝的占领而希腊化，以及罗马文化因日耳曼族的攻击而中断的文化悲剧[③]。

半封闭的大陆环境对中国古代的文化教育产生了重要的影响。由于中国古代文化始终在这个巨大的避风港内生长和发展，加之古代中国人对于外部世界知之甚少，使得我们的祖先一直把自己的国度当作世界的主体，具有十分强烈的民族自我意识。古代中国人认为自己处于世界的中央，所以有"中国者，天下之中也"之说，并把周边地区视为"四夷""蛮貊"。执着的大陆民族自我意识，也使中华民族产生了"月是故乡明"的眷恋国土乡邦的情怀，使中国古代教育思想上重视爱国主义的倾向非常突出。列宁在《皮梯利姆·索罗金的宝贵自供》中曾揭示了文化的"隔离机制"与爱国主义之间的内在关系。他说："爱国主义是由于千百年来各自的祖国彼此隔离而形成的一种极其深厚的感情。"[④]从陆游"夜视太白收光芒，报国欲死无战场"的诗句，到顾炎武"天下兴亡，匹夫有责"的名言，无不折射出强烈的爱国主义激情。

---

① 黑格尔：《历史哲学》，王造时译，商务印书馆，1963，第124页。

② 韦政通：《中国文化概论——对传统文化的解析》，水牛出版社，1973。

③ 参见冯天瑜、周积明《中国古文化的奥秘》，湖北人民出版社，1986，第59页。

④ 《列宁选集》第3卷，人民出版社，1972，第608页。（译文据中央编译局重译本改正）

（二）农业型的自然经济

大陆民族又可分为三种类型，即大漠大陆型（中亚，游牧经济）、草原—森林大陆型（东欧，半农半牧经济）和以中国为代表的大河大陆型。大河大陆给人们提供了平坦的土地、温暖的气候和充沛的水源，为我们的先民从事精耕细作的农业生产提供了有利条件。

江苏吴县和西安半坡等地的考古发掘表明，远在七八千年前，我国就因地制宜在黄河流域种植了粟子，在长江流域种植了水稻，是世界上最早的农业国家。在由狩猎和采集经济阶段进入到以种植经济为主的农耕社会后，教民农作的教育也相应出现，如《白虎通》记载："古之人民皆食禽兽肉。至于神农，人民众多，禽兽不足，于是神农因天之时，分地之利，制耒耜，教民农作。"《易经·系辞》也写道："包牺氏没，神农氏作。斫木为耜，揉木为耒，耒耨之利，以教天下。"

农业型的自然经济生产方式对于矗立其上的社会组织形态（制度）和思维方式产生了直接的影响。①

第一，农业是以土地为生产资料，土地的面积是有限的，一旦获得即会长期拥有，但土地的保护与耕种及作物的栽培与收获，均为个人能力所不逮，因此必须以持久而稳定的小团体作为劳作的基本单位，最能满足这一条件的无疑是以血统为基础的家族。于是，维护家族的利益以及家族成员的和谐与团结成为小团体至高无上的宗旨。由于家族是经济和社会生活的核心，因而易于将其他团体也以家族视之，将其内部的人际关系家族化，甚至把整个国家家族化，家族是国家的缩影，国家是家族的放大，形成了"家族主义"。

第二，农业是以一家一户为基本单位进行运作的，因此，中国古代是由千百个彼此雷同、极端分散，而又少有商品交换关系的村落和城镇组成的社会。由于水利是农业的命脉，治理水源、兴建大规模的水利灌溉系统是农耕民族生存的首要前提，对于大自然的淫威，我们的先民就个体而言是无力抗争的，因而必须依靠大规模的群体协作，建设抵御旱涝的水利工

---

① 杨国枢:《中国人性格与行为的形成与蜕变》，载张文达、高质慧编《台湾学者论中国文化》，黑龙江教育出版社，1989，第 209–211 页。

程，而"要有效地管理这些工程，必须建立一个遍及全国或者至少是及于全国人口重要中心的组织网。因此，控制这一组织的人总是巧妙地准备行使最高政治权力"①。在集体协作中产生的组织者和指挥者遂成为专制君主，中国历史上第一个专制王朝夏，就是由领导治水的大禹的儿子启建立的。这样，一方面形成了寻求保护、注重权威的依附心理，另一方面又形成了人与人之间协作的集体意识。这对于中国古代教育思想也产生了重要影响。

第三，在农业生产过程中，农作物秉性脆弱而生长缓慢，耕作者必须小心谨守从前的耕作方法和经验，而不敢越雷池半步，因为如果稍做技术上的改进，便很可能因为尝试错误而遭受长期的饥馑，直接威胁自身的生存。梁启超先生曾论述过海洋民族所特有的开拓与冒险气质："试一观海，忽觉超然万累之表，而行为思想，皆得无限自由。彼航海者，其所求固在利也。然求利之始，却不可不先置利害于度外，以性命财产为孤注，冒万险而一掷之。故久于海上者，能使其精神日以勇猛，日以高尚。此古来濒海之民，所以比于陆居者活气较胜，进取较锐。"②在田野中耕作的农民，是不可能也无必要进行这样的冒险的，因为对于他们来说，遵守祖传的经验一般可以温饱自足，而主动尝试则可能颗粒无收。这自然容易形成谨小慎微、厚古薄今、不思变革的心态和行为，也造就了审视全面、处世稳重、尊重前辈的习惯及注重自然节奏、很少显露激情和走极端的风格。

第四，农业生产过程中，土地上的农作物生长缓慢，周期较长。农业生产的环节众多，作物的丰收有赖于播种、除草、施肥、灌溉、防护及收割储存，其间不仅旷日持久，而且工作辛劳。这就要求农业社会成员养成坚韧的意志力，用非常的耐心与毅力对待生产中的每一个环节，中华民族的崇尚勤劳、顽强、耐性的传统，不能不说与这一特点有关。中国古代教育思想中强调"业精于勤""锲而不舍"的学习方法，也渊源于此。

第五，在农业生产过程中，作为生产资料的土地是不能移动的，人要利用土地栽种作物，便必须在固定的土地旁边长期厮守，长久居住。为了将子孙拴在土地上，农业社会强调祖先崇拜，鼓励承继祖先的土地与照顾

---

① 卡尔·A.魏特夫:《东方专制主义》，徐式谷等译，中国社会科学出版社，1989，第18页。

② 梁启超:《地理与文明之关系》，《饮冰室合集》文集之十。

祖传土地上的祖坟；强调安土重迁，强调"父母在，不远游"，强调"在家千日好，出门一日难"。只要生计尚能维持，农业社会的成员一般不会离乡背井，抛弃故土。这种长远的定居生活造就了中国先民的永恒意识与历史感，所谓"只有百年庄农，没有百年官宦""衙门财主一蓬烟，种田财主万万年""前人种树，后人乘凉"之类农业社会中流行的谚语，就是这种永恒意识与历史感的流露。中国古代历史学的异常发达以及教育思想中注重历史知识传授的传统，与这一特点不无关联。

第六，在农业生产过程中，农业民族不但需要居有定所，而且需要耕种有时，追求一种静态的、稳定的境界，害怕战争、骚乱和变动。因为一旦战事兴起，不仅征兵征粮，流离失所，也会影响耕种，生计难以维持。中国农民的最高要求，就是丰衣足食，太太平平过日子。所以，在中国人的词汇中，"动"意味着灾难降临，"静"则表示安泰祥和。崇静抑动的价值取向，使中国人的心理呈现出追求和平、崇尚中庸、讲究稳定、厌恶动乱、忌讳争斗的态势，也产生了息事宁人、得过且过的惰性心理。中国古代教育思想中重和谐轻竞争、重静轻动的传统，也是这一特点的反映。

第七，在农业生产过程中，土地的生产力总是有其上限的，如果不改进耕作方式（如轮耕），同一块土地连续种植数次之后，其生产力就会呈递减趋势。除了农忙时节，农业社会的成员生活节奏比较缓慢，色调比较单一，夫妻间没有更多的娱乐和消遣，性生活就相对频繁，加上农业社会对于人口的需求与相应的人力价值观念，生育子女成了生活的重要组成部分。以有限的土地哺养众多的人口，自然会产生匮乏不足的状态。这样，也使勤俭节约、悠然从容的价值观念被人们所接受。

（三）家国一体的宗法社会

农业生产方式的绝对优势，使中国古代形成了世界上最具特色的社会政治制度和社会组织形态——家国一体的宗法社会，从而对中华民族的历史发展，也对中国古代教育思想的形成与发展，产生了重要的影响。

中国古代在由原始社会向奴隶社会过渡的过程中，没有像古希腊、古罗马那样发生奴隶民主派推翻氏族贵族统治的革命，由家庭奴隶制转变为劳动奴隶制，并建立起"城邦"式国家；而是由氏族首领直接转化为奴隶主贵族，由家庭奴隶制发展成宗族奴隶制，并建立起"家邦"式国家。这样，氏族社会的解体进行得很不充分，氏族社会遗传下来的以血缘为纽带，以父权家长为中心，以嫡长子继承制为基本原则的宗法制度及相应的意识形态和思维方式，仍然保存得完好如初，并不断沿袭下来。

宗法制度之所以并未受到太大冲击和破坏，与中国古代的农业型自然经济也是分不开的，农业型的自然经济为宗法制度提供了丰富的营养，是宗法制度赖以生存的丰厚土壤。在农业型的自然经济中，社会的基本运作单位是一家一户，是"鸡犬之声相闻，老死不相往来"的村落小镇，这些村落小镇基本上是一个宗族集团，即由家庭→家族→宗族的结构组成，所以古代的村落小镇经常用"张家寨""李家庄"等来命名。在此基石上，社会、国家也按照"家"的模式构建起来，形成了"家国同构""君父合一"的家国一体的宗法社会。这种社会组织形态是中国古代社会得以长期稳定、缓步发展的根本原因之一，它具有以下特点：

第一，家国一体的宗法社会是以男性为中心的社会。宗法制度是一种父权家长制，在宗法制度下，男性家长是整个家族的中心，他不但是家族权力的象征，也是家族财产的占有者。地位至尊的家族长甚至可以根据自己的意志决定家族成员的生死存亡。当男性家长去世以后，就要从家长的所有男性后代中挑选一个人继承家长的地位。所以，只有生下男儿，才能"传宗接代""延续香火"，使家族得以一代代繁衍发展；只有生下男儿，才是最大的"孝"，才是最大的"福"，才是对得起列祖列宗。以男性为中心也有其重要的经济原因。费孝通先生曾分析说："'养儿防老'，这是小农经济中极重要的一部分。在一个父系社会里，女儿长大了要出嫁，成为其他生产单位的劳动力，而男孩子长大了还可以娶个媳妇，增加这个单位本身的劳动力。"[①]在这种观念的支配下，男性中心的社会地位更得到了巩固，出现了几乎把妇女排除在社会文化教育生活之外的倾向，女子"在家从父，出嫁从夫，夫死从子"，始终处在附属的地位，处在生活的最底层。古代教育思想中"女子无才便是德""唯女子与小人为难养也"的论调也纷至迭出。

第二，家国一体的宗法社会是等级森严的社会。在宗法社会中，家族

---

① 费孝通：《中国传统伦理观念与人口问题》，载《费孝通选集》，天津人民出版社，1988，第499–500页。

是按血缘的亲疏和辈分的高低来确定每个人的地位，国家是按官阶的品级来实行官僚的逐层辖制。在家族中，父亲是至高无上的权威。

《说文解字》在解释"父"时说"矩也，家长率教者，从又举杖"，其意义已不限于亲子的生育关系，也包含有统治和权力的意味了。所以《礼记》说"家无二主，尊无二上"。国家的管理体制也是按家庭的形式仿造出来的，拥有绝对权威的君主被称为"国父"，大臣则叫作"家臣"。"君叫臣死，臣不死不忠；父教子亡，子不亡不孝。"所以，中国人最重要的一项任务就是明确自己在等级森严的社会中的具体位置，学会对于上级与长者的绝对服从。这种等级森严的社会秩序就是所谓"人伦"，而"明人伦"就是中国古代社会中教育的根本宗旨，三纲五常、仁义道德等具体的教育内容，就是"人伦"的主要体现。

第三，家国一体的宗法社会是义务本位的社会。与等级森严的体系相适应，与权力相对应的义务观念由于统治者强调地位低下者对尊贵者——臣子对君父、妻子对丈夫、奴仆对主人、下级对上级——的绝对服从而得到片面的、极端的夸张和扭曲，从而形成了义务本位的伦理体系。因此，"一个人一旦生下来就处于义务罗网的包围之中"。

他必须按长幼亲疏、父子君臣的顺序对兄弟姐妹、对父母、对妻子（或丈夫）、对家庭、对社会、对君主、对国家尽与自己的身份相符的义务，然后作为义务的派生物，或者更通俗地说是作为义务的报酬才可以获得某种属于自己的权利。当然，"他同时也能得到他人特别是地位比自己更卑贱、低下者的义务奉献"[1]。义务本位具有显著的正负效应，它既可以升华为对祖国、对人民、对历史的自觉的使命感，精忠报国、杀身成仁、为民做主、流芳千古等是正效应的典型；也可以扭曲为对君父的愚忠愚孝、对人性的粗暴摧残，"存天理，灭人欲""饿死事小，失节事大"等是负效应的典型。可以说，中国古代的教育归根结底是义务本位的教育。

第四，家国一体的宗法社会是注重血缘的社会。宗法社会的实质是以血缘关系确定人际关系，进而确定人在社会中的政治、经济地位，并由子孙将这种地位世代继承下去。中国社会对血缘关系的高度注重，典型地表现在亲

---

[1]　高亚彪、吴丹毛：《在民族灵魂的深处》，中国文联出版公司，1988，第 32 页。

属间的称谓上，如在英语中，伯伯、叔叔、舅舅都是同一词汇 "uncle"，姑姑、婶婶、妗妗、姨娘则通称为 "aunt"，祖父与外祖父共同使用一个称谓词 "grandfather"，而祖母与外祖母则同称 "grandmother"。中国还在上述区分的基础上，创造出一整套以血缘亲疏为标准的辅助性称谓词，如表、堂、曾、玄、元、外、远、先、亲、干、继、后等。注重血缘关系必然导致 "非我族类，其心必异" 的强烈家族意识，并使之膨胀扩大，使一般人际关系也打上了浓厚的血缘标记。如称老师为师父，称朋友为哥们儿，称领导为父母官，称国人为同胞，称团体为大家庭。中国人注重人情与面子的心理也与此有密切关系，因为讲人情、给面子是家族中人际交往的重要准则。中国古代教育思想中提倡以和为贵、天下一家的传统，也是这种家族意识的流露与表现。

如上所述，在半封闭的大陆环境、农业型的自然经济以及家国一体的宗法社会所组成的生态环境之上，构建了中华民族赖以生存和发展的文化土壤，而由这块文化土壤所滋生、所哺育的中国古代教育思想，显然带有其独特的风格。

二、古代教育思想的主要特质

在分析中国古代教育思想的主要特质时，除必须把握其赖以生长的文化土壤和生态环境外，还必须把它置于世界教育思想史的视野内进行观照。另外，教育思想的灵魂就是教育价值观，中国古代教育思想的主要特质，从根本上来说就是教育思想家乃至整个民族的教育价值取向的反映，因此，我们可以通过价值观的透视，来窥探古代教育思想的主要特质。

（一）重世俗而轻神性

中国古代的教育思想强调教育的世俗功能，而西方的教育思想则充满了神性。所以重世俗而轻神性是中国古代教育思想的第一个重要特质，也是 "东西方教育思想从起源处即表现出来的思维方法上的第一个重大差异"[1]。

古希腊三哲之一的苏格拉底就坚信神是世界的创造者和主宰者，认为神

---

① 毛祖桓：《从方法论看教育学的发展》，重庆出版社，1990，第 20 页。

不但创造了人，而且"在人之中安排了灵魂"，使人较其他动物更优越。他相信人死后会下地狱，并非常真诚、认真地向人们描绘过灵魂在地狱里的情形。古罗马的昆体良在《雄辩术原理》中也指出："如果宇宙是由神圣的指导所统治，国家就一定要由善良的人来管理。如果我们的灵魂来源于上天，我们就应当尽人力于美德，不要使自己成为现世躯体的享乐的奴隶。"[①]因此，他把自己所孜孜培养的演说家，视为"是天神派遣下凡来为世界争光的人"[②]。到中世纪，西方教育思想中的神性色彩愈加浓厚，宗教教育明确要人做执行上帝意志的工具，时时惦念着所谓末日审判。教派分裂、宗教战争、迫害异教徒等，把教育中的神性发挥得淋漓尽致。就是到了近现代，世俗教育逐渐成为现实，张扬神性的宗教教育还仍然是西方教育不可或缺的组成部分。

相比较而言，在中国，唯殷周时期的周公利用人们的原始宗教意识，提出"神灵天罚""致天之罚"（其实周公本人未必就对神灵深信不疑，只不过是借此来加强刑罚的威慑力量而已。从孔子开始，中国的教育思想就走上了世俗化的道路，强调教育的世俗功能）。孔子"不语怪、力、乱、神"[③]，为儒家教育树立了理性态度的风范。对于祭祀鬼神的宗教活动，孔子虽然没有提出明确的反对意见，但"祭如在，祭神如神在"[④]，以及"未能事人，焉能事鬼""未知生，焉知死"[⑤]的表述，已显示了他对于鬼神的怀疑态度。在孟子那里，"天"虽然有时是有意志、有人格的主宰，但这其实也是虚玄一格，并非神圣不可冒犯的绝对的"天"。如他说："天作孽，犹可违；自作孽，不可活。"[⑥]"天时不如地利，地利不如人和。"[⑦]"祸福无不自己求之者。"[⑧]所以，在社会政治观上，他强调民心向背而不是把"天"作为关键因素："桀纣之失天下也，失其民也；失其民者，失其心也。得天下有道：得其民，斯得天下矣。得其民有道：得其心，斯得民矣。"[⑨]在教育观

---

① 任钟印：《昆体良教育论著选》，人民教育出版社，2001，第 168 页。

② 同上书，第 159 页。

③④⑤ 出自《论语》。

⑥ 《孟子·公孙丑上》。

⑦ 《孟子·公孙丑下》。

⑧ 《孟子·公孙丑上》。

⑨ 《孟子·离娄上》。

上，他强调"反求诸己"，强调"苦其心志，劳其筋骨"，而不是寄托于神秘的天赋知识。由儒家开创的这种注重现实生活的传统，已成为中国人生活方式中不可忽视的特色。正如林语堂在《吾国吾民》中所说："再明显不过的事实是，中国的人文主义者献身于自己所确认的人生真谛，对与此无关的神学、玄学的奇幻异想则漠然置之。……毫无疑问，中国人热爱生活，热爱这个尘世，不情愿为一个渺茫的天堂而抛弃它。他们热爱生活，热爱这个痛苦然而却美丽的生活。这里，幸福的时刻总是那么珍贵，因为它们稍纵即逝。他们热爱生活，这个由国王和乞丐、强盗和僧侣、葬礼与婚礼、分娩与病患、夕阳与雨夜、节日饮宴与酒馆喧闹所组成的生活。"[1]在中国教育史上，佛教教育虽然有一定影响，但它始终没有同化儒家教育，它的超尘脱俗的修炼之道，也并未被大多数人所接受。

总之，中国古代教育思想具有重世俗而轻神性的特质，它注重在现世的社会生活中培养人，又主张通过培养具有人伦精神的人为社会的政治、经济生活服务，而不以超然世外的目的为教育的宗旨，表现出一种积极入世的精神。[2]

（二）重道德而轻功利

中国古代的教育思想强调教育的道德原则，而西方的教育思想则重视功利原则。所以，重道德而轻功利构成了中国古代教育思想的第二个重要特质。

西方的功利主义为边沁所首倡，但其基本精神却滥觞于苏格拉底。苏格拉底承认猪的生活是不苦于忧虑的，但人不应当像猪一样自我满足，所以边沁才说："宁肯做不满足的苏格拉底，而不做满足的猪。"他虽然也承认"大多数人的最大幸福"，承认社会利益，但又认为"社会是一种虚构的团体，由被认作其成员的个人所组成"[3]，所以，只有"个人利益是唯一现实

① 林语堂:《中国人》(直译《吾国吾民》)，郝志东、沈益洪译，浙江人民出版社，1988，第83-85页。

② 高瑞泉:《民族思维定式与传统教育模式》，载丁纲主编《文化的传递与嬗变》，上海教育出版社，1990，第11页。

③ 转引自周辅成编《从文艺复兴到十九世纪资产阶级哲学家政治思想家有关人道主义人性论言论选辑》，商务印书馆，1966，第583页。

的利益"①。其实，功利主义的思想在古希腊思想的集大成者亚里士多德身上就可找到影子。他把人的生命、人的感觉欲望与人根据理性原则而生活都作为人的功能，强调"道德是一种在行为中造成正确选择的习惯，并且，这种选择乃是一种合理的欲望"②。所以他认为，事物的善在于它那特有性质的实现，而每一种生物的目的或目标是要实现它那区别于其他生物的特殊本质或使之明显起来。人的至善是全面和习惯地行使那种使人成为人的职能，即在实现个人利益的过程中获得个人的幸福。后来的西方思想家和教育家，如爱尔维修、洛克、卢梭等都继承和发展了这一思想，使西方文化展现出功利主义的风貌。

与此相反，中国古代教育思想一开始就是反功利而倡道德的。老庄的"无为"教育思想就公开标榜其反功利的性质："是以圣人之治也，虚其心，实其腹；弱其志，强其骨。恒使民无知无欲也。使夫知不敢为而已，则无不治矣。"③认为无知无欲是国之政治、人之道德的基本前提。儒家的教育思想由于重视人的现实生活而主张积极入世，但在反功利这一点上，与道家可谓殊途同归。如孔子说："君子喻于义，小人喻于利。"④认为有道德的人追求的是道义，无道德的人追求的是功利。虽然他不是百分之百地反对功利，但始终把功利置于道德的制约之下，反对"见利忘义"。孔子有一句名言："饭疏食饮水，曲肱而枕之，乐亦在其中矣。不义而富且贵，于我如浮云。"⑤即人的真正快乐在于道德境界的达到，这时，尽管可能处于贫且贱的地位，仍要泰然对待。在孔子的整个学说中，"仁"是核心范畴，《论语》中出现的"仁"字，有 105 次之多。这是以血缘关系为基础，以父慈子孝为核心，并扩展到整个人际关系，构成了对外讲人道精神、对内求理想人格的伦理道德教育体系。此后，从孟子的"舍生取义"和"父子有亲，君臣有义，夫妇有别，长幼有序，朋友有信"的"五伦之教"，到宋明理学的

---

① 《马克思恩格斯全集》第 2 卷，人民出版社，1972，第 170 页。

② 周辅成编《西方伦理学名著选辑》上卷，商务印书馆，1964，第 303 页。

③ 许抗生：《帛书老子注译与研究》，浙江人民出版社，1982，第 68—69 页。

④ 《论语·里仁》。

⑤ 《论语·述而》。

"存天理，灭人欲"和"先王之学以明人伦为本"①的命题，无不是把伦理道德教育作为最高的任务。所以，从总体特征上来看，以儒家为主体的中国古代教育思想具有浓厚的教育伦理化色彩。在某种意义上可以说，中国古代教育思想史就是一部中国伦理学史。

至于中国古代教育思想史上并不占主流的强调或注意功利的学说，大多也并不忽视道德的功能，而且大多是在道德的基石上构建自己的教育学说的。以墨子为例，他虽然提出"兼相爱，交相利"的主张，但第一，他的"爱"与"利"是不与个人攸关的，而是"天下之利"，是"交"而后的"利"，本质上成为对主体的束缚而否定了个人的功利；第二，他的"爱"与"利"是以等级和忠孝为前提的，如他说："义可厚，厚之；义可薄，薄之，谓伦列。德行、君上、老长、亲戚，此皆所厚也。为长厚，不为幼薄。亲厚，厚。亲薄，薄。亲至，薄不至。"②"万事莫贵于义。"③这样，"爱"与"利"的施及已经按伦理原则来进行了，先是有德行的人，君主，次为年老者，最后是亲戚。这与儒家学说重德、唯上、畏先辈不是有异曲同工之效吗？

中国古代思想重道德而轻功利的价值观，表现在教育上，就是崇尚教育的伦理价值而贬低教育的实用价值。伦理教育与实用教育从来就是本与末的关系，舍本而逐末，就只能遭到攻击和排斥。中国古代教育思想中只有富而后教的观点，而几乎找不到教然后富的教育经济思想，原因正在于此。这在很大程度上制约了教育对社会经济发展的能动作用。

（三）重政务而轻自然

中国古代具有"政教合一"的传统，教育思想强调教育的政治功能，而西方的教育思想则重视教育的自然适应。所以，重政务而轻自然构成了中国古代教育思想的第三个重要特质。

西方思想中注重探究自然的科学精神具有悠久的传统。英国哲学家罗

---

① 《近思录》卷九。

② 《墨子·大取》。

③ 《墨子·贵义》。

素指出："发源于希腊的西方文明，是以距今 2500 年、开始于米利都的哲学和科学为基础的。这样，它就有别于世界上其他伟大的文明。贯穿希腊哲学的主导概念是'逻各斯'这个名词，除别的含义外，是指'言语'和'量度'，这样说使哲学的讨论同科学的探求紧密地结合起来。"①所以，古希腊哲学与自然科学相互渗透甚至浑然一体，哲学家大多本身就是博学的自然学者。在柏拉图开设的"阿加德米"学园大门上，甚至镌刻着"进入这个学院的人，没有一个是不懂几何学的"②这样的箴言。亚里士多德更是一位自然科学的百科全书式的人物，他在物理学、动物学、植物学、天文学、生物学、心理学等领域均有著述和成就，被认为是近代科学之父。他之所以能在西方教育思想史上提出教育必须遵循自然的观点，并在儿童的身心发展方面提出许多符合科学的见解，与他重视探究自然的科学精神是分不开的。近现代西方科学哲学的勃兴和教育思想中科学教育思潮的产生，无不从古希腊的这种科学精神中汲取了养料。

相对而言，中国古代教育思想从一开始就显示了强烈的政治性。金岳霖先生在评价中国古代哲学时写道："儒家讲内圣外王，认为内在的圣智可以外化成为开明的治国安邦之术，所以每一位哲学家都认为自己是潜在的政治家。一个人的哲学理想，是在经国济世中得到充分实现的。"③如果我们把其中的"哲学家"换成"教育思想家"（其实这两种人在中国古代本身是合二为一的），把"哲学理想"改为"教育理想"，也是完全说得通的。在中国古代，教育的最一般目标就是"学而优则仕"④。教育的根本出路就是为了培养具有封建伦理道德的统治阶级所需要的人才，为学不离从政，从事学术是为了自觉掌握伦理规范与治民之术，并以此跻身于仕宦阶层。换言之，在内圣外王的理想人格导引下，一个人内在的德行与仁义，要外化为理想社会最主要最简捷的途径或中介就是"仕途通达"。只有如此，才有可能"兼济天下"。⑤这样，我们就能体会孔子告诫弟子的良苦用心了，无

① 伯特兰·罗素：《西方的智慧》，马家驹、贺霖译，世界知识出版社，1992，第 10—13 页。

② 转引自勃克斯《计算机和教育》，《哲学译丛》1984 年第 3 期。

③ 金岳霖：《中国哲学》，《哲学研究》1985 年第 9 期。

④ 《论语·子张》。

⑤ 参见高瑞泉《民族思维定式与传统教育模式》，载丁钢主编《文化的传递与嬗变》一书。

论是"不患无位，患所以立"，还是"学也，禄在其中矣"①，都反映了孔子重政务的倾向。

如果我们考察一下中国古代教育的内容和方法，大致可以发现一条"心理→伦理→政治"的轨迹。最典型的表述见于《大学》：

古之欲明明德于天下者，先治其国；欲治其国者，先齐其家；欲齐其家者，先修其身；欲修其身者，先正其心；欲正其心者，先诚其意；欲诚其意者，先致其知；致知在格物。物格而后知至，知至而后意诚，意诚而后心正，心正而后身修，身修而后家齐，家齐而后国治，国治而后天下平。

这就是说，"格物""致知""诚意""正心"的心理功夫，是为了达到"修身""齐家"的伦理境界；而"修身""齐家"的伦理境界，又是为了实现"治国""平天下"的政治理想。这个"心理→伦理→政治"的道德教育程序，经过朱熹的阐发和肯定，成为后世封建教育的基本模式。而科举考试制度，则从行政和法律的角度，把这个程序或模式强有力地固定下来，使教育完全成了统治者实行"德治"、维护封建社会"稳定"秩序的一种工具。

中国古代教育思想中这种重政务而轻自然的特质具有明显的两重性格。从积极方面讲，它鼓励人们介入社会的政治生活，使中国的知识分子具有很强烈的社会责任感和政治使命感，在国家的生死存亡关头不畏缩退避，慷慨赴义。从消极方面讲，由于过分强调了教育所具有的治国安邦、教化人民的政治功能，虽然在形式上抬高了教育的地位，但实际上却导致教育功能的"窄化"，从而限制了古代自然科学的发展，限制了生产技艺的进步，也限制了自然科学与生产技艺的教育。陈独秀在《随感录·学术独立》一文中分析了中国古代学术不发展的原因。他说：

中国学术不发达之最大原因，莫如学者自身不知学术独立之神圣。譬如文学自有其独立之价值也，而文学家自身不承认之，必欲攀附《六经》，妄称"文以载道"，"代圣贤立言"，以自贬抑。史学亦自有其独立之价值也，而史学家自身不承认之，必欲攀附《春秋》，着眼大义名分，甘以史学为伦理学之附属品。音乐亦自有其独立之价值也，而音乐家自身不承认之，必

① 《论语·卫灵公》。

欲攀附圣功王道，甘以音乐学为政治学之附属品。医药、拳技亦自有独立之价值也，而医家、拳术家自身不承认之，必欲攀附道术，如何养神，如何练气，方"与天地鬼神合德"，方称"艺而近于道"。学者不自尊其所学，欲其发达，岂可得乎？

言虽不乏偏激，但从独特角度揭示了教育政治化所导致的排他性。这在教育思想上也有所表现，如荀子就认为，凡是与政治无关的学问，都是"无用之辩，不急之察，弃而不治"。"若夫君臣之义，父子之亲，夫妇之别，则日切磋而不舍也。"[①]《礼记·王制》更是把"执技以事上"视为"不与士齿"的活动，并明令"作淫声、异服、奇技、奇器以疑众，杀"。后世把科学技术视为"奇技淫巧""形器之末"，即根源于此。另外，由于古代教育思想提倡重视政务，教育培养出的学人均以"仕途通达"为唯一出路，不可能形成独立的人格，而形成了屈于权威、为富贵利禄谋的消极心理品质。

（四）重和谐而轻竞争

和谐是中国古代文化所追求的最高境界。中国古代教育思想也贯穿着和谐的精神，而西方的教育思想则重视竞争原理的推行。所以，重和谐而轻竞争构成了中国古代教育思想的第四个重要特质。

西方教育思想中虽然也屡有提倡和谐的学说，如毕达哥拉斯就提出过"美德乃是一种和谐"[②]的命题，亚里士多德也提出过道德教育中的"中道"原则，说："因为德性必须处理情感和行为，而情感和行为有过度与不及的可能，而过度与不及皆不对；只有在适当的时间和机会，对于适当的人和对象，持适当的态度去处理，才是中道，亦即最好的中道。这是德性的特点。"[③]但重视竞争的思想更是古已有之，而且逐渐成为占主导地位的教育思想。古希腊早期思想家赫拉克利特就说过："互相排斥的东西结合在一起，

---

① 《荀子·天论》。

② 转引自章海山：《西方伦理思想史》，辽宁人民出版社，1984，第35页。

③ 周辅成编《西方伦理学名著选辑》上卷，商务印书馆，1964，第309页。

不同的音调造成最美的和谐；一切都是斗争所产生的。"又认为："竞争（战争）是万物之父亦是万物之王。它使一些人成为神，使一些人成为人，使一些人成为奴隶，使一些人成为自由人。"①这就明确把竞争作为人生存和发展的前提。此后，从霍布斯、马尔萨斯，直到达尔文、赫胥黎、高尔顿等，无不重视生存竞争的原则，所以，竞争与差异一直是西方教育家着意培养的品质。

相对而言，中国古代文化的和谐境界是追求真（自然之和谐）、善（人际之和谐）和美（天人之和谐）相统一的总体目标，尤以人际和谐为主。孔子较早提出了"和为贵"②的命题，把"和"与"安"作为处事治国的原则。他说："丘也闻，有国有家者，不患寡而患不均，不患贫而患不安。盖均无贫，和无寡，安无倾。夫如是，故远人不服，则修文德以来之。既来之，则安之。"③这是就人际关系而言的，《中庸》则就个人的修养而言之："喜怒哀乐之未发，谓之中；发而皆中节，谓之和。中也者，天下之大本也；和也者，天下之达道也。致中和，天地位焉，万物育焉。"对己对人都须以和谐中庸的原则来指导。

在和谐原则的前提下，中国古代教育思想非常注重塑造和谐的品质。如孔子就要求学生言行合乎中庸。在评价学生的行为时，他也运用和谐中庸的标准，既反对"过"又反对"不及"。④这个标准也成为古代教育中"因材施教"的出发点，如孔子"求也退，故进之；由也兼人，故退之"⑤的实践，正是履行了和谐的原则。因此，中国古代教育家提倡虚心谦逊、刚柔相济、不走极端，鼓励不为人先、知足常乐、和平共处。和谐中庸最大的弊端是压抑了竞争、进取精神，社会上广泛流传的"木秀于林，风必摧之；堆出于岸，流必湍之；行高于人，众必非之""事修而谤兴，德高而毁来""人怕出名猪怕壮"以及"枪打出头鸟"等俗语，都在某种程度上揭示了重和谐而轻竞争所带来的消极影响。

---

① 苗力田主编《古希腊罗马哲学》，中国人民大学出版社，1989，第41页。

② 《论语·学而》。

③ 《论语·季氏》。

④ 《论语·先进》："子贡问：'师与商也孰贤？'子曰：'师也过，商也不及。'曰：'然则师愈与？'子曰：'过犹不及。'"

⑤ 《论语·先进》。

重和谐而轻竞争的价值取向，也对中国古代的教育方式方法产生了一定影响，形成了古代教育思想中注重自我教育和道德反省的传统。如孔子就把能否自觉反省作为区别"君子"与"小人"的标志，培养出了像颜渊能"退而省其私"①和曾参"吾日三省吾身"②这种克己内省的典范。孟子则把自我教育与道德反省称为"求放心"。他说："仁，人心也；义，人路也。舍其路而弗由，放其心而不知求，哀哉！人有鸡犬放，则知求之；有放心，而不知求。学问之道无他，求其放心而已矣。"③认为做学问的要旨就是不要舍弃"义"的必由之路，放失"仁"的固有善心，反求诸自身，恢复本然之善德。这种自我教育和道德反省的方法，被宋明理学家发展为体系化、程序化的教条，如"主敬""存养""省察""慎独"等，形成了中国古代教育思想的内向化特点。

（五）重整体而轻个体

中国古代重人伦道德、重和谐中庸、重世俗政务的价值取向，也决定了中国古代教育思想的整体倾向，而西方教育思想则具有悠久的个人主义传统，所以，重整体而轻个体构成了中国古代教育思想的第五个特质。

早在古希腊的伯利克里黄金时代，普罗塔戈拉就提出了"人是万物的尺度"的命题，表明了个人不再把城邦的利益或法律当作外在必然性来服从，希望以自身的欲望和利益来决定人的行为。普罗塔戈拉这个命题在伦理学上的意义，意味着人在社会生活和道德生活中，应当以个人的欲望和利益作为道德的来源，作为道德行为的标准。④这一思想对西方文化的发展产生了深远影响。17世纪初，荷兰国际法专家格罗修斯明确把自由和财产规定为个人的权利，并把这一人权上升到自然法的高度。这种思想逐渐成为西方的社会公理：一个人首先关心自身的利益是自然和合理的，谋求增进个人的利益是增进社会整体利益的最佳途径。这一公理不仅适用于个人之间的财产关系，且推及人与人、人与家庭、人与国家的其他伦理关系和法律

---

①② 分别引自《论语》的《为政》《学而》两篇。

③ 《孟子·告子上》。

④ 章海山：《西方伦理思想史》，辽宁人民出版社，1984，第57页。

关系。这些个人至上的原则被写进了西方的教科书中，如：人有权自行其是，除非违法，否则不受干预；父母不得干涉成年子女的利益；人对自己的行为负责，人有抉择权；隐私权是不可剥夺的个人权利；人身不可侵犯；只有在国家危急时，为国牺牲才是合理的；政府无权干涉个人的自由和隐私；人人都有选举权和被选举权；等等。①乃至于西方教育思想家大多把具有个性和独创性的人视为培养人才的基本规格，如穆勒宣称："一个人，其欲望和冲动是他自己的——这些是他自己的本性经过他自己的教养加以发展和校改的表现——就称为具有性格。一个人，其欲望和冲动不是他自己的，就没有性格，正如一架蒸汽机之没有性格。"②实用主义教育的代表人物杜威更直截了当地说："在学校里，儿童的生活成为决定一切的目的，凡促进儿童成长的必要措施都集中在这个方面。"③这种以儿童个人为中心的学说，已被西方大多数教育工作者所认同，成为西方教育的理论基石之一和基本的出发点。

相对而言，中国古代把维护群体的协调、社会的安定作为最高命令的伦理政治原则，是把社会的整体利益作为个体利益的唯一参照系，认为群体的整体利益是个人利益的出发点和归宿，它包括或代表了个体利益。个体对于整体来说，义务重于权利，奉献大于索取。个体的价值只有在整体社会中才能得以实现，个体的完善归根结底也不是为了自身，而是隶属于群体协调、治国安邦这一至上目标。《大学》教人们的最高境界，就是"明明德""亲民"和"止于至善"。而具体要求就是，"为人君，止于仁；为人臣，止于敬；为人子，止于孝；为人父，止于慈；与国人交，止于信"，完全是家庭本位、社会本位的表述。这种注重整体的特征也反映在中国古代的思维方式上，如倡导"天人合一""知行合一""官师合一""政教一体""家国一体""物我两忘"，强调对自然界、人类社会的整体把握，而缺乏对这一整体的各个细节的认识能力，缺乏微观的分析性思维和具体的观察与实验。在教育活动中，也就注重"大体"的认识与觉悟，而忽视"支离破碎"的解剖与分析。

重整体而轻个体的价值取向，对于教育人民讲求国家和民族的整体利

---

① 高瑞泉、袁振国：《人格论》，上海文化出版社，1989，第48页。

② 许步曾编《西方思想家论教育》，人民教育出版社，1985，第41页。

③ 杜威：《学校与社会》，赵祥麟、王承绪编译，载《杜威教育论著选》，华东师范大学出版社，1981，第33页。

益，强化民族的凝聚力，以及培养学生的整体系统思维能力，具有一定的积极意义，但也在某种程度上诱发了家长主义、王权主义，乃至专制主义，压抑、约束了人的个性和能动性。这种价值取向既塑造出虚怀若谷、尊敬师长、热爱集体的高尚品质，也可能会培养出谨小慎微、阳奉阴违、自卑自抑的消极人格特征。孔子所提出的"毋意、毋必、毋固、毋我"[1]，不就是要人们不要主观推测，少发表个人的见解，不要认为事情的发展必然会怎样，不要断然肯定自己的看法，不要固守自己的看法，不要坚持自己的意见，不要自以为是吗？总之，毋意是自我丧失的出发点，毋必是自我剥夺的磨炼，毋固是自我放弃的核心，最终做到毋我。个人的进取意识得不到社会的保护和提倡，只好人云亦云，委曲求全。所以，整体与个体的协调、个人利益与群体利益的统一，是目前教育思想建构的任务之一。

当然，中国古代教育思想还不止以上五个特质，其他如重积累而轻发现、重趋善而轻求真等也不可忽视。而且，所谓"重"与"轻"是相对于西方教育思想而言，并且是就整体特征而言的，并不意味着绝对地偏向一方或忽视一方。如中国古代教育思想家中提倡功利、提倡务实、注重个性的也有不少，只不过被整体特征所淹没了而已，这是应该注意的。

三、古代教育思想的现代意义

黑格尔在阐述民族精神的意义时认为，它是构成一个民族意识的其他种种形式的基础和内容。[2]古代教育思想所积淀的古代教育精神，同样以种种形式规范着现代的教育，今天的教育无疑是过去教育的延续、拓展和升华。古代教育思想对现代的影响是多方面的，正面与负面因素并存，这就需要我们主动地发挥教育对于文化的选择、改造和创新功能，取其精华，去其糟粕，从而使古代教育思想再放光彩。

黑格尔在讲到接受人类文化遗产时曾指出："当我们去吸收它，并使它为我们所有时，我们就使它有了某种不同于它从前所有的特征"，而"那种

---

[1] 《论语·子罕》。

[2] 黑格尔：《历史哲学》，王造时译，上海书店出版社，2001，第95页。

接受过来的遗产就这样地改变了"①。在这个意义上说，我们在继承和发展中国古代教育思想的遗产时，自觉不自觉地总要"为我所用"，使其具有若干"新质"，诠释古代教育思想的现代意义。所谓弘扬古代教育思想的优秀传统，本身就包含了继承与创造两个方面。继承中有创造，创造中有继承；历史中有现实，现实中有历史。这就是弘扬的辩证法。具体说来，古代教育思想在以下诸方面仍具有一定的现代意义。

（一）世俗精神

中国古代教育思想具有重世俗而轻神性的传统，教育家倡导的是关心社会现实的人生态度。中国人不是把致思的中心盯住彼岸世界，而是注目于现实社会；不是着眼于"来世"，而是致力于"今生"。有人说，西方基督教文化是"天学"，印度佛教文化是"鬼学"，而中国传统文化是"人学"。这一"人学"文化是积极入世的，具有强烈的世俗精神。所以，中国古代教育思想家无不强调教民化俗，无不重视经世致用、兴邦治国。儒家（包括宋明理学的所谓"新儒家"）虽然重视个体精神的修养与道德的完善，但最终的目标还是将内在的思想外化为积极的事功，"内圣"一定要外化为"王道"，从而实现"兼济天下"的理想。法家的教育思想以奖励耕战、注重法制、强调实效为特征，无疑更是积极的入世态度。即使是道家与佛家，也带有明显的世俗精神。陈鼓应先生在《老子注译及评介》中指出，老子无为、谦退、清静等观念，"不仅没有消极的思想，相反地，却含蕴着培蓄待发的精神。一方面他关注世乱，极欲提供解决人类安然相处之道；另一方面，他要人凝练内在生命的深度"②。所以，"无为"根本上是为了"无不为"，只要反省一下黄老哲学在中国古代每一个动乱向治世转化的时代所起的特殊作用，就可了然。佛家也是如此，佛经讲"佛法在世间，不离世间觉。离世求菩提，恰如觅兔角"，就是要修行在人间，觉悟在人间。佛家的最高境界是"普度众生"，是"以出世的精神来做入世的事业"③，化人间为

---

① 黑格尔:《哲学史讲演录》第 1 卷，贺麟、王太庆译，商务印书馆，1981，第 10 页。

② 转引自陈晏清主编《当代中国社会哲学》，天津人民出版社，1990，第 108 页。

③ 林世敏:《佛教的精神特色》，福建莆田广化寺佛经流通处，1988 年翻印本，第 21 页。

庄严净土，变地狱为极乐世界。

古代教育思想中的世俗精神，强化了教育与社会政治的联系，对我们在现代社会如何发挥教育的功能提供了有益的借鉴。但我们也必须防止过分重视教育的世俗性而忽视它的相对独立性，把教育等同于社会政治或生产力，忽视教育自身的内部规律和其他功能。

（二）道德精神

从总体上说，古希腊罗马的教育思想家有一种"智者风度"，他们比较关注人与自然的关系，富有科学精神；而中国古代的教育思想家则具有一种"贤者气象"，他们更关心人与人之间的关系，富有道德精神。孔子在谈及知识教育与道德教育的关系时就言明了这种精神。他说："弟子，入则孝，出则悌，谨而信，泛爱众，而亲仁。行有余力，则以学文。"①把道德教育及其实践放在至高无上的地位。或者说，中国古代教育中道德教育甚至可以取代其他，成为唯一的"学问"。董仲舒说："能说鸟兽之类者，非圣人所欲说也；圣人所欲说，在于说仁义而理之，知其分科条别，贯所附，明其义之所审，勿使嫌疑，是乃圣人所贵而已矣。"②朱熹则更简明地指出："且如今为此学而不穷天理、明人伦、讲圣言，乃兀然存心于一草木、一器用之间，此是何学问？"③所以，中国古代教育家注重培养学生的道德品质和健全人格，鼓励学生威武不屈、贫贱不移、舍生取义、精忠报国，鼓励学生孝敬父母、尊重师长、协调关系，成为"铁肩担道义，妙手著文章"④的仁人志士。

古代教育思想中的道德精神，强化了中国人的道德意识，并形成了若干行之有效的道德教育方法，这对于今天的道德教育的理论构建和实践运作来说，都是可以发扬光大的。但对于古代教育思想中注重三纲五常的德育内容以及用道德教育取代其他的做法，则必须予以摒弃。

---

① 《论语·学而》。

② 《春秋繁露·重政》。

③ 《晦庵先生朱文公文集》卷三十九。

④ 这是李大钊先生写的对子，但实际上也反映了中国知识分子的基本心态与气节，故借而用之。

（三）和谐精神

中华民族是一个宽容、和平的民族。蔡元培先生曾认为，中国人的国民性与"儒家的中庸之道最为契合"①。与此相适应，中国古代的教育思想家注重培养学生追求和谐的精神，注重培养学生的博大胸怀。孔子所提倡的"和而不同""执两用中"以及《中庸》所恪守的"万物并育而不相害，道并行而不相背"的宗旨，在教育实践中产生了重要影响，并形成了中华民族重视人与自然的和谐、人与人的和谐、人与社会的和谐乃至国家与国家之间的和谐的传统。西方传教士利玛窦在仔细研究了中国长达四千多年的历史后发现，中国人"没有征服的野心，在这方面他们和欧洲人很不相同"，这反映了中国人追求和平与和谐的民族精神。这种和谐精神，使中国人崇尚兼容并包、百川入海的境界，崇尚温文尔雅、不露锋芒的风格，崇尚不偏不倚、和而不同的思维方式，崇尚尊师爱生、切磋研磨的师生关系。

古代教育思想中的和谐精神，造就了中国人所特有的心理境界，使中国人能达观恢宏地看待人生与社会，在同天地万物的参化中找到自己的归宿。人生失意，可以在与天合一中找到弥补；外遇不平，可以在自我内心中寻求平衡。一种绝伦无比的心理防卫机制由此建立。但同时往往导致缺乏竞争的动力与机制，缺乏主动进取的挑战精神，甚至于不讲原则地息事宁人，这也是在弘扬和谐精神时必须加以注意的。

（四）群体精神

注重群体教育与整体利益，是中国古代教育思想的一个显著特点，也是与道德精神、和谐精神密切相关的派生特征。孔子最高的道德教育目标"仁"的规定，就是着眼于人际、着眼于群体的。仁者"爱人"也好，"夫仁者，己欲立而立人，己欲达而达人"也罢，都不是纯粹的个体的独立人格指向，而是作为群体一份子的个体必须对群体、对他人的伦理义务。有人把中国古代社会的人际关系概括为四种基本类型，即血缘亲情型的人我

---

① 蔡元培：《中华民族与中庸之道》，载蔡尚思主编《中国现代思想史资料简编》第3卷，浙江人民出版社，1983，第503页。

关系、君臣上下等级型的人我关系、同心相知型的人我关系以及路人偶遇型的人我关系。①这四类关系构成了一个有机的统一整体，涵盖了古代社会中的一切人我交往。而道德教育乃至于全部教育的宗旨，就是让人们明确并掌握调节这些关系的道德规范体系。总之，中国古代教育思想的核心，就是教育人们学会处理各种关系，在群体中求得生存和发展。

古代教育思想中的群体精神，形成了个体对他人、群体、社会的责任感和义务感，形成了四海皆同胞、五洲皆兄弟的亲和意识。但由于过于强调群体精神，相对易忽视个体利益，阻碍个人创造性的发挥，使个体淹没在群体之中。所以，今天的群体教育不应是历史的翻版，而应"把现代社会发展所需要的个体人格独立糅合到社会主义的集体主义教育中去，把个性、群体性和民族性有机地结合起来"②。

（五）人本精神

中国古代从《尚书·泰誓》篇说的"惟人，万物之灵"起，到管仲"霸王之所以始也，以人为本"的命题，再到清末龚自珍在《释风》中所说的"天地至顽也，得侇虫（指人）而灵"，人本主义的传统绵延了几千年。过去人们总认为中国古代教育思想具有"目中无人"的根本缺陷，其实这是用西方人本主义传统中个人至上的标准来衡量中国的人本主义。事实上，东西方人本主义各有特点，西方教育思想中的人本主义是独立型的、自我中心的、自我实现式的，而中国古代教育思想中的人本主义是协作型的、他人中心的、自我完善式的。中国古代的教育正是以这种人本精神来指导的。

古代教育思想中的人本精神，渗透到社会生活的方方面面，如政治生活中重视民心、以民为本就是一例。唐太宗就接受了"水可载舟，亦可覆舟"的道理，认识到"凡事皆须务本，国以人为本，人以衣食为本"。在道德生活中，也是强调人的不断自我完善，并认为人的修养与发展是一个没有止境的过程，鼓励人们以尧舜圣贤为榜样，反身内求、自强不息。当然，

这种精神由于过分强调了协作与自我完善，相对就忽视或放弃了另一个侧面。所以，在弘扬古代人本精神的过程中，必须汲取西方教育思想中人本主义精神的合理内核，既注重培养学生的独立性，又着力发展学生的协作精神；既注重对学生进行外在规范的约束，又注意形成学生自我完善的意欲与志向。

总之，我们研究古代教育思想，绝不是为了发思古之幽情，也绝不是仅仅梳理出线索与精华，而是力图使古代教育思想获得现代教育的意义，为构建现代教育理论的体系，形成具有民族特色的教育观念，为指导教育的实践作绵薄的贡献。

第三章　中国古代教育思想的理论基础

任何一种教育思想的产生和发展，总是以一定的理论为依据的。一个教育家或一个教育流派，总要以不同方式表达其对教育的基本看法，这个基本看法就是教育家或教育流派的理论基础，从而也就构成了教育思想的性质和特色。

中国古代教育思想的理论基础，主要涉及三个领域，即治乱学说（讨论教育与社会的政治、经济的关系）、人性理论（讨论教育与人的发展的辩证关系）和人才观念（讨论教育的目的和价值）。这与现代教育哲学讨论的教育功能和教育价值的问题大致接近。

一、治乱学说——教育与社会发展

国家治乱安危、兴衰盛废的根本原因是什么？教育在其中扮演了什么角色？从教育理论的角度而言，这就是所谓治乱学说。

如前所述，在中国古代教育思想的萌芽时期，就已把教育的社会政治功能放在十分重要的位置，周公提出对百姓"训告""保惠""教诲"的出发点，就是试图使他们安分守己、诚实虔敬。他主张的"明德慎罚"、先教后刑，对古代德治传统产生了直接的影响。先秦时期的孔子进一步发展了周公的学说，阐述了刑罚与教化在稳定民心中的不同功能："道之以政，齐之以刑，民免而无耻；道之以德，齐之以礼，有耻且格。"认为用政法与刑罚来治理人民，只能使他们暂时免于犯罪，而没有廉耻之心。相反，用教化与礼仪熏陶人民，就能使他们不但有廉耻之心，而且人心归服。

据此，孔子提出了"为政"必先"教民"的主张，从他说的"善人教民七年，亦可以即戎矣"[1]"以不教民战，是谓弃之"[2]"不教而杀谓之虐"等言论[3]，都可看出孔子重视教化人民的思想。孔子还通过冉有之问，提出了庶—富—教的施政大纲。《论语·子路》载：

> 子适卫，冉有仆。子曰："庶矣哉！"冉有曰："既庶矣，又何加焉？"曰："富之。"曰："既富矣，又何加焉？"曰："教之。"

这是中国古代最早的关于教育与经济关系的表述。孔子认为，要治理好一个国家，首先要有较为充裕的劳动力（庶），其次要发展生产，使人民丰衣足食（富），在庶与富的基础上对人民进行教化，发展教育事业。从上述言论可以看出，经济应先于教育，而教育又与经济相互影响。

孟子作为儒家的"真传""亚圣"，继承和发挥了孔子的治乱学说，认为国家"城郭不完，兵甲不多"和"田野不辟，货财不聚"并不是真正的灾害；而"上无礼，下无学"，缺乏教育，就会"贼民兴，丧无日矣"[4]，使国家陷于动乱之中。所以他指出："善政不如善教之得民也。善政，民畏之；善教，民爱之。善政得民财，善教得民心。"[5]在教育内容上，孟子也是以治国安邦为中心的，即所谓"父子有亲，君臣有义，夫妇有别，长幼有序，朋友有信"的"人伦"，只有小民相亲相爱相信于下，才不会滋生"犯上作乱"的心理与行为。

先秦时期儒家的集大成者荀子更明确地把教育同国家的命运联系起来，他说："国将兴，必贵师而重傅；贵师而重傅，则法度存。国将衰，必贱师而轻傅；贱师而轻傅，则人有快；人有快，则法度坏。"[6]认为如果不尊重教师，不发展教育，就会使人们放纵为非、破坏法制，从而使国家衰乱。

在儒家的早期作品中，对于教育与社会发展关系阐述最详且提纲挈领者，当推《礼记》中的《大学》和《学记》两篇。《大学》写道：

---

① ② 《论语·子路》。

③ 《论语·尧曰》。

④ 《孟子·离娄上》。

⑤ 《孟子·尽心上》。

⑥ 《荀子·大略》。

古之欲明明德于天下者，先治其国；欲治其国者，先齐其家者，先修其身；欲修其身者，先正其心；欲正其心者，先诚其意者，先致其知；致知在格物。物格而后知至，知至而后意诚，意诚而后心正，心正而后身修，身修而后家齐，家齐而后国治，国治而后天下平。

《大学》是儒家论大学教育的专著，这段话主要揭示了大学教育的八个条目，即格物、致知、诚意、正心、修身、齐家、治国、平天下八个步骤，教育无疑是其中的纽带，从而也是"国治"和"天下平"的前提。《学记》开门见山地论述了这个问题：

发虑宪，求善良，足以谀闻，不足以动众。就贤体远，足以动众，未足以化民。君子如欲化民成俗，其必由学乎！

玉不琢，不成器；人不学，不知道。是故古之王者，建国君民，教学为先。《兑命》曰："念终始典于学。"其此之谓乎！

上述第一段的大意是说，执政者仅仅能深谋远虑、网罗人才、礼贤下士，是远远不够的；要想真正地教化人民，形成良好的社会风气，只能通过学校教育才能奏效。第二段的大意是说，就像玉石必须经过雕琢才能成器一样，人只有通过学习方可知事明理；而为政者要建立国家、统治人民，必须先从学校教育入手。所以，《学记》要人们记住《尚书·兑命》的名言：念念别忘的就是教育。

墨家也比较重视教育与社会发展的关系，如墨翟说："垂其股肱之力而不相劳来也，腐臭余财而不相分资也，隐匿良道而不相教诲也。若此则饥者不得食，寒者不得衣，乱者不得治。"[①]认为如果不注重教育，政治将不稳定，经济将不发展。所以他又说："天下匹夫徒步之士少知义，而教天下以义者功亦多。"[②]他倡导的"兼相爱""交相利"学说，就是要人们做到有力

---

① 《墨子·尚贤下》。

② 《墨子·鲁问》。

者疾以助人，有财者勉以分人，有道者劝以教人。墨家也注意到教育对于促进社会生产力发展的作用。

《鲁问》记载了这样一件事，有位农家（亦有人认为是自食其力的隐士）叫吴虑，他向墨翟请教："义耳义耳，焉用言之哉！"墨子反问道："籍设而天下不知耕，教人耕与不教人耕而独耕者，其功孰多？"吴虑承认说："教人耕者，其功多。"这其实正是墨子的结论。

法家虽然主张以法治国，排斥儒家所提倡的私学，但实际上在另一个层面强调了社会教育尤其是法制教育对于国泰民安的意义。法家提出的"以法为教，以吏为师"的口号，本身就是针对社会的治乱问题而言的。如《管子》写道："厚爱利足以亲之，明智礼足以教之。上身服以先之，审度量以闲之，乡置师以说道之。然后申之以宪令，劝之以庆赏，振之以刑罚。故百姓皆说为善，则暴乱之行无由至矣。"①这与儒家先教后刑的学说已有很大程度的相似了。

道家从表面上看也是否定作为社会现象的教育所具备的社会功能的。其创始人老子就直言不讳地说："大道废，有仁义；智慧出，有大伪；六亲不和，有孝慈；国家昏乱，有忠臣。"②认为儒家培育智慧与仁义孝慈等品质的必然结果，是大道荒废、家庭不和、国家混乱。但否定教育的道家，无论是老子、庄子，抑或黄老学派，本身就都从事教育活动，对于前来求学的弟子，也是来者不拒，愿意教诲。而且，他们提倡无为、知足、不争等主张的言行本身就是积极的教育活动。正是这些教育活动孕育了他们的教育思想。

汉代董仲舒继承了先秦儒家"任德教而不任刑"的传统，提出"教，政之本也；狱，政之末也"③的主张，把教育视为治国安民的根本。他认为，要有效地防范老百姓"犯上作乱"，就必须筑起社会教化的"堤防"。他说：

夫万民之从利也，如水之走下，不以教化堤防之，不能止也。是故教

---

① 《管子·权修》。

② 《老子·十八章》。

③ 《汉书·董仲舒传》。

化立而奸邪皆止者，其堤防完也；教化废而奸邪并出，刑罚不能胜者，其堤防坏也。^①

教化之所以能够对社会的治乱发生作用，是因为通过心理的内化机制来实现的。即在教化的影响下，人们具有知耻之心，达到"天下和洽，万民皆安仁乐义，各得其宜，动作应礼，从容中道"^②的境界。

王充虽然激烈抨击以董仲舒为代表的正统儒学，但在强调教化的社会功能方面却多有暗合之处。他指出，经过礼义教化的人"志洁行显，不徇爵禄"^③，在任何情况下都能"性廉寡欲"，不会萌生邪念。所以，他反对"乱世以刑为先""治世以礼为主"的主张，认为无论何时都必须重视礼义教化，重视学校教育的特殊作用。他说："是故王法不废学校之官，不除狱理之吏，欲令凡众见礼仪之教。学校勉其前，法禁防其后，使丹朱之志亦将可勉。"^④可见，学校教育的作用是"勉其前"，防患于未然；而刑法约束则是"防其后"，是惩治于已然。发挥两者的综合功能，就能使社会健康发展。

魏晋时期的傅玄从国家的稳定与兴盛的不同层次阐述了教育的社会功能。他重视教育的社会经济基础，认为"民富则安乡重家，敬上而从教；贫则危乡轻家，相聚而犯上"。在人民富裕丰足、普遍接受教化的情况下，就会"尊儒贵学，则民笃于义"^⑤，为治国平天下奠定思想基础。另一方面，国家的兴盛强大也离不开教育。兴办学校、造就人才是振兴国家的基本渠道，所以傅玄又说"兴国家者，莫贵乎人"，"宣德教者，莫明乎学"^⑥。唐代韩愈在发挥孟子"得天下之英才而育之"的命题时说："孟子曰：君子有三乐，天下不与存焉。其一曰：乐得天下之英才而育之。此皆圣人贤士之所极言至论，古今之所宜法者也。然则孰能长育天下之人才，将非吾君与吾相乎？孰能教育天下之英才，将非吾君与吾相乎？幸今天下无事，小大

①② 《汉书·董仲舒传》。

③ 《论衡·非韩》。

④ 《论衡·率性》。

⑤ 《傅子·通志》。

⑥ 《傅子·阙题》。

之官各守其职，钱谷甲兵之间不至于庙堂。论道经邦之暇，余此宜无大者焉。"①他认为，为政者的重要职责就是培育英才，尤其是在太平之世、安定之时，更要以教育天下之英才为当务之急，这是经邦治国的法宝。

北宋时期的教育改革家王安石，突破了前代学者在社会教化的意义上讨论教育的社会功能的格局，着重强调了学校教育的功能，提出了"天下不可一日而无政教，故学不可一日而亡于天下"②的教育改革宣言。他认为，学校应该成为教育事业的主干或核心，他在《乞改科举条制札子》中说："古之取士，皆本于学校，故道德一于上，而习俗成于下，其人材皆足以有为于世。自先王之泽竭，教养之法无所本，士虽有美材而无学校师友以成就之，议者之所患也。今欲追复古制以革其弊，则患于无其渐。宜先除去声病对偶之文，使学者得以专意经义，以俟朝廷兴建学校。"通过以学校教育取代科举考试，就会"道德一于上""习俗成于下"，解决科举"大则不足以用天下国家，小则不足为天下国家之用"③的问题。

与以往大部分儒家尚德不尚刑的倾向不同，宋代理学家认为刑罚与教化在维护封建统治中不可偏废，甚至高度重视峻法严刑的作用。二程说："初以阴暗居下，下民之蒙也。爻言发之之道。发下民之蒙，当明刑禁以示之，使之知畏，然后从而教导之。"④朱熹也说："愚谓政者，为治之具。刑者，辅治之法。德礼则所以出治之本，而德又礼之本也。此其相为终始，虽不可以偏废，然政刑能使民远罪而已；德礼之效，则有以使民迁善而不自知。"⑤他们认为，老百姓生性昏蒙、愚昧顽劣，往往容易无所顾忌、无所不为，只有用峻法严刑来限制他们，才能使其有所畏惧，不敢萌发犯罪的邪念。刑罚的功能是使人产生畏惧心理，不去从事犯罪活动；教化的功能则是使人产生良好的行为，"日迁善而不自知"。在理学家看来，刑罚是教化的基础，只有"刑罚立"，才能"教化行"⑥。如二程说："治蒙之初，威之以

① 韩愈：《上宰相书》，载《韩昌黎集》卷十六。

② 王安石：《明州慈溪县学记》，载《王文公文集》卷三十四。

③ 王安石：《上皇帝万言书》，载《王文公文集》卷一。

④ 《周易程氏传·蒙》。

⑤ 朱熹：《四书章句集注·论语集注》。

⑥ 《周易程氏传·蒙》。

刑者，所以说去其昏蒙之桎梏，桎梏谓拘束也。不去其昏蒙之桎梏，则善教无由而入。既以刑禁率之，虽使心未能喻，亦当畏威以从，不敢肆其昏蒙之欲，然后渐能知善道而革其非心，则可以移风易俗矣。"①意思是说，在老百姓昏蒙未开时，是很难通过教化以理晓喻的。只有先通过刑罚强迫他们遵纪守法，形成一定的行为习惯，才能为他们接受教化打下基础。因此，理学家所理解的"刑罚"，本身就蕴含着"教化"的因素。二程曾经明确指出这一观点，他们说："治蒙之治，立其防限，明其罪罚，正其法也，使之由之，渐至于化也。或疑发蒙之初，遽用刑人，无乃不教而诛乎？不如立法制刑，乃所以教也。盖后之论刑者，不复知教化在其中矣。"②宋代理学家认为，虽然刑罚和教化在维护社会稳定和预防犯罪中都起着不可忽视的作用，虽然在一定程度上刑罚还是教化的必要前提，但就其重要性而言，还是教化更为重要。朱熹说："谓政刑但使之远罪而已；若是格其非心，非德礼不可。"③程颐也说："刑罚虽严，可警于一时；爵赏虽重，不及于后世。惟美恶之谥一定，则荣辱之名不朽矣。故历代圣君贤相，莫不持此以励世风。"④他们认为，刑罚的作用是禁止人们犯罪，但它毕竟是从外部规范人们的行为，所以算不上万全之计，其作用也是有限的。只有通过教化的作用，才能"格非其心"，使人们用美恶之谥、荣辱之名激励自己弃恶从善，才能形成良好的社会风气，从而使人们在根本上断绝犯罪的心理。

　　明清之际的王夫之在阐释孟子"善政得民财，善教得民心"的观点时论述了自己的治乱学说。他指出："其畏之也，民莫敢不从也。且君已为之区画其生理，而可有余以奉上，得其财矣。乃得其财，而民未向善，则忠爱之情能必其发乎？唯爱之也，民且自勉于教也，在君无所责望，而自因以尽忠孝，得其心矣。得其心而上下一体，则贡赋之常又忍后乎？畏则穷于政之所不及，爱则通于教之所不至。得财，则财有乏，而民不保。得心，则心无穷而必不可离。其得民之广狭久近，不亦远乎！"⑤也就是说，善政往往使人民敬畏政府，善教则使人民爱护政府；善政往往使人民不得不进贡

---

① ② 《周易程氏传·蒙》。

③ 《朱子语类》卷二十三。

④ 《二程文集·为家君上宰相书》。

⑤ 王夫之撰《四书训义》卷三十七。

其财赋，而善教会使人民心甘情愿地贡献其财赋。"政治的效果是有限的、被动的、暂时的；而教育的效果则是广泛的、自动的、长远的。"①

所以，在治国安邦的价值上，教育具有决定性的、政治所无法替代的作用。另一位明清之际的著名教育家颜元把自己的政治理想概括为富天下、强天下和安天下三个方面。他说："以七字富天下：垦荒、均田、兴水利；以六字强天下：人皆兵，官皆将；以九字安天下：举人才、正大经、兴礼乐。"②他把农业作为发展国家经济的基础，把军事作为国家强盛的条件，而把教育作为国家长治久安的根本。所以他十分重视培养人的教育活动："盖学术者，人才之本也；人才者，政事之本也；政事者，民命之本也。无学术则无人才，无人才则无政事，无政事则无治平、无民命，其如儒统何！其如世道何！"③其潜台词就是说，只有通过教育，才能造就出知礼通达的政治人才、智谋骁勇的军事人才和经世致用的实用人才，通过他们作用于社会的政治经济，从而实现国富民强、治平安世的社会理想。

综上所述，中国古代教育家的治乱学说是以儒家思想为主导的，其实质是强调教育的社会功能，重视教育对于兴邦治国、社会发展的作用。中国古代教育思想具有较强的为政治、经济和社会稳定服务的功利意识。

二、人性理论——教育与人的发展

人性理论也是教育思想的重要理论基础，任何教育观点的提出都与教育家对于人性的假说和看法有关。美国教育心理学家桑代克就曾经说过，教育研究者的一项重要职责，就是提供改造人类个体的科学知识，即揭示人的个体在未受教育之前的"本性"如何，通过教育"本性"怎样变化，人的个别差异如何形成，等等。

在中国古代，最早提出人性问题的是孔子。他提出的"性相近也，习相远也"④的命题，揭开了古代人性理论的序幕，也为形成各种各样的人性

---

① 邱椿：《古代教育思想论丛》下册，北京师范大学出版社，1985，第41页。

② 李塨编《颜习斋先生年谱》卷下。

③ 颜元撰《习斋记余》卷一。

④ 《论语·阳货》。

学说提供了可能。所谓"性相近也",是说人的天赋素质或人的自然本性并无太大差异;所谓"习相远也",是说人的后天素质或人的社会本性,在后天学习的作用下相距渐远,形成了较大差异。由于孔子对人性问题语焉不详,后世教育思想家便根据自己的理解,并从他关于"生而知之"与"学而知之"的论述中,引申出了孟子的"性善论"与荀子的"性恶论"。①孟子的"性善论"认为,人生来即有恻隐、羞恶、辞让、是非四个"善端",如果扩而充之,就会产生仁、义、礼、智四种品质。后天的教育与个人的主观努力,在把"善端"发展成仁义礼智的过程中起了关键作用,因为"善端"只是提出了一种发展善性的可能性,教育与个体努力才使之变为现实性和必然性。

荀子则针锋相对地提出了"人之性恶,其善者伪也"的命题,认为"本始材朴"的人性是恶的,不可能有恻隐、羞恶、辞让、是非的"善端";相反,有的是好利、争夺、疾恶、残贼、淫乱等本能,只有"化性起伪",通过后天环境影响与教育作用来改变人性,使人变恶为善。孟、荀的人性善恶之分所导致的后世关于人性有善有恶等观点,基本上属于伦理学研究的范畴,而中国古代教育思想的理论基础,主要涉及以下两方面的内容。

（一）人性形成的假说:气禀与性习

早在两千多年前,中国古代就有了气—阴阳—五行的学说,历代教育思想家中有不少人以此为自己的学术见解立论,从而逐渐形成了人性问题上的气禀论。这种气禀论的实质有三层意思:一是认为宇宙万事万物都有性,性来源于天地二气的运动变化;二是认为人与物同样也有性,人性也是天地阴阳之气孕育化生的结果;三是认为人出生时所禀之气有全与偏、清与浊、明与暗、厚与薄、多与少的不同,人性也就表现出智与愚、贤与不肖、贵与贱、寿与夭等千差万别。简言之,气禀是指人生来对于气的禀受,主要指人的遗传因素。

---

① 虽然孟子的性善论从表面上看是直接针对告子"性无善无不善"而提出的,但其主要的理论依据,是孔子所提出的承认"生而知之"和"性相近也,习相远也"的命题。荀子的性恶论是直接以孟子学说为批评对象,但理论依据是孔子所提出的"学而知之"的命题。

气禀的概念最早见于《韩非子·解老》"是以死生气禀焉",认为气禀是人的生命的来源。汉代王充虽然公开向谶纬迷信宣战,但又写道:"人禀气而生,含气而长,得贵则贵,得贱则贱。"①又说:"人受五常,含五脏,皆具于身。禀之泊少,故其操行不及善人,犹或厚或泊也。非厚与泊殊其酿也,曲蘖多少使之然也。是故酒之泊厚,同一曲蘖;人之善恶,共一元气,气有少多,故性有贤愚。"②这样,王充就把以气禀为主的遗传因素作为人性(包括人的社会属性)的终极原因了。当然,王充并不把这种人性作为终极人性,而是肯定环境和教育对于人性发展的作用,强调人性的可变性。

宋代理学家提出了区分气质之性与天命之性的二元人性论。如二程认为,人性的本原是纯理,至善如水,这个天命之性对于从尧舜到徒人的任何个体都是相同的。这个抽象的天命之性通过"气"的中介降落到人体,人禀受这个"气"所形成的性,即所谓气质之性。气质之性与天命之性共同构成了现实的人性。当抽象的天命之性与现实的气质之性结合在一起时,也就体现出人们在智能、气质、性格等方面的个体差异。朱熹在阐发张载与二程的气禀论时验证了上述观点,他说:"禀得精英之气,便为圣为贤,便是得理之全,得理之正。禀得清明者,便英爽;禀得敦厚者,便温和;禀得清高者,便贵;禀得丰厚者,便富;禀得久长者,便寿;禀得衰颓薄浊者,便为愚不肖、为贪、为贱、为夭。"③他还用气禀学说对孔子提出的"生而知之""学而知之""困而学之"与"困而不学"这四种人做了解释,认为这都是气禀是否"清明纯粹"与有无"渣滓"造成的。朱熹的晚年高足陈淳在《北溪字义·性》中对气禀论作了比较全面的总结和系统的概括,提出了气禀论的基本思路。第一,肯定气禀对于个别差异的形成作用,认为"人之所以有万殊不齐,只缘气禀不同","如有一等人非常刚烈,是值阳气多;有一等人极是软弱,是值阴气多;有人躁暴忿戾,是又值阳气之恶者;有人狡谲奸险,此又值阴气之恶者;有人性圆,一拨便转;也有一等极愚拗,虽

---

① 《论衡·命义》。

② 《论衡·率性》。

③ 《朱子语类》卷四。

一句善言亦说不入，与禽兽无异，都是气禀如此"。这显然过分夸大了遗传因素与人的发展的作用。第二，指出了人性的可变性。气禀论虽然夸大了气禀的决定性影响，但也不主张人在气禀面前无能为力的宿命论，而是肯定了人性的可变性。正如陈淳所说，"虽下愚，亦可变为善"，只要下"人一能之己百之，人十能之己千之"的苦功夫，是可以纠正气禀的偏颇，获得良好的发展的。也正因为如此，王充、二程、朱熹，乃至以后的戴震等气禀论者，莫不重视教育的作用，重视个体的学习。

　　孔子的"性相近也，习相远也"的命题，在性善性恶的纷争中长期未受到足够重视，而王安石的阐发则再次使其放出异彩，逐渐成为以后人性理论的主旋律。他认为，孔子所说的相近之性，只是指人的初始之性相近，由于各人的"习"不相同，后天形成的人性也就相去甚远。"习"在人性的形成和发展中起着关键作用，所以"习不可以不慎"[①]。他还据此对孔子"唯上智与下愚不移"做了独特的解释，认为上智与下愚并非天生不移的，而是看一个人最终"习"于什么，如果一个为善而始终不移的人，就会成为上智；反之，就会形成下愚。[②]

　　明代王廷相在人性的起源问题上比较重视"天赋"的生理因素，在人性的发展问题上则非常强调"习性"的社会因素。他明确提出了"凡人之性成于习"[③]的命题，并肯定了"学有变其气质之功"[④]的作用。认为人的先天"性禀"虽然"不齐"，但如果通过设置良好的社会环境，通过"立教"与"为学"[⑤]，就可以变化气禀，使人走到至善的境界。王夫之也继承了性习论的传统，注意把"性"与"习"有机地统一起来，尤其重视"习"对于人的发展的意义，他认为，"性者天道，习者人道"[⑥]，性并非生来就定型

----

　① 王安石：《答王深甫书三》。

　② 王安石在《性说》中指出："习于善而已矣，所谓上智者；习于恶而已矣，所谓下愚者；一习于善，一习于恶，所谓中人者。上智也，下愚也，中人也，其卒也命之而已矣。……惟其不移，然后谓之下愚，皆于其卒也命之，夫非生而不可移也。"

　③ 王廷相撰《家藏集·答薛君采论性书》。

　④ 王廷相撰《慎言·潜心篇》。

　⑤ 王廷相撰《慎言·问成性篇》。

　⑥ 王夫之撰《俟解》。

不变，而是"日生则日成"①，处于不断的发展变化之中。人性的形成过程也就是不断地"习"的过程，不断地接受教育与环境影响的过程。

关于人性的可变性，颜元曾举例加以论证，他说："呜呼！祸始于引蔽，成于习染，以耳目、口鼻、四肢、百骸可为圣人之身，竟呼之曰禽兽，犹币帛素色，而既污之后，遂呼之曰赤帛黑帛也，而岂材之本然哉！然人为万物之灵，又非币帛所可伦也。币帛既染，虽故质尚在而骤不能复素；人则极凶大憝，本体自在，止视反不反、力不力之间耳。"②意思是说，人与帛的本质都是好的，但人与帛有所不同，帛被污染之后很难复素，人则不然，即使是"极凶大憝"，只要努力不懈，也可回归本善之性。

在人性的形成问题上，气禀论与性习论虽有偏重先天差异与强调后天活动的不同，但两者并没有绝对不可跨越的鸿沟，两者的共同之处在于都不否认人性的可变性，都不否认教育对于人的发展的作用。清代教育家戴震就较好地把两者统一起来了。他说："夫资于饮食，能为身之营卫血气者，所资以养者之气，与其身本受之气，原于天地非二也。故所资虽在外，能化为血气以益其内，未有内无本受之气，与外相得而徒资焉者也。问学之于德性亦然。有己之德性，而问学以通乎古贤圣之德性，是资于古贤圣所言德性裨益己之德性也。"③在戴震看来，把气禀与性习相统一的基础是气。人先天由禀气而产生的性，是性的内部基础，然后还必须在后天资于外在之气，以养"本受之气"，以益"己之德性"，这样才能使人性获得完善的发展。可见，在人的发展问题上，戴震秉持一种遗传与环境、教育并重而以后者为主的理论，这也是先天因素或内部基础与后天因素或外在条件相结合的理论。

（二）塑造人性的方法：内求与外铄

在塑造人性的方法上，中国古代教育家也有两种不同的观点，即内求与外铄。内求说认为，知识、智力与品德生来就存于人的心中，所以塑造

---

① 王夫之：《尚书引义》卷三。

② 颜元：《颜元集·存性编》卷二。

③ 戴震撰《孟子字义疏证》卷中。

人性的方法就是反身向内心去求。外铄说认为，知识、智力与品德并非内心所固有，只有在外部条件的作用下，才能获得知识、智力与品德，所以塑造人性的方法就是接受外界影响。

孟子可能是最早区分内求与外铄的教育思想家。他说："仁义礼智，非由外铄我也，我固有之也，弗思耳矣。"①认为四个善端是孕育在人心中的种子，只要向内反求，通过"扩而充之""求其放心""善养吾浩然之气"和"养心莫善于寡欲"等一系列内求方法，就能加以保持，从而使人得到健康的发展。北宋邵雍进一步发挥了孟子的"内求说"，提出了"观物"的概念。他解释说，虽然人的耳、目、口、鼻等感觉器官具有感知的作用，但"观物"并不需要上述感官，而只要向内"反视"，就"莫不全备"②。这种"反视"的方法与禅宗的直觉顿悟颇为接近，他说："为学养心，患在不由直道。去利欲，由直道，任至诚，则无所不通。天之道直而已，当以直求之；若用智数曲径以求之，是屈天地而循人欲也，不亦难乎？"③很明显，要真正获得知识，把握自然界的规律，不是靠铄的社会实践活动，不是靠教育，不是靠人的智慧，而是靠无思无为的内求活动。

二程也是"内求说"的发扬者。他们认为，学习和教育的过程在本质上就是向内反求的过程："学也者，使人求于内也。不求于内而求于外，非圣人之学也。……不求于本而求于末，非圣人之学也。"④他们有个学生叫谢良佐，一开始是颇有"外铄"精神的，他"初以记闻为学，自负赅博，对举史书，成篇不遗一字"，但二程却给他以"玩物丧志"⑤的评价。他们非常注重主体的存养，认为"学者不必远求，取诸身，只明人理，敬而已矣"⑥。

明代王守仁更加直白地提出了"天下无心外之物"的命题，认为"心外无事，心外无理，故心外无学"⑦。所以，塑造人性的方法，不是对外界

---

① 《孟子·告子上》。

② 邵雍撰《伊川击壤集·乐物吟》。

③ 邵雍撰《皇极经世·观物外篇》。

④ 黄宗羲原著，全祖望辅修《宋元学案》卷十五。

⑤ 《胡氏传家录》。

⑥ 《二程集·遗书》卷二。

⑦ 《王文成公全书·紫阳书院集序》。

客观知识的探求，而是"从自己心上体认"，是一个"致良知"的内求过程。他说："致知云者，非若后儒所谓充广其知识之谓也，致吾心之良知焉耳。良知者，孟子所谓'是非之心，人皆有之'者也。是非之心，不待虑而知，不待学而能，是故谓之良知。是乃天命之性，吾心之本体，自然灵昭明觉者也。凡意念之发，吾心之良知无有不自知者。其善欤，惟吾心之良知自知之；其不善欤，亦吾心之良知自知之。"①

如果说孟子是先秦时期"内求说"的肇始者，那么荀子则是"外铄说"的首倡人。他认为，"终日而思"的内求式学习不会有什么结果，还不如"须臾之所学"，而"善假于物"②的外铄式学习，则使人受益无穷。只要能够刻苦学习，善于考察客观事物、掌握外在条件，就一定能学有所成，塑造优良的品性。所以他说："不闻不若闻之，闻之不若见之，见之不若知之，知之不若行之。"③

南宋时期事功学派的代表人物陈亮、叶适也对"内求说"提出了挑战。如陈亮认为，作为事物的客观规律的"道"，不可能通过"玩心于无形之表"的内求功夫去把握，因为"道之在天下"，不能脱离一个个具体事物，只有通过和客观事物的接触，通过具体的外铄功夫，"因事作则"，才能真正把握，否则只能"如枯木死灰而止"④，无益于格物致知之学，也无助于人的发展。叶适则提出了"内外交相成之道"，强调了内求与外铄共同推进人的发展的观点。他说："耳目之官不思而为聪明，自外入以成其内也；思曰睿，自内出以成其外也。故聪人作哲，明人作谋，睿出作圣，貌言亦自内而成于外。古人未有不内外交相成而至于圣贤，故尧舜皆备诸德，而以聪明为首。"⑤认为内求与外铄是获得知识和道德修养不可缺少的两种途径，都是塑造人性的有效方法，但如果仅仅像理学家那样，"专以心性为宗主"，而不下外铄的"实力"功夫，自然不可能达到"知道""入德"的境地，不可能使人得到充分而完善的发展。

---

① 《王文成公全书·续编一》。

② 《荀子·劝学》。

③ 《荀子·儒效》。

④ 《陈亮集·与应仲实》。

⑤ 叶适：《习学记言》卷十四。

明代教育家王廷相也力主"外铄说"，并批评了程朱理学与陆王心学在这方面的失误。他说："近世学者之弊有二：一则徒为泛然讲说，一则务为虚静以守其心，皆不于实践处用功，人事上体验。往往遇事之来，徒讲说者，多失时措之宜，盖事变无穷，讲论不能尽故也；徒守心者，茫无作用之妙，盖虚寂寡实，事机不能熟故也。"①认为无论是程朱理学的"泛然讲说"，还是陆王心学的"虚静以守其心"，都犯了没有从"实践处用功，人事上体验"的错误，缺乏以人的实践活动为基础的"外铄"功夫，所以效果甚微，于事无补，也不能真正使个性得到发展。他进而指出，人类获得知识虽然要依靠先天赋予人的生理本能和感知能力（"天性之知"），但如果没有人凭借这些能力与外界接触，没有人的社会活动（"人道之知"），就不可能产生人的认识活动。因此，人必须通过学习（"因习"）、思考（"因悟"），通过自己的错误（"因过"）和解去疑窦（"因疑"②）来获得真知，得到发展。

与气禀论和性习论一样，内求说与外铄说也并非井水不犯河水。事实上，"内求说"并不是百分之百地否认"外铄"，否认人与客观事物的接触，而不过是把有限的"外铄"作为达到"内求"的手段而已；"外铄说"也不是百分之百地否认"内求"，只是更强调通过人的实践活动来获得经验和知识，形成品德，发展个性。教育思想的这种差异，表现在教育实践中，往往就存在着教育风格和教育方法的差异，如在道德教育中，"内求说"一般更重视"存心养性""禁于未发""自省自讼"，而"外铄说"则往往更强调"环境熏陶""朋友观摩""教师指导"的原则和方法。

三、人才观念——教育目的与价值

人才观念是教育目的与价值理论的基本出发点。在教育理论中，教育目的是培养受教育者并使之符合一定社会所需要的人的质量规格、规定着人才的素质标准。而教育价值则是评价教育活动能否实现教育目的，培养出一定社会所需要的人才；换言之，它规定着人才的社会价值。教育目的与

---

① 《与薛君采》。

② 《雅述》上篇。

价值是教育活动的出发点和归宿，对于教育活动具有宏观调控和引导作用。当然，教育目的并不是教育思想家主观设定的，而是社会政治、经济的反映；教育目的能否顺利实现，也不仅受社会政治、经济的制约，还受教育者与受教育者的客观条件的制约。

孔子的教育目的是培养三种规格的人才。一是"仁人"或"圣人"。这是人才的最高境界，但往往也是理想境界，现实生活中几乎不存在。所以他说："圣人吾不得而见之矣！得见君子者，斯可矣。"① "若圣与仁，则吾岂敢？抑为之不厌，诲人不倦，则可谓云尔已矣。"② 二是"君子"或"成人"。这是人才的较高境界，是指全面发展、品行高尚的人，一般为生活中较高层次的统治者。孔子对此做了许多解说，如"修己以敬""修己以安人""修己以安百姓"③ "谋道不谋食""忧道不忧贫"④ "食无求饱，居无求安，敏于事而慎于言，就有道而正焉"⑤等。三是"士"。这是人才的良好境界，主要指统治者的辅佐人才，可以从事各种层次的政治、外交、军事、文化等具体活动，也可以协助理财和掌握管理各种礼仪。从孔子的教育实践来看，"士"是他最现实的培养目标。为了实现这一目标，他建立了"德行、言语、文学、政事"四科，以诗书礼乐、文行忠信教育弟子。孔子的上述教育目的也基本上得到了实现，司马迁曾记载过孔子去世后弟子们的大致情形："自孔子卒后，七十子之徒散游诸侯，大者为师傅卿相，小者友教士大夫，或隐而不见。故子路居卫，子张居陈，澹台子羽居楚，子夏居西河，子贡终于齐。如田子方、段干木、吴起、禽滑釐之属，皆受业于子夏之伦，为王者师。"⑥ 除个别过起了隐逸生活外，大部分都实践了孔子"学而优则仕"⑦的教诲。

如果说孔子的教育理想是培养从政的知识分子的话，那么，墨子的教育目的则是培养具有"兼相爱""交相利"品质的"兼士"。以"农与工肆

---

①② 《论语·述而》。

③ 《论语·宪问》。

④ 《论语·卫灵公》。

⑤ 《论语·学而》。

⑥ 《史记·儒林列传》。

⑦ 《论语·子张》。

之人"为主要教育对象的墨家教育，在教育内容上以实用知识和技能为主，以期把他们培养成为在分工合作的原则下"各从事其所能"，并为众人谋福利的"兼士"。"兼士"的对立面是自私自利、友饥不馈以食、友寒不赠以衣的"别士"。这是墨子人才观念中力加排斥的类型，并力图"以兼易别"①，进行把"别士"改造成"兼士"的尝试。当然，这只是墨子的一厢情愿，在当时的社会背景下只能是空想而已。

孟子的教育目的是造就道德型人才的"大丈夫"。"大丈夫"的主要素质是具有坚强的意志，即"富贵不能淫，贫贱不能移，威武不能屈"②，是具有"舍生取义""杀身成仁"的"浩然之气"。为了培养这种"大丈夫"，孟子注重环境的教育功能，主张用"苦其心志，劳其筋骨，饿其体肤"的办法磨炼意志，并提倡求其放心、深造自得、自我锻炼的方法，从而形成具有高度自觉性与坚强意志力的"大丈夫"精神。

道家的理想人格也是"圣人"（又称真人、神人、至人等），但不是儒家的世俗性的、道德型的"圣人"，而是与世无争、无欲无为、精神自由的自然型"圣人"。正如庄子所说的那样："若夫乘天地之正，而御六气之辩，以游无穷者，彼且恶乎待哉？故曰：至人无己，神人无功，圣人无名。"③也就是说，圣人虽身处俗世而精神却能超然物外、逍遥自在，达到了绝对自由的"自然""无待"境界。为之，在教育内容上主张以不争、知足、贵柔、无己、无功、无名、无情为核心，在教育方法上则以绝圣弃智、涤除玄鉴、顺应自然、心斋坐忘等为特色，为培养这种自然型的"圣人"创造自然的教育氛围。

从"以法为教，以吏为师"的教育观出发，法家的人才观念是培养能推行"法治"的人才，即培养见识远大、明于事理的"智术之士"，立场坚定、敢于斗争的"能法之士"和为人正直、刚直不阿的"耿介之士"。他们能克制私欲、秉公执法、顾全大局、实事求是，"不以智累心，不以私累己；寄治乱于法术，托是非于赏罚，属轻重于权衡；不逆天理，不伤情性，不吹

---

① 《墨子·兼爱下》。

② 《孟子·滕文公下》。

③ 《庄子·逍遥游》。

毛而求疵，不洗垢而察难知；不引绳之外，不推绳之内；不急法之外，不缓法之内；守成理，因自然；祸福生乎道法而不出乎爱恶；荣辱之贵在乎己而不在乎人"①。为了实现这一培养目标，法家注意充实法制教育的内容，在为学与修身方面也提出了若干具体的原则和方法。

东汉时期的王充把人才分为四个层次，即儒生、通人、文人和鸿儒。他说："夫能说一经者为儒生，博览古今者为通人，采掇传书以上书奏记者为文人，能精思著文连结篇章者为鸿儒。故儒生过俗人，通人胜儒生，文人逾通人，鸿儒超文人。"②王充对儒生这个层次不甚满意，认为他们只知道"旦夕讲授章句，滑习义理"，只能解说"五经"，但对"五经"以前的事毫无所知，好比是"盲瞽"之人；对"五经"之后的事也一窍不通，显得非常不合时宜。所以，在王充的培养目标中，儒生并不是理想人格。他对于人才的要求与标准是高于儒生的三个层次，即通人、文人和鸿儒。通人是"通书千篇以上，万卷以下，弘畅雅闲，审定文读，而以教授为人师者"③，文人和鸿儒则是"杼其义旨，损益其文句，而以上书奏记，或兴论立说结连篇章者"④，其显著特点不是鹦鹉学舌，而是独立创造；不是拘泥书本，而是学用结合，解决社会政治生活的各种问题。为了培养这三种人才，他在教育过程中倡导好学勤力、问难穷究、实际练习、批判验证、学为世用的原则和方法；在教育内容上也试图打破汉代"五经"独占讲坛的局面，冲破"信守一学"的状况，对于造就"博览古今、众流百家"的鸿儒，具有重要意义。

魏晋时期的颜之推对当时的培养目标进行了深刻思考，通过揭露士大夫"耻涉农商，羞务工伎，射既不能穿札，笔则才记姓名，饱食醉酒，忽忽无事"⑤等现象，指出了教育的危机所在。他认为，教育不能培养清谈家，也不能培养章句博士，而应该培养"国之用材"。他系统地阐述了自己的人才观和培养目标：

① 《韩非子·大体》。

②③④ 《论衡·超奇》。

⑤ 《颜氏家训·勉学》。

士君子之处世，贵能有益于物耳，不徒高谈虚论，左琴右书，以费人君禄位也。国之用材，大较不过六事：一则朝廷之臣，取其鉴达治体，经纶博雅；二则文史之臣，取其著述宪章，不忘前古；三则军旅之臣，取其断决有谋，强干习事；四则藩屏之臣，取其明练风俗，清白爱民；五则使命之臣，取其识变从宜，不辱君命；六则兴造之臣，取其程功节费，开略有术，此则皆勤学守行者所能辨也。人性有长短，岂责具美于六途哉？但当皆晓指趣，能守一职，便无愧耳。[1]

他把国之用材分为政治人才、文化与学术人才、军事人才、内政与外交人才、从事建筑与生产的技术管理人才等类型，并认为教育不要奢望培养"具美于六途"的全才，而应造就精通某一领域的专门人才。

唐宋以后，中国古代教育家的人才观念大致沿着两条道路行进：一条是以韩愈、朱熹为代表的，强调仁义道德的人才观；一条是以王安石、颜元等为代表的，强调经世应务的人才观。唐代韩愈在国势衰微、佛老泛滥之际，以卫道为己任，提出了"学所以为道"和"明先王之教"的教育目的。他所说的"先王之教"，是以仁义道德为核心的教育体系："夫所谓先王之教者，何也？博爱之谓仁，行而宜之之谓义，由是而之焉之谓道，足乎己，无待于外之谓德。其文《诗》《书》《易》《春秋》，其法礼、乐、刑、政，其民士、农、工、贾，其位君臣、父子、师友、宾主、昆弟、夫妇，其服丝、麻，其居宫、室，其食粟米、果蔬、鱼肉。其为道易明，而其为教易行也。是故以之为己，则顺而祥；以之为人，则爱而公；以之为心，则和而平；以之为天下国家，无所处而不当。"[2]可见，"先王之教"的内涵十分丰富，既包括儒家的经典、儒家宣扬的伦理道德，也包括封建社会的政治措施、物质文明和生活方式，等等。这种教育所培养出来的人才，往往既能诵习古圣之书，遵守先王之法，又能明乎人伦，本乎人生，有效有序地处理各种事务。

朱熹进一步发挥了韩愈"先王之学以明人伦为本"的思想，在批评科

---

[1]　《颜氏家训·涉务》。

[2]　韩愈：《原道》，《韩昌黎全集》卷十一。

举教育"忘本逐末，怀利去义"和社会上"风俗日敝，人才日衰"的基础上，提出了"格物、致知、诚意、正心、修身，而推之以至于齐家、治国，可以平治天下"①的教育宗旨。在《白鹿洞书院学规》中，他更把"父子有亲，君臣有义，夫妇有别，长幼有序，朋友有信"作为教育的基本内容，以期培养出具有上述品德的人才。朱熹把自己的这一教育观，概括为培养"醇儒"的教育。

王安石是强调经世应务的一位重要旗手。他认为当时学校教育的最大弊病，就是不能培养出国家所需要的经世应务的人才，所以"虽白首于庠序，穷日之力以师上之教，及使之从政，则茫然不知其方"，这与其说是"成人之材"，还不如说是"困苦毁坏"②人才，为此，王安石在"取材"标准方面进行了改革。他认为"取人之道"是"世之急务"，因为"取材"能对"教育成就人材"起到导向作用。他说："所谓文吏者，不徒苟尚文辞而已，必也通古今，习礼法、天文人事、政教更张，然后施之职事，则以详平政体，有大议论使以古今参之是也；所谓诸生者，不独取训习句读而已，必也习典礼，明制度、臣主威仪、时政沿袭，然后施之职事，则以缘饰治道，有大议论则以经术断之是也。"③取材标准的变化必然导致育材标准的变化，而育材标准的变化又会导致教育内容和方法的变化，王安石一手导演的汉唐以来规模最大的兴学运动，在这方面进行了若干有益的尝试。

南宋事功学派的代表人物陈亮和叶适，在教育目的问题上围绕着"成人之道"的具体目标，也与朱熹展开过论辩。朱熹曾劝诫陈亮"以醇儒自律"，陈亮则不以为然，认为教育目的是教人"做人"，而不是教人"作儒"。他指出，理学家的所谓"醇儒"，不过是"研穷义理之精微，辨析古今之同异，原心于秒忽，较礼于分寸，以积累为功，以涵养为正，睟面盎背"④的道学先生，虽然能讲义理、谈性命，但不知富国强兵之术，无兴利除弊之计，与世无济，与人无益。而他主张培养的"成人"，则是"知""勇""艺"兼备，德才双全、文武兼资，能开拓古今、建功立业的"一世英雄"。叶适

---

① 《白鹿洞书院学规》，又称《白鹿洞书院教条》或《白鹿洞书院揭示》。
② 王安石：《上皇帝万言书》，《王文公文集》卷一。
③ 王安石：《取材》，《王文公文集》卷三十二。
④ 陈亮：《陈亮集·又甲辰秋书》。

把这种"成人"称为真正的"士"，并指出了这种"士"与理学家的"士"的区别，认为后者"传写诵习，坐论圣贤。其高者谈天人，语性命，以为尧舜周孔之道，技尽于此，雕琢刻画，侮玩先王之法言"①，而真正的"士"却具有真才实学，秉义明道，德艺并举。在教育方法上，他们反对静坐读书、涵养心性、空言德性，主张学以致用、向外求索、立的放矢，公开树立鼓励学生匡时救世、兴功立业的旗帜。

明清之际的颜元的人才观，是"以经世为宗"，培养"实才实德之士"。他认为，如果不能发挥学校教育为国家输送有用人才的作用，"天下之学校皆无才无德之士，则他日列之朝廷者皆庸碌臣"；相反，如果"天下之学校皆实才实德之士，则他日列之朝廷者，皆经济臣"②。这种"实才实德"之士，往往各专其业，各有特长。颜元认为，世上没有无所不知、无所不能之人，即使历史上的圣贤，也不是什么都行。他说："人于六艺，但能究心一二端，深之以讨论，重之以体验，使可见之施行，则如禹终身司空，弃终身教稼，皋终身专刑，契终身专教而已，皆成其圣矣。如仲之专治赋，冉之专足民，公西之专礼乐而已，各成其贤矣。"③所以，"学须一件做成便有用，便是圣贤一流"④。这样，颜元把颜之推培养各种专业人才的思想发挥得淋漓尽致，彻底否定了儒家传统中培养"全智全能"的"圣贤"教育，这种一技之长、一专之能皆可为圣或贤，行行出"圣贤"的教育思想，具有划时代的历史意义。为了培养这种人才，在教育内容上他就主张以学用结合的"实用"教育，来代替无益无用的"浮文"教育，并提出了以"习行"为主的教学法理论。

应该指出的是，无论是强调仁义道德的人才观，还是重视经世应务的人才观，都不是百分之百地否定对方、吃掉对方。在他们的教育思想和教育实践中，互相影响、互相渗透每有发生。如理学家朱熹在大谈心性的同时，也主张"实用"的教育。他说："若论为学，修己治人，有多少事，至如天文、地理、礼乐、制度、军旅、刑法，皆是着实有用之事业，无非自

①　叶适:《叶适集·进卷·士学下》。

②　《习斋记余》卷一。

③④　《颜习斋先生言行录》卷下。

己本分内事。古人六艺之教，所以游其心者，正在于此，其与玩意于空言，以较工拙于篇牍之间者，其损益相去万万矣。"①这里涉及的"有用之事业"，领域之广泛、内容之丰富，与经世应务的人才观所提倡的教育内容，并无太大区别，只不过朱熹倡导的理学教育是以仁义道德为根本罢了。而王安石在主张经世应务的同时，也不排斥仁义道德的内容。他指出："善教者之为教也，致吾义忠，而天下之君臣义且忠矣；致吾孝慈，而天下之父子孝且慈矣；致吾恩于兄弟，而天下之兄弟相为恩矣；致吾礼于夫妇，而天下之夫妇相为礼矣。天下之君君臣臣、父父子子、兄兄弟弟、夫夫妇妇，皆吾教也。"②这里所涉及的君臣之义忠、父子之孝慈、兄弟之恩、夫妇之礼，与理学家提倡的仁义道德教育也并无轩轾，只不过王安石的教育思想是以经世应务为基调罢了。

① 《续近思录》卷二。

② 王安石:《原教》,《王文公文集》卷三十二。

第四章　中国古代的德育观

德育是教育的一个重要组成部分，它的主要功能是向年轻一代传递一定的政治观点、哲学思想和道德规范，并使之转化为一定的思想品德。在教育思想史上，德育始终是教育家们关心的"重头戏"。如近代教育学的奠基人之一赫尔巴特说："教育的唯一工作与全部工作可以总结在这一概念之中——道德。道德普遍地被认为是人类的最高目的，因此也是教育的最高目的。"①即便是当代教育家也认为，人的和谐发展，"诸如道德的、思想的、公民的、智力的、创造的、劳动的、审美的、情绪的、身体的完善等"，"起决定作用的、主导的成分是道德"②。

德育问题更是中国古代教育史上的主旋律。早在西周时期，统治者就十分强调道德教育。从发现的西周铜器铭文中，可以见到大量提到"德"的地方。③如西周中期偏后的师鼎，在197字的铭文里就有6处提到"德"，而且具体地叙述了共王希望能以"德"来帮助周王朝的统治。④先秦时期的孔子不仅主张"以德教民"，而且在学校中建立了德行科，对学生进行道德教育，他说："弟子入则孝，出则悌，谨而信，泛爱众，而亲仁。行有余力，则以学文。"⑤认为品德修养是学生最重要的任务。可以说，一部中国古代教育思想史就是一部德育史。难怪乎有人说："我国的封建传统教育，向受

---

① 赫尔巴特：《论世界的美的启示为教育的主要工作》，载张焕庭主编《西方资产阶级教育论著选》，教育出版社，1964，第249-250页。

② 苏霍姆林斯基：《给教师的建议》（下），杜殿坤编译，教育科学出版社，1982，第227页。

③ 西周铜器铭文中出现的"德"字词汇有：秉德、正德、孔德、安德、胡德、烈德、介德、懿德、明德、若德、首德、元德、秉元明德、秉明德、敬德、经德、哲厥德等。

④ 朱启新《从铜器铭文看西周教育》，《教育研究》1984年第3期。

⑤ 《论语·学而》。

教育者传授知识，不过是副产品而已。教育的真正目的是使受教育者在儒家纲常名教的教化下，成为维护封建社会的道德人才。这种儒家的伦理教育，导致了传统教育的理想人格设计——'道德型人格'而非'智力型人格'。"①本章拟从德育的功用、德育的过程与德育的原则和方法三个方面，对中国古代的德育观点进行一番梳理和研究。

一、德育的功用

如前所述，中国古代教育的基本特征之一是重视伦理道德教育。其所以如此，与中国历代政治家和教育思想家对德育功用的认识是分不开的。

（一）德育有助于教化人民、安邦定国

先秦时期的孔子就很重视德育的这个功用，主张对全社会的人进行道德教育："道之以政，齐之以刑，民免而无耻；道之以德，齐之以礼，有耻且格。"②意思是说，如果统治者只是用法律、命令和刑罚来约束老百姓，他们只能暂时地免于犯罪，但却没有廉耻之心。如果用道德来教导、感化老百姓，他们就不但耻于做不道德的行为，而且心悦诚服，自觉地用合乎统治阶级要求的道德规范约束自己的行为。这说明道德教育具有法律刑罚所无法替代的功能。孟子也明确地把学校教育的根本目的归结为"明人伦"："夏曰校，殷曰序，周曰庠；学则三代共之，皆所以明人伦也。人伦明于上，小民亲于下。"③即夏、殷、周三代统治阶级的子弟入学受教，使在上者都能明人伦之道，便可使下面的小民相亲相爱，而无"犯上作乱"的行为。

儒家的经典著作《大学》概括了儒家德育思想的要旨，提出了影响后世千余年的学校教育纲领：大学之道，在明明德，在亲民，在止于至善。意思是说，大学教育的根本任务，就是使人的天生的善良本性发扬光大，在

---

① 高长江：《对传统教育的文化反思》，《新华文摘》1987 年第 12 期。

② 《论语·为政》。

③ 《孟子·滕文公上》。

于亲爱人民，在于使人们尽善尽美。

汉代由于"独尊儒术"政策的实施，董仲舒的思想得到重视，"以德教民"成为汉代的基本国策之一。"夫万民之从利也，如水之走下，不以教化堤防之，不能止也。是故教化立而奸邪止者，其堤防完也；教化废而奸邪并出，刑罚不能胜者，其堤防坏也。古之王者明于此，是故面南而治天下，莫不以教化为大务"①，强调了德育的作用。王充虽然在若干基本观点上不同意董仲舒的主张，但把德育放在首位是共同的。他说："故夫学者所以反情治性，尽材成德也。"②即是说学习者的根本任务是改变和控制自己的性情，使自己的才能和品德完善起来。

《大学》提出的教育纲领以及修身→齐家→治国→平天下的理想途径，在宋明得到了淋漓尽致的发挥。宋代教育家朱熹在《白鹿洞书院学规》中把"父子有亲，君臣有义，夫妇有别，长幼有序，朋友有信"作为教育的根本内容，所谓"学者，学此而已"。他还议论说："熹窃观古昔圣贤所以教人为学之意，莫非使之讲明义理，以修其身，然后推以及人，非徒欲其务记览为词章，以钓声名取利禄而已也。"在朱熹看来，教育并不是记忆词章、钓取名利的事，而是加强人的良好道德修养，从而影响社会的大业。明代王阳明也批评了背诵书本词句的德育方法："古之教者，教以人伦；后世记诵词章之习起，而先生之教亡。今教童子，惟当以孝弟忠信礼义廉耻为专务；其栽培涵养之方，则宜诱之歌诗以发其志意，导之习礼以肃其威仪，讽之读书以开其知觉。"③主张以道德教育为"专务"，并强调应注意方法，用诱导情感、发扬意志、严肃威仪等来开导学生的觉悟。

王夫之把"明明德"作为学校教育的目标，认为教育的真谛就是"修己治人，而成大人之德业"④。并说："德者有得之谓，人得之以为人也。繇有此明德，故知其可致而致之……而其所著，发于四肢，见于事业者，则

① 《汉书·董仲舒传》。

② 《论衡·量知》。

③ 《王文成公全书·训蒙大意示教读刘伯颂等》。

④ 王夫之：《张子正蒙注》卷四。

身修以应家国天下矣。"①因此，道德教育说到底不仅仅是个人的完善，或者主要并不是个人的完善，而是通过个人的完善来达到社会的完善，从而达到兴邦安国的效果。

（二）德育有助于形成学生的理想人格

中国古代教育家为学生设计了一系列理想人格的模式，而理想人格的核心内容，便是坚定的道德信念。如孟子的理想人格是"大丈夫"精神："居天下之广居，立天下之正位，行天下之大道；得志，与民由之；不得志，独行其道。富贵不能淫，贫贱不能移，威武不能屈，此之谓大丈夫。"②为了培养这种富贵不能乱其心，贫贱不能变其志，威武不能屈其节的"大丈夫"精神，他要求学生加强自我教育，努力保存和发扬天赋的善性。所以，他说："大人者，不失其赤子之心者也。"③

荀子的理想人格是具有德操的"成人"。他说："君子知夫不全不粹之不足以为美也，故诵数以贯之，思索以通之，为其人以处之，除其害者以持养之。使目非是无欲见也，使耳非是无欲闻也，使口非是无欲言也，使心非是无欲虑也。及至其致好之也，目好之五色，耳好之五声，口好之五味，心利之有天下。是故权利不能倾也，群众不能移也，天下不能荡也。生乎由是，死乎由是，夫是之谓德操。德操然后能定，能定然后能应，能定能应，夫是之谓成人。"④可见，"成人"的基本要求与孟子的"大丈夫"很是相近，即要求人们具有坚定的德性和操守，权力的威胁和利诱不能倾之，人多势众也不能移之，终生坚守，至死不变。不过，这种理想的形成途径与孟子的意见相左，不是通过主观的内求就可以形成，而必须通过"诵数""思索""持养"，即现代所说的学习、思考与行为训练才能形成。

宋代张载的理想人格是"仁人"，他认为教育的目标就是把人培养成真正的人（"仁人"）。他说："学者当须立人之性。仁者，人也。当辨其人之所

---

① 王夫之:《读四书大全说》卷一。

② 《孟子·滕文公下》。

③ 《孟子·离娄下》。

④ 《荀子·劝学》。

谓人，学者学所以为人。"①也就是说，人不仅是生物学意义上的人，更是社会学意义上的人，只有具备了完美的道德修养，形成了理想人格（"仁"），才是社会学意义上的人。而这种人的培养、这种人格的形成，是通过学习和教育才能实现的。至于其他教育家提出的"君子""贤人""圣人""士"等，大多也是类似的具有坚定德性的理想人格。这说明，中国古代教育家非常重视教育，尤其是德育在培养学生理想人格中的作用。

（三）德育有助于促进学生的智力发展

中国古代教育家对于品德发展与智力发展的关系做了若干考察，认为前者对后者有巨大的促进作用。甚至还有些教育家把品德与智力等同起来，认为只要品德好，智力发展就必然好，片面夸大或强调德育的功用。

中国古代最早的史书之一《尚书》对德与智的关系就有所论述。它写道："惟圣罔念作狂，惟狂克念作圣。"②大意是说，虽然通达明智，但如果不把仁德放在心上，就会变成狂悖不明事理的人；虽然狂悖不明事理，但如果能把仁德放在心上，就会变成明达通智的人。孔子更明确指出，一个人如果品德低下恶劣，智力也不会有良好发展，甚至会得而复失。所以他说："知及之，仁不能守之；虽得之，必失之。"③又说："君子不重，则不威；学则不固。"④无怪乎孔子在评价学生时总是把品德放在首位："如有周公之才之美，使骄且吝，其余不足观也已。"⑤

这种重德主义的倾向在宋代表现得更为明显。如史学家司马光虽然强调"仁且智"，认为"德者，才之帅；才者，德之资"，但在《资治通鉴》中又把人分为四种类型，即有才有道的圣人、有德无才的贤人、无才无德的愚人和无德有才的小人，并且主张宁要有德无才的贤人，也不要无德有才的小人。另一位宋代教育家张载则强调品德发展对于智力的积极影响。他写道："人若志趣不远，心不在焉，虽学无成。人惰于进道，无自得达，自

---

① 《张载集·语录中》。

② 《尚书·多方》。

③ 《论语·卫灵公》。

④ 《论语·学而》。

⑤ 《论语·泰伯》。

非成德君子必勉勉，至从心所欲不逾矩方可放下，德薄者终学不成也。"①
认为只有品德完美的人，才能树立远大的志向，具有浓厚的学习兴趣和高
度集中的注意力，才能有勉力顽强的意志力，也才能学有所成，发展智力。
这里实际上揭示了品德—非智力因素与智力因素的连锁发展关系。

中国古代也有若干教育家比较全面地阐述德与智的互动关系，在强调
德育意义的同时，重视智力对品德发展的影响。如西汉董仲舒说："仁而不
智，则爱而不别也；智而不仁，则知而不为也。故仁者所爱人类也，智者所
以除其害也。"②认为光有仁的品德而没有智慧，就会泛爱一切而不加以区
别；光有智慧而没有仁的品德，就不会用智慧去做好事而真正有所作为。三
国时期的刘劭进一步分析了德与智的内在关系，他写道：

> 夫仁者，德之基也。义者，德之节也。礼者，德之文也。信者，德之
> 固也。智者，德之帅也。夫智出于明，明之于人，犹昼之待白日，夜之待
> 烛火，其明益盛者，所见及远，及远之明难。③

在刘劭看来，仁是道德的根基，义是道德的品节，礼是道德的文采，
信是道德的支柱，智是道德的统帅。而智出于聪明，聪明对于人类来说，
就好像白天需要太阳，夜晚依靠灯火。显然，刘劭已看到了智力发展对于
品德发展的能动作用。

明末清初的教育家张履祥对于智与德的关系也颇有创见。他说："学者先观
其德器，德器浅薄，终罕成就，虽成亦小。"④又说："德者业之本，业者德之著。
德益进则业益修，业益修则德益盛。二者亦交养互发，实是一种工夫。"⑤他一方
面指出，"德器"是第一性的东西，认为"德器"深厚，一个人的智力就发达，
取得的成就也就大；另一方面又指出，一个人的"德"与"业"是相辅相成、交
养互发的关系，即"德"可以促进"业"，推动人的智力发展；"业"亦可以促进

---

① 《张载集·经学理窟·义理》。

② 《春秋繁露·必仁且智》。

③ 刘劭:《人物志·八观》。

④ 《杨园先生全集》卷四十。

⑤ 《杨园先生全集》卷四十一。

"德"，有益于人的品德发展。清代戴震也指出："德性资于学问，进而圣智。"①
认为一个人品德修养好了，借助于学问，就可以进一步达到圣智的境界。

二、德育的过程

从现代教育理论的观点出发，可以把德育过程视为教育者根据受教育
者思想品德形成的规律，对受教育者的知、情、意、行几方面进行有组织、
有计划的影响，使他们形成一定思想品德的过程。中国古代对于德育过程
的论述较完整而系统的当数宋代教育家陆九渊。他在解释和发挥《周易》
的微言大义时说：

> "履，德之基也；谦，德之柄也；复，德之本也；恒，德之固也；损，德
> 之修也；益，德之裕也；困，德之辨也；井，德之地也；巽，德之制也。"……
> 九卦之列，君子修身之要，其序如此，缺一不可也。②

这里实际上已涉及道德情感（如"损"——去除那些妨碍品德发展的
欲望，"谦"——有而不居、不盈不骄，"井"——养人利物、无私忘我）、
道德意志（如"恒"——持久经常的恒心，"困"——在困境中磨炼）和道
德行为（如"履"——道德行为的训练，"益"——改过迁善等）。③陆九渊

---

① 《孟子字义疏证》卷上。

② 《陆九渊集·语录上》。

③ 陆九渊在解释德育过程的具体阶段时有大量的论述，现择要录之："'履，德之基'，谓以行为德之
基也。基，始也，德自行而进也。不行则德何由而积？""'谦，德之柄也'，有而不居为谦，谦者，不盈也。
盈则其德丧矣。常执不盈之心，则德乃日积，故曰'德之柄'。""既能谦然后能复，复者阳复，为复善之义。
人性本善，其不善者迁于物也。知物之为害，而能自反，则知善者乃吾性之固有，循吾固有而进德，则沛
然无他适矣。故曰'复，德之本也'。""知复则内外合矣，然而不常，则其德不固，所谓虽得之，必失之，
故曰'恒，德之固也'。""君子之修德，必去其害德者，则德日进矣，故曰'损，德之修也'。""善日积则
宽裕，故曰'益，德之裕也'。""益者，迁善以益己之德，故其德长进而宽裕。""不临患难难处之地，未足
以见其德，故曰'困，德之辨也'。""井以养人利物为事，君子之德亦犹是也。故曰'井，德之地也'。""夫
然可以有为，有为者，常顺时制宜，不顺时制宜者，一方一曲之士，非盛德之事也。顺时制宜，非随俗合
污，如禹、稷、颜子是已，故曰'巽，德之制也'。"参见《陆九渊集·语录上》。

关于德育过程的论述可谓中华教育思想史上的一朵奇葩,在世界教育史上也是罕见的。中国古代其他的教育家虽然没有像陆九渊这么系统而全面地阐述,但零星的论述却是大量的。这里拟把他们的见解放在现代视野内审视一番,以撷取其精华。

(一)道德认识阶段

道德认识是人们对社会现象的是非、善恶、美丑的认识、评价和判断。学生思想品德的形成和发展,一般都是建立在道德认识基础之上的。一个人只有知道了应该怎样行动和为什么这样行动,才有可能自觉地产生相应的行动。只有明是非、别善恶、辨美丑、识荣辱,才能确定自己的行为准则。而形成道德认识的过程,主要是经常对学生揭示和讲授道德概念的意义,说明一定的道德标准和道德规范,组织他们分析道德现象,发展他们的评价能力,把一定的社会意识有效地转化为学生的个体意识。

中国古代教育家对道德认识阶段非常重视。如孔子认为,有了"知",才会有坚定的道德信念,所谓"知者不惑"[1]。又认为"知"是人们道德行为的前提条件:"盖有不知而作之者,我无是也。"[2]荀子指出,只有以理"识道",才能提高道德的自觉性;只有"知明",才能"行无过"。他又说:"凡人莫不从其所可,而去其所不可。知道之莫之若也,而不从道者,无之有也。"[3]所以,"故心不可以不知道。心不知道,则不可道而可非道"[4]。朱熹对此进一步阐发,认为具有明确的道德知识是作出合乎义理行为的保证:"若讲得道理明时,自是事亲不得不孝,事兄不得不弟,交朋友不得不信。"[5]同时又认为,掌握了道德知识,就为自己的思想行为立下了规矩,无须他人来做各种禁防:"苟知理之当然,而责其身以必然,则夫规矩禁防之具,岂待他人设之而后有所持循哉!"[6]

---

① 《论语·子罕》。

② 《论语·述而》。

③ 《荀子·正名》。

④ 《荀子·解蔽》。

⑤ 《朱子语类》卷九。

⑥ 朱熹:《白鹿洞书院学规》。

　　中国古代教育家已意识到掌握道德概念对于形成道德认识的作用。如孔子就提出过一套比较完整的道德概念，要求学生去掌握。在孔子的道德概念中，最关键的是"礼"和"仁"。在《论语》一书中，出现"礼"字凡74条，"仁"字凡105条。在评论学生的学业和道德时，往往也用"礼"和"仁"做依据。孟子提出的道德概念更为具体。他提出了三套条目：一是"仁、义、礼、智"，二是"孝、悌、忠、信"，三是"父子有亲，君臣有义，夫妇有别，长幼有序，朋友有信"。这三套道德条目为秦汉以后占统治地位的三纲五常的道德概念奠定了基础。

　　为了使学生掌握道德概念，中国古代教育家还注重向他们揭示道德概念的内涵。如孔子就反复向学生阐明"仁"与"礼"的概念。为了加深学生的印象，古代教育家还注意举日常生活中的事例，生动形象地加以说明。如孟子就曾用"孺子将入于井"，说明人"皆有怵惕恻隐之心"[1]（仁）；用"孩提之童无不知爱其亲者，及其长也，无不知敬其兄也"[2]（义），来说明仁与义这两个道德概念。朱熹在解释"忠"这个道德概念时，不仅下了"忠者，诚实不欺之名"[3]的定义，还举例说："谓与人说话时，说到底。见得恁地了，若说一半不肯说尽，便是不忠。"[4]又说，与人谋事，"须直与它说这事合做与否。若不合做，则直与说这事决然不可为。不可说道，这事恐也不可做，或做也不妨。此便是不尽忠"[5]。这样生动形象的解释，自然比只是讲空洞枯燥的条文更易懂易记，也更便于操作。

　　中国古代教育家还注意在教育实践中评价学生的道德品质，作为形成学生道德认识的手段。如孔子就经常评价学生的道德品质。一是直接对学生发表意见。如子贡有一次对孔子说，他能做到"己所不欲，勿施于人"，孔子就立即指出这不是他所能做到的。二是在别的学生面前评价某一学生。如有一次宰我在孔子面前大发议论，认为三年之丧太久，一年就足够了。孔子不仅在他面前评论道："夫君子之居丧，食旨不甘，闻乐不乐，居处不

----

① 《孟子·公孙丑上》。

② 《孟子·尽心上》。

③ 《朱子语类》卷二十七。

④⑤ 《朱子语类》卷二十一。

安，故不为也。今女安，则为之。"①而且在别的学生面前批评宰我"不仁"："予之不仁也！子生三年，然后免于父母之怀。夫三年之丧，天下之通丧也，予也有三年之爱于其父母乎？"②再如子贡问："师与商也孰贤？"孔子说："师也过，商也不及。"子贡又问："然则师愈与？"孔子回答说："过犹不及。"③三是在别人面前评价自己的学生。如鲁哀公问"弟子孰为好学"时，孔子便对颜渊的学习态度和学习精神做了一番评价："有颜回者好学，不迁怒，不贰过。不幸短命死矣，今也则亡，未闻好学者也。"④四是当别人对某一学生的评价不符合事实时，孔子予以再评价。如有一次孔子感慨地说："吾未见刚者。"当时在场的人说："申枨（刚）。"孔子认为对申枨的评价不符合实际，就立即予以纠正说："枨也欲，焉得刚？"⑤明末清初的教育家颜元也注意经常及时地评价学生的道德品质。如有一学生在冬天"取薪燎火，人有薪置其室近，欲取之，思之不可，而远取己薪"。颜元听到弟子这一"善行"，第二天就到学舍，当着弟子的面，赞扬其行"充此意，可以作圣矣"⑥。同时要求其他学生发扬这种不自私的精神。

中国古代教育家也注意引导学生进行自我评价，把教师的评价与学生的自我评价结合起来。如孔子在引导学生进行自我评价时，就做到两点，一是当学生的自我评价合乎事实时，就予以肯定，如子贡认为自己的智力不如颜渊，孔子就肯定地说："弗如也，吾与女，弗如也。"⑦二是当学生的自我评价不合乎事实时，就给予纠正。如有一次子贡对孔子说："我不欲人之加诸我也，吾亦欲无加诸人。"孔子认为这有点儿夸张、不够精确，就纠正说："赐也，非尔所及也。"⑧这对于提高学生的道德评价能力，形成正确的道德认识有重要的作用。

---

①② 《论语·阳货》。

③ 《论语·先进》。

④ 《论语·雍也》。

⑤ 《论语·公冶长》。

⑥ 《颜习斋先生言行录》。

⑦⑧ 《论语·公冶长》。

（二）道德情感阶段

道德情感是人们对于社会现象的真假、美丑、善恶所表示的喜怒、哀乐、爱憎、好恶的情绪体验。道德情感对人的道德行为起着巨大的调节作用，正如苏霍姆林斯基所说："情感——这就是道德信念、原则性和精神力量的血肉的心脏；没有情感，道德就会变成只能养成伪君子的枯燥无味的语言。"如果学生对某个道德问题产生愉快的情感，就能顺利地接受道德知识，并很快地转化为行为；反之，如果表现出冷淡的态度，就可能只是停留在口头上。而发展道德情感的过程，就是对学生动之以情的过程。这就要求教师在提高学生道德认识的基础上，通过具体的道德形象去感染学生，用各种艺术形式激发学生的道德情感，使他们形成高尚的道德情操。

中国古代教育家也很重视道德情感阶段在培养学生道德品质中的作用。他们已认识到，任何道德品质都包含有认识的和情感的两种因素，只有认识的而没有情感的因素介入，是不能形成真正的道德品质的。以孔子提出的"仁"这个概念为例，他一方面要学生懂得"爱人"和"克己复礼"的道理；另一方面又要学生怀有"爱人"和"克己复礼"的情感。显然，"爱人"是要学生具有同情心，而"克己复礼"最根本的是要克制自己的某些不正当情感。只有这两个方面的情感都具备了，才能成为真正的有仁德的人。

朱熹在论述情感的道德功能时，主张要对积极情感与消极情感加以区别。如同样是怒的情绪，"血气之怒"为恶，"义理之怒"为善；作为情绪的愤怒是"不可有"的，但作为情感的义愤则"不可无"[1]。只有恶的情感，发而不中节的情感，才会影响人心之正；而善的情感，发而中节的情感，却是万万去不得的。他说：

　　心有喜怒哀乐则不得其正，非谓全欲无此。此乃情之所不能无。但发而中节则是，发不中节，则有偏而不得其正矣。[2]

---

[1] 《朱子语类》卷十三。

[2] 《朱子语类》卷十六。

以为歌舞八音之节，可以养人性情，而荡涤其邪秽，消融其渣滓。故学者之终，所以至于义精仁熟，而自和顺于道德者，必于此而得之，是学之成也。①

善的情感既然能促进人们的心理品质，使人们服从于封建的伦理道德，朱熹当然要发扬光大了。清代戴震对于道德情感的意义说得更透彻："理也者，情之不爽失也；未有情不得而理得者也。"②认为只有愉快的道德情感才能悦纳一定的道德知识，"情得"方能"理得"。

中国古代教育家注重把音乐、诗歌作为陶冶学生道德情感的手段。如孔子就主张"兴于诗，立于礼，成于乐"。③即用诗来激发人们的道德情感，而用乐使人们完成这方面的修养。孔子不但整理了《诗》，论述了诗歌的德育功用④，而且也肯定了音乐的巨大威力⑤，甚至在周游列国时断绝粮食、弟子们病倒的情况下，他仍然"弦歌不衰"。

历代教育家都继承和发展了孔子的这一思想，如朱熹、王阳明都明确指出，诗歌教育具有使学生精神舒畅、陶冶情感、涵养德性，不受邪僻恶劣的思想情感侵蚀的功能。⑥清代王夫之的阐述最为详尽，他非常透彻地分析了诗歌对于鼓舞青年学生道德情感的作用。他写道：

有豪杰而不圣贤者矣，未有圣贤而不豪杰者也。能兴，即谓之豪杰。兴者，性之生乎气者也。拖沓委顺，当世之然而然，不然而不然，终日劳

① 《四书集注·论语·泰伯注》。

② 《孟子字义疏证》卷上。

③ 《论语·泰伯》。

④ 孔子有两段论述《诗》的德育功用的文字："《诗》，可以兴，可以观，可以群，可以怨。迩之事父，远之事君。"（《论语·阳货》）"《诗》三百，一言以蔽之，曰：'思无邪。'"（《论语·为政》）

⑤ 《论语·述而》："子在齐闻《韶》，三月不知肉味。曰：'不图为乐之至于斯也！'""子与人歌而善，必使反之，而后和之。"

⑥ 朱熹在《四书集注》中发挥了孔子的思想："凡《诗》之言，善者，可以感发人之善心；恶者，可以惩创人之逸志。其用归于使人得其情性之正而已。"王阳明则强调诗歌对于儿童道德教育的意义："凡习礼歌诗之数，皆所以常存童子之心，使其乐习不倦，而无暇及于邪僻。"（《传习录》卷中）

而不能度越于禄位田宅妻子之中，数米计薪，日以挫其志气，仰视天而不知其高，俯视地而不知其厚，虽觉如梦，虽视如盲，虽勤动其四体而心不灵，惟不兴故也。圣人不以诗教以荡涤其浊心，震其暮气，纳之于豪杰，而后期之以圣贤。此救人道于乱世之大权也。①

在王夫之看来，豪杰或英雄即是"能兴"之人，也就是能拥有正义感或道德情感的人。相反，无正义感或无道德情感的人，拖沓萎靡，其所作所为被米薪禄位、田宅妻子所局限，积年累月，醉生梦死而不能自拔于流俗。而学《诗》的价值就在于使青年学生荡涤其浊心，扫除其暮气，振起其道德情感，使其立志做一个英雄豪杰，并进而做一个圣贤。②

关于乐在陶冶情感、移风易俗中的功用，《乐记》说得最为明确：

凡奸声感人，而逆气应之，逆气成象，而淫乐兴焉；正声感人，而顺气应之，顺气成象，而和乐兴焉。

意思是说，凡是奸邪的声音感动了人的时候，坏的风气就应声而来了，坏风气形成之后，淫荡的音乐就盛行了。凡是正义的声音感动人的时候，和顺的风气也就跟着来了，良好的风气形成之后，和谐高尚的音乐也就会盛行起来。王夫之也很重视"以乐养德"，他阐述了乐的三种价值：一是宗教的价值，足以"格神人"，宣天地之元气；二是社会的价值，足以"易风俗"；三是道德的价值，足以"养人心之和"③，陶冶道德情操。他对于后两者特别强调，认为"习焉而渐得其理，以移易性情而向于善。此乐之教所由设也"④。

为了增强德育的说服效果，中国古代教育家还注重利用具体的道德形象去感染、教育学生，引起他们的情感共鸣，从而激发学生的道德情感。如孔子就经常介绍有重大影响的历史人物和时人，如尧、舜、禹、汤、文

---

① 《四书训义》卷二十一。

② 邱椿：《古代教育思想论丛》下册，北京师范大学出版社，1985，第89页。

③ 《四书训义》卷七。

④ 《礼记章句》卷十九。

王、武王、周公、伯夷、叔齐、微子、箕子、比干、齐桓公、晋文公、管仲、子产、晏平仲、臧文仲、臧武仲、柳下惠、齐景公、卫灵公等，发挥了这些人物形象的教育功能。他还注意在学生中树立具体的榜样（如颜渊），使学生感到贴切可亲。

（三）道德意志阶段

道德意志是人们在履行道德义务的过程中，自觉克服困难的顽强努力。道德意志也是德育过程中不可缺少的重要一环，它能够使人们排除来自内外各方面的干扰和障碍，把根据一定道德动机所决定的道德行为坚持下去，在道德行动中具有勇敢坚定、百折不挠的表现。相反，如果没有坚强的道德意志，就会畏缩不前、半途而废，甚至屈服于邪恶的势力，放弃初衷、弃义变节。而培养道德意志的过程，就是要学生持之以恒的过程。这主要是在提高道德认识和发展道德情感的基础上，经过艰难困苦的磨炼，培养学生做事有始有终、坚忍不拔的精神和习惯。

中国古代教育家关于道德意志阶段有众多的论述。他们都非常强道德意志的作用，如孔子就要求学生树立"远大""高尚"的志，用他自己的话来说，就是要求他们"志于道"。一个人只有"志于道"，才能"据于德，依于仁，游于艺"[1]。"志于道"，实际上就是道德意志中的道德动机，只有动机纯正、志向高尚，其行为才不会迷失方向，才不会贪图物质享受。孟子对道德意志论述颇详，把它放在德育过程中的特殊地位："夫志，气之帅也；气，体之充也。夫志至焉，气次焉；故曰：'持其志，无暴其气'。"[2]认为一个人只有具备了坚定的意志，才能不妄动其气，达到"富贵不能淫，贫贱不能移，威武不能屈"的"大丈夫"境界。张载把"士先志"作为"教之大伦"，把立志作为人的事业和德性的基础："志大则才大、事业大，故曰'可大'，又曰'富有'；志久则气久、德性久，故曰'可久'，又曰'日新'。"[3]陆九渊把"先辨志"作为道德教育的前提：

---

① 《论语·述而》。

② 《孟子·公孙丑上》。

③ 《张载集·正蒙·至当》。

小德川流，大德敦化，此圣人之全德也。《皋陶谟》之九德，曰严祗敬六德，则可以有邦；曰宣三德，则可以有家。德之在人，固不可皆责其全，下焉又不必其三，苟有一焉，即德也。一德之中亦不必其全，苟其性质之中有微善小美之可取而近于一者，亦其德也。苟能据之而不失，亦必日积日进，日著日盛，日广日大矣。惟其不能据也，故其所有者亦且日失日丧矣。尚何望其日积日进，日著日盛，日广日大哉？士志于道，岂能无其德，故夫子诲之以"据于德"。①

这是说，如果一个人"志于道"，有不断积累的顽强的道德意志，就必能巩固其品德的基础，使之日趋广大精微而臻于"全德"的境界。王夫之不仅把"志"作为人区别于动物的本质特点："人之所以异于禽者，唯志而已矣。不守其志，不充其量，则人何以异于禽哉！"②而且把道德意志作为衡量学生"德业"的重要标志："志之笃，则气从其志，以不倦而日新。盖言学者德业之始终，一以志为大小久暂之区量。"③

中国古代教育家不仅重视道德意志的作用，还提出了一系列行之有效的培养道德意志的方法。一是在困境中磨炼意志。古代教育家认为，生活在安逸舒适环境中的人，无忧无虑，终将一无所成。孟子曾列举过一些古代有大成就的能人，如舜、傅说、胶鬲、管夷吾、孙叔敖和百里奚等，认为他们都是从艰苦的困境中磨炼出来的。所以他说：

故天将降大任于是人也，必先苦其心志，劳其筋骨，饿其体肤，空乏其身，行拂乱其所为，所以动心忍性，曾益其所不能。④

孟子这段话虽然把人之能担任大事业视为"天"意的安排，有一个唯心主义的神秘前提，但他注重创设一个激励其心、坚忍其性的环境，以磨

① 《陆九渊集·论语说》。
② 《思问录·外篇》。
③ 《张子正蒙注》卷五。
④ 《孟子·告子下》。

炼人的意志，显然有其合理的内容。它不仅被历代志士仁人作为勉励自己的名言，也成为历代教育家教育学生的准则。而且，它积淀于民族心理之中，成为历代中国人坚忍不拔、临暴不屈的精神动力。

二是培养抵制诱惑的能力。中国古代教育家把能否抵制诱惑、坚持信念作为衡量意志力的重要标准，在培养学生的道德意志时尤其强调这一点。孟子关于"舍生取义"的论述最为典型：

> 鱼，我所欲也，熊掌，亦我所欲也；二者不可得兼，舍鱼而取熊掌者也。生，亦我所欲也，义，亦我所欲也；二者不可得兼，舍生而取义者也。生亦我所欲，所欲有甚于生者，故不为苟得也；死亦我所恶，所恶有甚于死者，故患有所不辟也。①

孟子认为，一个人为了实现自己的道德理想，就必须调动意志的力量，用高级的情欲战胜低级的情欲。为了抵制诱惑，甚至可以不惜牺牲个人的生命。法家的集大成者韩非对此亦有论述："恬淡有趋舍之义，平安知祸福之计。而今也玩好变之，外物引之；引之而往，故曰'拔'。至圣人不然：一建其趋舍，虽见所好之物不能引，不能引之谓'不拔'；一于其情，虽有可欲之类神不为动，神不为动之谓'不脱'。"②这里所说的"拔""不脱"，就是要人们不为外物所引诱，不为可欲的东西所牵引。法家在许多问题上与儒家有分歧意见，但在抵制诱惑方面是相同的。这种思想在宋明理学家那里走向极端，提出了"存天理，灭人欲"的道德说教。③清代王夫之反对理学家的这一命题，提出了"理欲合性"的见解。他对于培养道德意志的看法更接近于孔子的思想，如他说："始之立其志，勿自隘也，必求尽乎道也。继之贞其志，勿自乱也，必允合乎道也。终之遂其志，勿自任也，不可逾乎道也。"④这里所说的"贞其志"，就是要人们具有坚贞的道德意志，

---

① 《孟子·告子上》。

② 《韩非子·解老》。

③ 《朱子语类》卷十三："学者须是革尽人欲，复尽天理，方始是学。""人之一心，天理存，则人欲亡；人欲胜，则天理灭。未有天理人欲夹杂者，学者须要于此体认省察之。"

④ 《四书训义》卷十一。

内不为欲所扰乱，外不为事物所动摇。

三是培养坚持不懈的恒心。古代教育家对此也很重视，其至把它作为道德修养的最高境界加以赞扬。如孔子就说："善人，吾不得而见之矣；得见有恒者，斯可矣。"[1]孔子还说："君子无终食之间违仁，造次必于是，颠沛必于是。"[2]要求人们连一餐饭的时间都不能离开仁德，在仓促匆忙的时候是这样，在穷困挫折的时候也是这样，做一个始终保持仁德的"有恒者"。王夫之对于道德恒心的论述更富有创见，认为有恒不仅能保持已经形成的道德品质，更能日新其品德。他说：

"水之洊至，不舍昼夜，波流如一，而后水非前水，则用其日新以为有恒者也。德行之常，非必一德；教事之习，非仅一教。有本而出，源源不舍，则德日以盛，教日以深，斯君子用坎之益也。"[3]就像源泉有恒水一样，后水非前水，水已日新了。人如果勉力不懈地进行道德修养，今日之品德亦非昨日之品德，品德也就日新以盛、不断发展了。

（四）道德行为阶段

道德行为是人们按一定的道德规范采取的行为。道德行为是道德教育的归宿，形成道德认识、发展道德情操、培养道德意志的最终目的是付诸道德实践。一个人道德水平的高低、好坏的重要标志，不是看他的言论是否动听，而是看他的行为是否符合社会的要求。因此，德育过程的根本任务是把道德认识、道德情感和道德意志物化为道德行为。而培养道德行为的过程，就是对学生导之以行的过程，即通过循循善诱的启发教育，使学生做到言行一致；通过组织和指导学生参加实践活动，对他们的行为提出严格的要求，进行严格的训练，使他们逐步掌握道德行为方式，养成良好的道德习惯。

重视"行"可以说是中国古代学术思想的一个优良传统。反映在德育过程中，就是特别重视道德实践，重视道德行为的训练，重视道德习惯的

---

① 《论语·述而》。

② 《论语·里仁》。

③ 《周易大象解·坎》。

养成。中国古代教育家对此有大量精辟的见解。如孔子就曾说过："力行近乎仁。"又说："文，莫吾犹人也。躬行君子，则吾未之有得。"①意思是说，书本上的知识，大概我知道的同别人差不多，在实践中做个君子，那我还没有成功，强调把道德表现在实际的行动上。墨家对于道德实践也非常关注，曾经提出"合其志功而观焉"②的主张，认为在评价一个人的道德品质时，必须把道德动机与道德行为结合起来加以考察。宋代理学家提出的知先行后、知轻行重的观点在某种程度上反映了他们对道德实践的重视。③

清代教育家王夫之进一步提出了"行可兼知"的主张，认为道德认识只有在实际的道德行为中获得。他说："盖尝论之，何以谓之德？行焉而得之谓也。何以谓之善？处焉而宜之谓也。不行胡得？不处胡宜？"④

在培养学生道德行为的具体措施和方法上，中国古代教育家提出了三条弥足珍贵的意见。一是要求学生言行一致、表里如一。如孔子就要求学生言而有信，认为"人而无信，不知其可也"⑤。他赞扬子路说话守信用，说子路"无宿诺"⑥。他又主张少说多做，慎言敏行，先行后言，说"君子欲讷于言而敏于行"⑦，"敏于事而慎于言"⑧，"先行其言而后从之"⑨。他反对讲大话，说"君子耻其言而过其行"⑩；反对讲空话，说"其言之不怍，则为之也难"⑪；更反对讲假话，"恶利口之覆邦家者"⑫。他还反对信谣、传谣，"道听而涂说，德之弃也"⑬。反对表里不一，最讨厌"色取仁而行违"的两面派。认为"巧言令色"的人，是很少有仁德的。孔子的学生在

---

① 《论语·述而》。

② 《墨子·鲁问》。

③ 《朱子语类》卷九："致知、力行，用功不可偏。偏过一边，则一边受病。如程子云：'涵养须用敬，进学则在致知。'分明自作两脚说，但只要分先后轻重。论先后，当以致知为先；论轻重，当以力行为重。"

④ 《大学衍义补》。

⑤ 《论语·为政》。

⑥ 《论语·颜渊》。

⑦ 《论语·里仁》。

⑧ 《论语·学而》。

⑨ 《论语·为政》。

⑩⑪ 《论语·宪问》。

⑫⑬ 《论语·阳货》。

他的教育影响下，也很注意言行一致、表里如一，如"子路有闻，未之能行，唯恐有闻"①。这便是明证。《中庸》的作者也要求学生言顾其行、行顾其言：

庸德之行，庸言之谨，有所不足，不敢不勉；有余，不敢尽。言顾行，行顾言。君子胡不慥慥尔。

意思是说，平常的道德要施行，平常的言语要谨慎，所施行的道德行为有不够完善的，就不敢不勉力而行；所说的话还没有完全做到，就不敢尽说空话。说话要照顾到行动，行动要照顾到说话。君子怎么能不忠厚诚实，力求做到言行一致呢？在评价学生的道德品质时，中国古代教育家也注意把言与行结合起来并侧重于行来考察。如孔子就主张"听其言而观其行"②。

二是要求学生正确对待自己的缺点和错误。如孔子就认为，一个人不可能不犯错误，所谓"人非圣贤，孰能无过"，问题是愿改不愿改。如果愿改，那就是"过而能改，善莫大焉"；如果不愿改，那就是"过而不改，是谓过矣"③。所以，他要求学生勇于改过，"过，则勿惮改"④。他十分赞扬子路对待过错的态度，说子路是"闻过则喜"。他认为君子是知过必改，只有小人才文过饰非。所以他的学生子贡说："君子之过也，如日月之食焉。过也，人皆见之；更也，人皆仰之。"⑤意思是说，人的过错是客观存在的，犹如日月之食一样明显地摆在那里，人人都能够看到。如果能自觉地更改过错，正如日月可以重新恢复光辉。这说明孔子在要求学生勇于改过方面的教育是相当成功的。

明代王守仁在社学教条中拟订了一个功课表，把"考德"作为一天中的第一堂课。他写道："每日清晨，诸生参揖毕，教读以次遍询诸生：在家所以爱亲敬畏之心，得无懈忽未能真切否？温清定省之仪，得无亏缺未能实践否？往来街衢步趋礼节，得无放荡未能谨饬否？一应言行心术，得无

---

① ② 《论语·公冶长》。

③ 《论语·卫灵公》。

④ 《论语·学而》。

⑤ 《论语·子张》。

欺妄非僻未能忠信笃敬否？诸童子务要各以实对，有则改之，无则加勉。教读复随时就事，曲加诲谕开发，然后各退就席肄业。"①按照上述程序，学生入学时首先要行参揖礼；其次由教师依次询问每个学生，要求他们反省自己在过去的一天中，在家里、校内或街上的一切行为与心术，如有过失，当坦诚承认并表示悔过的决心；最后教师再针对学生的个别情况加以勉励或训诫。

三是要求学生通过行为训练形成良好的道德习惯。孔子对此亦有所认识，如樊迟问崇德，孔子就回答说："先事后得，非崇德与？"②即先去实践而后再收获，是形成品德的方法。所以他经常鼓励学生进行道德实践，训练和陶冶自己的道德品质："仁远乎哉？我欲仁，斯仁至矣。"③又说："为仁由己，而由人乎哉？"④

朱熹对道德行为的训练也高度重视，他专门编写了《童蒙须知》，作为儿童道德行为训练的教材。《童蒙须知》分为"衣服冠履""语言步趋""洒扫涓洁""读书写字"和"杂细事宜"等项，对儿童必须遵守的道德规范做了详细规定。如"语言步趋"条就规定："凡为人子弟，须是常低声下气，语言详缓，不可高言喧哄，浮言戏笑。父兄长上有所教督，但当低首听受，不可妄自议论。""杂细事宜"条也规定："凡侍长者之侧，必正立拱手。有所问，则必诚实对。言不可忘。"这些道德行为内容无非是封建主义道德规范的具体化，正是这些条条框框约束着儿童的一言一行，培养出循规蹈矩的封建主义的道德习惯。通过这样的训练，就能使学生进入"习与智长，化与心成，而无扞格不胜之患"⑤，"持守坚定、涵养纯熟"⑥的境界。王阳明也有类似主张。他说：

　　未有学而不行者也。如言学孝，则必服劳奉养，躬行孝道，然后谓之

---

① 《王文成公全书》卷二。

② 《论语·颜渊》。

③ 《论语·述而》。

④ 《论语·颜渊》。

⑤ 张伯行辑《小学集解·小学书题》。

⑥ 《小学集解·小学辑说》。

学，岂徒悬空口耳讲说，而遂可以谓之学孝乎？[①]

在王阳明看来，要形成学生的道德品质，就不能停留在灌输一些道德概念的水平上，而必须通过具体的道德实践。如"孝"的品德，就应该通过"服劳奉养，躬行孝道"的身体力行，才能真正地根植于一个人的品德心理结构之中。

综观中国古代教育家对于德育过程的论述，我们可以发现这样一个现象：古代教育家虽然对道德认识、道德情感也有所论述，但其重点无疑在道德意志与道德行为上。中国古代重视的是意志型道德人格，这在德育的原则与方法上也有所体现。

三、德育的原则与方法

德育原则是教育者对受教育者实施德育时必须遵循的基本要求，是处理德育过程中一些基本矛盾和关系的基本准则。德育方法则是为完成德育任务所采用的手段。德育原则和德育方法都是在德育过程的实践中形成的，是对德育实践和经验的总结和概括，它又反过来指导实践。中国古代教育家在长期的教育实践中已总结出若干德育原则和方法，这些行之有效的德育原则和方法已成为中华教育思想宝库的重要组成部分。通过运用这些原则和方法，培养了一大批爱国忧民、德行高尚的志士仁人。

中国古代的德育原则和方法大致分为四个方面、九条准则。现分述如次。

（一）关于外部影响的德育原则与方法

德育不是在"真空"中进行的，它无时无刻不受到社会环境的影响。正如鲁洁教授所说："对于人的思想品德能够发生作用的影响极为广泛，在社会生活的一切领域（从物质到精神）和一切实际关系中都渗透着这种影响。"[②]

---

① 《传习录中》卷二，《王文成公全书》。

② 鲁洁：《德育过程初探》，《教育研究》1981年第2期。

在这些影响中，既有正面的、积极的影响，也有负面的、消极的影响。因此，如何对这些影响加以选择和控制，是德育原则与方法必须考虑的重要内容之一。

1. 环境熏陶

中国古代教育家认为，在德育过程中应注意环境对学生的影响，并为学生选择和提供良好的德育环境。如墨家就从"染于苍则苍，染于黄则黄"的人性素丝说出发，要求人们慎其所染。《墨子·所染》记载：

> 子墨子言见染丝者而叹曰："染于苍则苍，染于黄则黄。所入者变，其色亦变。五入必，而已则为五色矣。故染不可不慎也！"

意思是说，人之于环境就如丝之于染料水一样，放入不同颜色的染料水，就会染上各不相同的颜色。荀子通过"蓬生麻中，不扶而直；白沙在涅，与之俱黑"的比喻，也提出了"故君子居必择乡，游必就士，所以防邪僻而近中正也"[①]的结论。要求学生居家要选择好的乡里，出游必定接近有学问、有品行的人。荀子把外界环境给予个人的影响称为"注错"或"渐"，把个人不断接受外界的影响称为"积靡"或"积"，他不但看到环境在形成学生的道德品德中起着巨大的作用："可以为尧、禹，可以为桀、跖，可以为工匠，可以为农贾，在势注错习俗之所积耳。"[②]也注意到了培养学生抵御环境消极影响的能力："肉腐出虫，鱼枯生蠹。怠慢忘身，祸灾乃作。强自取柱，柔自取束。"[③]自身的抵抗能力提高了，不良环境就不能乘虚而入。荀子对于道德教育中客观环境与主观努力之间的辩证关系的论述是很有见地的。

明代思想家王廷相把环境分为两个层次，即社会风气的大环境和居住交往的小环境，并论述了这两种环境对于人的道德品质的影响：

> 凡人之性成于习，圣人教以率之，法以治之，天下古今之风，以善为

---

① ③ 《荀子·劝学》。

② 《荀子·荣辱》。

归，以恶为禁久矣。①

深宫秘禁，妇人与嬉游也；亵狎燕闲，奄竖与诱掖也。彼人也，安有仁孝礼义以默化之哉？习与性成，不骄淫狂荡，则鄙亵惰慢。②

王廷相认为，如果社会风气这个大环境好，就会使人心归善；居住交往这个小环境差，则会使人心归恶。那些终日在深宫秘禁中，与女人嬉游玩乐、亵狎燕闲的公子哥儿，必然要形成"骄淫狂荡""鄙亵惰慢"的不良品德。

中国历史上脍炙人口的"孟母三迁"的故事，就说明古人是比较重视环境对于儿童的影响的："孟轲之母，其舍近墓。孟子之少也，嬉戏为墓间之事，踊跃筑埋。孟母曰：此非所以居子也。乃去。舍市傍。其嬉戏为贾人街卖之事。孟母曰：此非所以居子也。乃徙舍学宫之旁。其嬉戏乃设俎豆，揖让进退。孟母曰：此真可以居子矣。遂居之。"③孟母对儿子教育环境的重视，至今仍有积极的借鉴意义。

2.朋友观摩

中国古代教育家不仅重视环境熏陶的作用，也强调在德育过程中应注意选择朋友，通过朋友的交往活动增进学问、砥砺德行。孔子就说过："三人行，必有我师焉；择其善者而从之，其不善者而改之。"④主张把朋友作为镜子来对照自己的行为，学习朋友的"善"的方面，摒弃朋友的"不善"的方面，从而达到"以友辅仁"⑤的目的。孔子很善于在德育过程中指导学生选择朋友，他说：

益者三友，损者三友：友直，友谅，友多闻，益矣；友便辟，友善柔，友便佞，损矣。⑥

---

① 《家藏集·答薛君采论性书》。

② 《慎言·保傅》。

③ 《列女传·母仪》。

④ 《论语·述而》。

⑤ 《论语·颜渊》。

⑥ 《论语·季氏》。

他要求学生选择那些正直、信实和见闻广博的人做朋友,而不要和那些谄媚奉承、当面恭维而背后毁谤以及夸夸其谈的人交朋友。孔子还对学生说:"益者三乐……乐节礼乐,乐道人之善,乐多贤友,益矣。"①意思是说,人生有益的快乐有三种,一种是得到礼义的调节,一种是宣传别人的长处,一种是交了很多有道德的朋友。无怪乎《论语》的开篇即是:"有朋自远方来,不亦乐乎?"②

《学记》对于朋友观摩这一德育原则和方法做了比较系统的阐发,明确提出了"相观而善之谓摩"的命题,并把这种相互学习、取长补短的朋友观摩作为教育成功的四大因素之一,这在第一章中已论及。

明代学者苏浚在《鸡鸣偶记》中把朋友分为四种:"道义相砥,过失相规,畏友也;缓急可共,死生可托,密友也;甘言如饴,游戏征逐,昵友也;利则相攘,患则相倾,贼友也。"自然,在道德上相互砥砺,有了过错和失误相互规劝和帮助的"畏友"以及能同甘苦、共患难,可以托付生命的"密友"对于人们道德上的帮助最大。宋代教育家张载也看到了交友在学习和修养中的作用。他说:"学不长者无他术,惟是与朋友讲治。"③这里所说的学,当然不仅仅指知识的学习,也应包括品德的学习。明代王阳明把"责善"作为朋友观摩的重要内容:

责善,朋友之道,然须忠告而善道之,悉其忠爱,致其婉曲,使彼闻之而可从,绎之而可改,有所感而无所怒,乃为善耳。若先暴白其过恶,痛毁极诋,使无所容,彼将发其愧耻愤恨之心,虽欲降以相从,而势有所不能,是激之而使为恶矣。④

他认为,朋友之间的互相"责善"是非常有益的,有时是师长所不可替代的。这是因为,朋友之间情深意笃,彼此信任,因此是怀着愉快的、毫无抵触的情绪接受朋友的忠告。如果"痛毁极诋",使人无地自容,当然

---

① 《论语·季氏》。

② 《论语·学而》。

③ 张载:《张载集·经学理窟·学大原下》。

④ 王阳明:《教条示龙场诸生》。

不会有什么好的教育效果。

王夫之也认为朋友观摩对于陶冶道德有重要意义。他说："唯仁者能好人，能恶人。苟仁未熟而欲孤行，其好恶也必僻，则必有所资以行吾好恶者。与君子处，则好君子之好，恶君子之恶。与小人处，则好小人之好，恶小人之恶。又下而与流俗顽鄙者处，则亦随之以好恶矣。故友善士者，自乡国天下以及于古人，所谓'以友辅仁'也，谓引吾好恶之情而扩充吾善善恶恶之量也。"①他认为，人的品德与行为在很大程度上是受其交往对象影响的。与君子同处，与君子交朋友，就会与君子同好恶，形成君子的优良品德与行为；与小人或顽鄙者同处，与他们交朋友，就会与他们同好恶，形成小人或顽鄙者的不良品德与行为。所以，他主张学生要努力"以友辅仁"，在别的朋友影响和帮助之下提高自己。但王夫之不赞成孔子"无友不如己者"的主张，认为贤者固然可以作为朋友，不贤者亦可与之为友。在与贤者为友时，不仅在心理上和口头上要尊敬和颂扬他，还要争取在品德和学识上赶上他，与他齐头并进；在与不贤者为友时，不仅要表示厌恶他的不良品德，还要痛切反省自己是否具有同样的缺点，通过帮助朋友来提高自己。②也就是说，朋友观摩既有"思齐"的正面作用，亦有"内自省"的反面作用。

（二）关于主观努力的德育原则与方法

主观努力是指在德育过程中必须调动受教育者自我教育的积极性，发挥他们的主观能动作用。在德育过程中，受教育者如果处于被动的、消极的状态，成为纯粹的"受教育"客体，就不可能取得很好的德育效果。唯有唤起学生的自我教育意识，发挥他们的主观能动性，才能事半功倍、卓有成效。苏霍姆林斯基在论述主观努力的作用时指出："唤起人实行自我教育的教育，按照我的深刻信念，乃是一种真正的教育。教给人实行自我教育，要比组织星期日消遣活动困难得多。"③

① 王夫之：《俟解》。

② 《四书训义》卷八。参见邱椿《古代教育思想论丛》下册，北京师范大学出版社，1985，第128-129页。

③ 苏霍姆林斯基：《教育的艺术》，肖勇译，湖南教育出版社，1983，第267页。

中国古代教育家特别重视主观努力在培养道德品质方面的作用。如孔子说:"为仁由己,而由人乎哉?"①"仁远乎哉?我欲仁,斯仁至矣。"②认为"仁"这种品德是可以通过个人的自我努力来形成的。孟子也很强调"反求诸己"。他说:

君子深造之以道,欲其自得之也。自得之,则居之安;居之安,则资之深;资之深,则取之左右逢其原,故君子欲其自得之也。③

孟子认为,人只要努力保持先天的善的禀性,加强自我修养,就不会丧失先天赋予的优良品德。朱熹在《必有邻》一诗中也形象地论述了主观努力的意义:德者人心之所同,苟能有德类斯从。不须闭户嗟寥落,但立诚心自用功。

在主观努力的原则和方法上,中国古代教育家提出了自省自讼和省察自监两条,兹介绍如次。

1. 自省自讼

中国古代教育家要求学生在看到其他人的道德行为时进行自我反省,同时对待自己的错误也能认真检查,作自我批评。如孔子就曾经要求学生"见贤思齐焉,见不贤而内自省也"④。在见到良好的道德行为时,可以通过自省以人为师;见到不良的道德行为时,可以通过自省避免类似错误。孔子的学生在这方面修养功力颇深,如曾参就说过:"吾日三省吾身:为人谋而不忠乎?与朋友交而不信乎?传不习乎?"⑤如果每个人都能用一定的道德规范约束自己,经常在别人的道德行为出现时进行自我对照检查,对于提高品德修养无疑是有所裨益的。所以,朱熹也曾撰诗赞扬自省功夫深厚的曾参:"曾子尚忧三者失,自言日致省身功。如何后学不深察,便欲传心

---

① 《论语·颜渊》。

② 《论语·述而》。

③ 《孟子·离娄下》。

④ 《论语·里仁》。

⑤ 《论语·学而》。

一唯中。"①

　　孔子还要求学生正确对待自己的错误，提出了"自讼"的德育方法："吾未见能见其过而内自讼者也。"②他经常教育学生"过则勿惮改"③，认为"过而不改，是谓过矣"④，但"过而改之，是不过也"⑤。这就是说，人总是免不了要犯错误，出现一些道德行为的偏差，这不必大惊小怪。但是，人如果总是犯同样的错误，重复出现某些偏差，就不可原谅了。所以，孔子要学生采取"自讼"的方法，认真严肃地对待自己的错误，争取"不贰过"。孟子也鼓励学生改过迁善，主张对努力"自讼"、改过自新的人不要追究既往。他说："古之君子，其过也，如日月之食，民皆见之，及其更也，民皆仰之。"⑥

　　2. 省察自监

　　中国古代教育家要求学生时常处于戒备的状态，严防不符合道德的思想和行为出现，不断地进行自我监督和自我鞭策。朱熹对省察的方法论述颇详："谓省察于将发之际者，谓谨之于念虑之始萌也。谓省察于已发之后者，谓审之于言动已见之后也。念虑之萌，固不可以不谨；言行之著，亦安得而不察。"⑦他还举例加以说明："未发已发，只是一件工夫，无时不涵养，无时不省察耳。谓如水长长地流，到高处又略起伏则个。如恐惧戒谨是长长地作，到谨独是又提起一起。又如骑马，自家常常提掇，及至遇险处，便加些提控。"⑧意思是说，省察是一种无时不在的长期的道德修养方法，但平常着重于"涵养"，在不符合道德的言行出现之前，则要严加防范，把它扼杀于襁褓之中。

　　韩非对自监的方法有所论述。他说："古之人目短于自见，故以镜观面；智短于自知，故以道正己。故镜无见疵之罪，道无明过之怨。目失镜，则

---

①　引自陈汉才编著《中国古代教育诗选注》，山东教育出版社，1985，第107–108页。

②　《论语·公冶长》。

③　《论语·学而》。

④　《论语·卫灵公》。

⑤　《韩诗外传》卷三。

⑥　《孟子·公孙丑下》。

⑦⑧　《性理精义》。

无以正须眉；身失道，则无以知迷惑。西门豹之性急，故佩韦以自缓；董安于之心缓，故佩弦以自急。故以有余补不足，以长续短之谓明主。"①在韩非看来，要提高个人的道德水平，改正自己的缺点，就必须经常检点自己，进行自我监督。如战国魏文侯时的邺令西门豹，因为自己性情急躁、办事冒进，所以就佩戴柔韧的皮带以提醒自己从容行事、放慢速度；又如春秋末期赵简子的谋臣董安于，因为自己性情缓慢、办事松懈，所以就佩戴了弓弦以提醒自己不得怠慢、日思进取。

（三）关于教育时机的德育原则与方法

德育是一门科学，也是一门艺术。在德育工作中，掌握最佳的教育时机，对于取得良好的德育效果具有重要的影响。这个"时机"可以从两个方面加以把握。

1.蒙以养正

从一个人的纵向发展来看，德育的最佳时机是在儿童时期。所以，中国古代教育家主张德育要从小抓起，使儿童养成良好的道德习惯。孔子提出的"少成若天性，习惯如自然"，对后世的道德教育产生了持久影响。南北朝时期的颜之推在《颜氏家训》中曾回忆自己幼年所受的道德教育："吾家风教，素为整密。昔在龆龀，便蒙诱诲。每随两兄，晓夕温清。规行矩步，安辞定色，锵锵翼翼，若朝严君焉。赐以优言，问所好尚，励短引长，莫不恳笃。"所以，他强调对儿童进行早期德育的意义：

> 人在少年，神情未定，所与款狎，熏渍陶染，言笑举动，无心于学。潜移暗化，自然似之。何况操履艺能，较明易习者也。②

他认为，人在幼童时期心理处于不稳定状态，容易接受正反两方面的积极或消极的影响，在潜移默化之中接受熏陶，形成一定的品德。宋代朱熹不仅重视对儿童进行道德教育的意义，而且亲自编定《小学》一书，作

---

① 《韩非子·观行》。

② 《颜氏家训·慕贤》。

为儿童德育的教科书。他在谈该书的编辑宗旨时说：

> 古者小学教人以洒扫、应对、进退之节，爱亲、敬长、隆师、亲友之道，皆所以为修身、齐家、治国、平天下之本，而必使其讲而习之于幼稚之时，欲其习与智长，化与心成，而无扞格不胜之患也。今其全书虽不可见，而杂出于传记者亦多，读者往往直以古今异宜，而莫之行，殊不知其无古今之异者，固未始不可行也。今颇搜辑以为此书，授之童蒙，资其讲习，庶几有补于风化之万一云尔。[①]

明清之际的王夫之也主张"习于童蒙"，并提出了"蒙以养正"的早期教育的观点："《易》言：蒙以养正，圣功也。养其习于童蒙，则作圣之基立于此。人不幸而失教，陷入于恶习，耳所闻者非人之言，目所见者非人之事，日渐月渍于里巷村落之中，而有志者欲挽回于成人之后，非洗髓伐毛，必不能胜。"[②]他认为，只有在童蒙时期养成良好的道德习惯，形成正确的道德品质，才能为整个人生打下基础。如果在童蒙时期缺乏正确的教育、引导，就会形成不良的道德习惯和道德品质，即使花费很大的气力，也难以矫正。

关于蒙以养正的具体方法，中国古代教育家也提出了一些颇有价值的观点，如注重行为习惯的训练、主张正面引导、加强家庭教育等，这将在蒙学与中国古代教育一章中详细论述，这里不赘述。

2. 禁于未发

从一个人思想品德形成的横向过程来看，德育的最佳时机是在不良品德形成之前进行预防，即所谓"禁于未发"。所以，中国古代教育家非常重视把握道德教育的时机，做到防微杜渐，防患于未然。傅任敢先生在评论《学记》"禁于未发"的命题时说：教育工作不外在积极方面培养好品质，在消极方面消除坏品质。为了培养学生良好的品质，也需要消除或防止他们的坏品质，因为要立就必须先破。但是，消除坏品质要比防止坏品质困难得多。所以，为了培养好品质，消除坏品质，就应该采取预防为主的办

---

① 朱熹:《小学集解·小学书题》。

② 王夫之:《俟解》。

法。坏品质跟害人的疾病是一样的，害了病再治疗就很困难，没害病先预防则较容易。比如撒谎这种坏的品质，如果在孩子养成撒谎的习惯以前，就从道德上和榜样上预防，孩子是不容易沾染它的。倘若平日不注意教育，一旦孩子染上这种习惯以后再去破除，就很费力了。[①]所以，《学记》又把"发然后禁，则扞格而不胜"作为教育失败的六大原因之一。捷克大教育家夸美纽斯说："德行应该在邪恶尚未占住心理之前，早早就教。"[②]《学记》关于"禁于未发"的论述，完全可以与之媲美。

墨家也注意德育的防其未然。如墨子就要求学生"谮慝之言，无人之耳；批扞之声，无出之口；杀伤人之孩，无存之心"[③]，努力抵制各种不良品德的侵蚀。唐代孔颖达提出："凡所过失，为人所怨，岂在明著大过？皆由小事而起；言小事不防，易致大过。"[④]这是说，防其未然，并不只是防止"大过"，而应注意每一件微小之事，这样才能真正防微杜渐。朱熹所说的"居敬"的方法，实际上也有重视预防性这一德育原则和方法的意思。如他在《敬斋箴》中说："守口如瓶，防意如城。洞洞属属，毋敢或轻。不东以西，不南以北。当事而存，靡他其适。勿贰以二，勿参以三。惟精惟一，万变是监。从事于斯，是曰持敬。动静无违，表里交正。须臾有间，私欲万端，不火而热，不冰而寒。毫厘有差，天壤易处。三纲既沦，九法亦斁。"他要人们不仅要预防不良行为的产生，甚至要提防那些不良意念的出现。正是所谓念念存天理，时时去人欲；内无妄想，外无妄行。

王夫之则以童蒙教育的例子来说明"禁于未发"的原则，提出了"教道之豫"的观点："谓之童蒙者，鸟兽之生得慧最夙，及长，渐而流于顽戾；惟人之方童，蒙昧无识，理未曙而欲亦有所闲止而不知纵，六五之阴暗，而上有阳以止之，其象也，人之所以异于禽兽也。……蒙险，而止之，以闲邪而抑其非僻，教道之豫也。"[⑤]他认为，人的心理与动物有着本质的不

---

① 傅任敢：《〈学记〉译述》，上海教育出版社，1982，第31—32页。

② 夸美纽斯：《大教学论》，傅任敢译，人民教育出版社，1984，第182页。

③ 《墨子·修身》。

④ 《尚书正义·五子之歌第三》。

⑤ 《周易内传》卷一。

同，初生的动物"智慧"表现得很早，其本能活动足以维持生存、应付环境。但是动物的这种"智慧"和本能不可能有更高程度的发展，所以长大时仍是"顽戾"。人则不同，儿童时期蒙昧无知，无法用本能维持生存、应付环境。但是人的心理能力随着年龄的增长日趋发展，远非动物所能企及。正因为人具有更长的儿童期，具有更强的学习能力，所以必须从小就"止之"，"以闲邪而抑其非僻"，加以正确的引导。可见，"禁于未发"或"教道之豫"，是德育尤其是儿童德育的一项重要原则。

（四）关于教师指导的德育原则与方法

在德育工作中，社会环境的影响、受教育者的主观努力以及把握德育时机固然重要，但我们切不可因此而忽视教师的指导作用。这是因为，教师往往是选择和控制环境的实施者，是学生灵魂塑造的工程师。在完整的教育活动中，教育与自我教育始终是互动的对立统一关系。

1. 因材施教

中国古代教育家主张在德育过程中应遵循因材施教的原则，对不同的教育对象采取不同的教育方法。如孔子在其长期的德育实践中，就非常善于运用因材施教的原则与方法。主要有这样几种情况：一是对学生询问的同一问题，能针对具体对象，作出方向一致但又有所侧重的回答。如颜渊问"仁"这个道德概念，孔子的回答是"克己复礼为仁"[1]。仲弓问"仁"，孔子则说："出门如见大宾，使民如承大祭。己所不欲，勿施于人。在邦无怨，在家无怨。"[2]而樊迟问"仁"时，孔子用"爱人"[3]两字加以解释。其他如"问礼""问孝""问政""问知""问士""问君子"等，莫不如此。这是由于这些学生的道德境界有所不同的缘故。

二是对学生提出的同一问题，能针对提问人的不同情况，作出含义不同甚至相反的回答。如关于"闻斯行诸"（听到了就立即去行动吗）的问题，冉求请教时，孔子回答说："行之。"而另一学生子路询问时，孔子却回答说："有父兄在，如之何其闻斯行之？"表面上看来孔子的回答是自相矛盾的，连当时在场的学生公西华也觉得有些奇怪。其实，这一做法正体现了

---

[1][2][3]《论语·颜渊》。

孔子的高超教育机智与艺术。他解释说："求也退，故进之；由也兼人，故退之。"①（冉求缺乏勇气，做事退缩，所以我要加以鼓励；仲由胆量过人，勇于作为，所以我要加以抑制。）

三是针对个别学生提出的问题，能从这个学生的实际出发，给予指导和帮助。例如，子路好勇，容易轻举妄动，所以当他提出"君子尚勇乎"的问题时，孔子便回答说："君子义以为上。君子有勇而无义为乱，小人有勇而无义为盗。"②

被称为"亚圣"的孟子也很注意学生的个别差异，把门人分成几种类型："君子之所以教者五：有如时雨化之者，有成德者，有达财者，有答问者，有私淑艾者。此五者，君子之所以教也。"③即有的人能像时雨那样滋润万物，有的人能够成全其品德，有的人能够培养其才能，有的人善于解答疑问，有的人能以流风余韵为后人所学习。荀子也主张根据学生的个性特点实施德育，他说：

治气养心之术：血气刚强，则柔之以调和；知虑渐深，则一之以易良；勇胆猛戾，则辅之以道顺；齐给便利，则节之以动止；狭隘褊小，则廓之以广大；卑湿重迟贪利，则抗之以高志；庸众驽散，则劫之以师友；怠慢僄弃，则照之以祸灾；愚款端悫，则合之以礼乐，通之以思索。④

意思是说，对于血气刚强的人，要注意养成其柔顺调和的品质；对于智谋深沉的人，要注意形成其坦率忠直的品质；对于勇毅猛戾的人，要注意以道理加以训化；对于急遽疾速的人，要注意节制之，使其安徐；对于气量狭小的人，要注意开阔其胸怀；对于目光短浅、迟缓苟得的人，要注意使其树立远大志向；对于才能低下、行为散漫的人，要注意通过师友的帮助劝勉使其改变陋习；对于轻薄自弃的人，要注意示之以灾祸，使之有所警惕；对于诚恳端敬的人，则注意以礼乐相合、思索相通，使其更上一层楼。可见，

---

① 《论语·先进》。

② 《论语·阳货》。

③ 《孟子·尽心上》。

④ 《荀子·修身》。

荀子是非常注意根据学生的个性特征，采取有针对性的补偏救弊措施来塑造他们良好的道德品质的。

宋代教育家从理论上加以概括，并正式提出了因材施教的原则和方法。张载说："不尽材，不顾安，不由诚，皆是施之妄也。教人至难，必尽人之材，乃不误人。观可及处，然后告之。"[①] 又说："知至学之难易，知德也；知其美恶，知人也。知其人且知德，故能教人使人德，仲尼所以问同而答异，以此。"[②] 认为道德教育首先要了解学生的品德现状，才能使其"入德"，才能"不误人"，也才能谈得上"尽人之材"。张栻也说："圣人之道，精粗虽无二致，但其施教，则必因其材而笃焉。"[③] 朱熹则更明确提出："圣贤施教，各因其材。小以成小，大以成大，无弃人也。"[④]

明代王阳明也非常善于在德育实践中贯彻因材施教的原则和方法。如《传习录》中记载了这样一件事：

> 先生锻炼人处，一言之下，感人最深。一日，王汝止出游归，先生问曰："游何见？"对曰："见满街人都是圣人。"先生曰："你看满街人是圣人，满街人倒看你是圣人在。"又一日，董萝石出游而归，见先生，曰："今日见一异事！"先生曰："何异？"对曰："见满街人都是圣人！"先生曰："此亦常事耳，何足为异？"盖汝止圭角未融，萝石恍见有悟，故问同答异，皆反其言而进之。

"圭角未融"，是锋芒毕露的意思，说明王汝止是一个"狂者"，所以王阳明称他为圣人以羞愧之，使其收敛谦抑；董萝石则是勇气不足的"狷者"，所以王阳明说圣人是"常事"以奖掖之，使其受鼓舞而进取。可见，他是谙熟因材施教的。正如他所说："圣人教人，不是个束缚他通做一般。只如狂者便从狂处成就他，狷者便从狷处成就他。人之才气，如何同得？"[⑤] 这

① 《张载集·语录抄七则》。

② 《张载集·正蒙·中正》。

③ 转引自《四书章句集注》。

④ 《孟子集注》卷十三。

⑤ 《王文成公全书》卷三。

在某种程度上是他自己德育实践的经验总结。

王夫之对于因材施教也有独到见解。他说:"夫教之为术也,或顺而成之,或逆而矫之,或诱之以易从,而生其慕道之切,或困之以难得,而起其奋发之深,盖亦多术矣。"①即可以根据学生的具体情况,或顺从其意向,或矫正其偏蔽,或引起其志趣,或激发其努力。他还要求教师根据学生的品德发展情况,发扬优点,克服缺点:"教思之无穷也,必知其人德性之长而利导之,尤必知其人气质之偏,而变化之。"②因此,因材施教的原则就是要扬"长"补"短"、补"偏",使学生健康地成长。

2.以身作则

中国古代教育家主张,在德育过程中教育者应言传身教,用自己的行为给受教育者作出榜样。孔子曾说过:"其身正,不令而行。其身不正,虽令不从。"③"苟正其身矣,于从政乎何有?不能正其身,如正人何?"④孔子不仅是以身作则的提出者,而且是这一原则的实践者。如他要求学生好学乐学,自己就"好古敏求";他要求学生见利思义,他自己就是"不义而富且贵,于我如浮云"的人。这类事例在《论语》中有大量记载。在德育实践中,孔子注意言传身教,把"有言之教"与"无言之教"结合起来。他说:"可与言而不与之言,失人;不可与言而与之言,失言。知者不失人,亦不失言。"⑤他非常相信"无言之教"的巨大威力。有一次,他对学生说:在今后的德育工作中,"予欲无言"。子贡一听便马上说:"子如不言,则小子何述焉?"孔子接着解释说:"天何言哉?四时行焉,百物生焉,天何言哉?"⑥"无言之教"的实质是通过暗示、榜样去教育学生,收潜移默化的效果。可见孔子是很重视"身教"在德育过程中的作用的。

墨翟也强调以身作则的原则和方法。他的"尚同"的政治主张,就是

---

① 王夫之:《四书训义》卷三十六。

② 王夫之:《四书训义》卷十五。

③④ 《论语·子路》。

⑤ 《论语·卫灵公》。

⑥ 《论语·阳货》。

要求从里长、乡长直至国君，都必须先治其身。① 在教育实践中他也是如此。如史书记载墨子"闻而悼之，自鲁趋而往，十日十夜，足重茧而不休息，裂裳裹足，至于郢"②，反映了他吃苦耐劳的顽强精神。在他的榜样鼓舞下，他的学生大都具有"赴汤蹈火，死不旋踵"③ 的勇气。墨翟说："言足以复行者，常之；不足以举行者，勿常。不足以举行而常之，是荡口也。"④意思是说：如果一个人的言辞足以付诸行动，人们就会崇尚他的品德；如果不足以付诸行动，就不会崇尚他了。如果不能付诸行动而去崇尚他，那么他所说的话就是胡言乱语。因此，他认为教师必须"以身戴（通载）行"⑤，为学生做好表率。孟子在论述以身作则的原则时说："身不行道，不行于妻子；使人不以道，不能行于妻子。"⑥即如果本人不依道而行，道在妻子儿女身上都行不通，更不要谈让别人行道了；使唤别人不合于道，要去使唤妻子儿女都不可能，更不要谈使唤别人了。教育者只有"严己"才能"律人"。

南宋教育家袁采对此亦有论述，他说："己之才学为人所尊，乃可诲人以进修之要；己之性行为人所重，乃可诲人以操履之详。"⑦也就是说，如果不具备高深的业务水平和良好的道德品行，是不可以担当起教育人的重任的。

3. 表扬与批评

中国古代教育家主张，在德育过程中必须采用表扬与批评相结合的方法去教育学生，扬善抑恶，改过迁善。孔子就很善于针对学生的品德修养状况进行表扬或批评。以颜渊和子路为例，由于颜渊自觉性很高，孔子对他一般以表扬为主。《论语》中记载表扬颜渊的地方就有十多次。如说，"回也好学""回也不愚""贤哉，回也""回也，其心三月不违仁""语之而不

---

① 《墨子·公孟》载："告子谓子墨子曰：'我治国为政。'子墨子曰：'政者，口言之，身必行之。今子口言之而身不行，是子之身乱也。子不能治子之身，恶能治国政？'"

② 《淮南子·修务训》。

③ 《淮南子·泰族训》。

④ 《墨子·耕柱》。

⑤ 《墨子·修身》。

⑥ 《孟子·尽心下》。

⑦ 袁采：《袁氏世范》卷二。

惰者，其回也与""吾见其进也，未见其止也"，等等。批评颜渊的仅见一次："回也非助我者也，于吾言无所不说。"①这其实也是贬中有褒的批评。因为子路秉性"亢直"，又骄傲自大，容易轻举妄动，所以孔子就经常批评他。

孔子比较注意表扬与批评的实事求是，对好的品行进行表扬，坏的品行进行批评，有时先抑后扬，有时又先扬后抑。孔子表扬子路说："衣敝缊袍，与衣狐貉者立，而不耻者，其由也与？'不忮不求，何用不臧？'"（穿着破烂的旧丝棉袍子和穿着狐貉裘皮的人一道站着而不觉得惭愧的，恐怕只有仲由吧！《诗》上说："不嫉妒，不贪求，为什么不会好？"）子路听了便有些飘飘然，老是念着这两句。孔子就又批评他道："是道也，何足以臧？"②（仅仅是这个样子，怎么能够好得起来？）"子路鼓瑟，有北鄙之声"，孔子对他很不客气地说："由之瑟，奚为于丘之门？"其他学生一听，觉得老师是在对子路下逐客令了，于是"不敬子路"。见此情景，孔子感到不太合适，马上就改口说："由也升堂矣，未入于室也。"③

《论语》关于孔子对于学生的表扬与批评的记录，大约有23处，其中属于表扬的约17处，属于批评的约6处，这种以表扬为主的正面教育方法，对于培养学生在道德方面的自尊心和自信心，的确是很有意义的。④

奖励和惩罚是表扬批评的重要形式。中国古代教育家对奖励问题论述不多，但对惩罚（包括体罚）却有不少论述，这与我国封建社会体罚盛行有一定关系。张载有一段话很值得玩味：

勿谓小儿无记性，所历事皆不能忘。故善养子者，当其婴孩，鞠之使得所养，令其和气，乃至长而性美，教之示以好恶有常。至如不欲犬之升堂，则时其升堂而扑之，若既扑其升堂，又复食之于堂，则使孰从？虽日挞而求其不升堂，不可得也。⑤

---

①③ 《论语·先进》。

② 《论语·子罕》。

④ 参见许梦瀛《孔子教育思想初探》，河南人民出版社，1982，第77页。

⑤ 《张载集·经学理窟·学大原》。

　　这段话旨在说明培养儿童品德的时候要"好恶有常"，树立正确的行为标准，并使之习惯化。但这里也涉及奖励与惩罚的关系问题。在张载看来，如果你不想让狗到堂屋，就要在它到堂屋时扑挞之。如果你既扑挞，又给狗食物吃，则狗无所适从，任你不断扑挞，还是徒劳，狗还是要到堂屋。可见，食物的奖赏比扑挞的惩罚更为有力。关于这一点，美国教育心理学家曾加以理论概括："当神经系统中刺激与反应发生联结并伴随着满意时，联结就得到强化，烦恼则极少能或不能导致联结的削弱或消灭。"①这说明，在道德教育中，表扬与批评、奖励与惩罚都要按照一定的标准，切忌在学生的心理上造成混乱。同时，应以表扬、奖励为主，批评、惩罚为辅。

　　王阳明在教育方面独树一帜，对当时流行的体罚深恶痛绝，给予了深刻的抨击。他在《训蒙大意示教读刘伯颂等》中充满激情地写道：

　　大抵童子之情，乐嬉游而惮拘检，如草木之始萌芽，舒畅之则条达，摧挠之则衰瘘。今教童子，必使其趋向鼓舞，中心喜悦，则其进自不能已。譬之时雨春风，沾被卉木，莫不萌动发越，自然日长月化。若冰霜剥落，则生意萧索，日就枯槁矣。

　　若近世之训蒙稚者，日惟督以句读课仿，责其检束，而不知导之以礼；求其聪明，而不知养之以善；鞭挞绳缚，若待拘囚。彼视学舍如囹狱而不肯入，视师长如寇仇而不欲见，窥避掩覆以遂其嬉游，设诈饰诡以肆其顽鄙，偷薄庸劣，日趋下流。是盖驱之于恶，而求其为善也，何可得乎？

　　在他看来，儿童的心灵总是向着一切美好的东西敞开的，教育工作者应循循善诱，着重从正面"导之以礼""养之以善"，就会取得良好的效果。如果只是消极督促，施以体罚，就会使学生像霜打草木一样"生意萧索，日就枯槁"，从而把学校视为牢房，把老师看成仇敌，产生畏惧与仇恨心理，导致他们不良品德的产生与发展。

---

① 转引自潘菽主编《教育心理学》，人民教育出版社，1983，第54页。

第五章　中国古代的教学论

教学工作是实施全面发展教育的基本途径。从现代教学论的角度来看，教学是教师根据一定的教育目的和学生身心发展的规律，有目的、有计划、有组织地引导学生掌握系统的科学文化基础知识并形成相应的基本技能，发展智能和创造力，提高身体素质，培养审美能力和形成一定的思想品德的教育活动。

在现代教育理论和实践的领域，教学问题是最活跃的前沿阵地。就当代国外的教学流派而言，就有非指导性教学、发现法教学、暗示教学、程序教学、掌握教学、范例教学、"探究—研讨"教学、伙伴教学、开放教学、最优化教学等十余种，这些流派大致都有一定的理论基础，对教学的过程、原则及方法均有独树一帜的阐明。

在中国古代，教与学是分而言之的，偶有作为一个词使用，如《学记》所说："玉不琢，不成器；人不学，不知道。是故古之王者，建国君民，教学为先。"但这实际与一般意义上的教育相仿了，不是现代意义上的教学。中国古代的教学论是中华教育思想的精华，具有十分重要的现实意义。正如毛礼锐教授在评论儒家的教学理论时所说："儒家的'教学论'是很出色的，在世界教育史上也居优先地位，我们不仅要批判地继承这份宝贵的遗产，还应该继续研究，用科学的实验方法以及现代教育心理学的成果加以论证和发展。"[①]因此，本章拟从教学的意义、教学的内容、教学的过程以及教学的原则与方法四个方面，系统整理中国古代的教学论思想，尤其注意挖掘精华以弘扬之。

---

① 　毛礼锐：《儒家的"教学论"初探》，《北京师范大学学报》1979 年第 6 期。

一、教学的意义

中国古代教育家大多对教学的重要性和必要性有充分的认识。如《论语》开宗明义就说："学而时习之，不亦乐乎？"把学习作为人生活动的一件乐事。前所引《学记》"玉不琢"一句更表明，玉质虽美，如果不经过切磋琢磨，它还是不能成为精美的器物；人虽高贵，如果不经过勤学苦练，他依然不会明白事物的道理。可谓言简意赅，把教学的意义概括得淋漓尽致。

在中国教育思想史上，唯一的明确否认教学的意义，提出"绝学无忧""绝圣弃智"①命题的，可能就是老子了。他说：为学日益，为道日损。损之又损，以至于无为。无为而无不为。②

在老子看来，"为学"是与"闻道"对立的，知识与私欲一样会妨碍人们对于"道"的掌握。因此，只有弃学绝智，达到"无为"的境界，才能体认至高无上的"道"。老子的这个学说在当时就遭到了墨家的反对和驳斥。如《墨子·经说下》写道：学也，以为不知"学之无益也"，故告之也是；使知"学之无益也"，是教也。以学为无益也，教，悖。

意思是说，学习者本来不知道"学之无益"，你却告诉他，这其实也就是教他知道"学之无益"；既然说"学之无益"，那就应当废除你的教，现在你一方面对他说"学之无益"，一方面又去教他，这不是非常矛盾荒谬的吗？墨子用老子之矛攻老子之盾，破了"学之无益"的命题。不仅如此，墨子更重视"立"，正面阐述了教学的意义。他说：

唱（教）和（学）同患（串），说在功。③

唱而不和，是不学也；智少而不学，功必寡。和而不唱，是不教也；智多而不教，功适息。④

---

① 《老子·十九章》。

② 《老子·四十八章》。

③ 《墨子·经下》。

④ 《墨子·经说下》。

这里第一段是说教和学同样有功。第二段的意思是说：只唱而不和，就是不肯学习；自己知识贫乏而不去学习，则功效必少；同样，只和而不唱，就是不肯教人；自己知识丰富而不去教人，则功效就完全消失。这样，墨家在肯定教与学都是有功的前提下，揭示了教学的意义。

中国古代教育家还具体论述了教学的意义，大致有以下几个方面。

（一）教学可以使学生获得、巩固知识和技能

中国古代虽然有"生知说"与"学知说"的争论，但争论的双方一般都不否认教学对于获得知识和技能的作用。[1]因此，中国古代教育家具有重视教学的传统。如荀子说："不登高山，不知天之高也；不临深溪，不知地之厚也；不闻先王之遗言，不知学问之大也。"[2]认为只有通过对客观事物的体认和观察以及通过对前人知识的学习，教学才能有所收获。《学记》也明确指出了教学活动对于学生获得知识尤其是掌握客观规律（"道"）的意义：虽有嘉肴，弗食不知其旨也；虽有至道，弗学不知其善也。

北宋时期的王安石则从反面论述了这个问题。在《伤仲永》一文中，他记载了这样一件发人深省的事：金溪县曾经出了一个聪明过人的"神童"，名方仲永。他五岁时就能"指物作诗立就，其文理皆有可观者"，四乡五里传为奇闻，便"稍稍宾客其父，或以钱币乞之"。他的父亲便也贪图小利，不送仲永去学校，"日扳仲永环谒于邑人，不使学"，结果也只能是"泯然众人矣"。王安石就此评论道：

仲永之通悟，受之天也。其受之天也，贤于材人远矣。卒之为众人，则其受于人者不至也。彼其受之天也，如此其贤也，不受之人，且为众人。今夫不受之天，固众人，又不受之人，得为众人而已耶？[3]

王安石认为，一个人的天赋再好，如果没有"受之人"，不通过教学以

---

① 燕国材、朱永新：《现代视野内的中国教育心理观》，上海教育出版社，1991，第 29–37 页。

② 《荀子·劝学》。

③ 王安石：《伤仲永》，《王文公文集》卷三十三。

进一步获得知识，增其聪慧，只能使天赋日渐消尽，最后与一般人差不多。至于一般的人，更是必须经过"受之人"的教育了。

明清之际的王夫之对这个问题论述最详。他认为，教学是获得、巩固知识和技能的重要途径。所谓学，是从未知到已知，从未能到能之的过程；所谓习，是涵泳已获得的知识，练习已掌握的技能，使之得到巩固的过程。同时，知识只有经过涵泳复习才能日进不已，技能只有通过练习方可逐渐熟练："所未知者而求觉焉，所未能者而求效焉，于是而有学。因所觉而涵泳之，知日进不已也。于所效而服习之，能日熟而不息也。"①王夫之对否认教学之意义的说法不以为然。他把人的认识过程与动物的本能活动进行了比较：

> 耳有聪，目有明，心思有睿知，入天下之声色而研其理者，人之道也。聪必历于声而始辨，明必择于色而始晰，心出思而得之，不思则不得也。岂蓦然有闻，瞥然有见，心不待思，洞洞辉辉，如萤乍曜之得为生知哉！果尔，则天下之生知，无若禽兽。故羔雏之能亲其母，不可谓之孝，唯其天光乍露，而于己无得也。今乃曰生而知之者，不待学而能，是羔雏贤于野人，而野人贤于君子矣。②

他认为，如果我们承认世上有不学而知、不学而能的人，就无异于承认幼小的动物比普通老百姓高明，而普通的老百姓又比有道德、有学问的君子还要高明。

王夫之还以射箭为例说明了教学在形成人的技能技巧中的作用。他说："夫射者之有巧力，力固可练，巧固可习，皆不全繇资禀；而巧之视力，其藉于学而不因于生也为尤甚。总缘用功处难，学之不易得，庸人偷惰，便以归之气禀尔。"③意思是说，射箭一需要力量，二需要技能技巧，这两者都可以通过反复练习而获得，但技能技巧较力量更需要后天的学习和锻炼。

---

① 《四书训义》卷五。

② 《读四书大全说》卷七。

③ 《读四书大全说》卷九。

（二）教学可以发展学生的智能，培养学生成才

孔子很早就看到了人的智力发展与学习的关系——"好学近乎知"①，也指出了教学在人的能力发展中的作用。《孔子家语·子路初见篇》记载：

> 子路见孔子，子曰："汝何好乐？"对曰："好长剑。"孔子曰："吾非此之问也。徒谓以子之所能，而加之以学问，岂可及哉？"……子路曰："南山有竹，不揉自直，斩而用之，达于犀革。以此言之，何学之有？"孔子曰："括而羽之，镞而砺之，其入不亦深乎？"子路再拜曰："敬受教。"

子路认为南山的竹子不揉自直，本身就有"达于犀革"的作用，但孔子回答说，如果给它加工一下，即"括而羽之，镞而砺之"，那就会更加锐利。人的能力也是如此，必须通过学习与磨炼而加以提高。

汉代王充也肯定了教学对于发展学生智能的意义。他说："夫可知之事者，思虑所能见也；不可知之事，不学不问不能知也。不学自知，不问自晓，古今行事，未之有也。……故智能之士，不学不成，不问不知。"②宋代教育家二程也讲过一段值得玩味的话：

> 万物皆有良能，如每常禽鸟中，做得窠子，极有巧妙处，是他良能，不待学也。人初生，只有吃乳一事不是学，其他皆是学。③

"良能"是人与生俱有的本能，但这种本能对于人来说是极少的，人只有"吃乳"是先天的本能，其他一切能力都是通过学习获得的。

中国古代教育家还论述了教学对于培养学生成才的意义。在中国古代，"才"（材）有两个含义：一为才质，犹今之素质，智力和能力都是在此基础上发展起来的，所以又称智力为才智，称能力为才能；二为才能，即今之

---

① 《礼记·中庸》。

② 《论衡·实知》。

③ 《二程集·遗书》卷十九。

能力或有能力的人。古代教育家对教学在成才方面的作用予以充分的肯定。如三国时的刘劭说："夫学，所以成才也。"①诸葛亮说："才须学也，非学无以广才。"②北宋胡瑗在《松滋县学记》中也写道："致天下之治者在人才。成天下之才者在教化。教化之所本者在学校。"明确指出了学校的教学活动对于培养人才的意义。这个观点一直为后代学者所认同，如清代教育家颜元也说："盖学术者，人才之本也；人才者，政事之本也；政事者，民命之本也。无学术则无人才；无人才则无政事；无政事则无治平，无民命。"③

王夫之对教学发展智能、培养学生成才的作用做了比较全面的论述。他说：

以性之德言之，人之有知有能也，皆人心固有之知能，得学而适遇之者也。④

志立则学思从之，故才日益而聪明盛，成乎富有。⑤

人之有心，昼夜用不息，虽人欲杂动，而所资以见天理者，舍此心而奚主！其不用而静且轻，寤寐之顷是也。……才以用而日生，思以引而不竭。⑥

王夫之认为，人虽然具有一定的"心固有之知能"，但如果没有后天的教育、学习和实践活动，没有"得学而适遇之"的环节，先天因素就不能充分发挥和施展。因此，人的智能只有在"学"与"用"的基础上才能发展，人的才华只有在"学"与"用"的基础上才能"日生"，人的思维只有在"学"与"用"的基础上方可不枯竭。如果饱食终日、静坐无事，不与外物接触，不接受老师的教诲，不从事学习等活动，则"周公之兼夷驱兽，孔子之作《春秋》，日动以负重，将且纷胶瞀乱而言行交绌，而饱食终日之徒，使之穷物理、应事机，抑将智力沛发而不衰，是圈豕贤于人，而顽石飞虫贤于圈豕也"。⑦

---

① 《人物志·体别第二》。

② 《诸葛亮集·诫子书》。

③ 《习斋记余》卷下。

④ 《读四书大全说》卷三。

⑤ 《张子正蒙注》卷五。

⑥⑦ 《周易外传》卷四。

（三）教学可以培养品德，有助于人性的发展与完善

中国古代教育家一般都肯定教学对于培养学生的品德的意义，甚至把它视为教学的首要的和唯一的意义，这在上一章已论及。这里我们再来分析一些教育家的论断。孔子曾说过：

好仁不好学，其蔽也愚；好知不好学，其蔽也荡；好信不好学，其蔽也贼；好直不好学，其蔽也绞；好勇不好学，其蔽也乱；好刚不好学，其蔽也狂。[①]

仁、知、信、直、勇、刚等是古代志士仁人所追求的道德目标，但这些道德品质的形成，无一能离开教学活动。离开"学"，人只能变得"愚"（被人愚弄）、"荡"（放荡而无基础）、"贼"（自己受害）、"绞"（说话尖刻）、"乱"（捣乱闯祸）和"狂"（胆大妄为）。后世教育家都继承了孔子的这一思想，如荀子就说："木受绳则直，金就砺则利，君子博学而日参省乎己，则知明而行无过矣。"[②]汉代刘向更明确指出："亲贤学问，所以长德也。"[③]

中国古代的人性学说可谓百花齐放，较著名的如孔子的性习论、孟子的性善论、荀子的性恶论、告子的性无善无不善说、董仲舒的性三品论、王夫之的性日生日成论等。无论是何种学说，都肯定了教学对于发展和完善人性的作用。

以性习论为例。自从孔子提出"性相近也，习相远也"的命题后，历代教育家都进行了阐发。王夫之在阐释时指出："人之性，各有所近，而即其所近者，充之以学，则仁智各成其德，而性情功效之间有别焉。"[④]这是说，人性的内涵就其先天的禀赋来说并无多少差别，造成人性差异的原因在于后天的学习，学习是发展和完善人性的重要途径。

再以性善论和性恶论为例。如性善论的代表人物孟子认为，人性中虽

① 《论语·阳货》。

② 《荀子·劝学》。

③ 《说苑·建本》。

④ 《四书训义》卷十。

然具有先天的"善端"，但这些"善端"只是处于萌芽状态，能否得到善良的发展，还有赖于能否受到良好的教育，是否进行认真的学习。正如他所说："故苟得其养，无物不长；苟失其养，无物不消。"①也就是说，如果"得其养"，即有良好的教育和学习条件，就会使"善端"扩而充之，养成仁、义、礼、智的善性；反之，如果"失其养"，就会使"善端"泯灭，而步入"为不善"的歧途。荀子的性恶论则认为，人生来只是一块坏材料，但这块坏材料却可以通过后天的教养和学习，变恶为善，成为圣人。他说："涂之人百姓，积善而全尽谓之圣人。彼求之而后得，为之而后成，积之而后高，尽之而后圣。故圣人也者，人之所积也。"②也就是说，人的道德品质完全是后天养成的，根本没有什么先天的"圣人"；所谓具有高尚品德的"圣人"，只不过是普通人接受教育、努力学习的结果，是人人能达到的境界。

二、教学的内容

教学内容既可以指一个学习阶段（如小学）学校的全部教学内容，也可以指一门学科（如语文）的教学内容。它是实现教育目的的重要手段，是师生共同进行教学活动的中介。现在，研究教学内容已成为一门专门的学问——课程论，如学科课程论、结构课程论、活动课程论等，并日渐成为教学论中的热门领域。

中国古代的原始教育尚未从社会生产和生活中分离出来，所以教育内容基本是与人们的生产和生活有关的经验和技能。在氏族公社末期学校萌芽出现时，教育内容大概以"乐"和"孝"为主。到了夏、商、西周，教育内容已日趋统一和明确，形成了所谓的礼、乐、射、御、书、数"六艺"教育。"六艺"教育，文武并重，知能兼求，颇具特点，在中国教育史上绵延不断，产生了深远影响。到孔子时期，他改编"六书"，后世称"六经"，它不仅是我国第一套比较完整的教科书，也成为中国封建社会中最基本的教材。汉代以后，随着"罢黜百家，独尊儒术"文教政策的推行，儒家的

---

① 《孟子·告子上》。

② 《荀子·儒效》。

经典著作也逐步成为重要的教材。此外，汉唐始各类专门学校也日益完备，这些学校亦无不有各自的专业教材。这一节拟就六艺、六经及科技教材等教学内容做一些研究，蒙学教材等容专门讨论。

（一）"六艺"的教学内容

"六艺"是中国古代最早的较为系统的教学内容。《周礼·春官》载："保氏养国子以道，乃教之六艺：一曰五礼，二曰六乐，三曰五射，四曰五驭（御），五曰六书，六曰九数。"

礼教：最早的礼教分国学之礼和乡学之礼。国学之礼指吉、凶、军、宾、嘉五个方面，乡学之礼指冠、婚、丧、祭、飨、相见六个方面。礼教承担着政治宗法教育、伦理道德教育、爱国主义教育和行为习惯的培养等任务。[①]《礼记·曲礼》记述了"礼"的教育功能："道德仁义，非礼不成。教训正俗，非礼不备。分争辨讼，非礼不决。君臣上下，父子兄弟，非礼不定。宦学事师，非礼不亲。班朝治军，莅官行法，非礼威严不行。祷祠祭祀，供给鬼神，非礼不诚不庄。是以君子恭敬撙节退让以明礼。"

乐教：乐是当时国学的主课，有乐德、乐语和乐舞诸方面。乐德是说乐的道德教育功能："声音之道，与政通矣。"[②]"乐者，通伦理者也。"[③]乐语包括"兴、道、讽、诵、言、语"[④]等项，兴是比喻，道是"言古以剀今"，讽是读书背文，诵是歌咏吟诵，言和语则相当于作文教学。乐舞则有云门、大咸、大韶、大夏、大濩、大武，即所谓六乐。可见乐教实际上包括了音乐、诗歌、舞蹈、雏形戏剧及简单作文等。

射御之教：射指射箭技术的训练。教射的方法有五种，即所谓"五射"——白矢（射透箭靶，见其镞白）、参连（射连珠箭）、剡注（射水平箭）、襄尺（射箭时肘平可置水杯，使臂直如箭）和井仪（四箭中靶呈井状）。御指驾驭战车的技术训练。教御的方法也有五种，即所谓"五御"——鸣和鸾（车启动后车铃"和"与"鸾"铿锵齐鸣）、逐水曲（善随水势变化，不

---

① 参见毛礼锐、沈灌群主编《中国教育通史》第 1 卷，山东教育出版社，1985，第 94-101 页。

②③ 《礼记·乐记》。

④ 《周礼·春官·大司乐》。

使车坠入水中）、过君表（善乘隙人辕门，不与障碍物相击阻）、舞交衢（驾车旋转于交衢之上，如应舞节）和逐禽左（以车阻禽兽，协助射猎）。

书教：识字教学。识字教学的方法有六种，即所谓"六书"——象形、指事、会意、形声、转注、假借。汉代许慎的《说文解字》指出："周礼，八岁入小学，保氏教国子先以六书，一曰指事。指事者，视而可识，察而可见，上下是也。二曰象形。象形者，画成其物，随体诘诎，日月是也。三曰形声。形声者，以事为名，取譬相成，江河是也。四曰会意。会意者，比类合谊，以见指㧑，武信是也。五曰转注。转注者，建类一首，同意相授，考老是也。六曰假借。假借者，本无其字，依声托事，令长是也。"这不仅分析了中国古代的文字构成，也为我们了解西周时期的识字教学方法提供了依据。据传当时已出现了中国最早的识字课本《史籀篇》。

数教：数的教学。数的教学内容有九类，即所谓"九数"——方田、粟米、衰分、少广、商功、均输、盈不足、方程、勾股。据一些数学家和教育家的考证，"九数"的部分内容是汉代才有的，但不能否认当时已有了简单的算筹记数与四则运算。当时的数教可能还涉及自然科学技术和宗教知识的教授，如吕思勉先生就说明过当时数术之学的六个方面："曰天文、曰历谱、曰五行、曰蓍龟、曰杂占、曰形法。"[①]

如前所述，"六艺"之教具有文武并重、知能兼求的特点，其内容已涉及相当于现代德育、智育、体育、美育、军事教育等方面，是较低层次的诸育兼备、相济相成。虽然汉以后经学的盛行使"六艺"之教相形见绌，甚至被排挤在官学之外，但"六艺"之教的内容从未绝传。

（二）"六经"的教学内容

在孔子生活的春秋末期，"学在官府"的局面已被打破，"六艺"之教偏重于技艺、军事训练的内容已不能完全适应当时教学的客观需要。所以，孔子改编整理了《诗》《书》《礼》《乐》《易》《春秋》六书，作为其讲授的基本教材。由于"六书"较"六艺"具有较强的理论性，适应了新兴的"士"

---

① 吕思勉：《先秦史》，上海古籍出版社，1982，第457页。

阶层的需求，具有一定的教育意义和教育价值。①"六书"是中国第一套比较系统完整的教科书，在战国时就被尊称为"经"②，所以"六书"又称为"六经"。由于《乐经》后亡佚，其他"五经"与后来的"四书"一起，成为中国古代社会的正统教材。

《诗》：流传到现在的《诗经》。《史记·孔子世家》载，"古者《诗》三千余篇，及至孔子，去其重，取其可施于礼义"者而存之，编集为现存的 305 篇，这是中国最古老的诗歌总集。《诗》分风（民歌，地方音乐）、雅（宫廷音乐）和颂（周天子和诸侯宗庙之乐）三部分，皆可弦歌。孔子曾用三个字概括《诗》的宗旨："思无邪"③，即其思想内容"可施于礼义"。孔子还从政治、外交、修养、艺术诸方面论述过《诗》的教育功能。④

《书》：流传到现在的《书经》，又称《尚书》。《尚书》有古文与今文两种版本，一般认为古文为伪书，今文中某些篇目的真伪问题尚有争议，但孔子编《书》且以此为教材，是无法否认的史实。⑤

《尚书》：涉及从原始社会末期至夏、商和春秋之前周王朝的历史资料，所以它既是"上古的史书"⑥，也是中国第一部历史教材。孔子编辑和教授《书》的宗旨主要是弘扬文武之政，讲解立政之本和历史上的政治经验教训。⑦

《礼》：流传到现在的《礼经》，又称《仪礼》或《士礼》。《礼》为孔子亲自编定，共 17 篇，是讲授周代各种典礼节仪（如冠、婚、丧、祭等仪式）

---

① 《礼记·经解》引孔子所说："温柔敦厚，《诗》教也；疏通知远，《书》教也；广博易良，《乐》教也；洁静精微，《易》教也；恭俭庄敬，《礼》教也；属辞比事，《春秋》教也。"

② 《庄子·天运》载："丘治《诗》《书》《礼》《乐》《易》《春秋》六经。"

③ 《论语·为政》。

④ 孔子在讲到《诗》的政治、外交的意义时说："诵《诗》三百，授之以政，不达；使于四方，不能专对。虽多，亦奚以为？"（《论语·子路》）讲到修养功能时说："女（孔子的儿子孔鲤）为（学）《周南》《召南》（《诗》篇名）矣乎？人而不为（学）《周南》《召南》，其犹正墙面而立也与！"（《论语·阳货》）讲到艺术、政治功能时还说："小子何莫学夫《诗》？《诗》，可以兴，可以观，可以群，可以怨。迩之事父，远之事君，多识于鸟兽草木之名。"（《论语·阳货》）

⑤ 《论语·述而》："子所雅言，《诗》、《书》、执礼，皆雅言也。"可见《书》已是孔子的教材。

⑥ 参见吕涛编著《大教育家孔子》，辽宁教育出版社，1987，第 134 页。

⑦ 《论语·为政》："《书》云：'孝乎惟孝，友于兄弟，施于有政。'是亦为政，奚其为为政？"

的礼仪修养教科书。孔子对礼教非常重视，认为"不学《礼》，无以立"①，并要学生"非礼勿视，非礼勿听，非礼勿言，非礼勿动"。所以他的学说又被称为"礼教"。

《乐》：相传是孔子所编的关于音乐的书，故又称为《乐经》，但早已亡佚。尽管关于是否曾有《乐经》一书学术界众说纷纭，但孔子对于乐的重视却是无疑的。他年轻时担任过吹鼓手，后又专门向师襄子学过音乐，从下里巴人到阳春白雪都非常精通。他说："兴于《诗》，立于礼，成于乐。"②认为诗能振奋人的精神，礼能约束人的行为，乐则可完善人的德性。又说："人而不仁，如礼何？人而不仁，如乐何？"③认为没有仁德的人是不能有很高的礼和乐的鉴赏能力的。因此，《乐》是孔子实施美育和德育的重要内容，乐教是孔子教育体系中的重要组成部分。

《易》：流传到现在的《易经》，又称《周易》。不过，孔子时代的《易》尚未最后定型，与现在的《易经》可能有不少出入。《易》是一部占卜的筮书，但经过商周之际文王的整理和注述，再经过孔子的研究和传述，已由卜筮进入"天人之际"的学术领域。孔子对《易》也是十分重视的，他不仅肯定《易》"洁静精微"，而且培养出研究《易》的专家商瞿。《史记·仲尼弟子列传》："孔子传《易》瞿。"瞿以后又将《易》传授给楚馯臂子弘。孔子晚年更喜读《易》，留下了"韦编三绝"的佳话，而且还说："加我数年，五十以学《易》，可以无大过矣。"④在某种程度上可以说，《易》是当时孔子的哲学教科书。

《春秋》：又称《春秋经》，是中国现存的第一部编年史，记载了从鲁隐公元年到鲁哀公十四年鲁国的政治、军事、经济、天文、地理、灾异等方面的情况。如果说《尚书》是孔子的古代史教科书的话，《春秋》可以视为他的当代史或时事政治的教材。尽管这部"教材"由于犯时禁未被列为正式教材，但孔子的弟子"受《春秋》"⑤，却也是事实。

---

① 《论语·季氏》。

② 《论语·泰伯》。

③ 《论语·八佾》。

④ 《论语·述而》。

⑤ 《史记·孔子世家》。

我们还不能仅仅停留在就"六经"谈"六经"的层次上。孔子传"六经"对于保存中国古代文化固然功不可没，但实际上由于孔子在汉代以后获得至高无上的独特地位，他传"六经"这一史实也就有了更深层次的内涵——"六经"本身也在创造一种文化，塑造着中华民族的心魂。

正如郭齐家先生所说："中国是礼仪之邦，中国人也是喜欢遵守社会公德的，守规矩，讲礼节，这是《礼》的影响；中国人是乐观主义的，或浪漫主义的，喜欢《诗》《乐》；中国人性格也是多方面多层次的，关心政治（《书》），酷爱历史（《春秋》），追求哲理（《易经》）。"[①]不过，郭先生没有提及其负面影响，如过于讲"礼"形成了等级社会的繁缛礼节，过于乐观则缺少了忧患意识，等等。另外，孔子"六经"中对于自然科学的轻忽与疏漏，对于后代教育中轻自然、斥技艺的现象也有直接的影响。

（三）科技的教学内容

尽管科技教育在中国古代的教育体系中不占主导地位，但它仍是中国古代教育中不可或缺的一个方面。所以，研究中国古代的科技教育，把握古代科技的教学内容，对于全面理解中华教育思想的特质，也是有所裨益的。

中国古代曾经创造了灿烂的科技文明。英国科学技术史家李约瑟曾评论说，中国人"在许多重要方面有一些科学技术发明，走在那些创造出著名的'希腊奇迹'的传奇式人物的前面，和拥有古代西方世界全部文化财富的阿拉伯人并驾齐驱，并在 3 世纪到 13 世纪之间保持一个西方所望尘莫及的科学知识水平"[②]。那么，与这个灿烂科技文明相匹配的科技教育的情形如何呢？

在西周之前，中国古代教育基本上是政教不分、官师合一的模式，教育具有浓郁的政治化色彩。春秋战国之际虽然出现了私学，教学内容也由"六艺"转型为"六经"，但其政治指向性也是非常明显的，因此，科技教

---

① 郭齐家：《中国教育思想史》，教育科学出版社，1987，第 24 页。

② 李约瑟：《中国科学技术史》第 1 卷第 1 分册，科学出版社，1975，第 3 页。

育的内容往往为人所不齿。①即使在教学中出现过自然方面的知识，往往也不过是想"在政治道德等方面导出其意义和价值"②，如孔子说"日月之食"③，"譬如北辰，居其所而众星共之"④，当然不是探讨天象，而是用来比喻"君子之过"和德政的稳定而已，所谓"观物比德"也。在这样的背景之下，科技教育（尤其是与政治、社会生活关系不大的部分）就很难登上教育（尤其是官方教育）的大雅之堂。

在中国古代，科技教育始终是以民间为主体进行的。有人曾做过一个值得玩味的统计：从黄帝到清代初期，中国在天文历算方面有成就的人约有243名，其中自西汉至明中叶约150名，这150人中出自官学的"司天学生"和"星历生"仅有2人，出自"司天官属"和"司天役人"的也只有2人，其余皆出自民间。⑤以中国科技教育的鼻祖墨子为例，他本人出身卑微，是从小手工业者上升为士的，虽然他也官至"宋之大夫"，担任过手工业方面的官吏，他的私学传授过几何学、光学、力学、机械制造等方面的科技知识，他的"兼爱"学说还成为名噪一时的"显学"，但司马公并未为他单独立传，只是在《孟轲荀卿列传》后附了短短的24字。所以，墨子也只能算是一个民间的科技教育家。

中国古代民间的科技教育主要有三种形式，即家业世传（所谓父子相传）、师徒相传（身怀绝技的艺人招收徒弟进行个别传授，一般为家无传人，无法传子者）和设学收徒（为一师多徒形式，相当于民间学校）。这三种形式的本质都是师傅带徒弟。这种形式的科技教育往往要求严格，不仅择徒

---

① 《论语·子路》："樊迟请学稼，子曰：'吾不如老农。'请学为圃，曰：'吾不如老圃。'樊迟出。子曰：'小人哉樊须也！上好礼，则民莫敢不敬；上好义，则民莫敢不服；上好信，则民莫敢不用情。夫如是，则四方之民襁负其子而至矣，焉用稼？'"又《荀子·解蔽》："农精于田而不可以为田师，贾精于市而不可以为市师，工精于器而不可以为器师。有人也，不能此三技，而可使治三官，曰精于道者也，（非）精于物者也。"总而言之，学校教育的任务是传道，重礼、义、信，而不重器，不需技。

② 赵纪彬：《论语新探》，第187页。载冯天瑜、周积明《中国古文化的奥秘》，湖北人民出版社，1986，第101页。

③ 《论语·子张》。

④ 《论语·为政》。

⑤ 阮元：《畴人传》。参见毛礼锐、沈灌群主编《中国教育通史》第1卷，山东教育出版社，1985，第196–197页。

选人"非其人勿教，非其真勿授"①，遴选十分小心，而且教授也十分苛严，所以教与学的双方都很认真，加上一般是世代相传，所以技艺每每达到"精微深妙"的程度。中国历代的能工巧匠所创造的令人叹为观止的工艺，其奥秘也在于此。但是，由于教授的人数太少，不仅限制了科学知识和技能的普及与传播，也往往使许多高超绝伦的科学知识和技艺，由于种种原因（如家无传人、师傅突发性病亡等）而失传，这也是制约和束缚中国古代科学技术发展的因素之一。

中国古代官方的科技教育直到唐代才形成一定的规模。在此之前，官府中基本还是采取与民间家业世传形式相同的子就父学、世代相传的"畴官"制度，而以天文、历算、医药的"畴官"为最。历代统治者满足于这种最低水平、最小规模的科技人员的简单再生产。迄至汉代，不仅规模宏大的太学中没有科技教育的地位，就是地方设立的郡国学、校、庠、序中也无科技教育的内容。汉灵帝时设置了一所专门研究和传授尺牍、辞赋、字画等艺术的特殊学校"鸿都门学"，就是没想到创立一所科技学校。

中国古代科技专科学校的雏形大概出现在443年，南朝设立了医学校。隋朝也在国子监下设立算学，太常寺下设立太医署，但由于时间太短、规模太小，影响不大。所以，一般把唐代作为中国科技教育的奠基时期。唐代除设"国子学""太学"与"四门学"外，还以律学、书学、算学、医学分设独立的专科学校。这种官办的科技专门学校不仅有明确的领导和管理体制，如唐代的医学校属太医署，有专门从医的教官讲学和指导；而且有学科设置和教学计划，如医学校分为四门——医学、针学、按摩和咒禁。医科又分五种：体疗（7年）、疮肿（5年）、少小（5年）、耳目口齿（2年）和角法（2年）。所以，这是世界上最早的科技专科大学。②所用教材《新修本草》和《黄帝内经》也是由朝廷主持修订的，这是世界上最早的国家颁定的科技专业教材。③另外，唐代还在司天台设天文博士2人，教授天文观生90人，天文生50人；历博士1人，教授历生55人。这有些类似于

---

① 《黄帝内经·灵枢》。

② 据《大不列颠百科全书》称，欧洲在9世纪才出现了意大利的医学校，这比中国约晚二三百年。

③ 史载国外最早由国家颁布的科技专业教材是1494年意大利颁布的佛罗伦萨药典，比中国约晚八九百年。

在职教育。应该指出，唐代的科技教育既是中国古代科技教育的奠基时期，还是中国古代科技教育的鼎盛时期。唐以后，科技教育的规模、体制、内容均无大的突破，科技教育一直未进入普通学校教育的内容中，许多科技思想和成果也常常无人问津。[①]这对于中国古代社会的发展无疑起了消极作用，在某种程度上，这也是中国传统科学和传统教育的内在缺陷。

三、教学的过程

教学过程是教师和学生共同活动的过程，是教师指导下的学生的学习过程，也是学生掌握知识技能的认识过程。由于学生是教学过程中的认识主体，现代教学论一般把教学过程作为人类认识过程的组成部分。自从德国教育家赫尔巴特提出明了、联想、系统、方法的教学四阶段以来，关于教学过程的研究与日俱增，教学过程诸阶段的划分也不尽相同，教学过程的研究已成为教学论的核心问题之一。

教学过程的理论一般有三项内容，即教学的本质、教学过程的阶段以及教学过程中各种因素的关系。中国古代教育家对这三项内容均有所涉及，而以教学过程阶段的论述最为丰富，所以拟以此重点加以评述。

关于中国古代教育家的教学过程理论，周德昌教授和燕国材教授都进行过比较深入的研究。如周德昌教授认为中国古代具有代表性的教学过程的公式是"博学·慎思·笃行"[②]；燕国材教授则认为中国古代教学过程的理论有二阶段论（学、习，或学、行）、三阶段论（学、思、行）、四阶段论（学、思、习、行）、五阶段论（博学、审问、慎思、明辨、笃行）、六阶段论（博学、审问、慎思、明辨、时习、笃行）和七阶段论（立志、博学、审问、慎思、明辨、时习、笃行）[③]。笔者以为，上述说法虽有一定道理，但真正有意识地、明确地讲教学过程的，当推五阶段论，这也是中国

---

① 据说明代科学巨匠李时珍编撰的《本草纲目》献给朝廷时，明神宗只批了"书留览，礼部知道"寥寥数字便束之高阁，而这部科学巨著对千余种植物、数百种动物和矿物进行了分类和性状描述，比西方"分类学之父"林奈的《自然系统》早了两百年。

② 周德昌：《中国古代教育家论教学过程》，载《教育研究》1982 年第 6 期。

③ 燕国材、朱永新：《现代视野内的中国教育心理观》，上海教育出版社，1991，第 71–89 页。

古代影响最大的教学（学习）过程的阶段理论。这个理论最早是由《礼记·中庸》的作者提出来的：

> 博学之，审问之，慎思之，明辨之，笃行之。
> 有弗学，学之弗能弗措也。有弗问，问之弗知弗措也。有弗思，思之弗得弗措也。有弗辨，辨之弗明弗措也。有弗行，行之弗笃弗措也。

宋代大教育家朱熹在《白鹿洞书院学规》中再次重申和明确了五阶段的说法：

> 父子有亲，君臣有义，夫妇有别，长幼有序，朋友有信。右五教之目，尧舜使契为司徒，敬敷五教，即此是也。学者，学此而已。而其所以为学之序，亦有五焉，其别如左：博学之，审问之，慎思之，明辨之，笃行之。

他在这里阐述的中国古代封建社会的教学内容和教学过程，为其后历代书院所遵循，也影响了整个封建社会教学理论的发展。朱熹还指出，在上述五个阶段中，"学问思辨四者，所以穷理也，若夫笃行之事，则自修身以至于处事、接物，亦各有要"。

明清之际的王夫之在发挥《中庸》的教学五阶段论时也写道：

> 实则学之弗能，则急须辨；问之弗知，则急须思；思之弗得，则又须学；辨之弗明，仍须问；行之弗笃，则当更以学问思辨养其力；而方学问思辨之时，遇着当行，便一力急于行去，不可曰吾学问思辨之不至，而俟之异日。若论五者第一不容缓，则莫如行。[①]

他认为，教学过程的"学问思辨行"五个阶段，既有一定的顺序，又有轻重缓急；既有学与辨、问与思、思与学、辨与问之间的内在关系，又有这四者与行的辩证关系。而整个教学过程，则以行重。这是对中国古代教

---

① 王夫之：《读四书大全说》卷三。

学过程理论的一个总结。

现代教学论一般把教学过程分为四个基本阶段，如感知教材、理解教材、巩固知识、运用知识[①]，也有在这四个基本阶段的前后各加上激发动机与检查评定，作为教学过程的六个基本阶段的。如果我们把中国古代的教学五阶段论与现代教学论的四阶段论进行比较，会发现两者之间有着惊人的相似。如果再综合古代教育家的其他论述，加上"立志"（与激发动机相等）和"考校"（与检查评定相等），那么中国古代的教学七阶段论与现代教学论的六阶段论也有暗合之处。如下表：

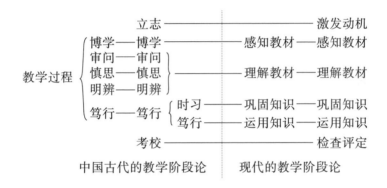

中国古代的教学阶段论　　　现代的教学阶段论

为了比较全面地把握中国古代的教学过程的阶段论，这里着重分析立志、博学、审问、慎思、明辨、笃行、考校七个阶段，各阶段中诸种因素的相互关系亦一并讨论。

（一）立志

所谓"志"，相当于动机或决心。朱熹解释为"心之所之"[②]；王夫之解释为"心之所期"[③]，或"人心之主"[④]。朱熹的晚年高足陈淳在解释"志"时说："志犹向也，谓心之正面全向那里去。如志于道，是心全向于道；志于学，是心全向于学。一直去求讨要，必得这个事物，便是志。若中间有作辍或退转底意，便不得谓之志。"这里的所谓"志"，是具有强烈的动机

① 参见储培君主编《教育学教程》，上海交通大学出版社，1991，第115–116页。

② 《朱子语类》卷五。

③ 《诗广传》卷一。

④ 《张子正蒙注》卷一。

和不懈的恒心的意志。

中国古代教育家虽然没有明确把立志作为教学过程中的具体阶段，但至少是作为一个重要前提来论述的：

志不强者智不达。① （墨子）

"凡学，官先事，士先志。"谓有官者先教之事，未官者使正其志焉。志者，教之大伦而言也。② （张载）

志是入道先锋，先锋勇，后军方有进步；志气饶，学问乃有成功。③ （陆世仪）

志立则学思从之，故才日益而聪明盛，成乎富有；志之笃，则气从其志，以不倦而日新。④ （王夫之）

在中国古代教育家看来，"志"是"教之大伦"，是"入道先锋"，立志是"学思从之"的前提条件。这实际上已经把立志视为教学过程中不可分割的组成部分了。

重视立志是中国古代教学论的优良传统。如孔子不仅要求学生在德育过程中"志于道"，也主张学生在教学过程中"志于学"，激发他们的学习动机。他教导学生说："三军可夺帅也，匹夫不可夺志也。"⑤北宋张载对于立志也非常重视，他不仅把立志作为教学过程的前提，而且把立志作为教学过程的唯一的、决定性的条件："有志于学者，都更不论气之美恶，只看志如何。"⑥认为立志比学生本身的天资更为重要。王夫之甚至说："人之所以异于禽兽，唯志而已矣。不守其志，不充其量，则人何以异于禽哉？"⑦认为能立志是人区别于动物的本质特征之一。

---

① 《墨子·修身》。

② 《张载集·正蒙·中正》。

③ 陆世仪撰《思辨录辑要》卷二。

④ 《张子正蒙注》卷五。

⑤ 《论语·子罕》。

⑥ 《张载集·语录中》。

⑦ 《思问录·外篇》。

中国古代教育家不仅强调了立志的重要性和必要性，还对立志提出了一定的要求。主要有两点：一是立志要高尚远大。如张载说："学者大不宜志小气轻。志小则易足，易足则无由进。"①认为不立大志就不可能取得学习的进步。王夫之也明确指出，学习者期望的目标越高，动机越强烈，取得的成就也就越大。"学者之识量皆因乎其志。志不大则不深，志不深则不大。盖所期者小，则可以浮游而有得，必无沉潜之识。所求者浅，则可以苟且自居，必无高明之量。"②

二是立志要专一坚定。如朱熹说："办得坚固心，一味向前，何患不进？"③王夫之也反对朝三暮四、随意改变。他说："志者，始于志学而终于从心之矩，一定而不可易者，可成者也。"④"人之所为，万变不齐，而志则必一。从无一人而两志者。志于彼又志于此，则不可名为志，而直谓之无志。"⑤如果一个人今天"立志"于学这样，明天又"立志"于学那样，那就与无志差不多了。

（二）博学

中国古代教育家比较重视教学过程中的博学阶段，认为它是教学成功的基础。如孔子就主张多闻多见、博学于文。他说："多闻，择其善者而从之；多见而识之，知之次也。"⑥又说："多闻阙疑，慎言其余，则寡尤；多见阙殆，慎行其余，则寡悔。"⑦他还以自己的切身体会来说明博学的意义："吾尝终日不食，终夜不寝以思，无益，不如学也。"⑧认为脱离感性材料而进行冥思苦想是一无所得、没有益处的。

清代王夫之总结了自己的博学经验，一再主张多闻多识、博览群书。

---

① 《张载集·经学理窟·学大原下》。

② 《四书训义》卷九。

③ 《性理精义》卷七。

④ 《张子正蒙注》卷四。

⑤ 《俟解》。

⑥ 《论语·述而》。

⑦ 《论语·为政》。

⑧ 《论语·卫灵公》。

他说:"庶物之理,非学不知,非博不辨。"①他还认为,在教学过程中,学习者不能持己之聪明,而要努力吸取前人的研究成果;如果没有博学的功夫,思维也就会因为缺乏材料而难以深入,教学也就难以取得成效。所以他说:"尽吾心以测度其理,乃印之于古人,其道果可据为典常乎?抑未可据而俟裁成者也?则学不容不博矣!"②中国古代教育家还注意到教学过程中博学与专精的问题。如孟子早就主张"博学而详说之,将以反说约也"③,主张博学必须与专精(约)相结合。王夫之对此加以阐发说:"其云'将以'者,言将此以说约也,非今之姑为博且详,以为他日说约之资也。约者博之约,而博者约之博。故将以反说夫约,于是乎博学而详说之,凡其为博且详者,皆为约致其功也。若不以说约故博学而详说之,则其博且详,假道谬涂而深劳反覆,果何为哉!"④他认为,在教学过程中,博和约并不是互相割裂的,而是互为基础、互相促进的。"约者博之约,博者约之博。"如果没有"约"的功夫,将教学的内容加以提纲挈领、系统整理,就不可能掌握广博的知识;同样,如果没有"博"的功夫,广泛阅读,不断实践,也不能达到"约"的境界。

为了使学生更好地掌握知识,中国古代教育家比较重视直观教学。如《学记》就提出"君子之教喻也","能博喻然后能为师",认为生动形象而妥帖适切的比喻对学生掌握知识有积极意义。所以,语言的直观成为中国古代教学的特色之一。有人曾统计过《孟子》一书的比喻,在全书261章中,有93章总共使用了159个比喻。⑤中国古代的识字教育本身就具有直观性的特点,为后世积累了不少宝贵的经验。另外,在自然科学的教学中,也注意到直观教学的问题,如唐代著名医学家孙思邈在传授医学时曾精心绘制大型彩色针灸挂图《明堂图》,魏晋时期的数学家刘徽在数学教学中也主张"析理以辞,解体用图"⑥,都是直观性教学的范例。

---

① 《俟解》。

② 《四书训义》卷六。

③ 《孟子·离娄下》。

④ 《读四书大全说》卷六。

⑤ 参见毛礼锐、沈灌群主编《中国教育通史》第1卷,山东教育出版社,1985,第361页。

⑥ 《〈九章算术〉注》。

（三）审问

审问质疑也是教学过程的重要环节，是教学有无成效的关键。中国古代教育家对这个阶段也颇为关注，如孔子就曾慨叹，对那些学习不能发现疑问、提出问题的学生无可奈何："不曰'如之何如之何'者，吾末如之何也已矣。"①所以，他不但要求学生"不耻下问"②，自己也身体力行"每事问"③。

张载把有无疑问作为衡量教学的标准之一：不知疑者，只是不便实作，既实作则需有疑……譬之通身会得一边或理会一节未全，则须有疑，是问是学处也，无则只是未尝思虑来也。④朱熹则把有无疑问视为学习有否进步的标志：读书无疑者，须教有疑；有疑者，却要无疑，到这里方是长进。⑤

当然，审问质疑本身并不是目的，审问是为了获得真知，质疑是为了去除疑窦。疑不过是"觉悟之机"⑥而已。王夫之指出了为怀疑而怀疑的弊端："乃敏断之士，信心已甚而信古轻，但念虑之所通而即欲执为是，而不知先我而得者，已竭其思，仿古而行者，不劳而获，非私意所强求而曲折以求通，则乍是为是，而旋疑其非，为殆而已矣。"⑦这段话鞭辟入里，切中肯綮。众所周知，在教学过程中学生的学习是以书本知识为主的，这些知识一般是高度简约化、概括化的，是经过历史的过滤和精心选择的。如果为怀疑而怀疑，非要师心自用，就会走上歧途，白费精力。所以，真正的教学应该是引导学生从不疑到疑再到不疑的过程。所以朱熹说：读书始读，未知有疑。其次则渐渐有疑。中则节节以疑。过了这一番后，疑渐渐解，以至融会贯通，都无所疑，方始是学。⑧

---

① 《论语·卫灵公》。

② 《论语·公冶长》。

③ 《论语·八佾》。

④ 《张载集·经学理窟·气质》。

⑤ 《朱子语类》卷十一。

⑥ 《明儒学案·白沙学案》。

⑦ 《四书训义》卷六。

⑧ 《宋元学案·晦翁学案》。

王夫之也有一段异曲同工但更值得玩味的论述：由不疑至于疑，为学日长；由疑而至于不疑，为道日固。疑者，非疑道也，疑言道者之不与道相当也。不疑者，非闻道在是而坚持之也。审之微，履之安，至于临事而勿容再疑也。①这里不仅论述了在教学过程中从没有疑问到发现问题直至解决问题的过程，而且说明了发现问题与解决问题的关键是在教学实践中"审之微"（仔细地加以审查）和"履之安"（扎实地加以实行）。

（四）慎思

中国古代教育家认为，教学不能仅仅停留在"博学"和"审问"的水平上，还必须提高到"慎思"的水平，重视思维的作用。如孔子就主张把学与思结合起来，提出了著名的"学而不思则罔，思而不学则殆"②的命题。认为如果光学习而不深入思考的话，那么，所学再博，所问再审，也还是茫然若失，毫无所得。朱熹则形象地指出："若读而不思，又不知其意味……一似情得人来守屋相似，不是自家人，终不属自家使唤。"③认为如不认真思考，知识就不能真正为自己所拥有。

王夫之也指出了学与思之间的辩证关系："乃二者不可偏废，而必相资以为功。"④他在批评只学不思的"顽固之士"与只思不学的"敏断之士"把学思割裂开来时指出，学与思是统一的教学过程中不可或缺的环节，学中有思，思中有学，学习的知识面愈广阔，思维就会愈深远；而当思维遇到障碍时，则必须用勤学加以疏通。他说："学非有碍于思，而学愈博则思愈远；思正有功于学，而思之困则学必勤。"⑤他还认为："学成于聚，新故相资而新其故；思得于永，微显相次而显察于微。"⑥即"学"必须在继承中有所创新，"思"必须知显察微不断深化。

正因为"思"是教学过程的重要阶段，中国古代教育家非常重视在教学实践中启发学生的思维，鼓励学生"举一反三""闻一知十""告往知来"、

---

① 《诗广传》卷四。

② 《论语·为政》。

③ 《朱子语类》卷十。

④⑤ 《四书训义》卷六。

⑥ 《周易外传》卷五。

积极思考，并把启发学生思维上升为一条教学原则。如朱熹就注意引导学生"深沉潜思"①，并对学生进行思维方法的指导，如说："直须反复推究研穷，行也思量，坐也思量；早上思量不得，晚间又把出思量；晚间思量不得，明日又思量。如此，岂有不得底道理！"②

（五）明辨

在教学过程中，明辨就是指要学生形成明确的概念，掌握确切的知识。明辨与慎思都属于领会知识的阶段，都是指学生的思维活动。明辨是对思维提出的具体要求，又是慎思的进一步发展和必然结果。王夫之在《读四书大全说》中论述了慎思与明辨的关系：

博学、审问、笃行属学；慎思、明辨属思。明辨者，思其当然；慎思者，思其所以然。当然者，唯求其明；其非当然者，辨之即无不明也。所以然者，却无凭据在，故加之以慎。不然，则至谓天地不仁，四大皆妄，亦不能证其非是，证如黑白之列于前也。思中有二段功夫，缺一不成。

王夫之把教学过程又分为学与思两大部分，其中"学"有三段功夫，"思"有两段功夫。思的第一功夫是"思其当然"，即通过思考知道"是什么"，辨别事物的外在联系；第二功夫是"思其所以然"，即通过思考知道"为什么"，了解事物的内在本质。前者是"明辨"的功夫，后者是"慎思"的功夫。不难发现，王夫之把《中庸》的明辨与慎思换了个顺序。其实，这两者本来是你中有我、我中有你的。或者可以说，整个思维的过程就是先明辨（了解），后慎思（知其所以然），再明辨（掌握）的螺旋式上升的过程。

中国古代教育家也很重视明辨的功夫在教学过程中的意义和作用。如朱熹就说："辨之明，则断不差，故能无所疑惑而可以见于行。"③也就是说，只有通过明辨，掌握了确切的、实在的而非疑惑不定的知识，才能有效地

---

① 《朱子语类》卷九。

② 《朱子语类》卷一百二十。

③ 《四书或问·中庸或问》。

把这些知识运用到实际中去，见诸行动之上。因此，明辨是把经过博学、审问、慎思得到的可靠知识加以运用的关键环节。

中国古代教育家还注意在教学过程中指导学生明辨。一是排除主观成见，如《论语》中要求学生"毋意、毋必、毋固、毋我"[①]。即不要主观臆测，不要武断，不要固执己见，不要自以为是。二是比较鉴别，如王充说："两刃相割，利钝乃知；二论相订，是非乃见。"[②]朱熹也说："凡看文字，诸家说有异同处，最可观。谓如甲说如此，且捍扯住甲，穷尽其词；乙说如此，且捍扯住乙，穷尽其词。两家之说既尽，又参考而穷究之，必有一真是者出矣。"[③]通过比较，利钝自然分晓，是非自然明白。

（六）笃行

笃行又可分为两个阶段：时习与笃行。时习是指能对已获得的知识进行及时的、经常不断的复习、练习，使之巩固保持下来。中国古代教育家对时习也较重视，不仅强调时习对于巩固保持已有知识的意义，还论述了时习对于获得新知识、新见解的作用。

如孔子就说："学而时习之，不亦说乎！"[④]又说："日知其所亡，月无忘其所能，可谓好学也已矣。"[⑤]"温故而知新，可以为师矣。"[⑥]朱熹还论述了时习的动力功能："习，鸟数飞也。学之不已，如鸟数飞也。说，喜意也。既学而又时时习之，则所学者熟，而中心喜悦，其进自不能已矣。"[⑦]这是说通过时习，对复习的知识比较熟悉，心理上产生了愉悦感，从而产生了新的学习要求。由于时习的重要作用，古代教育家把"学而时习"或"温故知新"作为教学的一条原则加以张扬。

中国古代教育家还重视在教学实践中教学生时习的方法，帮助他们学

---

① 《论语·子罕》。

② 《论衡·案书》。

③ 《朱子语类》卷十一。

④ 《论语·学而》。

⑤ 《论语·子张》。

⑥ 《论语·为政》。

⑦ 《论语集注》卷一。

会记忆和巩固知识。如《管子·弟子职》说:"朝益暮习……一此不解(懈)。"《国语·鲁语下》也认为:"士朝受业,昼而讲贯,夕而习复,夜而计过,无憾而后即安。"这与现代教育心理学上的前摄抑制、倒摄抑制有相似之处。主张用早晨和晚间的最佳时间进行学习和记忆、复习。再如朱熹说:"读诵者,所以助其思量,常教此心在上面流转。若只是口里读,心里不思量,看如何也记不子细。"①"若读得熟而又思得精,自然心与理一,永远不忘。"②这是说诵读与思考对于记忆有促进作用。

经过明辨与时习的知识,归根结底是要加以运用。如果不能加以运用,纵然学富五车、满腹经纶,也没有任何意义。所以,中国古代教育家非常注意"笃行"的环节,认为"笃行"是学习的真正落脚点,是教学过程的高潮。孔子曾说过:"诵《诗》三百,授之以政,不达;使于四方,不能专对。虽多,亦奚以为?"③意思是说,即使熟读《诗经》三百篇,而不能出色地完成交给他的政治任务,不能在出使外国时独立地谈判筹措,又有什么用处呢?荀子也明确指出,运用所学的知识是学习的根本目的。他说:学至于行之而止矣。行之,明也,明之为圣人。圣人也者,本仁义,当是非,齐言行,不失毫厘,无它道焉,已乎行之矣。④

朱熹在《答曹元可书》中写道:"为学之实,固在践履,苟徒知而不行,与不学无异。然欲行而未明于理,则所践履者,又未知其果为何事也。"他既反对未知而行,以免陷入盲目的境地;又反对知而不行,与未学没有两样。王夫之更反对离开笃行来谈教学过程,而主张知行"并进而有功"⑤。他非常注重知识的运用,认为真知只有在行上才能得到体现,必须在行为上检验是否真正掌握了知识。他说:"且夫知也者,固以行为功者也。行也者,不以知为功者也。行焉可以得知也,知焉未可以收行之效也。……行可兼知,而知不可兼行。下学而上达,岂达焉而始学乎?君子之学,未尝离行以为知也必矣。"⑥

---

① ② 《朱子语类》卷十。

③ 《论语·子路》。

④ 《荀子·儒效》。

⑤ 《读四书大全说》卷四。

⑥ 《尚书引义》卷三。

王夫之还曾以下棋为例说明笃行在教学中的意义："格致有行者，如人学弈棋相似，但终日打谱，亦不能尽达杀活之机；必亦与人对弈，而后谱中谱外之理，皆有以悉喻其故。且方其进著心力去打谱，已早属力行矣。"[①]他认为，人们在学下棋的过程中，只通过读棋谱念棋书是难以奏效的，充其量只能生搬硬套，而不能把棋"杀活"。只有在读棋谱念棋书的同时，多与别人练习对弈，才能学得活、用得上、有成效。

（七）考校

从现代教学过程的理论来看，检查评定是教学过程中不可分割的组成部分。通过检查评定，可以了解学生掌握知识技能的情况，从而使教学工作更有针对性。中国古代教学过程的五阶段论虽然未包括考校（检查评定），但从中国古代教育家的理论和实际来看，他们对"考校"还是有一定认识的。如北宋张载说："教人者必知至学之难易，知人之美恶，当知谁可先传此。"[②]认为作为教师应该了解学生对于知识掌握的程度和品德发展的总体情况，才能对此阶段的教育更胸有成竹。《学记》也记载了中国上古时期的学校教学的检查评定情况：

比年入学，中年考校。一年视离经辨志，三年视敬业乐群，五年视博习亲师，七年视论学取友，谓之小成。九年知类通达，强立而不反，谓之大成。夫然后足以化民易俗，近者说服而远者怀之。此大学之道也。

根据高时良先生的考证和阐释，这是指上古时期大学教育中的考校制度。[③]即学生到了一定的年龄入大学，国家每隔一年考查他们的学习及操行成绩一次：第一年考查学生析句分段的能力和学习的志向；第三年考查学生是否专心学习，以及与周围的人是否和睦相处；第五年考查学生的学识是否广博，同老师是否亲密无间；第七年考查学生研究学问的本领和识别朋友的

---

① 《读四书大全说》卷一。

② 《张载集·正蒙·中正》。

③ 高时良编著《〈学记〉评注》，人民教育出版社，1982，第29-35页。

能力。这是大学教育的第一阶段，符合标准的，叫作"小成"。第二阶段要求学生做到认识事物能触类旁通，闻一知十；在政治上能立场坚定，达到成熟的境地。符合标准的，叫作"大成"。很明显，这里说的考校制度已比较完备，从考校的内容、时间距离到规格要求都有明确规定。但考校的具体方法语焉不详，或许本来就是以托古方式提出的考校设想。

从汉代开始，中国的考校制度逐渐完备，考校方法也已见于记载。如汉代太学是采用的"设科射策"，每年对学生考校一次。试题按难易分甲、乙两科，并加以密封。考校时，学生可任取一种或两种启封解答，考校成绩分合格（射中）与不合格两种，合格者授以官职，离校毕业。隋唐始实行科举制度，也形成了一套比较严格、完备的考试制度，如口试、帖经、墨义、策问、诗赋等，我们在第八章将予研究。在学校内部，考校制度也更加完备和强化，如唐代中央级学校考试已有旬试、岁试和毕业考试三种。医学则有月考、季考和年终考。

旬试检查学生十日内的学习情况，分合格与不合格，后者受罚。岁试有十道题，答对八条为上等，六条为中等，五条为下等，后者需补学。这种三级记分法一直沿用到清代末年。

很有意思的是，我国古代民间教育的教学过程中很少有官学的考试与记分方法，从书馆、私塾到经馆、书院，莫不例外。但这并不妨碍教师通过察言观色、质疑问难和调查研究来了解学生。[1]因此，教师还是可以因材施教，与学生切磋交流。

中国古代教育家关于教学过程的论述如此精详，堪为世界之最，尤其是五阶段的学说如此系统而明确，更是难能可贵。如果从《中庸》算起，大概比西方赫尔巴特的学说早了近两千年，比夸美纽斯的《大教学论》则早一千八百多年。

---

[1]　如孔子就注重在教学中"听其言而观其行"（《论语·公冶长》），并说："视其所以，观其所由，察其所安，人焉廋哉？人焉廋哉？"（《论语·为政》）这相当于现代的"观察法"。孔子也很注意通过质疑问难的谈话来了解学生。如他多次请学生谈自己的志向，从中加深了对于子路、曾皙、冉有、公西华、颜渊等的了解。学生樊迟"问稼"的个别谈话，也使孔子得出了"小人哉，樊须也"的结论。（《论语·子路》）这相当于现代的"谈话法"。孔子也很注意通过调查访问来掌握学生的情况或验证自己的印象。如向子贡了解颜渊的智力情况，又说"众恶之，必察焉；众好之，必察焉"。（《论语·卫灵公》）这相当于现代的"调查法"。

四、教学的原则与方法

教学原则是指导教学过程的一般原理，是对教学工作的基本要求。教学方法则是为了完成教学任务，教师的工作手段和学生的学习手段的总称。教学原则和教学方法都是在教学过程的实践中形成的，是对教学实践和经验的总结和概括。

古今中外的教育家在他们的教育实践中都提出了若干颇有价值的教学原则和方法。特别是近现代西方的教育家，如夸美纽斯曾提出直观性原则和循序渐进的原则，杜威提出做中学原则和兴趣与主动原则，布鲁纳提出动机原则、程序原则、结构原则和强化原则，赞科夫提出高难度、高速度等原则。至于教学方法，从苏格拉底的"产婆术"到布鲁纳的发现法、根舍因的范例教学法、洛扎诺夫的暗示教学法、沙塔诺夫的纲要信号图示法等，真是层出不穷，百花齐放。值得思考的是，这些现代教学原则和方法虽然是教育家在其特定的历史背景和哲学思想指导下提出来的，但如果认真审视一下中国古代教育家关于教学原则和方法的论述，我们的确可以从中找到某种原型或启示。因此，系统总结和研究中国古代教学原则的理论和教学方法的论述，具有重要的现实意义。

中国古代教育家提出的教学原则和方法非常之多，不下百种。比较主要的有愤启悱发、循序渐进、温故知新、教学相长、因材施教、适时而教、熟读精思、立志为先、虚心涵泳、切己体察、著紧用力、居敬持志、由博返约、学思结合、乐勉结合、知行统一、学以致用、自求自得、切磨辨明等，其中有些在分析中国古代教学过程的理论时已有涉及，有些在第七章"中国古代的读书法"再详加讨论，这里仅撮要加以论述。

中国古代的教学原则大致可分为三大方面，即关于教师"教"的原则与方法、关于学生"学"的原则与方法和关于教与学共用的原则与方法。

（一）关于"教"的原则与方法

1. 愤启悱发

愤启悱发的原则又称为启发式教学原则，它是指在教学过程中要注意调动学生的主动性和积极性，激发学生的思维活动，使他们融会贯通地掌握知识并发展智力。中国古代最早明确提出这个原则的是大教育家孔子。他说：不愤不启，不悱不发。举一隅不以三隅反，则不复也。①

据朱熹的解释，"愤"是"心求通而未得之意"；"悱"是"口欲言而未能之貌"。所以，孔子这段话的意思是说：教学过程中，不到学生想求明白而不得的时候，不要去开导他；不到学生想说出来却说不出的时候，不去启发他。教给他东方，他若不能由此推知西、南、北三方，便不再教他了。愤启悱发的教学原则不像注入式把学生置于消极、被动接受的地位，强调了学生学习的主动性、积极性，所以自孔子提出后历久不衰，并为历代教育家继承和发展，成为中国古代最具影响力的教学原则之一。中国古代学术的集大成者王夫之也系统地阐发过这个原则：若教则不愤而启，不悱而发，喋喋然徒劳而无益也。②教人者固以无有不教为与善之公，而抑以有所不教以待人之悟。固有所启焉，以开示其所未知，必待其有求通之志，而诚不能及之，自怀愤恨以不宁，乃一示以方，而欣然请事也。若不愤者，付之于可知不可知之中，而悠悠自任，虽与启之，即不疑以为能必然，亦且视为固然矣，不启也。有所发焉，以达其所可知者，必待其有深求之力，而心不能决之，中怀悱懑而难言，乃一达其情，而晓然自信也。若不悱者，初无有若知若不知之机，而茫然罔测，虽与发之，即能信以为实然，而终不知其所以然矣，不发也。③

王夫之认为，启发教学有"无有不教"与"有所不教"两种，但其共同点都是要求学生先有"求通之志"，在心理上处于紧张的期望和准备状态，在"诚不能及之，自怀愤恨以不宁"和"心不能决之，中怀悱懑而难言"的情况下，适时给予启发讲解，才能恰到好处、卓有成效。相反，如果没有学生的"真心内动"，还处于未愤、未悱的状态，纵然教师喋喋不休地讲解说明，学生也会"悠悠自任""茫然罔测"，或者抱着无所谓的态度，或者还是不知其所以然，结果是劳而无功。

---

① 《论语·述而》。

② 《周易内传》卷四。

③ 《四书训义》卷十一。

愤启悱发的原则包含有许多方法。如《学记》中写道：故君子之教，喻也。道而弗牵，强而弗抑，开而弗达。道而弗牵则和，强而弗抑则易，开而弗达则思。和易以思，可谓善喻矣。

这里所说的"喻"，不是比喻，而是指"教者有善诱之功，学者有欲罢不能之意"（南宋戴溪语），所以"喻"就是"启发"。这里所说的启发方法有三：一是"和"，即能处理好教与学的双边关系，引导学生但不是牵着他们走；二是"易"，即严格要求学生，但不施加太大的压力，使学生不视学习为畏途；三是"以思"，即讲授时开个端倪而不和盘托出，让他们处于积极、活跃的思维状态。这实际上已初步揭示出教学过程中教师的主导作用与学生的主动自觉相结合的规律了。美国现代教育家布鲁纳在《论教学的若干原则》一文中，在谈到"心理倾向"原则时说："既然学习与解决问题取决于个人作出选择的探索活动，那么教学就必须对学习者方面作出选择的探索活动起促进和调节作用。"[1]这与《学记》的论述有异曲同工之妙。

概括起来说，中国古代教育家运用愤启悱发原则的教学方法主要有以下几种：

一是善于问答。如孔子说："吾有知乎哉？无知也。有鄙夫问于我，空空如也。我叩其两端而竭焉。"[2]即从提问者本身提出的问题的正反两面去询问他。《学记》更有精辟见解：善问者如攻坚木，先其易者，后其节目，及其久也，相说以解。不善问者反此。善待问者如撞钟，叩之以小者则小鸣，叩之以大者则大鸣，待其从容，然后尽其声。不善答问者反此，此皆进学之道也。

意思是说，善于提问的教师，好像攻伐那坚硬的树木。先从那脆弱的部分入手，然后再破除其节目。如果对学生的提问也是先易后难，久而久之，学生就能愉快地加以接受，了解各个问题的意义。又好像撞钟一样，小撞就小鸣，大撞就大鸣，随着学生所提问题的大小而给予相应的回答，做到从容不迫，像钟声一样，利用其悠扬不绝的声波，反复回味，以尽其绪。

---

① 邵瑞珍译文，载《教育研究》1979年第5期。

② 《论语·子罕》。

二是留有余地。中国古代教育家反对教学面面俱到、一览无余。如东汉王充写道：

圣人之言，不能尽解。说道陈义，不能辄形。不能辄形，宜问以发之；不能尽解，宜难以极之。皋陶陈道帝舜之前，浅略未极，禹问难之，浅言复深，略指复分。盖起问难，此说激而深切，触而着明也。①

这段话虽然是强调"问难"的作用，如由于舜帝的发问，皋陶的话因激发而变得深切，因触动而变得显著明白；但也从另一方面说明了不把话说尽，能调动听者的积极性，从而使"浅言复深"，深化理解。

三是举一反三。孔子在提出愤启悱发的原则时，就提出了举一反三的要求，这实际上是一种类比推理、比喻推理的思维方式，与闻一知十、推往知来一样，主要是采用相似性联想。

在教学实践中，中国古代教育家经常运用这种启发的方法。如孔子与子贡关于"贫而无谄"的讨论②，与子夏关于"巧笑倩兮"的论述③，都是如此。

2. 因材施教

因材施教既是一条德育原则，也是一条教学原则。作为一条教学原则，是指要根据学生的个别差异和年龄差异，有的放矢地组织和进行教学工作。如前所述，因材施教的原则滥觞于孔子，孔子在德育和智育中都擅长进行因材施教。如孔子说："中人以上，可以语上也；中人以下，不可以语上也。"④即对于不同智力水平的学生，在教学中应有不同的要求，对于中等以上智力水平的学生，可以教给他们较高深的学问；而对于中等以下智力水

---

① 《论衡·问孔》。

② 《论语·学而》载：子贡曰："贫而无谄，富而无骄，何如？"子曰："可也。未若贫而乐，富而好礼者也。"子贡曰："《诗》云'如切如磋，如琢如磨'，其斯之谓与？"子曰："赐也，始可与言《诗》已矣，告诸往而知来者。"

③ 《论语·八佾》载：子夏问曰："'巧笑倩兮，美目盼兮，素以为绚兮'何谓也？"子曰："绘事后素。"曰："礼后乎？"子曰："起予者商也！始可与言《诗》已矣。"

④ 《论语·雍也》。

平的学生则不能这样做。孔子以后的历代教育家也都比较注重因材施教原则在教学上的应用，如《学记》说："今之教者，呻其占毕，多其讯言，及于数进而不顾其安，使人不由其诚，教人不尽其材，其施之也悖，其求之也弗。"认为当时的教师一般只注意诵读学生所学的竹简上的文字，经常提问他们所难以了解的问题，讲话烦琐。进行教学，又不顾学生的接受能力，使他们不能尽心竭力地学习。教师不因材施教，难以发挥学生各自的才能。这样，教的人就违背了教学原则，学的人也就不能顺利地前进。

在教学工作中，中国古代教育家运用因材施教原则的主要途径有以下五个方面。[1]

一是根据学生的智能水平进行教学。如孔子根据学生智能水平有所差异的情况，提出有的学生"可与共学，未可与适道"（可以在一起学习，但未必可以一起取得同样的学业成就），有的学生"可与适道，未可与立"（可以一起取得同样的学业成就，但又未必可以一同身体力行），有的学生则"可与立，未可与权"[2]（可以一同身体力行，但未必可以在力行过程中灵活地随机应变）。墨子也注意在教学中量体裁衣，因材施教："子深其深，浅其浅，益其益，尊其尊。"[3]在技能学习中，墨子也考虑到学生的能力差异："二三子有复于子墨子学射者，子墨子曰：'不可。夫知者必量其力所能至而从事焉。'"[4]

二是根据学生的知识水平进行教学。现代教学论指出，学生已有的知识水平制约着新的教学内容、方法、速度，最终影响到教学的效果。中国古代教育家在某种意义上也认识到这个问题，他们不仅在教学实践中注意了解学生的已有知识水平，而且善于根据他们的已有知识水平有针对性地进行教学。如荀子说："短绠不可以汲深井之泉，知不几者不可与及圣人之言。"[5]又说："浅不足与测深，愚不足与谋知，坎井之蛙不可与语东海之

① 参见燕国材《个别差异与因材施教浅谈》，《上海师范学院学报》1984 年第 1 期。

② 《论语·子罕》。

③ 《墨子·大取》。

④ 《墨子·公孟》。

⑤ 《荀子·荣辱》。

乐。"①这都是用比喻说明对于缺乏知识基础和背景的学生，是不能讲授深而难的内容的。古代教育家注意到原有知识与新知识的联系，所以提出了"温故而知新"的命题，这容后讨论。

三是根据学生的年龄特点进行教学。中国古代教育家认为，对于不同年龄的学生，教学内容和方法应有所不同。如朱熹说："小学之事，知之浅而行之小者也；大学之道，知之深而行之大者也。"②即是说，小学主要是教之以"事"，如洒扫应对、进退之节；而大学主要是教之以"道"，如穷理、修身、治国、平天下的道理。小学以行为训练为主，大学以理论教学为主。如果不这样做就会事倍而功半：

是以方其幼也，不习之于小学，则无以收其放心，养其德性，而为大学之基本。及其长也，不进之于大学，则无以察乎义理，措诸事业而收小学之功。③

王夫之在论及这个问题时也指出："六年以上，固有早慧而可与于六艺者矣，而古人不及焉，岂靳教哉！盖迫之小成，而固不足以达于广大深远之义，则聪明局隘，志意苟且，将终其身于粗浅卑近之中，而不足以入斯道之室。故必待其可喻而后迪之，斯以正蒙而为圣功之大成也。"④这是说，如果教师不注意学生的年龄特征，对于幼小的儿童讲授高深艰难的概念与知识，就不会收到应有的成效，反而会有"聪明局隘，志意苟且"的负作用。

四是根据学生的专长分科教学。中国古代教育家认为，在教学过程中不能忽视学生的专长，施以"一锅煮"的教育。据《论语》载，孔子就曾根据学生的学习专长，分设德行、言语、政事、文学四科进行教学。孟子也把学生分为"成德者""达财者""答问者"和"私淑艾者"等类型，并根据类型的不同施以不同的教育。在北宋时期，还产生了分科教学的"苏

---

① 《荀子·正论》。

②③ 《小学集解·小学辑说》。

④ 《礼记章句》卷十二。

湖教法"。这是由教育家胡瑗在苏州和湖州实行而得名。他把学校分为"经义"与"治事"两斋（有点儿类似于现代的学院），"经义"以学习"六经"等儒家经典为主，治事则以军事、治安等内容的学习为主，"有好尚经术者，好谈兵战者，好文艺者，好节义者，使各以类群居讲习"①，同时采取主副兼修的形式，即在"一人各治一事"的基础上再"兼摄一事"。这个教学法影响很大，成效卓著，后胡瑗被"上调"到太学主持教学，其教学法亦被官方命名为太学法。

五是根据学生的学习特点进行教学。学生不仅有智能、知识水平、年龄、专长等方面的差异，也有学习特点和学习方式的不同，在教学中必须考虑这个因素，才能较好地使每个学生得到发展。中国古代教育家也认识到这个问题，如《学记》写道："学者有四失……或失则多，或失则寡，或失则易，或失则止。"教师必须了解学生在学习过程中经常犯的四种毛病，即有的学生贪多而不求甚解；有的学生满足于一知半解，知识面太窄；有的学生见异思迁，学不专一；有的则故步自封，不追求进步。在了解这些不同特点的基础上，才能有针对性地医治这些毛病，取得最佳的教学效果。

3. 适时而教

如果说"禁于未发"和"蒙以养正"是把握德育时机的原则的话，那么，在教学工作中也有把握最佳时机的问题，这就是所谓的"适时而教"原则。适时而教最早是由《学记》提出来的，即"当其可之谓时"和"时过然后学，则勤苦而难成"。根据我的理解，所谓"当其可"，就是在学生特定的时期授以特定的内容，教早了不行，教晚了也不行。但《学记》说得很有分寸，它认为如果错过了时机，也不是绝对不能成功，只不过是"难成"而已。现代外语教学的实践也证明了《学记》的结论，如一般认为12岁以前是学习语言的最佳时期，因为大脑两半球此时尚未高度分化，具有学习语言的优势效应。过了这个时期，也能够学好外语，但却要花费较大的工夫才行。

现代教育心理学已经开始对"可"进行探索，虽然至今仍未取得多少满意的成果，但皮亚杰的"前运算阶段""具体运算阶段"以及"形式运算阶段"的划分，布鲁纳的教学内容结构的研究等，对我们还是很有启示的。

---

① 陈澧:《东塾读书记》。

中国古代教育家自然没有也不可能对"可"的问题有周密的研究，但探索尚不算少。只不过由于历史条件的限制，大多是天才式的猜想或个人的经验而已。如西汉贾谊的《保傅》提出"早教"，理由是"心未滥而先谕教，则化易成也"。北周颜之推则认为 7 岁时开始至 19 岁是关键期，"二十之外，所诵经书，一月废置，便至荒芜矣"①。陆世仪在《论小学》中把 15 岁作为临界点，认为"凡人有记性，有悟性。自十五以前，物欲未染，知识未开，则多记性，少悟性。自十五以后，知识既开，物欲渐染，则多悟性，少记性。故人凡有所当读书，皆当自十五以前使之熟读"。关于所教学的内容，中国古代教育家语焉不详，只是主张小学以事（行为训练）为主，大学以理（知识、规律）为主，前节已述，在此不赘。

（二）关于"学"的原则与方法

学生的学习也是中国古代教学论的重点，中国古代教育家关于教学中的学习原则与方法论述颇详。有人曾以《古代学者论治学》为题进行过研究，在一部近二十万言的著作中"也不过是撮其要而已"。②这里讨论的只能是要者中的要者。

1. 自求自得

中国古代教育家认为，在教学中必须发挥学生的主动性和积极性，只有自求自得，才能学有所获。如孟子说：

君子深造之以道，欲其自得之也。自得之，则居之安；居之安，则资之深；资之深，则取之左右逢其原。故君子欲其自得之也。③

孟子认为，要使学生真正地依照正确的方法取得高深的造诣，就必须积极主动地有所得。这样才能将所得到的知识融会贯通，运用起来才能得心应手，左右逢源。宋代张载也认为，教学过程中必须让学生养成"自求"

---

① 《颜氏家训·勉学》。

② 傅孙久：《古代学者论治学》，南京大学出版社，1987。

③ 《孟子·离娄下》。

的习惯，因为自求才能自得，自得才能自安。他说："闻见之善者，谓之学则可，谓之道则不可。须是自求，己能寻见义理，则自有旨趣，自得之则居之安矣。"[①]只有自求自得，才能兴趣盎然，巩固所学。

中国古代教育家认为，贯彻自求自得原则和方法的关键是经过自己的思考消化，即不要为学习而学习、为读书而读书，而要把所学材料消化吸收，入骨入髓。明代王廷相说："广识未必皆当，而思之自得者真；泛讲未必吻合，而习之纯熟者妙。是故君子之学，博于外而尤贵精于内，讨诸理而尤贵达于事。"[②]他认为从"广识"（广泛地获得知识）到"达于事"（把所学知识应用于实际），离不了"思之自得"的中间环节。清代戴震在解释阐发孟子的上述名言时也写道：

> 如血气资饮食以养，其化也，即为我之血气，非复所饮食之物矣；心知之资于问学，其自得之也亦然。……苟知问学犹饮食，则贵其化，不贵其不化。记问之学，入而不化者也；自得之，则居之安，资之深，取之左右逢其原；我之心知，极而至乎圣人之神明矣。[③]

他认为，正如饮食要经过消化才能为人体所吸收并转变为血气一样，问学也要经过消化才能转变为心知。这实际上已经把教学分为"问学"与"心知"两大层次了。众所周知，现代国外教学论提出，教学有三大层次：记忆水平、理解水平和思考水平。[④]布卢姆把教学目标分为三类（认知的、情感的和精神运动的），其中认知目标有六级（知识、了解、应用、分析、综合、评价）；奥苏伯尔则根据学生学习的方式把教学分为接受和发现，根据教学的内容分为机械和意义。[⑤]那么，戴震的"问学"相当于奥苏伯尔的接受水平或机械学习，"心知"则相当于奥氏的发现水平或意义学习。值得一提的是，王阳明还曾提出过与三大层次颇为近似的学说：

① 《张载集·经学理窟·义理》。
② 《慎言·潜心》。
③ 《孟子字义疏证》。
④ 燕国材、朱永新：《现代视野内的中国教育心理观》，上海教育出版社，1991，第104页。
⑤ 邵瑞珍等编著《教育心理学——学与教的原理》，上海教育出版社，1987，第24-26页。

一友问："读书不记得，如何？"先生曰："只要晓得，如何要记得？要晓得已是落第二义了，只要明得自家本体。若徒要记得，便不晓得；若徒要晓得，便明不得自家的本体。"①

这里记得→晓得→明得的三个层次与现代教学论的记忆水平、理解水平和思考水平基本吻合。当然，王阳明对这三个层次也没有详尽的论证，而且其终极的目的也只不过是为了明晓"自家的本体"，这是明显的缺陷。

2. 乐勉结合

乐勉结合就是要求教学中把快乐的情感、稳定的兴趣结合持久的恒心，乐而有勉，勉而有乐，从而使学生形成强大的学习动力。

中国古代教育家在教学实践中，非常注意培养学生的稳定兴趣和快乐情感。如孔子就主张："知之者不如好之者，好之者不如乐之者。"②有一次叶公向子路打听孔子的情况，子路回答不上来，孔子就对他说："女奚不曰：其为人也，发愤忘食，乐以忘忧，不知老之将至云尔。"③说明他不仅要求学生好学乐学，自己也是"发愤忘食，乐以忘忧"，把勉与乐结合起来了。宋代张载也认为，一个人只有乐于学习，有积极的学习热情，才会学不自已，取得进展。所以他说："'乐则生矣'，学至于乐则自不已，故进也。"④《吕氏春秋》也写道："达师之教也，使弟子安焉、乐焉、休焉、游焉、肃焉、严焉。此六者得于学，则邪辟之道塞矣，理义之术胜矣。……人之情，不能乐其所不安，不能得于其所不乐。"⑤这段话很值得分析。首先，它指出人对不可能安心的事也不会感到快乐，而去做不感到快乐的事是不能有收获的。教学活动也是如此，所以高明的教师在教学活动中要求学生安、乐、休、游，对学习活动有浓厚的兴趣和快乐的情感。其次，它把安、乐、休、游与肃、严并列起来，这六者是学习成功的共同条件，也就意味着乐勉必

---

① 《传习录下卷·黄省曾录》（五）。

② 《论语·雍也》。

③ 《论语·述而》。

④ 《张载集·经学理窟·学大原上》。

⑤ 《吕氏春秋·诬徒》。

须结合才能卓有成效。

中国古代教育家也注意在教学实践中培养学生勉力顽强、孜孜追求的精神。学生的学习是一项艰苦的工作，它不可能时时都像在公园里散步那么自在，也不像剧院中看戏那样轻松；既不是平川纵马，也不是海滨泼水；只有不畏劳苦，持之以恒，沿着陡峭山路攀登的人，才有希望到达光辉的顶点。孔子对于勉力顽强的品质非常赞赏，曾用"善人，吾不得而见之矣，得见有恒者斯可矣"[①]来鼓励自己的学生。他还教育学生在学习中必须勇往直前，切勿半途而废："譬如为山，未成一篑，止，吾止也；譬如平地，虽覆一篑，进，吾往也。"[②]宋代张载认为，学习的过失莫甚于"苦难则止"[③]，"今人为学如登山麓，方其迤逦之时，莫不阔步大走，及到峭峻之处便止，须是要刚决果敢以进"[④]。所以，只有勉力顽强，才能"日进而不息"[⑤]。在论述"勉"与人的自信心的关系时，他又说："学不能自信而明者，患在不自勉尔。当守道不回，如川之流，源泉混混，不舍昼夜，无复回却，则（自信）自明，自得之也。"[⑥]自勉→自信→自明→自得，这是张载教学理论的必然逻辑。宋代文学家苏轼的《晁错论》更留下了激越昂奋的千古名言：古之立大事者，不唯有超世之才，亦必有坚忍不拔之志。

王夫之对乐与勉都比较重视，并系统而明确地提出，教学过程既需要有积极愉快的情感参与，也需要有勉力顽强的意志支持。他认为，教学离不开"勉"："学者不自勉，而欲教者之俯从，终其身于不知不能而已矣。"[⑦]但是，"勉"又离不开"乐"，"勉"倘无"乐"则难以长期坚持："盖《中庸》所言勉强者，学问思辨笃行之功，固不容已于勉强；而诚庄乃静存之事，勉强则居之不安而涉于人为之偏。且勉强之功，亦非和乐则终不能勉；养蒙之道，通于圣功，苟非其本心之乐为，强之而不能以终日。"[⑧]"乐"为什么

---

① 《论语·述而》。

② 《论语·子罕》。

③⑤ 《张载集·正蒙·中正》。

④ 《张载集·经学理窟·学大原下》。

⑥ 《张载集·横渠易说·系辞上》。

⑦ 《四书训义》卷二十五。

⑧ 《张子正蒙注》卷三。

是勉的基础呢？王夫之认为这是由情感的特点和功能决定的，"和者于物不逆""乐者于心不厌"，只有把学习视为乐趣，才能不畏苦难，"欣然有得"①。

3. 学以致用

学以致用，就是要求学生把所学的知识应用于实际，付诸实践，与现代教学论的"理论联系实际"的教育原则类似。中国古代教育家非常强调学以致用的教学原则和方法，在讨论教学过程的"笃行"阶段时，笔者已做了不少介绍和分析。由于"学以致用"原则和方法在中国古代教学论中的特殊地位，这里再多赘几言加以讨论。

中国古代教育家为什么特别强调"学以致用"的原则和方法？我认为有三个原因。一是由"学"（知）与"用"（行）的辩证关系的客观规律决定的。中国古代教育家认为，学与用、知与行可以相互促进。以学习获得的知识为指导的用与行才会行之有效，脱离知的行就是盲行；同样，以用与行为效验的知才是真知灼见，脱离用与行的知则是空知。朱熹对此有精到之见：

> 行之力，则知愈进；知之深，则行愈达。②
>
> 为学之实，固在践履，苟徒知而不行，诚与不学无异。然欲行而未明于理，则所践履者，又未知其果何事也。③

这里的前一段话说明学、知与用、行可以相互促进；后一段话则说明学的目的是用，知而不行不如不学。因此，在教学过程中就必须把两者统一起来，学以致用，知行结合。

二是由于学习的最根本动力和目的是为了解决实际问题。中国古代教育家认为，教学的真谛是使学生能学以致用。如东汉王充说："凡贵通者，贵其能用之也，即徒诵读，读诗讽术虽千篇以上，鹦鹉能言之类也。衍传书之意，出胸臆之辞，非俶傥之才，不能任也。"④他指出，教学中最难能可

① 《张子正蒙注》卷三。

② 《晦庵先生朱文公文集·答潘子善》。

③ 《晦庵先生朱文公文集·答曹元可》。

④ 《论衡·超奇》。

贵的就是融会贯通，而融会贯通的实质就是能够运用其所学得的知识。如果仅仅是诵读诗书，纵然千篇，也不过是鹦鹉学舌、照本宣科。北宋的黄晞进而认为，如果学不致用，那就完全失去了学习的意义，而教学的最高境界，就是使学生能学以致用。他说："生而不知学，与不生同；学而不知道，与不学同；知而不能行，与不知同。知而后行者，尚矣。"①

三是由于对古代社会中两股学术风气的反动。我们知道，在中国古代历史上，有两次比较有影响的学术思潮：魏晋玄学与宋明理学。尽管这两次思潮对于中国古代的学术思想发展有一定的积极意义，尤其在改变和提高古代哲学的思维方式和思维水平方面功不可没，但它也有其不可忽视的弱点，其中之一就是理论脱离实际。如受魏晋时期清谈玄学风气的影响，许多读书人不务实际，唯务清谈，"世人读书者，但能言之，不能行之……问其造屋，不必知楣横而梲竖也；问其为田，不必知稷早黍迟也；吟啸谈谑，讽咏辞赋，事既优闲，材增迂诞。"②这是颜之推的揭露。清代李塨也对宋明以来空疏不实的士林学风做了毫不留情的批评：

> 率天下之聪明杰士，尽网其中，以空虚之禅悦怡然于心，以浮夸之翰墨快然于手。自明之末也，朝庙无一可倚之臣，天下无复办事之官。坐大司马堂，批点《左传》，敌兵临城，赋诗进讲。其习尚至于将相方面，觉建功奏绩，俱属琐屑，日夜喘息著书曰："此传世业也！"以致天下鱼烂河决，生民荼毒，鸣呼，谁实为此，无怪颜先生之垂涕泣而道也。③

在这样的情形下，强调学以致用自然更有其历史意义。

学以致用既是教学原则，又是教学方法。中国古代教育家在贯彻和运用这一原则和方法时主要强调了两点：一是主张教学所掌握的知识须能经世致用，解决实际问题。唐代史学家刘知几说："假有学穷千载，书总五车，见良直而不觉其善，逢牴牾而不知其失，葛洪所谓'藏书之箱箧''五经之

---

① 《聱隅子·歔欷琐微论·生学篇》。

② 《颜氏家训·勉学》。

③ 李塨撰《恕谷后集》卷四。

主人'，而夫子有云'虽多亦奚以为'，其斯之谓也。"①也就是说，如果不能应用所学知识，见到了合理的东西不觉其优美，见到不合理的东西也不知其错失，这样的人不过是书呆子，是会行走的书橱而已。二是主张教学所掌握的知识须能"以身戴行"②，以提高自己的品德修养水平。这在"德育观"中已论及，兹不赘。

（三）"教"与"学"共用的原则与方法

教学是"教"与"学"的双边活动。在教学过程中，除上述已讨论的以教为主的三个教学原则和方法以及以学为主的三个教学原则和方法外，尚有三个是"教"与"学"所共用的。

1. 教学相长

教学相长的原则和方法是指在教学过程中，师生双方都以对方的存在和作用为前提，通过双方的共同活动，互相促进，共同提高。

著名教育史家毛礼锐先生曾说过："教学相长这条教学原则，外国的'教学论'中不曾提过，可以说是儒家教学理论的独创，是很可贵的。'教'与'学'是矛盾的，而又是相辅相成的。'学'需要'教'，不教则学不到知识，所谓'无师自通'是极个别的情况。'教'不但需要教师自己学，而且要向学生学，或从学生得到启发而努力进修，提高自己的知识水平。"③这段话可以说是对中国古代教学相长原则和方法的画龙点睛的说明。

从孔子开始，中国古代教育家就比较重视教学相长的原则和方法。如孔子就注意到师生之间的切磋研磨和互相启发。他"诲人不倦"，"循循然善诱人"④，注意指导和帮助学生；同时，他也注意向学生学习，曾声称"起予者商也"⑤，"三人行，必有我师焉"⑥。

《学记》则把教学相长的原则定型化，并提出了"学然后知不足，教然

① 《史通·杂说下》。

② 《墨子·鲁问》。

③ 毛礼锐：《儒家的"教学论"初探》，《北京师范大学学报》1979年第6期。

④ 《论语·子罕》。

⑤ 《论语·八佾》。

⑥ 《论语·述而》。

后知困。知不足，然后能自反也；知困，然后能自强也。故曰：教学相长也"
的明确命题。

中国古代教育家在贯彻和运用教学相长的原则和方法方面，提出了以
下见解和做法。

一是强调"师法"，重视发挥教师的指导作用。如荀子说："不是师法，
而好自用，譬之是犹以盲辨色，以聋辨声也，舍乱妄无为也。"[1]又说："故
人无师无法而知则必为盗，勇则必为贼，云能则必为乱，察则必为怪，辩
则必为诞。人有师有法而知则速通，勇则速威，云能则速成，察则速尽，
辩则速论。故有师法者，人之大宝也；无师法者，人之大殃也。"[2]认为一个
人如果有老师的指导并知道法度，就会成为知礼通达、敏锐明察、卓有成
就的人，这是最可宝贵的事。王充认为教师的点拨对于学生的成熟发展有
关键意义："学士简练于学，成熟于师。"[3]唐代韩愈的《师说》更是把教师
的指导作用发挥得淋漓尽致：

古之学者必有师。师者，所以传道、受业、解惑也。人非生而知之者，
孰能无惑？惑而不从师，其为惑也，终不解矣。生乎吾前，其闻道也，固
先乎吾，吾从而师之；生乎吾后，其闻道也，亦先乎吾，吾从而师之。吾师
道也，夫庸知其年之先后生于吾乎？是故无贵无贱，无长无少，道之所存，
师之所存也。

嗟乎！师道之不传也久矣！欲人之无惑也难矣！古之圣人，其出人也
远矣，犹且从师而问焉；今之众人，其下圣人也亦远矣，而耻学于师。是故
圣益圣，愚益愚；圣人之所以为圣，愚人之所以为愚，其皆出于此乎？

韩愈认为，教师之所以能够发挥知识传授和道德教育的指导作用，之
所以能帮助学生解除疑惑，是由于在掌握知识、懂得道理方面领先于学生。
因此，无论是圣人还是愚人，都应尊师重道，虚心向老师求教。这是对教

---

① 《荀子·修身》。

② 《荀子·儒效》。

③ 《论衡·量知》。

师本质的较系统的论述。

二是强调"交以为师"，倡导师生间的取长补短、互学互促、共同提高。《晏子春秋·内篇谏上》写道："列士并学，能终善者为师。"唐杜甫《戏为六绝句》中也有"转益多师是汝师"。柳宗元更明确地提出："苟去其名全其实，以其余易其不足，亦可交以为师矣，如此无世俗累而有益乎己，古今未有好道而避是者。"[1]"交以为师"的说法是对教学相长原则与方法的继承和进一步发展，在古代教学论方面确有"别开生面，发人深思"[2]的贡献。王夫之对此也领会颇深，提出了"师弟子以道相交""相扶以正"[3]的观点，认为师生之间不仅在学问上可以切磋研磨，在道德上也可互相帮助。

三是强调"青胜于蓝"，鼓励学生在向老师学习的基础上超过老师。荀子最早提出了这个命题："君子曰：学不可以已。青，取之于蓝而青于蓝；冰，水为之而寒于水。"[4]荀子本人就是"青胜于蓝"的典范。他曾三次游学于稷下学宫，在学术上广采博取，既接受儒家的学说，也注意吸收道家、法家等众长，结果成为先秦时期学术的集大成者。韩愈也认为，学生求师的目的就在于在学习老师的基础上超过老师，为了超过老师而向老师求教也未尝不可："蕲胜于人而取于人，则固胜于人而可取于人矣。"[5]宋代张载也认为求师而胜师的"青胜于蓝"的规律是势所必然的："今日问于人，明日胜于人，有何不可？"[6]

2.循序渐进

循序渐进的原则和方法，是指在教学过程中必须按照科学知识的体系和学生的智能发展水平，有系统有步骤地进行教学。中国古代教育比较重视循序渐进的原则和方法。如孔子的学生称赞老师"循循然善诱人"[7]，这意味着孔子善于按照教材次序一步一步地进行诱导，使学生有步骤有系统

① 柳宗元：《答严厚舆秀才论为师道书》。
② 周德昌：《中国古代教育思想的批判继承》，教育科学出版社，1982，第131页。
③ 《四书训义》卷三十二。
④ 《荀子·劝学》。
⑤ 韩愈：《答李翊书》。
⑥ 《张载集·经学理窟·学大原下》。
⑦ 《论语·子罕》。

地学习，由浅入深，兴趣日浓，以至于"欲罢不能"的地步。孟子在解释孔子的逝水之叹时明确提出了循序渐进的思想：

原泉混混，不舍昼夜，盈科而后进，放乎四海。有本者如是，是之取尔。①

流水之为物也，不盈科不行；君子之志于道也，不成章不达。②

孟子认为，教学固然要像流水一般不分昼夜地前进，但也还是要循序渐进，像流水那样"盈科而后进"，才能汇成知识的海洋，才能真正学有所成。他还指出，如果不遵循这个原则和方法，在教学过程中不按照一定的顺序，而是急于求成，揠苗助长，就必然欲速而不达，导致"其进锐者，其退速"③，反而一无所成。

《学记》对循序渐进的理论也有较大贡献。它所说的"杂施而不孙，则坏乱而不修"，可谓微言大义，内涵深远。"杂施"，就是指教师在教学时杂乱无章，不按教学内容的内在体系和深浅次序来进行。教学是有序可循的，"以二书言之，则先《论》而后《孟》，通一书而后及一书。以一书言之，则其篇章文句，首尾次第，亦各有序而不可乱也"④。这就揭示了循序渐进的原则和方法是由知识本身的逻辑顺序所决定的规律。所谓"不孙"，就是指教师在教学时不根据学生的年龄大小和心理水平来进行。王阳明"与人论学，亦须随人分限所及。如树有这些萌芽，只把这些水去灌溉。萌芽再长，便又加水，自拱把以至合抱，灌溉之功，皆是随其分限所及。若些小萌芽，有一桶水在，尽要倾上，便浸坏他了"⑤。"婴儿在母腹时，只是纯气，有何知识？出胎后方能啼，既而后能笑，又既而后能识认其父母兄弟，又既而后能立、能行、能持、能负，卒乃天下之事无不可能。皆是精气日足，则筋力日强，聪明日开，不是出胎日便讲求推寻得来，故须有本原。"⑥

---

① 《孟子·离娄下》。

②③ 《孟子·尽心上》。

④ 《朱子大全·读书之要》。

⑤ 《王文成公全书·答黄以方问》。

⑥ 《王文成公全书·传习录上》。

这实际上揭示了循序渐进的原则和方法又是由学生身心发展的次序所决定的规律。王阳明认为，人的发展与树苗的成长有相似的地方，总是由小到大、从不成熟至成熟的，如果不考虑这个特点，把一桶水倾倒在小树苗上，对刚出世的婴儿讲高深的道理，只能是适得其反，无益有害。

关于贯彻和运用循序渐进原则和方法的问题，中国古代教育家提出了以下几点意见。

一是打好基础。如老子说："合抱之木，生于毫末；九层之台，起于累土；千里之行，始于足下。"①朱熹不仅是中国教育史上明确提出"循序而渐进"命题的第一人，也对这个命题进行过详尽论述，如他举例说："问学如登塔，逐一层登将去，上面一层，虽不问人，亦自见得。若不去实踏过，却悬空妄想，便和最下底层，不曾理会得。"②认为为学像登宝塔一样，如果从最底层就想一步登顶，那不过是"悬空妄想"。

二是由易而难。《学记》早就指出，教学必须由易而难，由浅而深："善问者如攻坚木，先其易者，后其节目，及其久也，相说以解。"它还举例说："良冶之子，必学为裘；良弓之子，必学为箕；始驾者反之，车在马前。君子察于此三者，可以有志于学矣。"认为有经验的冶铁工人向儿子传手艺时，总是先教他学会用皮革制成鼓风裘；有经验的造弓工人总是先教儿子学会用柳条编成箭袋子；训练小马驾车，总是先用大马来带，小马跟在车后面跑。只有从易到难，最终才能难而易之。

三是加强计划。加强计划，就是要对教学过程和内容有所安排，先教什么，后学什么，都要胸中有数。不可杂乱无章、心中无谱。朱熹曾打比方批评了没有计划的弊端："杂然进之而不由其序，譬如以枵然之腹，入酒食之肆，见其肥羹大胾，饼饵脍脯，杂然于前，遂欲左拿右攫，尽纳于口，快嚼而亟吞之，岂不撑肠拄腹，而果然一饱哉？然未尝一知其味，则不知向之所食者果何物也。"③也就是说，如果教学没有计划性，就会像饿汉走进饭馆，不管大盆小碗、鱼肉糕饼，都匆忙塞进嘴巴，未细嚼慢咽，结果虽

---

① 《老子·六十四章》。

② 周永年辑：《先正读书诀》。

③ 《先正读书诀》。

填饱了肚皮，但根本不知其味。

3. 温故知新

温故知新的原则和方法，是指在教学过程中不仅要学生复习巩固已学的知识，而且要通过复习领悟出新的意义，有新的收获，或者引起新的设想，成为探寻新知识的动力。中国古代教育家很早就注意到温故知新的原则和方法，如《论语》开宗明义就说："学而时习之，不亦说乎？"在《为政》篇中，孔子更明确提出"温故而知新，可以为师矣"。认为教师必须把握温故知新的原则和方法。温故知新不仅是对教师而言，也是学生必须掌握的。所以孔子在教学中也注意让学生按这个原则进行学习。如曾参的"吾日三省吾身"[①]中就有一条是，检查是否认真地温习了老师所传授的学业。另一位学生子夏也说："日知其所亡，月无忘其所能，可谓好学也已矣。"[②]即认为每天学习过去不知道的东西，每月温习已掌握的东西，不使它遗忘，这堪称为好学。

怎样贯彻和运用温故知新的教学原则和方法呢？中国古代教育家提出过若干颇有价值的见解。

一是把"正业"和"居学"结合起来，强调正规课业与课外练习相得益彰。《学记》最早明确提出："大学之教也，时教必有正业，退息必有居学。不学操缦，不能安弦；不学博依，不能安诗；不学杂服，不能安礼。"即认为在平时的课业之外，应在休息时安排一定的课外作业，以巩固学生的知识和熟练学生的技能。如在课余练习调琴的基本动作、练习歌咏杂曲、练习洒扫应对等礼仪细节，对于调好琴弦、掌握诗歌的音律和礼仪规范，无疑有着重要意义。

二是把"温故"和"知新"结合起来，强调温故的目的是知新。晋代陆机的《文赋》曾言："或袭故而弥新；或沿浊而更清。"张载也说"义理有疑，则濯去旧见，以来新意。心中苟有所开，即便札记"[③]，要求学生在读书时如果发现书中所讲道理有问题，就去掉旧的见解，以确立新的意义；心

---

① 《论语·学而》："曾子曰：'吾日三省吾身：为人谋而不忠乎？与朋友交而不信乎？传不习乎？'"

② 《论语·子张》。

③ 《张载集·经学理窟·学大原下》。

中如果有新的领会，就马上记下来。朱熹更明确教导学生不可拘守旧见，而要破除旧见，创立新意："学者不可只管守从前所见，须除了，方见新意。如去了浊水，然后清者出焉。"①明代方以智认为，温故而知新的关键是对"故"不能只是消极地接受，而应反复研究："学以收其所积之智也，日新其故，其故愈新，是在自得，非可袭掩。"即真正的知新不是通过抄袭别人的陈见得来的，只有在吸收前人智慧的基础上反复研究，达到"自得"的境界，才能获得新知。

---

① 《朱子语类》卷十一。

第六章　中国古代的教师说

教师职业是世界上最古老的职业之一。任何社会都不能没有教师，教师使前人的知识经验得以加速传递给年青一代，对人类社会的延续和发展起着桥梁作用。正如俄国教育家乌申斯基所说："一个教师如果不落后于现代教育的进程，他就会感到自己是克服人类无知和恶习的大机构中的一个活跃而积极的成员，是过去历史上所有高尚而伟大的人物跟新一代之间的中介人，是那些争取真理和幸福的人的神圣遗训的保存者。他感到自己是过去和未来之间的一个活的环节……他的事业，从表面来看虽然平凡，却是历史上最伟大的事业之一。"[①]

17 世纪捷克教育家夸美纽斯也说过："我们对于国家的贡献，哪里还有比教导青年和教育青年更好、更伟大呢？"因此他把教师的职业称为"太阳底下最光辉的职业"。

那么，中国古代教育家是如何论述教师问题的呢？在中国古代社会，教师的地位和作用又如何呢？本章拟就此做一些介绍和研究。

一、师之变迁

在中国古代教育思想史上，关于教师的地位问题一直争论不休。有人认为，中国古代历来有着尊师重教的优良传统[②]，也有人认为，在中国古代，教师从来没有受到过特别尊重，仅仅是在师生关系上有无可争议的权

---

① 凯洛夫主编《教育学》，人民教育出版社，1957，第 693 页。

② 许椿生:《历史上教师的作用和地位》,《河北教育》1981 年第 1 期。

威。[1]究竟怎么看这个问题呢？我们不妨历史地考察一下中国古代教师职业的产生及其地位的变迁。

在中国古代最早的原始人群阶段，并没有专门的教育活动。原始人群的所谓教育，完全是在集体中进行的——"依靠集体交流、传授有关的生产和生活经验，也依靠集体教养后代"[2]。

当中国从原始社会进入氏族公社阶段以后，社会上出现了"氏族酋长总是从每个氏族的同一家庭中选出的习俗，在这里也造成了最初的部落显贵"[3]。这些"部落显贵"（氏族中的首领或长老）往往担负着教育的职责，成为最初的"兼职教师"。古籍中有大量的记载：

> 伏羲氏之世，天下多兽，故教民以猎。[4]
>
> 包牺氏没，神农氏作。斫木为耜，揉木为耒，耒耨之利，以教天下。[5]
>
> 尧聘弃，使教民山居，随地造区，妍营种之术……乃拜弃为农师，封之台，号为后稷，姓姬氏。[6]
>
> 后稷教民稼穑，树艺五谷，五谷熟而民人育。[7]

这说明，"兼职教师"的教育活动基本上是在生产劳动的过程中进行的。在氏族公社阶段的末期，随着社会生产的发展和社会分工的扩大，教育开始出现分化，即产生了培养"部落显贵"子弟的专门学校，所谓"成均之学"与"虞庠之学"就是最初的学校。这时学校的教师由两种人组成，一是由这些"部落显贵"兼任，他们既是行政的首领，又是学校的教师，即

---

① 朱永新、袁振国：《政治心理学》，知识出版社，1990，第87页。

② 毛礼锐、沈灌群主编《中国教育通史》第1卷，山东教育出版社，1985，第6页。

③ 恩格斯：《家庭、私有制和国家的起源》，载《马克思恩格斯选集》第4卷，人民出版社，1995，第125页。

④ 《尸子》。

⑤ 《易经·系辞》。

⑥ 《吴越春秋》。

⑦ 《孟子·滕文公上》。

所谓"官师合一"。①二是由经过遴选的德高望重的老人任专职教师。②可见，最初的专职教师是由前辈耆老担任的，他们不仅对贵族子弟进行习射、习礼、学乐的教育，而且通过养老典礼的"乞言"和"合语"③，向天子、诸侯、群臣以及贵族子弟讲述善言善行和伦常之道。在这个时期，教师自然是受到尊重的，但受到尊重的原因，首先恐怕是官师合一的缘故。

这种官师合一的制度直接为夏、商、西周的奴隶社会所继承。尤其是在西周（前 11 世纪至前 771 年），政教不分、官师合一的制度日臻完善，形成了"学在官府"，教育机构设于官府之中的教育模式。西周时期的教师分国学、乡学两种。国学的教师由大乐正（又称大司乐，为国家负责宗教祭祀和国家典礼的礼官）总其成以主其事，下面有小乐正、大胥、小胥、大司成、龠师、龠师丞、太傅、少傅、师氏、保氏等官员分别掌其职④，他们既是官府的正式乐官，又是对贵族子弟进行教育的教师。乡学的教师由大司徒（民政官员之首）总其成以主其事，下面有乡师、乡大夫、州长、党正、父师、少师等各级地方行政长官兼任，同时还有致仕（退休）的大夫和士担任教师，称为"文师"或"少师"。⑤

政教不分、官师合一的西周教育制度，奠定了中华教育思想的政治伦理基础，同时也为教师的社会地位埋下了伏笔，即当教师同时是政府官员，与政治有紧密的关系时，其地位就得到承认和尊重，否则就难以保证。教育领域的"官本位"思想正是滥觞于此。

当历史的车轮驶到春秋战国时代时，社会出现了巨大的动荡与变革。表现在教育上，有三个最显著的变化，即官学的衰微、私学的勃兴和士阶

---

① 《尚书》云："天佑下民，作之君，作之师。"又载：命契为司徒，敷五教；命伯夷为秩宗，典三礼；命夔典乐，教胄子。

② 《礼记·王制》："有虞氏养国老于上庠，养庶老于下庠。"又云："有虞氏深衣而养老……用燕礼；夏后氏燕衣而养老……用礼；殷人缟衣而养老……用食礼。"

③ 顾树森著《中国历代教育制度》解释说：所谓"乞言"，就是向耆老乞善言，可施行者则记之。所谓"合语"，就是说在养老的宴会中，应当与耆老论及父子、君臣、夫妇、兄弟、朋友五伦之道，互相告语彼此符合的意思。参见顾树森著《中国历代教育制度》，江苏人民出版社，1981，第 16–17 页。

④ 参见《礼记·文王世子》和《周礼·春官》。

⑤ 《尚书大传》卷五："大夫七十而致仕，老于乡里，大夫为父师，士为少师。"

层的崛起。由于奴隶主贵族在群雄争霸的格局中必须把精力集中于军事斗争，对教育事业无暇顾及，所以出现了"天子失官，学在四夷"的官学衰微现象。[①]为了满足社会对于教育的需求，私学就应运而生了。虽然现在已难以考定谁是中国历史上首创私学者，但一般倾向于这样一种观点，认为使私学作为一种新的办学形式出现在中国教育史上，应该归功于孔子。私学的出现，不仅打破了"学在官府"的教育垄断局面，使新兴的商人、地主以及农民和手工业者的子弟有了受教育的机会，而且出现了中国历史上第一批真正以教师为职业的教育家。而士阶层的崛起[②]，又与私学互动互促，推动着当时教育事业的蓬勃发展。

在春秋战国时期，由于教师多少还与官府、与政治有着千丝万缕的联系，其地位大致来说尚可。《盐铁论·论儒》就记载了当时齐国对于教师等文化人的重视情况："齐宣王褒儒尊学，孟轲、淳于髡之徒，受上大夫之禄，不任职而论国事。盖齐稷下先生，千有余人。"稷下学宫这个当时的高等学府的教师们无疑充当了齐王的"智囊团"。

但是，也就是从这个时期起，教师的地位开始不稳定了，教师的兴衰荣辱完全由为政者所操持了。我们不妨考察一下孔子的经历。

孔子是中国历史上第一个大教育家，也是中国历史上教师的典范。司马公对孔子的一生曾有一个简要的概括：

> 孔子贫且贱。及长，尝为季氏史，料量平；尝为司职吏而畜蕃息。由是为司空。已而去鲁，斥乎齐，逐乎宋、卫，困于陈、蔡之间，于是反鲁。[③]

在孔子匆匆汲汲的一生中，他虽然也有官运亨通的时候，如做过鲁国的司空（"工业部长"）和大司寇（"司法部长"），兼摄相事，"知名度"颇高，但由于其思想"不合时宜"，从根本上不能为在位者所容，只得辞相出游。孔子的教师生涯大概从三十岁开始就从未间断过。但是，在当时的历

---

① 毛礼锐、沈灌群主编《中国教育通史》第 1 卷，山东教育出版社，1985，第 161 页。

② 关于士阶层的出现与崛起，参见余英时：《古代知识阶层的兴起与发展》，载《士与中国文化》，上海人民出版社，1987，第 1–83 页。

③ 《史记·孔子世家》。

史背景下（尽管后来他被奉为"万世师表""圣人"），当他辞相出游的生活开始时，就品尝到了凄凉辛酸的滋味：暴徒的攻击、君主的冷遇、世人的诋毁、弟子的灰心。这一切对于形成孔子晚年的厌世思想中的悲观情调无疑起了很大作用。[①]最后，孔子"累累若丧家之狗"，在闻弟子子路死于卫的凶信后不久便溘然"死于阙里"[②]。

我们再看一下荀子的境遇。在中国历史上，荀子是第一位全面阐述教师的地位和作用并把教师的地位抬到空前绝后高度的教育思想家。他较早地明确提出教师的作用关系到国家的兴衰、法制的存废和人心的善恶这一思想："国将兴，必贵师而重傅，贵师而重傅则法度存。国将衰，必贱师而轻傅，贱师而轻傅则人有快，人有快则法度坏。"[③]认为只有尊重教师，社会制度和法律才能健全起来并得到遵守。所以，荀子说：

礼有三本：天地者，生之本也；先祖者，类之本也；君师者，治之本也。无天地恶生？无先祖恶出？无君师恶治？三者偏亡焉，无安人。故礼上事天，下事地，尊先祖而隆君师，是礼之三本也。[④]

这是中国历史上第一次把教师与天地君亲并列起来。教师地位的尊贵是由于"礼"的地位的崇高，但如果没有教师的作用，又怎能知晓"礼"呢？所以荀子又说："礼者，所以正身也；师者，所以正礼也。无礼何以正身？无师，吾安知礼之为是也？礼然而然，则是情安礼也；师云而云，则是知若师也。情安礼，知若师，则是圣人也。"[⑤]意思是说，"礼"是用来矫正人的思想行为的，而教师又是判断人的思想行为是否合乎"礼"的，这样，礼的施行最终落实到教师身上了。难怪乎荀子要把能否从师作为一个人成败的关键所在："故人无师无法而知则必为盗，勇则必为贼，云能则必为乱，察则必为怪，辩则必为诞。人有师有法而知则速通，勇则速威，云能则速成，

---

① 高专诚：《孔子·孔子弟子》，第79-99页。

② 《论衡·幸偶篇》。

③ 《荀子·大略》。

④ 《荀子·礼论》。

⑤ 《荀子·修身》。

察则速尽，辩则速论。故有师法者，人之大宝也；无师法者，人之大殃也。"①

然而，这位尊崇师法的教育家也有着与孔子颇为相似的遭遇。荀子也有过飞黄腾达的时候，那是稷下学宫的兴盛时期。他不仅在学者中"最为老师"，而且受到齐国君王的尊宠，曾"三为祭酒"，并被列入"客卿"。但在齐国政治形势发生变化的情况下，只好去齐适楚。

而在楚也遭人谗言，不为重用。当他后来再回到稷下学宫时，只能苟且于"知者不得虑，能者不得治，贤者不得使""名声不白，徒与不众，光辉不博也"②的地位。

因此，当教师从政教不分、官师一体的制度中脱胎成为独立的职业时，教师的地位就不稳定了。教师地位的时高时低往往是一定政治形势的折射，甚至受为政者个人好恶喜怒所左右。教师只有成为封建的伦理政治关系网络中的"纽结"时，才能受到青睐，得到重用。③两汉对于包括教师在内的知识分子的态度之区别，可以印证这个观点：

> 西汉开国功臣多出于亡命无赖。至东汉中兴，则诸将帅皆有儒者气象，亦一时风会不同也……盖一时之兴，其君与臣本皆一气所钟，故性情嗜好之相近，有不期然而然者，所谓有是君即有是臣也。④

赵翼把两汉开国君主对待儒者的不同态度归为"君与臣本皆一气所钟"和"性情嗜好之相近"，固然失之偏颇，因为他忽视了社会历史背景的影响，但认识到两汉开国君臣的性质不同及其对儒者的态度，还是有一定道理的。史书称汉高祖刘邦"慢而侮人"，甚至解儒生冠而溲溺其中⑤，这是对知识分子人格的莫大侮辱。

而到汉武帝时，令天下郡国皆立学校官，并"立《五经》博士，开弟子员，设科射策，劝以官禄，讫于元始，百有余年，传业者浸盛，支叶蕃

---

① 《荀子·儒效》。

② 《荀子·尧问》。

③ 朱永新：《困境与超越——当代中国教育述评》，广西人民出版社，1990，第28-30页。

④ 赵翼撰《廿二史札记》，论"东汉功臣多近儒"条。

⑤ 《史记·郦食其传》。

滋，一经说至百余万言，大师众至千余人"①。实际上，高祖之所以怠慢儒生，是因为在其建功立业的过程中，是武夫的"枪杆子"打了天下，而儒生很少直接戎马倥偬，介入军事和政治，自然就不被刘邦放在眼里。而到汉武帝的时代，士族在社会上已逐渐取得了主导地位，直接介入政治生活。在东汉初期，光武帝、明帝、章帝等都比较尊重士人，且他们自己往往也是士人出身（如光武帝）。

汉以降，教师的地位开始动摇，而从魏晋至唐发展到高峰，可谓岌岌可危。正如韩愈所说："由汉氏已来，师道日微，然犹时有授经传业者。及于今，则无闻矣。"②柳宗元也写道："由魏晋氏以下，人益不事师。今之世不闻有师，有辄哗笑之，以为狂人。独韩愈奋不顾流俗，犯笑侮，收召后学，作《师说》，因抗颜而为师。"③到唐代，教师的地位已不再有往日神圣的光彩了。其根本原因，还是在于政与教、官与师的分离，在于教师更加远离社会政治生活了。此外，还有一个不可忽视的因素，即科举制度的影响。④

我们知道，科举制度造成了一种社会化的教育，全社会的读书人孜孜以求的目标只有一个——敲开科举之"门"。但是能够敲开这扇"门"的只是极少数的"幸运儿"，即所谓"科目取士，止是万万之一耳"⑤。而作为一个落第的读书人，如果再去从事农业、商业或手工业等职业，将会被人们所不齿，自己也会有沉重的心理压力。所以，那些敲不开科举之门的读书人，就只能选择以教师职业为生了。由于从教者在科举制度产生后大多为科场失意的人所担任，其社会地位自然会急剧下降。

迄至元代，中国的教师地位一落千丈，几乎降到了社会的最底层。

郑思肖说："鞑法：一官、二吏、三僧、四道、五医、六工、七猎、八匠、九儒、十丐。"⑥谢枋得《送方载伯归三山序》记述元代的杂剧艺人"以

---

① 《汉书·儒林列传》。

② 韩愈：《进士策问十三首》。

③ 柳宗元：《答韦中立论师道书》。

④ 金忠明：《中国传统教育和中国知识分子》，载丁钢主编《文化的传递与嬗变》，上海教育出版社，1990，第56—57页。

⑤ 参见金诤《科举制度与中国文化》，上海人民出版社，1990，第161页。

⑥ 《心史》卷下，《大义略序》。

儒者为戏曰：我大元典制，人有十等。一官二吏，先之者，贵之也，贵之者，谓其有益于国也；七匠八娼九儒十丐，后之者，贱之也，贱之者，谓其无益于国也"。包括教师在内的知识分子的地位竟居于工匠、娼妓之后，仅比乞丐高一等。清代著名画家郑板桥也描写过教师寄人篱下的生活：

　　教馆原来是下流，傍人门户度春秋。半饥半饱清闲客，无锁无枷自在囚。课少父兄嫌懒惰，功多子弟结冤仇。而今幸作青云客，遮却当年一半羞。[①]

　　这首诗形象而真实地反映了那些充当塾师、蒙师聊以糊口度日的贫儒穷困潦倒的艰苦生活。因此，在中国封建社会，人们往往把教师这种职业当作知识分子的末路，流传着"家有二斗粮，不当孩儿王"的怨言。

　　但是在民间，在教育界，教师时常会得到尊敬，即使在统治者把教师贬到社会的最底层时，这种尊敬也没有荡然无存。所以，尽管教师的社会地位在中国古代历经变迁，从高峰跌入谷底，但教育家、教育思想家乃至人民大众颂扬和尊敬教师的传统基本是没有绝灭的。

二、师之功能

　　在上一节，我们简要地考察了中国古代教师身份地位的历史变迁。这里，拟就中国古代教育家关于教师的作用或功能的论述做些分析。中国古代关于"师之功能"的学说大致有以下三个方面。

（一）教师的"传道"功能

　　"道"是中国古代哲学的一个基本概念，最早出现在春秋时代，子产提出"天道远，人道迩，非所及也"[②]，这里的"天道"是指天体运行的规律，"人道"则是指做人的准则。后世儒家逐渐把道规定为封建的伦理纲常。

---

① 《郑板桥全集·集外诗文·自嘲》。

② 《左传·昭公十八年》。

如西汉董仲舒提出:"道之大原出于天,天不变,道亦不变。"①因此,"传道",就是传授政治伦理道德,这是中国古代教育的首要功能,也是教师的首要任务。

汉代马融较早明确地提出这一思想。他说:"师者,教人以事而谕诸德也。"②郑玄也有类似的说法:"师,教人以道者之称也。"③认为教师的根本任务和作用就是传授政治伦理道德。唐代韩愈在《师说》里对教师的作用有一个精辟概括:师者,所以传道、受业、解惑也。

韩愈的所谓"传道",就是传授封建主义的政治伦理道德;所谓授业,就是传授《诗》《书》《易》《春秋》等儒家经典著作;所谓解惑,就是解答学生在学"道"和"业"过程中出现的各种疑难问题。这三者以传道为本,授业、解惑为辅佐,后两者正是为了保证传道的顺利进行。

宋代杨简从其唯心主义的"心学"体系出发,对此进行了阐释。

如他说:"教者,所以传道也。道非自外至,所以启吾心之所自有也。教者岂能于学者所自有之外,别取一物而教之耶?亦使之复其固有尔。若使之不由其诚,则所教者皆外物,无与学者事也。"④即教师的功能是启发和恢复学生心中固有的"道"。清代人王夫之对"传道"也很重视,认为大学的根本目的就是"教人修己治人,而成大人之德业"⑤。不过他不赞成心学家仅仅采用内心觉悟的方法,而主张把"外观于事物"与"内尽其修能"结合起来。

(二)教师的育才功能

在西方教育思想史上,较早提出"人是靠教育而成"这一命题的是法国教育家卢梭。"在卢梭那里,儿童是从社会和双亲两者的束缚下解放出来,作为一个人来看待的。他认为,真正的教育就在于使儿童的这种自然本性

---

① 《汉书·董仲舒传·举贤良对策三》。

② 《通典》卷五十三。

③ 《周礼注疏》卷九。

④ 《慈湖遗书》卷十四《论诸子》。

⑤ 《四书训义》卷一《大学》。

得到发展。这是教育学上的 180 度大转弯，它确立了近代教育的原理。"①

中国古代教育家虽然没有明确提出这样的命题，但类似的思想却是源远流长。先秦时期的荀子就认为教师是决定学生人格形成的重要因素，他说："故有师法者，人之大宝也；无师法者，人之大殃也。人无师法，则隆性矣；有师法，则隆积矣。"②

西汉末期的扬雄也肯定教师的育才功能，他赞叹道："师哉！师哉！桐子之命也。"③认为教师在一定程度上掌握着学生的命运，影响着学生的未来。汉代班固编纂的《白虎通德论》指出，如果没有教师的教育，人只是生物学意义上的自然人，只有在教师的教育下，掌握了人类的文化遗产和社会道德规范，人才能成为名副其实的社会学意义上的社会人："是以虽有自然之性，必立师傅焉。"④宋代张载的提法已非常接近卢梭的著名命题了：

学者当须立人之性。仁者，人也，当辨其人之所谓人。学者，学所以为人。⑤

班固和张载的命题虽不能完全与卢梭的思想相提并论，但就时间而言，已比卢梭的命题分别早一千六百余年和七百余年。

唐代柳宗元和宋代陆游还以个人的亲身经历和经验教训说明了教师的育才功能。柳宗元写道：

愚幼时尝嗜音，见有学操琴者，不能得硕师。而偶传其谱，读其声，以布其爪指。蚤起则嘤嘤謏謏以逮夜，又增以脂烛，烛不足则讽而鼓诸席。如是十年，以为极工。出至大都邑，操于众人之坐，则皆得大笑曰："嘻！何清浊之乱，而疾舒之乖戾！"卒大惭而归。及年已长，则嗜书，又见有学书者，亦不得硕师。独得国故书，伏而攻之。其勤若向之为琴者，而年

---

① 筑波大学教育学研究会编《现代教育学基础》，钟启泉编译，上海教育出版社，1986，第 26 页。

② 《荀子·儒效》。

③ 扬雄：《法言·学行》。

④ 《白虎通德论》卷四，《辟雍》。

⑤ 《张载集·语录中》。

又倍焉！出曰："吾书之工能为若是。"知书者又大笑曰："是形纵而理逆。"卒为天下弃，又大惭而归。是二者皆极工而反弃者，何哉？无所师而徒状其文也，其所不可传者卒不能得。故虽穷日夜，弊岁纪，愈远而不近也。[①]

意思是说，如果没有教师的指导点拨，仅凭自己的努力摸索，往往难免不得要领，事倍功半甚至劳而无功，难以取得较好的效果，从而也难以成才。所以，柳宗元在《师友箴》中说："不师如之何，我何以成？"

宋代陆游自己就曾品尝过无师教诲的苦楚，他在《答刘主簿书》中这样说：

……年几二十，始发愤欲为古学。然方是时，无师友渊源之益，凡古人用心处，无所质问，大率以意度，或中或否，或始疑其非，终乃大信，或初甚好之，已而徐觉不可者，多矣。然亦竟不知所谓是且非者卒何如也。

他认为，要真正掌握一门知识，是离不开教师的指导的。明清之际的黄宗羲在论述教师的功能时也指出："古今学有大小，未有无师而成者也。"[②]认为学业的成功、人才的成长如果离开了教师的培养，终将一事无成。

（三）教师的纠偏功能

所谓纠偏，是指教师不仅可以通过其教育活动培养学生的完美人格，把自然的人转变为社会人，还可以纠正学生的偏颇、不良行为，把不合格的社会人转变为合格的社会人。《吕氏春秋》的作者们曾反复表述过这一思想。

《吕氏春秋》指出，一个人如果得到了好的老师的指导，自身又具有一定的良好素质，就一定会成长为圣贤之类的人物，即所谓"学者师达而有材，吾未知其不为圣人"[③]！同时，他们也特别强调教师在纠正人的不良行

---

① 《柳河东集》卷三十二。

② 黄宗羲:《南雷文案》卷六。

③ 《吕氏春秋·孟夏纪·劝学》。

为方面的重要作用。他们指出，战国时期的一些著名贤士，原先曾是"刑戮死辱"之人，但后来非但没有受到刑罚的制裁，反而成为"天下名士显人"，主要的原因就是"得之于学"，得益于教师的纠偏教育。例如，子张曾是"鲁之鄙家"，颜涿聚曾是"梁父之大盗"，段干木曾是"晋国之大驵"，高何、县子石曾是"齐国之暴者"，索卢参曾是"东方之钜狡"[①]，但他们都分别在孔子、子夏、墨子、禽滑釐等名师的教诲下，最终转变为品行端正、道德高尚的名人。

三、为师之道

教师在实现教育功能、达到教育目标的过程中，应该具有哪些修养？换言之，"为师之道"有哪些要求呢？美国教育研究学会曾提出教师的"能力"应表现在如下几方面：①教师的影响力（对学生一生所达到的水平和成功的作用，对学生在以后学校中达到的水平的作用，对学生达到现在的教育目标的作用）；②父母对教师的满意度；③教育行政部门和校长对教师的满意度；④教师的意见、价值观、态度；⑤教师的教育心理学知识；⑥教师的情绪与对社会的适应能力；⑦教师制订课堂计划的知识；⑧教师所教学科的知识；⑨教师对所教学科的兴趣；⑩教师教育实习的成绩；⑪教师的教育专业科目的成绩；⑫教师的智力。中国古代教育家的论述虽没有如此全面和现代，却也自成体系，别具特色。兹从以下三个方面分析中国古代关于"为师之道"的教育思想。

（一）"为师之道"的纲领

在中国古代，最简明扼要而又提纲挈领地论述"为师之道"的，就是孔子的八字纲领："学而不厌""诲人不倦"。孔子说：

默而识之，学而不厌，诲人不倦，何有于我哉？[②]

---

① 《吕氏春秋·尊师》。

② 《论语·述而》。

若圣与仁，则吾岂敢？抑为之不厌，诲人不倦，则可谓云尔已矣。[①]

在认真分析了"学而不厌，诲人不倦"的内涵之后，我们会发现，它的确是对"为师之道"的高度概括，也是中国古代教育理论的一大贡献，迄今还没有比这八个字更凝练、准确地阐述教师的基本修养的语言。

先看"学而不厌"。一个教师要成为名副其实的教师，首先必须坚持学习。只有不断地、顽强地学习，才能使自己学识渊博、品德高尚；一个懒于学习的教师，自然不足以为人师表。

孔子就是我国历史上"学而不厌"的典范。在他的教师生涯中，一刻也没有停止过学习。他说："我非生而知之者，好古，敏以求之者也。"[②]认为十室之邑中像他那样好学的人是没有的。[③]他勤问勤学，走到哪里，学到哪里，"不耻下问""无常师"，直到晚年仍坚持学习。"加我数年，五十以学《易》，可以无大过矣。"[④]他对自己的一生概括说："吾十有五而志于学，三十而立，四十而不惑，五十而知天命，六十而耳顺，七十而从心所欲，不逾矩。"[⑤]

孔子的"学而不厌"不仅使他成为我国历史上一位博学多才的人物，也给历代教育家树立了良好风范。中国历史上许多教师都勤奋学习，留下了不少佳话。如宋代大教育家朱熹，据载他八岁读《孝经》时就在书本上写道："不若是，非人也。"十多岁读《孟子》，读到"圣人与我同类者"一句时，竟然"喜不可言"。[⑥]在拜李侗为师后，朱熹也废寝忘食，勤苦读书，李侗因此而屡次夸奖这个得意门生"进学甚力，乐善畏义，吾党鲜有"[⑦]。

再看"诲人不倦"。教师学好的目的是为了教好，一个教师要成为名副其实的教师，除"学而不厌"外，还必须认真工作。只有真心诚意地献身于教育事业，才能把教育工作搞好。一个厌倦教育工作的人，是不可能成

---

① ② 《论语·述而》。

③ 《论语·公冶长》："子曰：'十室之邑，必有忠信如丘者焉，不如丘之好学也。'"

④ 《论语·述而》。

⑤ 《论语·为政》。

⑥ 《朱子语类》卷一百零四。

⑦ 《李延平文集》卷一。

为优秀的教师的，往往误人子弟。

孔子在我国历史上也是一位"诲人不倦"的典范。无论什么人向他求教，他都毫无保留地教诲；无论境况多么艰难，他都坚持教学。例如在宋国被围困时，他仍然"与弟子习礼大树下"；在陈绝粮，他仍然"讲诵弦歌不衰"[①]。孔子在表扬颜渊时说："语之而不惰者，其回也与！"[②]又说："吾与回言终日，不违，如愚。"[③]这些固然反映了颜渊的学习态度诚恳，但同时也表现了孔子"诲人不倦"的精神。如果没有孔子的"诲人不倦"，也很难有颜渊的"不惰""不违"。颜渊本人也深有体会，认为正是夫子的"循循然善诱人"的"诲人不倦"的精神，才使他在学习上、道德修养上达到了"欲罢不能"的境界。

孔子"诲人不倦"的精神也一直是中国历代教师的典范。如《宋史》记载，程颐"平生诲人不倦，故学生出其门最多。渊源所渐，皆为名士"。朱熹在白鹿洞书院讲学授业也是"每休沐辄一至，诸生质疑问难，诲诱不倦。退则相与徜徉泉石间，竟日乃返"[④]。《朱子年谱》曾这样记载他在繁忙的政治事务中抽时间过问岳麓书院的教学情况："先生以穷日之力，治郡事甚劳。夜则与诸生讲论，随问而答，略无倦色。多训以切己务实，毋厌卑近而慕高远，恳恻至到，闻者感动。"[⑤]

"学而不厌"和"诲人不倦"又是密切联系、互相促进的。早在六十多年前，毛泽东同志在谈到学习问题时就指出："学习的敌人是自己的满足，要认真学习一点东西，必须从不自满开始。对自己，'学而不厌'，对人家，'诲人不倦'，我们应取这种态度。"[⑥]事实的确如此，正因为一个教师是学而不厌的，他才会诲人不倦；同样，也正因为一个教师是诲人不倦的，他才会学而不厌。

---

① 《史记·孔子世家》。

② 《论语·子罕》。

③ 《论语·为政》。

④ 王懋竑编《朱子年谱》卷二。

⑤ 《朱子年谱》卷四。

⑥ 毛泽东:《中国共产党在民族战争中的地位》，载《毛泽东选集》第 2 卷，人民出版社，1991，第535 页。

（二）教师的基本素质

中国古代教育家不仅提出了"为师之道"的纲领，还具体论述了教师的基本素质和主要能力，使"为师之道"具有十分丰富的内涵。荀子说：

师术有四，而博习不与焉：尊严而惮，可以为师；耆艾而信，可以为师；诵说而不陵不犯，可以为师；知微而论，可以为师。①

意思是说，教师的基本素质表现在四个方面：一是有尊严，使学生敬服；二是有威信，有丰富的教学经验；三是能有系统有条理地传授知识；四是通晓教材的精粗，善于阐发微言大义。汉代儒学大师董仲舒则从五个方面论述了优秀教师必须具备的五项基本素质：

是故善为师者，既美其道，有（又）慎其行，齐（剂）时蚤晚，任多少，适疾徐，造而勿趋，稽而勿苦，省其所为，而成其所湛（性之所近），故力不劳而身大成，此之谓圣化，吾取之。②

也就是说，教师要德才兼备，具有人格感化的力量，又能胜任自己的工作；要注意学生的年龄特征，掌握他们的心理；要注意量力而行，循序渐进；要注意对学生的督促考核，但不能压抑学生的兴趣和主动性；要在深入观察学生所作所为的基础上，根据他们的性格特点施教。③

总之，教师的基本素质应体现在以下几个方面。

1.一视同仁，公正无私

即主张教师必须公平地对待每个学生，不能以势利的眼光看待学生。孔子在履行教师职责时就非常重视这个问题，如他的学生陈亢曾经怀疑他在教学方面对自己的儿子伯鱼可能另有照顾。一天，陈亢遇到伯鱼时问道：

① 《荀子·致士》。

② 《春秋繁露·玉杯》。

③ 参见毛礼锐、沈灌群主编《中国教育通史》第2卷，山东教育出版社，1986，第179–180页。

"子亦有异闻乎？"伯鱼就坦率地回答说："未也。"①

《吕氏春秋》的作者也认为，在教育学生时，教师不应该计较学生出身的高贵低微、家庭的富豪贫寒。如果教师趋炎附势，对那些"权势及有富厚者"的子女"阿而谄之"，而压制、刁难、讨厌那些无势无财，但又勤奋学道的学生，就必然造成师生在情感上的对立，从而造成"学业之败也，道术之废也"②的结局。

2.严于律己，以身作则

即主张教师必须严格要求自己，用自己的良好行为为人师表。孔子对此就指出："躬自厚而薄责于人，则远怨矣。"③他很重视教师本人的示范作用，认为身教胜于言教，主张行"无言之教"。董仲舒主张教师必须约束自己的言行，以防对学生产生不良影响："说不急之言而以惑后进者，君子之所甚恶也……为人师表者，可无慎邪！"④扬雄把教师视为"人之模范"，认为教师应该以自身的楷模去感化学生。宋代王安石也有类似的提法："教授必可以为人模范者。"⑤因此要求选择最恰当的人为教师，如"取士大夫之材行完洁，而其施设已尝试于位而去者，以为之师"⑥。明清之际的王夫之在阐述"孝悌"教育的方法时也写道：

孝弟者，生于人之心，而不可以言喻者也。讲求其理，则迂阔而辞不能达，科以为教，则饰行而非其自得。故先王所以化成天下者惟躬行，而使人之自生其心，则不待言孝弟而已众著之矣。古人诱掖扶进之大用，洵非后世之所能与也。⑦

在王夫之看来，孝悌教育是不能仅靠讲解道理的"言喻"的，而应该

---

① 《论语·季氏》。

② 《吕氏春秋·孟夏纪·诬徒》。

③ 《论语·卫灵公》。

④ 《春秋繁露·重政》。

⑤ 李焘撰《续资治通鉴长编》卷二百三十二。

⑥ 《王文公文集》卷三十四，《慈溪县学记》。

⑦ 《礼记章句》卷八，《文王世子》。

通过教师的亲身躬行，即通过身教才能影响学生，使他们产生孝悌的内在需求。

3.情绪稳定，态度庄重

即主张教师必须善于控制自己的情绪，不要急躁冒进、鲁莽从事。如孔子就主张要考虑九种事情："视思明，听思聪，色思温，貌思恭，言思忠，事思敬，疑思问，忿思难，见得思义。"①他自己也是"温而厉，威而不猛，恭而安"，保持良好的情绪状态。朱熹要求教师不要为情绪所左右、纠缠，只有"气清而心正"，才能"性全而情不乱"。所以他说："学者则当存心以养性而节其情也。今以圣人为无心，而遂以为心不可以须臾有事，然则天之所以与我者，何为而独有此赘物乎？"②在《敬斋箴》中，他曾经对人们提出这样的要求："正其衣冠，尊其瞻视。潜心以居，对越上帝。足容必重，手容必恭。择地而蹈，折旋蚁封。出门如宾，承事如祭。战战兢兢，罔敢或易。"③好一派"整齐严肃"的气象！

4.性格开朗，乐观向上

即主张教师必须保持乐观的精神风貌，用积极饱满的情绪去感染学生。孔子就是这样一位教育家。有一次叶公向子路打听孔子的为人，子路没有回答。他归来后将此事告诉孔子，孔子便对子路说："女奚不曰：'其为人也，发愤忘食，乐以忘忧，不知老之将至云尔。'"④正因为孔子具有这种乐观精神，所以他虽然"饭疏食饮水，曲肱而枕之"，却也感到"乐亦在其中矣"⑤。宋代程颢也是乐观开朗的性格，对学生和善可亲，学生与他交往总感到"如坐春风"。黄宗羲在《明道学案》中这样记载："游定夫访龟山，龟山曰：公适从何来？定夫曰：某在春风和气中归来。龟山问其所之，乃自明道处来也。"

5.诚实谦虚，勇于改过

即主张教师必须老老实实，虚怀若谷，勇于改正自己的过错。据《荀子·子道》载，一次孔子对子路说："故君子知之曰知之，不知曰不知，言

① 《论语·季氏》。
② 《晦庵先生朱文公文集·答徐景光》。
③ 《晦庵先生朱文公文集·敬斋箴》。
④⑤ 《论语·述而》。

之要也；能之曰能之，不能曰不能，行之至也。言要则知，行至则仁，既知且仁，夫恶有不足矣哉！"在知识和能力的问题上，教师必须采取这种老老实实的态度。同时，教师必须虚心地向别人求教，所以孔子说："三人行，必有我师焉。"①孟子认为："人之患在好为人师。"②当学生超过老师时，就必须不耻于向自己的学生学习，拜学生为师。南北朝时期的李谧"初事师小学博士孔璠"，几年后学生超过了老师，所以"璠还就谧请业"，这在当时被传为佳话。《北史·李谧传》说得好："青成蓝，蓝谢青，师何常，在明经。"隋末唐初的学者王通，15 岁时就开始为人师，"其往来受业者，不可胜数，益将千余人"③，连李靖、房玄龄、魏徵等社会名流也前来求教。

教师还必须勇于改过。孔子的学生子贡说得好："君子之过也，如日月之食焉。过也人皆见之，更也人皆仰之。"④一个教师有了错误，不要怕"人皆见之"，怕影响自己的威信；只要能改正自己的错误，就会"人皆仰之"，提高自己的威信。

（三）教师的主要能力

为了搞好教育工作，提高教育质量，教师除具备上述基本素质，还必须具备一定的能力。根据中国古代教育家的言论和实践来看，教师应有以下几方面的能力。

1. 善于了解学生的能力

了解学生是教育工作成功的前提。正如克鲁普斯卡娅所说："教师应该有敏感的心理，只有这样他们才能看见，才能窥察到儿童心灵里发生的变化。……如果我们不懂儿童的年龄特点，也就是不了解在不同年龄阶段，孩子们平时对什么感兴趣，是怎样认识环境的，那么，我们就不可能在教育工作中获得成功。"⑤中国古代教育家也很重视这个问题。如孔子在自己的教育工作中，就非常善于运用种种方法去了解学生，既"听其言"，又"观

---

① 《论语·述而》。

② 《孟子·离娄上》。

③ 杜淹:《文中子世家》。

④ 《论语·子张》。

⑤ 克鲁普斯卡娅:《克鲁普斯卡娅教育文选》，卫道治译，人民教育出版社，1959。

其行"；既注意考察学生在正常条件下的言行，又侧重考察他们在特殊情境中的表现；既分析学生的外在行为，又洞察支配他们某种行为的内心世界；既注意了解学生过去的所作所为，又把握他们的现在，甚至预测他们的未来。[1]宋代陆九渊也是了解学生的大师，他声称"老夫无所能，只是识病"[2]，在教育过程中"不用学规，有小过，言中其情，或至流汗。有怀于中而不能自晓者，为之条析其故，悉如其心"[3]。

2.善于启发诱导的能力

孔子不仅明确提出了启发诱导的教学原则，也非常注意在自己的教育实践中有意识地抓住时机对学生进行启发诱导，从而使他们触类旁通，豁然开朗，收到事半功倍之效。他的"叩竭法"就是一例。孔子在遇到学生向他提出问题时，并不马上说出自己的看法，而是首先从问者的疑难出发，让提问者把自己的意见说出来，然后就问题的正反面加以反诘，弄清问题的性质和内容，最后让提问者觉悟到必然有一个合理的答案，从而很自然地引出应有的结论。墨子也很讲究启发诱导的方法。在教学中，他非常注意"举他物而以明之"，用具体的譬喻说明事物的属性，并经常向学生提出"何自""是何故也""何以为""何以知之"等问题，启发学生进行思考。

3.善于因材施教的能力

因材施教是以学生心理的个别差异为依据的，是建立在对他们的心理活动有深刻了解的基础上的。因此，因材施教的能力，是教师修养不可或缺的组成部分。我们在第四章、第五章中已介绍了教学和德育过程中的因材施教问题，从中可以窥见中国古代关于因材施教的教育思想和实践，这里我们再举一些例子加以说明。例如子贡、子路都向孔子请教："何如斯可谓之士矣？"孔子便根据两人的不同特点给予不同而切合实际的回答。对子贡的回答是："行己有耻，使于四方不辱君命，可谓士矣。"[4]据朱熹的解释，这是由于"子贡能言，故以使事告之；盖为使之难，不独贵于能言也"。

---

① 《论语·为政》："子曰：'吾与回言终日，不违，如愚。退而省其私，亦足以发，回也不愚。'""视其所以，观其所由，察其所安，人焉廋哉？人焉廋哉？"

② 《陆九渊集》卷三十五。

③ 《宋史·陆九渊传》。

④ 《论语·子路》。

对子路的答复是:"切切, 偲偲, 怡怡如也。"这是由于子路为人粗犷、轻率, 所以孔子教导他力求"恳切"(切切)、"详勉"(偲偲)与"和悦"(怡怡), 才能养成"士"的品质。王夫之也强调必须根据学生的不同个性进行教育:"得物情事理屈伸相感之义以教人, 而审其才质刚柔之所自别, 则矫其偏而立斯立, 动其天而自和乐以受裁。竭两端之教, 所以中道而立, 无贬道以徇人之理。"①意思是说, 学生的才质有高下之别, 性格有刚柔之异, 教师应通过不同的教育方法矫正其偏蔽之处, 使之合于"中道"。

明代王阳明则从年龄差异的角度论述了教师必须具备因材施教的能力。他认为, 在教育活动中, 如果不考虑学生的心理发展水平, 不考虑学生的年龄差异, 教师就不能掌握主动权, 从而也就不能取得最佳的教育效果, 有时反而会阻碍学生的智力发展。他举例说:"与人论学, 亦须随人分限所及。如树有这些萌芽, 只把这些水去灌溉。萌芽再长, 便又加水, 自拱把以至合抱, 灌溉之功, 皆是随其分限所及。若些小萌芽, 有一桶水在, 尽要倾上, 便浸坏它了。"②这是说对于年幼的学生施以大量高深知识的危害。反之, 对于年长学生、认识水平较高的学生授以太浅易的知识, 也是缺乏因材施教的能力。王阳明还举例加以说明:"譬之行路, 尽心知天者, 如年力壮健之人, 既能奔走往来于数千百里之间者也; 存心事天者, 如童稚之年, 使之学习步趋于庭除之间者也; 夭寿不贰, 修身以俟者, 如襁褓之孩, 方使之扶墙傍壁而渐学起立移步者也。既已能奔走往来于数千里之间者, 则不必使之于庭除之间而学步趋, 而步趋于庭除之间自无弗能矣。既已能步趋于庭除之间, 则不必更使之扶墙傍壁而学起立移步, 而起立移步, 自无弗能矣。然学起立移步, 便是学步趋庭除之始; 学步趋庭除, 便是学奔走往来于数千里之基, 固非有二事。"③如果让年长者像年幼儿童一样学习, 自然会引起他们的厌恶轻忽。

4. 善于言语表达的能力

善于言语表达也是保证提高教育质量的一项重要能力。所罗门(D.Soloman,

---

① 《张子正蒙注》卷四。

② 《王文成公全书·答黄以方问》。

③ 《王文成公全书》卷二。

1964）和席勒（J.H.Hiller，1971）等人的研究表明，教师语言表达的清晰度与学生的学习有显著的关联，中国古代教育家对教师的言语表达能力也提出了若干要求，如《学记》就要求教师的言语必须扼要而又透彻，精微而又妥善，举例不多而又能说明问题。[①]荀子也认为教师应当具备善喻的讲解能力，"譬称以喻之，分别以明之"[②]，做到"小辩而察，见端而明，本分而理"[③]。

善于提问也是教师言语能力的组成部分，如《学记》指出："善问者如攻坚木，先其易者，后其节目，及其久也，相说以解。不善问者反此。善待问者如撞钟，叩之以小者则小鸣，叩之以大者则大鸣，待其从容，然后尽其声。不善答问者反此。"意思是说，善于提问的人，如同在砍伐坚硬的木材，必先从容易砍的地方砍起，随后再砍木材的关节，久而久之，自然就可以砍开了。善于答问的人，如同在撞钟一样，撞得轻响声小，撞得重响声就大，从容地撞，从容地响。这就是所谓的"进学之道"。

中国古代的许多教育家也是比较擅长言语表达的。如孔子的言语就相当生动形象。从《论语》中可以看出，他不仅善于引用当时的天文现象、理化材料、动植物的生活现象、农业和手工业的生产情况，以及当时的一些诗歌和民谚等来说明自己的政治观点、伦理思想，来解释某个问题或阐明某个道理，还善于运用一定的表情来增强言语表达的效果。如有时是"莞尔而笑"，有时则"喟然而叹"；有时是严肃认真、不苟言笑，有时则幽默诙谐、开开玩笑。凡此种种，都有助于言语表达水平和教育质量的提高。

四、师生关系

师生关系是教育过程中最基本的人际关系。它是在教育活动中通过教师与学生的交往而形成的相互认知的情感关系，也是直接影响教育效果的最基本的关系之一。

中国古代教育家对师生关系的问题论述颇多，最集中地表现在以下两个方面。

---

① 《学记》："其言也，约而达，微而臧，罕譬而喻。"

②③ 《荀子·非相》。

（一）教学相长

如前所述，《学记》最早明确提出了"教学相长"的概念："虽有嘉肴，弗食不知其旨也；虽有至道，弗学不知其善也。是故，学然后知不足，教然后知困。知不足，然后能自反；知困，然后能自强也。故曰：'学学半'，其此之谓乎！"意思是说，即使有了美味的菜肴，不吃是不能知道它的美味的；即使有了最好的道理，不学习也不能知道它的好处。所以，只有通过学习，才能知道自己的知识水平不够；只有担任教学工作，才会真正地感到困惑，发现原来不成问题的成了问题。知道自己的水平不够，就会回头鞭策自己加紧学习；感到困惑，就会激励自己不断努力进修钻研。这就第一次揭示了教与学之间相互影响、相互渗透、相互促进的辩证关系，也阐明了教师与学生在教育活动中不可分割的联系。

唐代韩愈在《师说》中从另一个角度说明了"教学相长"的道理。他写道："圣人无常师。孔子师郯子、苌弘、师襄、老聃。郯子之徒，其贤不及孔子。孔子曰：'三人行，则必有我师。'是故弟子不必不如师，师不必贤于弟子，闻道有先后，术业有专攻，如是而已。"他以孔子为例，论述了师生关系的三个基本点：一是"弟子不必不如师"，即学生不一定落后于老师，而是有可能超过老师；二是"师不必贤于弟子"，即老师不一定在各个方面都比学生高明，所以老师要虚心向包括学生在内的所有人学习，学而不厌，精益求精；三是"闻道有先后，术业有专攻"，即教师和学生了解"道"的时间有早晚，在学术和技能方面各有所长，因此就没有人能始终处于老师的位置上了，而必须以闻道在先、学有专长的人为师。这说明，学生向老师学习固然十分重要，因为只有在老师的指导下才能健康地成长；但老师也不能以师自居，不能忽视向学生学习。所以，师生关系在教育活动中完全是一对双向关系。

（二）尊师爱生

尊师爱生是师生关系的另一项核心内容。在中国古代，虽然教师的社会地位极不稳定，但在教育过程中的师生关系却一直保持着良好的传统。所以，在几千年的历史长河中，流传着不少感人肺腑的尊师爱生的佳话。

这里，拟从尊师与爱生两方面做些分析。

1. 尊师

《学记》记载："大学之礼，虽诏于天子，无北面，所以尊师也。"汉代郑玄注曰："尊师重道焉，不使处臣位也。"①自然，这里的"尊师"是由于"重道"，教师是"授道"之人。魏晋以后教师的社会地位受到冲击，许多人耻于为师，唐代韩愈曾对这种不良风气进行过尖锐批评：

> 古之圣人，其出人也远矣，犹且从师而问焉。今之众人，其下圣人也亦远矣，而耻学于师。是故圣益圣，愚益愚。②

具体来说，尊师的内容表现在以下几个方面。

（1）服膺老师教导

在中国古代，弟子对于老师的教导一般是乐于接受的。如孔子的学生在经过教导后，有的说"诸事斯语矣"；有的准备"终身诵之"；有的还"书诸绅"，即把孔子的教导记录在大带子上。有一次，孔子对学生说："予欲无言。"子贡一听便焦急地说："子如不言，则小子何述焉？"③在中国古代，学生寻求老师教诲的精神时常令人感动。如《后汉书·李固传》说，李固"少好学，常步行寻师，不远万里"。

《宋史·杨时传》说："一日（杨时）见（程）颐，颐偶瞑坐，时与游酢侍立不去。颐既觉，则门外雪深一尺矣。"这就是脍炙人口的"程门立雪"。著名学者宋濂在叙述自己的求师经历时也写道："尝趋百里外，从乡之先达执经叩问。先达德隆望尊，门人弟子填其室，未尝稍降辞色。余立侍左右，援疑质理，俯身倾耳以请；或遇其叱咄，色愈恭，礼愈至，不敢出一言以复；俟其忻悦，则又请焉。故余虽愚，卒获有所闻。"④《管子·弟子职》还把服膺老师教导视为学生的基本职责："先生施教，弟子是则。温恭自虚，所受是极。见善从之，闻义则服。温柔孝悌，毋骄恃力。志无虚邪，行必

---

① 《礼记正义》卷三十六。

② 韩愈：《师说》。

③ 《论语·阳货》。

④ 宋濂：《送东阳马生序》。

正直。"

（2）师生同甘共苦

在中国教育史上，学生与老师同甘共苦的事例也是屡见不鲜。在孔门中，就有不少学生总是跟随着老师，与老师同甘共苦，保卫老师的安全。例如，尽管孔子多次批评子路有勇无谋，但子路一直追随老师，实际上充任了卫士的角色，难怪孔子也感慨而自豪地说："道不行，乘桴浮于海。从我者，其由与？"①还有一次，孔子离陈国而去卫国，途遇蒲人阻止通过，学生公良儒用自己的私车护送孔子，并与蒲人展开了激烈的战斗，终于保护孔子从东门出城。

南宋著名教育家朱熹去世时，由于有人上疏诬告："四方伪徒聚于信上，欲送伪师之葬，会聚之间，非妄谈时人短长，则谬议时政得失。乞下守臣约束。"②宁宗皇帝因而下诏对送葬规模进行约束限制，尽管如此，送葬的门徒仍然多达几千人。

明清之际的王夫之在教育生涯中也经常与弟子"昼共食，夜共燃"，在当时，他"贫无书籍纸笔，多假之故人门生，书成因之授之"，基本上是靠学生的资助从事学术活动。从36岁教书开始，他的生活来源就多靠门生支持。正是在艰难困苦的条件下，在那些简陋的土室茅屋里，师生们共享着探寻知识，追求真理的乐趣。

（3）维护老师尊严

中国古代教育家对教师的尊严十分重视。如《学记》就指出："凡学之道，严师为难。师严然后道尊，道尊然后民知敬学。"荀子也十分强调教师的尊严，认为教师必须树立权威。他说："言而不称师谓之畔；教而不称师谓之倍。倍畔之人，明君不内，朝士大夫遇诸途不与言。"③因此，他把"尊严而惮"作为"可以为师"④的必备条件之一。《吕氏春秋》的作者进一步发挥了荀子的思想，他们不仅要求学生遵循师教，"说义必称师以论道，听从

---

① 《论语·公冶长》。

② 《宋史纪事本末》卷八十，《道学崇黜》。

③ 《荀子·大略》。

④ 《荀子·致士》。

必尽力以光明"①，而且要求对教师恭敬礼貌，即所谓"必恭敬，和颜色，审辞令；疾趋翔，必严肃"②。

中国古代也流传着不少学生维护老师尊严的佳话。如有一次，鲁国大夫叔孙武叔对人说："子贡贤于仲尼。"子贡得知后，觉得这话不合实际，并有损孔子的威信，便予以澄清："譬之宫墙，赐之墙也及肩，窥见室家之好；夫子之墙数仞，不得其门而入，不见宗庙之美、百官之富。得其门者或寡矣，夫子之云不亦宜乎！"③认为这完全是不了解孔子所造成的无知。又一次，陈子禽谓子贡曰："子为恭也，仲尼岂贤于子乎？"子贡说："君子一言以为知，一言以为不知，言不可不慎也。夫子之不可及也，犹天之不可阶而升也。"④

子贡还说过："无以为也，仲尼不可毁也。他人之贤者，丘陵也，犹可逾也；仲尼，日月也，无得而逾焉。"⑤认为其他贤人不过是丘陵，是可以超越的，而孔子是日月，是别人无法超越的。子贡是如此维护老师的尊严，难怪乎司马公断言，使"孔子之名布扬于天下者"，子贡起了很大的作用。⑥

（4）当仁不让于师

尊重老师、敬爱老师，不等于唯唯诺诺、唯师是听、唯师是从，而应敢于指出老师的缺点和错误，敢于超过老师。孔子最早提出"当仁不让于师"⑦的命题，教导学生在"仁"面前不分师生，一律平等。这个思想堪与亚里士多德的"吾爱吾师，吾更爱真理"命题相媲美。韩愈"弟子不必不如师，师不必贤于弟子"的观点进一步发展了孔子的思想。他在《师说》中写道："生乎吾前，其闻道也，固先乎吾，吾从而师之；生乎吾后，其闻道也，亦先乎吾，吾从而师之。吾师道也，夫庸知其年之先后生于吾乎？是故无贵无贱，无长无少，道之所存，师之所存也。"

中国古代学者也往往以此作为师生交往的一条重要准则。如有一次子路问孔子："卫君待子而为政，子将奚先？"孔子回答说："必也正名乎？"

①② 《吕氏春秋·尊师》。

③④⑤ 《论语·子张》。

⑥ 《史记·货殖列传》："子贡结驷连骑，束帛之币以聘享诸侯，所至，国君无不分庭与之抗礼。夫使孔子名布扬于天下者，子贡先后之也。此所谓得势而益彰者乎？"

⑦ 《论语·卫灵公》。

子路觉得孔子说这些话显得有些迂阔，便直言不讳地批评孔子说："有是哉，子之迂也！奚其正？"①又一次子路看到孔子既反对"乱臣贼子"，又想从他们那里得到一些好处，就质问孔子："公山弗扰以费畔，召，子欲往。子路不说，曰：'末之也已，何必公山氏之之也？'"②意即老师没地方去就算了，为什么一定要去公山弗扰那里呢？

应该指出，尊师固然是中国古代的一种传统美德，但也不可否认其中折射着封建伦理关系，即师生之间类同于君与臣、父与子的关系。因此，虽然也有"当仁不让于师"的佳话，但更多的是学生恭命、驯服于老师，生动活泼的、民主的教育气氛是不太多见或不占主导地位的。所以，在继承古代的尊师传统时，应抛弃其中的糟粕。

2. 爱生

教师的教育爱（对教育对象、教育事业的爱）是教育工作取之不尽、用之不竭的源泉。而只有保持对学生真挚的爱，才能随时随地关心学生的身心发展，津津有味地钻研教材，精益求精地改进教育方法。所以，古今中外的教育家都把爱作为教师从事教育工作的出发点。孔子就说过："爱之，能勿劳乎？忠焉，能勿诲乎？"③英国教育家罗素也说："凡是教师缺乏爱的地方，无论品格还是智慧，都不能充分地或自由地发展。"④苏联教育家苏霍姆林斯基更明确指出，学校里的学习不是毫无热情地把知识从一个头脑里装进另一个头脑里，而是师生间每时每刻都在进行的心灵的接触。这就是说，如果没有心灵上的接触，没有爱的情感的伴随，纵使教师学富五车、满腹经纶，仍不能打开学生的心扉。

中国古代教育家关于爱生的理论和实践主要有以下内容。

（1）亲切关怀学生

孔子把"仁者爱人"的精神倾注在学生的身上，对学生的品德学习和生活给予了全面的关心。他经常与学生在一起，无拘无束地自由交谈。他

---

① 《论语·子路》。

② 《论语·阳货》。

③ 《论语·宪问》。

④ 罗素：《教育与美好生活》，转引自华东师范大学教育系、杭州大学教育系编译《现代西方资产阶级教育思想流派论著选》，人民教育出版社，1980，第104页。

的学生冉伯牛生病了，孔子亲自去探望，握着伯牛的手难过地说："亡之，命矣夫！斯人也而有斯疾也！斯人也而有斯疾也！"[1]学生颜渊"不幸短命"之后，孔子也是悲痛欲绝，连呼苍天："噫！天丧予！天丧予！"[2]跟随孔子的人也劝慰他说："您太悲痛了！"他回答说："有恸乎？非夫人之为恸而谁为？"[3]是太悲痛了吗？我不为这个人悲痛还为谁悲痛呢？《吕氏春秋》的作者也倡导"视徒如己，反己以教"[4]，要求教师设身处地为学生着想，并认为这是建立良好师生关系所不可缺少的：人之情，"爱同于己者，誉同于己者，助同于己者"[5]。如果师生异心，就会互相结怨生厌。

（2）充分信任学生

尊重和信任学生是教育工作的一条金科玉律。苏联教育家苏霍姆林斯基说得好："我愈是能深入儿童的内心世界，体验他们的思想感情，我们教育工作的一条非常重要的真理便愈显得清楚：在影响学生的内心世界时，不应挫伤他们心灵中最敏感的一个角落——人的自尊心。"[6]中国古代教育家的实践充分体现了这一金科玉律。孔子就很相信他的学生，《论语·子罕》中有一句名言：后生可畏，焉知来者之不如今也？

在孔子看来，年轻人都是可敬可畏的，他们都具有无限的发展前途，将来一定要超过现在。他的学生公冶长关在监牢中时，他也深信这个学生是无罪的，并主动把女儿嫁与这个学生。[7]他了解并深信每一个学生都具有一定的才能，如说："由也，千乘之国，可使治其赋也。""求也，千室之邑，百乘之家，可使为之宰也。""赤也，束带立于朝，可使与宾客言也。"[8]"雍也，可使南面。"[9]孔子怕别人不相信冉雍有"可使南面"的才能，还特地予以强调说："犁牛之子且角，虽欲勿用，山川其舍诸？"[10]意思是耕牛之子长着红色的毛、完整的角，虽然不用它做祭品，但它条件足够，难道山川之

---

① 《论语·雍也》。

②③ 《论语·先进》。

④⑤ 《吕氏春秋·诬徒》。

⑥ 苏霍姆林斯基：《要相信孩子》，王家驹译，教育科学出版社，1981，第3页。

⑦ 《论语·公冶长》："子谓公冶长：'可妻也，虽在缧绁之中，非其罪也！'以其子妻之。"

⑧ 《论语·公冶长》。

⑨⑩ 《论语·雍也》。

神会舍弃它吗？冉雍虽然出身贫贱，但他道德高尚、资质聪颖，做卿大夫一类的官是完全可以胜任的。

（3）严格要求学生

热爱学生不但表现在对他们的关心、尊重和信任上，也体现在对他们的严格要求上。苏联教育家赞科夫对此有精辟的见解："不能把教师对儿童的爱，仅仅设想为用慈祥的态度对待他们。这种态度当然是需要的，但是对学生的爱，首先应当表现在教师毫无保留地贡献出自己的精力、才能和知识，以便在对自己学生的教学和教育上，在他们的精神成长上取得最好的成果。因此，教师对儿童的爱应与合理的严格要求相结合。"[1]中国古代教育家对学生的要求也是相当严格的，如孔子的学生虽然都很好学，但除赞扬颜渊"好学"外，他没有轻易用"好学"表扬其他学生。他只赞许颜渊"其心三月不违仁"，却也从不认为自己的学生达到了仁德的标准。而一旦见到学生的错误和缺点，他总是不留情面地指出，甚至严加批评、训斥。如他一再批评子路说："野哉，由也！"[2]"由也兼人。"[3]"由也好勇过我，无所取材。"[4]学生宰予大白天睡觉，孔子气得骂他是"不可雕"的"朽木"、"不可杇"的"粪土之墙"。这一痛骂虽太过分，但从中可窥见孔子对学生的要求是十分严格的。墨子对学生也注意严格要求，如"禽滑釐子事子墨子三年，手足胼胝，面目黧黑，役身给使，不敢问欲"[5]。

（4）鼓励学生成才

关怀、相信、严格要求学生，其根本目的就是鼓励、希望学生成才。正因为如此，捷克教育家夸美纽斯把学校定义为"造就人的工场"[6]。中国古代教育家对培养人才问题十分重视，孟子曾把"得天下英才而教育之"作为人生的快乐。宋代教育家胡瑗也认为："致天下之治者在人才，成天下之材者在教化，职教化者在师傅，弘教化而致之民者在郡邑之任，而教化

---

① 赞科夫：《和教师的谈话》，杜殿坤译，教育科学出版社，1980，第30页。

② 《论语·子路》。

③ 《论语·先进》。

④ 《论语·公冶长》。

⑤ 《墨子·备梯》。

⑥ 夸美纽斯：《大教学论》，傅任敢译，人民教育出版社，1984，第51页。

之本者在学校。"①清代颜元更明确地指出："人言教职为闲署,不知人才为政事之本,而学校尤为人才之本也。"②

在教育实践中,中国古代教育家也很注意鼓励学生成才。如孔子就经常鼓励学生以更大的信心和勇气去争取进步。如说:"仁远乎哉?我欲仁,斯仁至矣!"③"有能一日用其力于仁矣乎?我未见力不足者。"④朱熹也要求学生树立成才的信心,不要担心自己的素质差、底子薄,而要自强不息:"盖人性虽无不善,而气禀有不同者,故闻道有蚤莫(早暮),行道有难易,然能自强不息,则其至一也。"⑤

① 胡瑗:《松滋儒学记》。
②《颜习斋先生年谱》卷下。
③《论语·述而》。
④《论语·里仁》。
⑤《四书章句集注·中庸章句》。

第七章　中国古代的读书法

读书法往往是被古代教育史"遗忘"的一个角落。在各种中国教育思想史的论著中，很少有论及读书法的。但是，在教育活动中，读书具有十分重要的地位。早在 20 世纪 20 年代，马克思主义教育理论家杨贤江就提出要研究读书法，并认为这是现代教育的必然要求。他指出："读书法研究的必要，就在看重读书这件事情，并且希望读书能有成效。作文有法，教授有法，难道读书可以无法？在从前被动的教育下面，学生一味听受师长的指挥，还可不讲读书法；但在现在自动的教育下面，学生应能用自力研究一切学问，所以读书法便成为有必要了。"[1]

中国古代教育非常重视对学生的读书指导，尤其是宋代书院兴起以后，教育家们更注意引导学生自学书本知识（以六经为主），并总结出一整套读书的方法。如朱熹就非常强调读书的作用，认为"为学之道，莫先于穷理；穷理之要，必在于读书"[2]。"圣人所以教人之法，具存于经。有志之士，固当熟读而问辨之。"[3]正因为古代读书法往往是古代思想家、教育家自己读书治学的经验总结，是古代教育的智慧结晶，它毋庸置疑地应该在中国教育思想史上占有一席之地。中国台湾学者韦政通在《中国的智慧》一书中已把古代的读书方法作为专门的问题加以论述[4]，我们对这个问题的研究已是迫在眉睫的事了。

---

[1]　杨贤江:《论读书法》(一),《学生杂志》1926 年第 13 卷第 1 号。

[2]　《性理精义》。

[3]　《白鹿洞书院学规》。

[4]　韦政通:《中国的智慧——中西方伟大观念比较》,吉林文史出版社,1988,第 133–139 页。

一、读书法的纲领

读书法的纲领，也可以说是读书的基本原则。宋代朱熹对此论述最详。在《孟子集注》中，他就明确指出："事必有法，然后可成。师舍是则无以教，弟子舍是则无以学。曲艺且然，况圣人之道乎？"认为任何事都有一定的方法，教有教法，学有学法，离开了具体的方法，教师则"无以教"，学生则"无以学"，终将一事无成。

在总结前人的读书经验和自己长期艰苦治学实践的基础上，朱熹提出了若干颇有见地的读书方法。在他死后不久，弟子门人就编成了《朱子读书法》。据元初著名学者程端礼的《程氏家塾读书分年日程》记载，朱熹"门人与私淑之徒，会粹朱子平日之训，而节取其要，定为读书法六条：曰循序渐进，曰熟读精思，曰虚心涵泳，曰切己体察，曰著紧用力，曰居敬持志"。这六条读书法影响很大，已成为古代读书法的纲领或原则，为后世学者奉为圭臬。现逐一加以分析评述。

（一）循序渐进

循序渐进是一条教学原则，也是读书法的纲领之一，是指读书要按照书本的逻辑体系和学习者的水平有系统、有步骤地来进行。朱熹举了一个例子加以说明："譬如登山，人多要至高处，不知自低处不理会，终无至高处之理。"[①]

读书为什么要循序渐进？朱熹说：

大抵近世言道学者，失于太高，读书讲义，率常以径易超绝，不历阶梯为快，而于其间曲折精微，正好玩索处，例皆忽略厌弃，以为卑近琐屑，不足留情。[②]

---

① 《朱子语类》卷八。

② 《晦庵先生朱文公文集·答汪尚书》。

　　他认为，上述"自低处不理会""以径易超绝，不历阶梯为快"的读书方法是为学之大患、"误人底深坑"①。所以，朱熹赞同孔子提出的"欲速则不达"和《学记》主张的"学不躐等"的读书方法，认为只有踏踏实实、循序渐进地自低向高攀登，才能登上高峰。

　　读书怎样循序渐进？朱熹说：

　　以二书言之，则先《论》而后《孟》，通一书而后及一书。以一书言之，则其篇章文句，首尾次第，亦各有序而不可乱也。量力所至，约其课程而谨守之，字求其训，句索其旨，未得乎前，则不敢求其后，未通乎此，则不敢志乎彼，如是循序而渐进焉。②

　　朱熹所说的循序渐进，主要有三层意思：一是指读书时要注意新旧知识的前后联系，打好基础，"盈科而后进"。例如，《论语》《孟子》二书，只有掌握了《论语》，才能进而读《孟子》。二是指读书要量力而行，不要超越自己的已有知识水平和智能发展水平，"如射弓有五斗力，且用四斗弓，便可拽满，己力欺得他过。今学者不忖自己力量去观书，恐自家照管他不过"。三是指要加强复习，巩固其所学。朱熹反对那种"只要去看明日未读底，不曾去绅绎前日已读底"的读书方法，他在答张敬夫的信中明确指出："学而不习，则虽知其理，能其事，然亦生涩危殆，而不能以自安。习而不时，虽曰习之，而其工夫间断，一曝十寒，终不足以成其习之功矣。"认为只有学而时习，温故知新，不断强化，才能巩固所掌握的东西。

　　（二）熟读精思

　　熟读精思，就是指读书时要把记忆与思维结合起来。根据朱熹的解释，熟读就是要"使一书通透烂熟，都无记不起处"③，"使其言皆若出于吾之口"④；精思，就是要"看得是了，未可便说道是，更须反复玩味"⑤，"使

———————————

　　①　《朱子语类》卷十。

　　②③　《晦庵先生朱文公文集·答张元德》。

　　④⑤　《朱子语类》卷十。

其意皆若出于吾之心"①。可见，熟读精思的论述比孔子"学而不思则罔，思而不学则殆"的命题更加具体而深入。

读书为什么要熟读精思？朱熹说：

学者须是熟，熟时一唤便唤在目前，不熟时，须着旋思索，到思索得来，意思已不如初了。②

大凡读书，须是熟读。熟读了，自然精熟，精熟后，理自见得。如吃果子一般，劈头方咬开，未见滋味便吃了，须是细嚼教烂，则滋味自出，方始识得这个是甜是苦是辛，始为知味。③

在他看来，只有熟读，才能记得牢，"一唤便在目前"。只有记得牢，才能思得精，领会所学的东西。如果不熟读精思，则等于囫囵吞枣，食而不知其味，有害而无益。朱熹所说的熟读不是为了储存、保有知识，而是为了提取、应用知识，是为思维服务的。这是他高出一筹的见解。他认为，有些人读书之所以收效不大，关键是缺乏熟读精思的功夫。他说："学者观书，先须读得正文，记得注解，成诵精熟。注中训释文意、事物、名义，发明经指，相穿纽处，一一认得，如自己做出来底一般，方能玩味反覆，向上有透处。若不如此，只是虚设议论，如举业一般，非为己之学也。"④

朱熹还进一步论述了读书过程中熟读（记忆）与精思（思维）的辩证关系：

读诵者，所以助其思量，常教此心在上面流转。若只是口里读，心里不思量，看如何也记不仔细。⑤

读了又思，思了又读，自然有意。若读而不思，又不知其意味；思而不读，纵使晓得，终是不安。一似倩得人来守屋相似，不是自家人，终不属自家使唤。若读得熟，而又思得精，自然心与理一，永远不忘。⑥

---

①③⑤⑥ 《朱子语类》卷十。

② 《朱子语类》卷八。

④ 《朱子语类》卷十一。

他认为，熟读（记忆）是精思（思维）的基础，所以说记忆能"助其思量"，精思又是熟读的条件，所以又说不思则"记不起"。记忆与思维协同工作，在记忆的基础上思维，在理解的参与下记忆，才能达到"心与理一，永远不忘"的境地。这比西方学习理论中的联结派或认知派只强调记忆或思维的一个方面，无疑要深刻合理一些。

怎样熟读？朱熹认为，首先要做到读书的心、眼、口"三到"。他说："余尝谓读书有三到：心到、眼到、口到。心不在此，则眼看不仔细，心眼既不专一，却只漫浪诵读，决不能记，记亦不能久也。"①这是说，读书时必须"心到"，调动思维的积极性，把心放到书上，把书装到心里；必须"眼到"，凝神细看；必须"口到"，即朗读所看内容。其中"心到"是基础，但不可偏废。后来近代学者胡适又在此基础上提出了"手到"，合称为"四到"。

其次，要求反复阅读。朱熹说"正看背看，左看右看"，"莫说道见得了便休，而今看一千遍见得，又看一万遍，看得又别"②。又说："百遍时自是强五十遍时，二百遍自是强一百遍时。"③强调熟读固然是有其合理内核，但过分强调则与美国教育心理学家桑代克的频因律一样，未免失于机械呆板了。

怎样精思？朱熹认为关键在于善于提出问题和解决问题。他说："读书无疑者，须教有疑；有疑者，却要无疑，到这里方是长进。"④可见读书也要经过无疑—有疑—无疑的过程。怎样从无疑到有疑？朱熹认为，有疑并非凭空杜撰疑问，从无疑到有疑的唯一途径是下苦功夫，"人须做功夫方有疑"⑤。又怎样从有疑到无疑？朱熹提出了两种方法：第一是"自诘难"，即检查一下自己的疑问是否有根据。他说："人之病，只知他人之说可疑，而不知己说之可疑。试以诘难他人者，以自诘难，庶几自见得失。"⑥第二是"以众说互相诘难"。朱熹说："凡看文字，诸家说有异同处，最可观。谓如甲说如此，且掙扯住甲，穷尽其词；乙说如此，且掙扯住乙，穷尽其词。两

---

①③ 《朱子读书法》。

② 《朱子语类》卷十。

④ 《朱子语类》卷十一。

⑤⑥ 《朱子语类》卷一百一十九。

家之说既尽，又参考而穷究之，必有一真是者出矣。"①这里指出，对待不同的理论，要先弄清对方的论点，再加以研究思考，比较双方的异同和是非，最后提出自己的见解。朱熹把问题作为精思的核心，并且提出攫去疑窦的有效方法，这是颇有见地的。

（三）虚心涵泳

虚心涵泳，就是指读书要虚怀若谷、静心思虑、仔细认真，反复研磨与体会书中的旨趣。朱熹曾说："读书之法无他，惟是笃志虚心，反复详玩，为有功耳。"②

读书为什么要虚心涵泳？朱熹说：

读书须是虚心方得。③
穷理以虚心静虑为本。④
读书须当涵泳，只要仔细寻绎，令胸中有所得。⑤

朱熹认为，读书要在虚心静虑、沉潜玩索、认真研磨的情况下，才能使"胸中有所得""见得道理明"⑥。可见，虚心涵泳是读书治学的一个重要心理条件。

读书怎样做到虚心涵泳？朱熹提出了以下五条意见。

第一，读书不要先立说。朱熹说："凡看书须虚心看，不要先立说，看一段有下落了，然后又看一段；须如人受词讼，听其说尽，然后方可决断。"⑦他认为，如果先有一个看法或框框，那就不可能领会书中的真意。朱熹批评了当时某些学者读书时主观揣测、先立己说的不良学风，指出："今人观书，先自立了意，后方观。尽率古人语言，入做自家意思中来。

---

① ② 《晦庵先生朱文公文集·读书之要》。

③ 《朱子语类》卷一百零四。

④ 《朱子语类》卷九十。

⑤ 《朱子语类》卷一百一十六。

⑥ ⑦ 《朱子语类》卷十一。

如此，只是推广自家意思，如何见得古人意思？"①他认为，只有在尊重原著、探究真意的情况下，才能有所收获。

第二，读书不得有自足心。朱熹反对那种夸夸其谈、盛气凌人的读书风气。他说："学者先要不得有自足心，此至论也。"②他认为读书有"骄"与"吝"两大忌，"骄吝是挟其所有，以夸其所无。挟其所有是吝，夸其所无是骄"。③可见，骄实质上是自满自足，装腔作势，盛气凌人；吝则是自以为是，垄断知识，不示以人。具有这两种消极品质的人，就不可能虚怀若谷地读书学习了。

第三，读书不能穿凿附会。朱熹批评当时的学者"今人读书，多是心下先有个意思了，却将圣贤言语来凑他的意思。其有不合，便穿凿之使合"④。

他认为，这种"苦寻支蔓，旁穿孔穴"、胡乱附会的读书方法只能使人误入歧途，毫无进步。所以他又说："近见学者，多是卒然穿凿，便为定论，或即信所传闻，不复稽考。所以日诵圣贤之书而不识圣贤之意，其所诵说，只依据自家见识杜撰成耳，如此岂复有长进？"⑤

第四，读书不可先责效。朱熹说："读书看义理，须是胸次放开，磊落明快，恁地去。第一不可先责效。"⑥他认为，在不了解读书内容的情况下，不应主观地确定要求和应达到的效果。如果这样做，"才责效，便有忧愁底意"，从而欲速不达，反而没有成效。

第五，读书不应心粗性急。朱熹说："读书须痛下功夫，须要细看，心粗性急，终不济事。如看论语精义，且只将诸说相比并看，自然比得正道理出来。"⑦古今中外的读书经验都证明，粗心马虎、急躁冒进是读书的敌人，只有安下心来，认真钻研，才能取得良好的读书效果。

---

① 《朱子语类》卷十一。

② 《晦庵先生朱文公文集·答胡季随》。

③ 《朱子语类》卷三十五。

④ 《续近思录》卷二。

⑤ 《学规类编》。

⑥ 《朱子语类》卷十。

⑦ 《朱子语类》卷十九。

（四）切己体察

切己体察，就是指读书要依靠自己的努力，重视书外的功夫，把读书与自己的生活体验等结合起来。朱熹说："人道之门，是将自个己身入那道理中去，渐渐相亲，与己为一。而今人道在这里，自家在外，原不相干。学者读书，须要将圣贤言语，体之于身。"①他认为，读书不能只是"随文逐义，赶趁期限，不见悦处"，也不能满足于表面字义的知晓，而应将书中的道理反复体验，究其深义。

读书为什么要切己体察？朱熹说：

人之为学，也是难，若不从文字上做工夫，又茫然不知下手处；若是字字而求，句句而论，不于身心上著切体认，则又无所益。②

读书不可只专就纸上求理义，须反来就自家身上推究。秦汉以后，无人说到此，亦只是一向去书册上求，不就自家身上理会。自家且未到，圣人先说在那里。自家只借他言语来就身上推究，始得。③

他认为，读书如果停滞于文字上做工夫，纸上求理义，而不联系自己的实际反躬自求，著切体认，则既无所得又无所益。当然，朱熹所说的体验，主要是对伦理道德的体验，这是我们所应该摒弃的。

读书怎样进行切己体察？朱熹提出了三点颇有价值的主张。

一是自求自得。朱熹认为，读书不能依靠别人，"师友之功，但能示之于始，而正之于终尔。若中间三十分工夫自用吃力去做"④。意思是说，读书固然离不开师友的帮助，但师友的作用也是有限的，主要是在读书开始时，指出正确的途径和方法；告一段落时，指出理解得是否正确。朱熹曾经对他的学生说："某此间讲说时少，践履时多，事事都用你自去理会，自去体察，自去涵养。书用你自去读，道理用你自去究索。某只是做得个引路

---

① 《学规类编》。
② 《朱子语类》卷十九。
③ 《朱子语类》卷十一。
④ 《朱子语类》卷八。

底人，做得个证明底人，有疑难处，同商量而已。"①

　　二是着身体认。朱熹反对仅仅"去书册上求，不就自家身上理会"的读书方法，他深有感触地说："今人读书，多不就切己上体察，但于纸上看，文义上说得去便了。如此，济得甚事？"②他还指出，读书只有"从容乎句读文义之间，而体察乎操存践履之实，然后心静理明，渐见意味"。否则，即使"广求博取，日诵五车"③，也无益于学。所以，只有在求通文意的同时，努力结合自己的实际情况，才能使读书的针对性更强。

　　三是自信不疑。朱熹说："看人文字，不可随声迁就。我见得是处，方可信。须沉潜玩绎，方有见处。不然，人说沙可做饭，我也说沙可做饭，如何可吃？"④他认为，读书治学应该反对人云亦云、毫无主见的态度，否则就会成为可怜的应声虫，一无所成。

（五）著紧用力

　　著紧用力，就是指读书要有顽强不懈的意志，抖擞精神，下苦功夫，花大力气。朱熹曾描述过著紧用力的境界："宽著期限，紧著课程。为学要刚毅果决，悠悠不济事。且如发愤忘食，乐以忘忧，是甚么精神，甚么骨肋！"⑤

　　读书为什么要著紧用力？马克思在《资本论》法文版序言中说："在科学上没有平坦的大道，只有不畏劳苦沿着陡峭山路攀登的人，才有希望达到光辉的顶点。"⑥这是对读书治学为什么要著紧用力的深刻说明。朱熹也有一段形象的文字：

　　为学极要求把篙处着力。到功夫要断绝处，又更增功夫，着力不放令倒，方是向进处。为学正如上水船，方平稳处，尽行不妨，及到滩脊急流之中，舟人来这上一篙，不可放缓，直须着力撑上，不得一步不紧。放退

---

① 《朱子语类》卷十三。

②④ 《朱子语类》卷十一。

③ 《学规类编》。

⑤ 《朱子读书法》。

⑥ 《马克思恩格斯全集》第 44 卷，人民出版社，2001，第 24 页。

一步，则此船不得上矣。^①

逆水行舟，不进则退。朱熹认为，读书治学就像行上水船一样，倘不用气力，则前功尽弃，半途而废。

读书怎么样著紧用力？朱熹有一段颇有心理学意义的说明：

读书须是知贯通处。……只认下着头去做，莫要思前算后，自有至处。而今说已前不曾做得，又怕迟晚，又怕做不及，又怕那个难，又怕性格迟钝，又怕记不起，都是闲说。只认下着头去做，莫问迟速，少间自有至处……莫要瞻前顾后，思量东西。少间担搁一生，不知年岁之老！^②

他鼓励人们埋头读书，要求人们不要瞻前顾后，怕这畏那，犹豫彷徨。认为不论人的素质如何，学习都要下苦功夫："大抵为学，虽有聪明之资，必须做迟钝工夫始得；既是迟钝之资，却做聪明底样工夫，如何得？"^③聪明的人要下苦功夫才能有收获，何况迟钝的人？所以，朱熹要人们树立信心，根基浅、起步迟、心理上的性格迟钝、记忆力差，等等，都不能成为学习上的拦路虎。只有"策励此心，勇猛奋发，拔出心肝与他去做。如两边擂起战鼓，莫问前头如何，只认卷将去，如此，方做得工夫"^④。

著紧用力，还要求人们以"刚毅果决"的精神读书，反对疲疲沓沓、松松垮垮、心猿意马的读书态度。朱熹说："看文字须是如猛将用兵，直是鏖战一阵；如酷吏治狱，直是推勘到底，决是不恕他，方得。"^⑤"读书如战阵厮杀，擂着鼓，只是向前去，有死无二，莫更回头始得。"^⑥这就是说，读书时应保持兴奋紧张的状态，以全副身心、全部精力投入，"使饥忘食，渴忘饮"，做到"一棒一条痕，一掴一掌血"，步步落实，一往直前。

① 《朱子语类》卷八。
② 《朱子语类》卷十。
③④ 《朱子语类》卷八。
⑤⑥ 《朱子语类》卷十。

（六）居敬持志

居敬持志，就是指读书要有专静纯一的心境和坚定久远的志向。

"方无事时，敬以自持，凡心不可放入无何有之乡，须是收敛在此。及应事时，敬于应事；读书时，敬于读书，便自然该贯动静，心无不在。"① "办得坚固心，一味向前。"

读书为什么要居敬持志？朱熹说：

敬是守门户之人。②
敬之一字，乃学之纲领。③
为学在立志，不干气禀强弱事。④
人之为事，心先立志以为本，志不立，则不能为得事。⑤

朱熹把"敬"看作"守门户之人"，这在一定程度上同现代心理学所说的注意相似。俄国著名教育家乌申斯基就说过："注意是一个唯一的门户，只有经过这门户，外在世界的印象，或者较为挨近的神经机体的状况，才能在心里引起感觉来。"⑥我国心理学家燕国材教授也认为，注意是智力活动的组织者和维持者，人们的一切智力活动，都必须在注意的参与下才能顺利而有效地发生、发展和形成。⑦

"志"是什么呢？朱熹说是"心之所之"⑧，按照他晚年的高足陈淳的解释："志，犹向也。" "例如志于道，是心全向于道。志于学，是心全向于学。" "一直去求讨，要必得这个物事，便是志。"⑨可见，"志"同现代心理学所说的志向、动机也有相似之处。注意和志向这两个因素是学习心理的

---

① ② ④　《朱子语类》卷八。

③　《晦庵先生朱文公文集·答孙敬甫三》。

⑤　《朱子语类》卷十九。

⑥　乌申斯基：《人是教育的对象》第 1 卷，李子卓等译，科学出版社，1959，第 218 页。

⑦　燕国材编著《智力与学习》，教育科学出版社，1982，第 127 页。

⑧　《朱子语类》卷五。

⑨　陈淳：《四书性理字义》上卷。

重要内容，朱熹不仅对这两个因素高度重视，认为这两个心理因素比人的其他素质更为重要，是"圣门第一义"，而且把它们联系起来研究，认为居敬是纲，持志是本，在整个读书治学的活动中处于最重要的地位，这是颇有见地的。读书怎样居敬持志？朱熹说：

读书须收敛此心。这便是敬。①

读书须将心贴在书册上，逐句逐字，各有着落，方始好商量。大凡学者须是收拾此心，令专静纯一。日用动静间，都无驰走散乱，方始看得文字精审。如此，方是有本领。②

持敬之说，不必多言，但熟味整齐严肃，严威俨恪，动容貌，整思虑，正衣冠，尊瞻视，此等数语，而实加工焉。③

志乎此，则念念在此，而为之不厌矣。④

朱熹认为，居敬持志与佛教禅宗的"怡然兀坐，耳无所闻，目无所见，心无所思"⑤不同，它是身心收敛，念念在此，"耸起精神，竖起筋骨"⑥，"内无妄思，外无妄动"⑦。居敬持志，关键是立志要大，要"高出事物之表"⑧，要"办得坚固心，一味向前"⑨；居敬要诚，要"常存于事物之中"⑩。在朱熹看来，居敬是持志的前提条件："虽能立志……此心亦泛然而无主，悠悠终日，亦只是虚言。"⑪关于居敬的具体做法，朱熹认为是要做好充分的物质与心理准备，收拾散乱之心，使之专静纯一。如果不能集中注意，纵然读书看字，也不过是做而无功，枉费了时间和气力，还不如待注意力集中时再去读书。

朱熹所提出的读书法不仅成为古代读书法的纲领，而且在今天看来仍是极有价值而又足资借鉴的，是中国古代教育理论的一份宝贵遗产。

———————————

① 张伯行辑《朱子语类辑略》。
②《朱子语类》卷十一。
③⑤⑦《朱子语类》卷十二。
④《论语集注·为政》。
⑥⑨《朱子语类》卷十。
⑧⑩⑪《朱子语类》卷十九。

二、读书法的精华

除上述读书法的纲领外，中国古代教育家还提出了若干颇具创意的读书法，清人周永年曾在《先正读书诀》中详细地进行了介绍，这里仅撮其精华进行分析。

（一）提要钩玄法

提要钩玄法是唐代教育家韩愈在《进学解》中明确提出的：

……口不绝吟于六艺之文，手不停披于百家之编；记事者必提其要，纂言者必钩其玄；贪多务得，细大不捐；焚膏油以继晷，恒兀兀以穷年。

按照韩愈的这个方法，读书就必须首先将所读之书进行分类，然后根据性质、类别的不同而采用不同的方法。在读那些记事性质的历史书籍时，必须能提纲挈领地将书中的内容抽出来；在读那些纂言性质的理论书籍时，必须能探取其深奥的观点。可见提要钩玄法的关键在于读书要抓住重点，汲取精华。

在运用提要钩玄法时，勤动手是操作的要诀。清代学者李光地在评论韩愈的读书法时就说过："其要诀却在记事纂言两句。凡书目口过总不如手过，盖手动则心必随之，虽览诵二十篇不如抄撮一次之功多也。况必提其要则阅事不容不详，必钩其玄则思理不容不精。若此中更能考究同异，剖断是非，而自纪所疑，附以辩论，则濬智愈深，著心愈牢矣。"[①]这里不仅说明了提要钩玄的"手动"远较览诵读书效率要高，而且指出了"手动"本身就是对读书的直接促进。因为在"提其要""钩其玄"的压力之下，"阅事不容不详""思理不容不精"，否则就无法完成提要钩玄的任务。

---

① 李光地:《榕村集》，转引自周永年辑《先正读书诀》。

（二）八面受敌法

八面受敌法是宋代文豪苏轼总结出来的一种读书方法。所谓"八面受敌"，源出于《孙子兵法》"我专而敌分"的提法，即当部队在"八面受敌"的危机情况下，应集中优势兵力，各个击破敌人；要"以众击寡"，而不能以寡迎众，八面出击，分散兵力。苏轼从孙子的用兵法悟出了八面受敌的读书法。他说：

少年应科目时，记录名数沿革，其条目等大略与近岁应举者同尔，实无捷径必得之术。但如君高材强力，积学数年，自有可得之道，而其实皆命也。但卑意欲少年为学者，每读书皆作数过尽之。书富如入海，百货皆有，凡人之精力不能兼取尽收，但得其所欲求者耳。故愿学者每次作一意求之。如欲求古今兴亡治乱圣贤作用，但作此意求之，勿生余念。又别作一次求事迹故实，典章文物之类亦如之。他皆仿此，此虽愚钝，而他日学成，八面受敌，与涉猎者不可同日而语也。甚非速化之术，可笑！可笑！①

在苏轼看来，书海无涯，内容丰富，无所不包。即使一本书，涉及面也十分之广。所以，读书时只能"每次作一意求之"，集中于某一个问题。比如想知道古今兴亡治乱与圣贤的关系，就只能抓住这个问题专心研究，不要同时考虑其他问题，如事迹、故实、典章、文物等。这样，才能一步一个脚印，踏踏实实地取得成效。

（三）板桥读书法

板桥读书法是清代诗画家郑燮提出来的一套读书方法。他不仅有诗、书、画三绝，对于读书法也有精辟独到的见解。

一是有记有忘。有人认为，郑板桥之所以能诗书画皆旷世独立，自成一家，是因为他颖悟善记，具有优异的记忆力。他却不以为然地说："板桥生平最不喜人过目不忘，而《四书》《五经》自家又未尝时刻而稍忘。无他，

---

① 《苏东坡文集·又答王庠书》。

当忘者不容不忘；不当忘者，不容不不忘耳。"[1]他认为，读书并不是要做到过目不忘，而是应该记住那些需要记住的东西，忘却那些不需要记住的东西。

不错，郑板桥有良好的记忆能力，曾与人比赛背诵经书，结果"日默三五纸，或一二纸，或七八十余纸，或兴之所至，间可三二十纸，不两月而竣工。虽字有真草讹减之不齐，而语句之间，实无毫厘错谬"[2]。但他的记忆秘诀却正是"有记有忘"的读书法。他认为，如果记住那些不值得记的东西，就只是"如破烂厨柜，臭油坏酱悉贮其中，其龌龊亦耐不得"[3]。这个结论与现代心理学的研究成果颇有暗合之处。记忆心理学家们认为，记忆与遗忘是辩证统一的关系，遗忘并不一定都是消极的，只有主动地忘掉一些东西（从信息论的角度是去除噪音），才能有效地记住一些东西（有用的信息）。如果只有记忆，没有遗忘，人们所看到、听到的一切就会充塞大脑，记忆的宝库就会堆满废物，思维和想象就难以展翅翱翔。因此，板桥"有记有忘"的读书法是有科学依据的。

二是有学有问。郑板桥认为，读书要深思多问，有学有问，才能卓有成效。读而不思，学而不问，只能是两手空空，一无所得。他说："'学问'二字，须要拆开看。学是学，问是问。今人有学而无问，虽读书万卷，只是一条钝汉尔。琼崖主人读书好问，一问不得，不妨再三问，问一人不得，不妨问数十人，要使疑窦释然，精理进露。故其落笔晶明洞彻，如观火观水也。"[4]板桥继承古代重视质疑审问的读书传统，又深究"学问"的内在含义，认为如果没有"问"的功夫，读书再多也"只是一条钝汉"。因此，他主张穷究深问，问而不得再复问。这与 20 世纪 80 年代国外流行的 SQ3R 读书法强调"问"（Question）的作用也颇相近。现代读书法的研究已屡加证明，只有一手抓问题，一手找答案，才能使读书具有主动性、准备性和批评性；只有善于提出问题，攉去疑窦，才能获得新知，这可以说是读书法的一条金科玉律。

---

①② 《郑板桥全集·四书手读序》。

③ 《郑板桥全集·潍县署中与舍弟墨第一书》。

④ 《郑板桥全集·题随猎诗草、花间堂诗草》。

　　三是有学有抛。郑板桥认为，读书要有创造性，要有所选择，有学有抛，独树一帜。在绘画中，他也遵循这一方法，如曾学画师石涛、李鱓等人的兰、竹画，但并不照抄照搬，全然模仿，而是有学有抛，自探灵苗。

　　读书为什么要有学有抛？他认为原因有二：第一，读书是为了驾驭知识，如果没有驾驭知识的能力，读书再多也只能像暴富者不会使用金钱一样，茫然不知所措。他说："读书数万卷，胸中无适主，便如暴富儿，颇为用钱苦。"①所以，只有驾驭知识，才能达到"不为古所累，气与意相辅。洒洒如贯珠，斩斩入规矩"的境界。第二，读书是为了创造，而不是萧规曹随，亦步亦趋。他说："学一半，撇一半，未尝全学。非不欲全，实不能全，亦不必全也。诗曰：十分学七要抛三，各有灵苗各自探。当面石涛还不学，何能万里学云南？"②在此基础上，他主张对于读书内容要少而精地慎加选择。他说："即如《史记》百三十篇中，以《项羽本纪》为最，而《项羽本纪》中，又以巨鹿战、鸿门之宴、垓下之会为最。反覆诵观，可欣可泣，在此数段耳。若一部《史记》，篇篇都读，字字都记，岂非没分晓的钝汉！"③又举例说："《五经》《廿一史》《藏》十二部，句句都读，便是呆子。汉、魏、六朝、三唐、两宋诗人，家家都学，便是蠢才。"④

　　在读书问题上，郑板桥还强调精神专一，力戒浮夸；强调选择良好的读书环境，"翻阅于明窗净几之间，此亦天地间一大快事也"⑤；强调"钻其穴，剖其精，抉其髓"，领略书之精义等。

（四）精熟一书法

　　精熟一书法是清代学者李光地提出来的，他写道：

　　读书要有记性，记性难强，某谓要练记性，须用精熟一部书之法。不拘大书小书，能将这部烂熟，字字解得道理透明，诸家说俱能辨其是非高

---

① 《郑板桥全集·赠国子学正侯嘉弟》。

② 《郑板桥全集·题画·兰》。

③ 《郑板桥全集·潍县署中与舍弟墨第一书》。

④ 《郑板桥全集·题随猎诗草、花间堂诗草》。

⑤ 《郑板桥全集·集唐诗序》。

下，此一部便是根，可以触悟他。无亲疏厚薄，便不得一友之助，领兵必有几百亲兵死士，交友必有一二意气肝胆，便此外皆可得用。何也？我所亲者又有所亲，因类相感，无不通彻。只是这部书却要实是丹头方可通得去，倘熟一部没要紧的书，便没有用。如领兵却亲待一伙极作奸犯科的兵，交友却结交一班无赖的友，如何联属得来。①

李光地认为，精读一部书的方法不仅有利于锻炼记忆力，也是"触悟"领会其他书籍的基础。对于精读的这部书，一定要选择好，必须是能有利于打好基础、触类旁通的书。在阅读时要认真仔细，"字字解得道理透明，诸家说俱能辨其是非高下"。这样，精熟了一本书，就可作为做学问的"根"，以此为基础就可收滚雪球之效，获得更多的知识。

（五）连号读书法

连号读书法是清代邢懋循的老师提出来的一种读书方法，王筠《教童子法》有简单的介绍：

邢懋循常言，其师教之读书，用连号法。初日诵一纸，次日又诵一纸，并初日所诵；诵之三日，又并初日次日所诵诵之。如是渐增引至十一日，乃除去初日所诵。每日皆连诵十号，诵至一周，遂成十周，人即中下，亦无不烂熟矣。

这实际是一种记忆所读之书的方法，非常类似于现代的循环记忆法，其具体做法是：第一天诵读一段材料；第二天重读第一天所读材料并增读一段新材料；第三天重读第一、二两天所诵材料，再增读一段新材料；以此类推，直到第十一天，即减去第一天所读材料，只重读第二天至第十天所读的九段材料，再增读一段新材料；第十二天则再减去第二天所读材料，只重读第三天至第十一天所读的材料，并再增读一段新材料，以此类推，但每日须保持诵读十段材料。如此循环诵读，使每段材料均连诵十遍，即使素

---

① 李光地：《榕村集》，转引自周永年辑《先正读书诀》。

质一般的人也能烂熟于心。

（六）约取实得法

约取实得法是明末清初文学家叶奕绳提出来的一种读书方法。清代学者张尔岐在《蒿庵闲话》中记载了这一读书法：

历城叶奕绳，曾言强记之法。云某性甚钝，每读一书，遇意所喜好，即札录之。录讫，乃朗诵十余遍，粘之壁间，每日必十余段，少亦六七段，掩卷闲步，即就壁间观所粘录，日三五次以为常，务期精熟，一字不遗。粘壁既满，乃取第一日所粘者收笥中，俟再读有所录，补粘其处，随收随补。岁无旷日，一年之内，约得三千段。数年之后，腹笥渐富，每见务为泛览者，略得影响而止。稍经时日，便成枵腹，不如予之约取而实得也。

约取实得读书法反对浮光掠影、过目即忘的读书习惯，强调少量吸收，持之以恒。其具体做法是：每读一本书，凡是自己喜欢的篇章、段落或是格言、警句，就用纸把它抄录下来，认真诵读十余遍，然后一张一张地贴在墙上，每天多则十余段，少则六七段。每当做事累了，需要休息片刻的时候，就在屋内边来回踱步，边读墙上的纸片，每天要读三五次。直到读得烂熟，四壁粘满，再将过去所贴的取下收藏，而把当日新抄的贴上去，填补空白。这样随取随补，一年就可积累三千多段精彩的文字。数年之后积累的东西就非常可观了。叶奕绳正是依靠这种约取实得法成了一名学识渊博、文采横溢的著名戏曲家。

（七）圈抹读书法

圈抹读书法是清代学者王筠在《教童子法》一书中提出来的，主要是主张在阅读过程中既动脑，又动手，从而加深理解，巩固记忆。他写道：

入学后，每科必买直省乡墨，篇篇皆使学子圈之抹之，乃是切实工夫。工夫有进步，不妨圈其所抹，抹其所圈，不是圈他抹他，乃是圈我抹我也。即读经书，一有所见，即写之书眉，以便他日涂改。若所读书，都是干干净净，绝无一字，可知是不用心也。

圈抹读书法有两层意思，一是阅读某篇材料时，应根据自己的理解和看法，把那些认为精彩的部分画些圈，而把那些认为不佳的部分画掉抹去；随着学习的进步，可能原先被圈点肯定的部分会认为应该抹掉，而原先被抹掉否定的部分却会被加上圈点。如此"圈其所抹，抹其所圈"，每圈抹一次，就会使学习长进一番。这就是所谓的"切实工夫"。二是在所阅读的材料上做标记、写眉批、做评注。这些标记、眉批、评注也可以涂涂改改、圈圈抹抹，不要"一劳永逸"。如果读了某本书后，书上仍然"干干净净，绝无一字"，倒是"不用心"的一种表现。

（八）出书入书法

出书入书法是明代学者李诩提出来的一种读书方法。他写道：

读书须知出入法，始当求所以入，终当求所以出。见得亲切，此是入书法；用得透彻，此是出书法。盖不能入得书，则不知古人用心处；不能出得书，则又死在言下。惟知出知入，得尽读书之法也。①

出书入书法实际上说的是读书的两个环节，第一个环节是"入书"，要求阅读时要"见得亲切"，认真琢磨书中的精义；第二个环节是"出书"，即阅读不能成为书本的奴隶，"死在言下"，而应"用得透彻"，把从书本上学来的东西应用到实际生活中去。

清代陆陇其进一步发展了出书入书的读书法，提出了读书与做人合一的观点。他说："读书做人，不是两件事。将所读之书，句句体贴到自己身上来，便是做人的法，如此方叫得能读书；人若不将来身上理会，则读书自读书，做人自做人，只算做不曾读书的人。"②也就是说，"见得亲切"（读书）与"用得透彻"（做人）本来是统一的过程，将所读之书"句句体贴到

① 李诩：《戒庵老人漫笔》。
② 陆陇其：《示大儿定征》，载《三鱼堂文集》卷六。

自己身上"，这就是做人的方法，也是真正的读书。

三、读书精要

中国古代关于读书法的研究和论述汗牛充栋，在以上两节中仍未能包含许多有价值的见解。这里再爬梳剔抉，抄录部分读书的格言，以起拾遗补缺之效。

（一）读书贵疑

孟子最早提出了读书贵疑、尽信书不如无书的观点。他说：

尽信《书》，则不如无《书》。吾于《武成》，取二三策而已矣。仁人无敌于天下，以至仁伐至不仁，而何其血之流杵也？[1]

孟子用周武王伐纣的例子，来质疑《尚书》描写的真实性，并提出了对书不能过分依赖轻信的观点。汉代王充进一步发展了孟子的观点，他写道：

世信虚妄之书，以为载于竹帛上者，皆贤圣所传，无不然之事，故信而是之，讽而读之。睹真是之传与虚妄之书相违，则并谓短书，不可信用。夫幽冥之实尚可知，沉隐之情尚可定，显文露书，是非易见，笔总并传非实事，用精不专，无思于事也。[2]

用现代的话来说，印成铅字的东西不一定都是真理，并不都可"信而是之，讽而读之"。读任何书都必须经过自己的思考，用精且专，是非自见。

宋代张载对此也有精辟见解。他说：

---

① 《孟子·尽心下》。

② 《论衡·书虚》。

　　读书少则无由考校得义精，盖书以维持此心，一时放下则一时德性有懈，读书则此心常在，不读书则终看义理不见。书须成诵精思，多在夜中或静坐得之，不记则思不起，但通贯得大原后，书亦易记。所以观书者，释己之疑，明己之未达，每见每知所益，则学进矣，于不疑处有疑，方是进矣。①

　　他认为，读书的关键是"于不疑处有疑"，而目的则是"释己之疑"。所以，必须处理好读书过程中记忆与思维的辩证关系，以达到"学进"的境地。

　　陆九渊则进一步发挥了孟子的观点，并提出了疑的方法。他说昔人之书不可以不信，亦不可以必信，顾于理如何耳。②他认为，判断书本知识是否可信的标准是"理"，无论书之所言是关于理或事，都可以用鉴别真伪的"理"来加以衡量。

　　（二）读书贵精

　　在上一节提到的八面受敌法、约取实得法等，都重视读书贵精的方法，这里再录两段。一是宋代朱熹提出来的，他说："宁详毋略，宁下毋高，宁拙毋巧，宁近毋远。"③二是清代纪昀提出来的，他说："满腹皆书，能害事；腹中竟无一书，也能害事。"④这都是主张读书贵在求精的，主张学习时要循序渐进，不要贪多求速。

　　（三）读书贵熟

　　古代教育家都重视熟读的作用，尤其重视诵记熟读对于初学者的意义。如张载说：

---

① 《张载集·经学理窟·义理》。

② 《陆九渊集》卷三十二，《拾遗》。

③ 《朱子语类》卷十。

④ 纪昀：《阅微草堂笔记》。

经籍亦须记得，虽有舜禹之智，吟而不言，不如聋盲之指麾。故记得便说得，说得便行得，故始学亦不可无诵记。①

书多阅而好忘者，只为理未精耳，理精则须记了无去处也。仲尼一以贯之，盖只着一义理都贯却。学者但养心识明静，自然可见，死生存亡皆知所从来，胸中莹然无疑，止此理尔。②

他认为熟记对于言语的表达和行为的践履具有重要的意义，所以，读书时必须"养心识明静"，求得书中精义。

陆九渊认为，熟读的关键是涵泳工夫，要注意由浅入深、由易及难。他对学生说：

学者读书，先于易晓处沉涵熟复、切己致思，则他难晓者涣然冰释矣。若先看难晓处，终不能达。③

他接着还引用一首诗教导学生：

读书切戒在慌忙，涵泳工夫兴味长。未晓莫妨权放过，切身须要急思量。自家主宰常精健，逐外精神徒损伤。寄语同游二三子，莫将言语坏天常。④

他还认为，熟读的关键是认真仔细，不可草率从事。"读书之法，须是平平淡淡去看，仔细玩味，不可草草。所谓优而柔之，厌而饫之，自然有涣然冰释，怡然理顺底道理。"⑤又说："大抵读书，诂训既通之后，但平心读之，不必强加揣量，则无非浸灌、培益、鞭策、磨励之功。或有未通晓处，姑缺之无害。且以其明白昭晰者日加涵泳，则自然日充日明，后日本原深厚，则向来未晓者将亦有涣然冰释者矣。"⑥

---

①② 《张载集·经学理窟·义理》。

③④ 《陆九渊集》卷三十四，《语录上》。

⑤ 《陆九渊集》卷三十五，《语录下》。

⑥ 《陆九渊集》卷七，《与邵中孚》。

黄庭坚认为，熟读的功夫不仅在书内，而且在书外。他说：

古人有言曰："并敌一向，千里杀将。"要须心地收汗马之功，读书乃有味。弃书册而游息时，书味犹在心中，久之乃见古人用心处如此，则尽心一两书，其余如破竹数节，皆迎刃而解也。①

这就是说，不仅读书时要全神贯注，"并敌一向"，在休息时也应回味所读之书，这样才能真正烂熟于心。

在熟读的基础上，不仅要把握书中的精义，而且要了解全书的大体。如张载说："观书且不宜急迫了，意思则都不见，须是大体上求之。言则指也，指则所视者远矣。若只泥文而不求大体则失之，是小儿视指之类也。"②又说："观书必总其言而求作者之意。"③陆九渊也明确指出："读书固不可不晓文义，然只晓文义为是，只是儿童之学，须看意旨所在。"④他们认为，熟读的主要目的不仅仅是通晓文义，而是从大体上求之，要掌握书中的"意旨"。如果仅仅停留在知道文义的水平，那与儿童的学习就无甚区别了。

（四）读书贵谦

读书必须具有谦虚的心理状态，这是古代教育家的共识。颜之推写道：

夫学者所以求益耳。见人读数十卷书，便自高大，凌忽长者，轻慢同列；人疾之如仇敌，恶之如鸱枭。如此以学自损，不如无学也。⑤

他认为，人不能满足于读几本书。如果读了许多书就自以为了不起，从而凌忽长者，轻慢同列，那就失去了读书求益的本来目的，而是读书自损。这还不如不读书。陆九渊也指出：

---

① 周永年辑《先正读书诀》。

②③ 《张载集·经学理窟·义理》。

④ 《陆九渊集》卷三十五，《语录下》。

⑤ 《颜氏家训·勉学》。

谓读古书，且当于文义分明处诵习观省，毋忽其为易晓，毋恃其为已晓，则久久当有实得实益。至于可疑者，且当优游厌饫以俟之，不可强探力索。后日于文义易晓处有进，则所谓疑惑难晓者往往涣然而自解。[①]

他认为，读书，尤其是读古书，最忌讳的是"忽其为易晓"和"恃其为已晓"两种读书态度，这样往往会漫不经心，毫无收获。所以，必须采取谦虚的态度，诵习观省。遇疑惑，既不退缩不前，也不强探力索，而是"优游厌饫以俟之"，逐渐攻克。这样往往会消解疑惑，不断进步。

（五）读书贵用

中国古代教育家也很重视读书过程中"用"的环节。如宋代大诗人陆游在《冬夜读书示子聿》中就说："纸上得来终觉浅，绝知此事要躬行。"认为读书获得的知识必须经过"躬行"，才能真正为人所知悉。

北齐时的颜之推比较详尽地阐述了读书贵用的思想。他写道：

夫所以读书学问，本欲开心明目，利于行耳。未知养亲者，欲其观古人之先意承颜，怡声下气，不惮劬劳，以致甘腝，惕然惭惧，起而行之也；未知事君者，欲其观古人之守职无侵，见危授命，不忘诚谏，以利社稷，恻然自念，思欲效之也；素骄奢者，欲其观古人之恭俭节用，卑以自牧，礼为教本，敬者身基，瞿然自失，敛容抑志也；素鄙吝者，欲其观古人之贵义轻财，少私寡欲，忌盈恶满，赒穷恤匮，赧然悔耻，积而能散也；素暴悍者，欲其观古人之小心黜己，齿弊舌存，含垢藏疾，尊贤容众，苶然沮丧，若不胜衣也；素怯懦者，欲其观古人之达生委命，强毅正直，立言必信，求福不回，勃然奋厉，不可恐慑也。历兹以往，百行皆然，纵不能淳，去泰去甚。学之所知，施无不达。世人读者，但能言之，不能行之，忠孝无闻，仁义不足；加以断一条讼，不必得其理；宰千户县，不必理其民；问其造屋，不必知楣横而棁竖也；问其为田，不必知稷早而黍迟也；吟啸谈谑，讽咏辞赋，事既优闲，材增迂诞，军国经纶，略无施用，故为武人俗吏所共诋，

_____

① 《陆九渊集》卷十，《与曾宅之》。

良由是乎！ ①

　　他认为，读书学问的根本目的是增进聪明，把学到的知识付诸行动。无论自己有这样那样的不足，还是心理上有这样那样的弱点，都可以通过读相应的书来加以改变和矫正。明末清初的学者陈确把能否运用作为衡量是否真读书及读书是否有成效的标准。他说："读书不能身体力行，便是不曾读书。只'慎言语、节饮食'六字，吾尝谆谆致戒，禾（指陈确的儿子）能奉行一字否？不用父言，便是忤逆不孝，尚何学问之可言乎？吾素不喜浮华，只验而等于日用动静间，有一分敬慎意思，便是学力进步处，吾便一开颜。不然，虽学成扬名，非吾好也。"②清代颜元也指出："心上思过，口上讲过，书上见过，都不得力，临事时依旧是所习者出。"③认为读书不能停留在"心上思过，口上讲过，书上见过"的水平，只有运用所学知识，把所读之书付诸实践，才能真正"得力"。

---

① 《颜氏家训》卷三,《勉学》。

② 《陈确集·书示两儿》。

③ 《存学编》卷一。

第八章　科举与中国古代教育

在中国教育史上，对于古代教育、古代学校、古代知识分子乃至于古代文化影响最大的，可能就是科举制度了。自从科举制度从中国封建社会的母胎中呱呱坠地开始，它就成了令人不可思议的超级"力士"，使"天下英雄"皆入其"彀中"，使天下文人皆为之皓首。正如金诤先生所说："在漫长的封建社会中，为中国文化的丰富发展做出了巨大贡献的一切伟大的政治家、思想家、文学家、史学家以及其他学问家，很少不是通过科举考试而跻身社会上层，由此获得了做出其贡献的活动基础；而同一时期对于中国文化的建构有巨大负面影响的那些大人物，也很少不是同一道路的过来人。如果说，一个民族、一个社会的文化代表是知识分子，那么中国无数代知识分子的面貌、精神，都是由科举制度塑造出来的。"[1]的确，科举制度不仅是中国古代文化教育土壤孕育出来的产物，它对于中国古代文化教育的再创造功能，甚至它对于现代中国人行为方式的影响，都是不能忽视的。

一、科举的创立

关于古代科举制度创立的时间问题，教育界比较公认的是"隋代起源说"，如顾树森、毛礼锐等教育史大家均持此说[2]；但也有人主张"科举不始于隋"[3]。这里实际上涉及科举制度的根本特点的认识与把握，我们姑且

---

[1]　金诤：《科举制度与中国文化》，上海人民出版社，1990，第 1 页。

[2]　顾树森认为："隋代'进士科'的设置，结束了过去乡里选的制度，成为后世 1300 年间科举制度的起源。"（《中国历代教育制度》，江苏人民出版社，1981，第 105 页）毛礼锐、沈灌群也明确指出："科举制度创立于隋朝。"（《中国教育通史》第 2 卷，山东教育出版社，1986，第 492 页）

[3]　参见金诤《科举制度与中国文化》，上海人民出版社，1990，第 46 页。

不论其是或非，而就科举制度的源流做一历史的考察。

科举制度是从选士制度发展而来的。《大英百科全书》认为："我们知道的最早的考试制度，是中国所采用的选举制度（前 1115 年），及其定期举行的考试（前 202 年）。"这大概是指西周的选士与汉代的察举。的确，据载西周时已有乡举贤能或乡举里选的制度，即由"乡考"选出本乡里的贤能之士，逐层上荐，直达中央。乡里每三年举行一次"大比"，评选乡人，"考其德行道艺，而兴（举）贤者能者"①。而荐贡的人选，一般要由周王亲自考试，"诸侯岁献，贡士于天子，天子试之于射宫"②。这是以射箭来选士，不乏上古部落崇尚武功的遗风。

春秋战国时期，世卿世禄制度逐渐破坏，士阶层异军突起，由举荐考核而任用的选士制度渐趋完善，对象日益扩大。汉代刘邦吸取了秦始皇和项羽不用士人的教训，于前 197 年下诏令举荐贤才：

贤士大夫有肯从我游者，吾能尊显之。布告天下，使明知朕意。御史大夫昌下相国，相国酂侯下诸侯王，御史中执法下郡守，其有意称明德者，必身劝，为之驾，遣诣相国府，署行、义、年。有而弗言，觉，免。③

刘邦的诏书规定从地方到中央各级都要举荐贤才，倘有而不举，察觉后要给予免职处分。在发现人才后必须"身劝"（亲自登门请其出仕），然后"为之驾"（由公家准备车驾送其赴相国府），其"行义"（相貌特征）和"年"（年龄）也要加以登记，这与后来科举中"乡贡"的形式已多有接近，在汉代称为察举。

在汉武帝时代，察举已由高祖时的诏令成为一种定型的制度。如武帝规定，各郡国地方每年按本地人口比例向中央举荐孝廉，一般 20 万人中举一人，各郡国少则 1 人，多至 6 人。并诏令："不举孝，不奉诏，当以不敬论。不察廉，不胜任也，当免。"④除举孝廉外，还有秀才、明法等亦为察举的科目。察举后一概要经过朝廷考试，方法一般为对策和射策。⑤察举制度

---

① 《周礼·大司徒》。

② 《礼记·射义》。

③ 《汉书·高帝纪》。

④ 《汉书·武帝纪》。

⑤ 对策相当于现在的笔试，即命题作文，内容多为回答策问。射策，相当于现在抽签式的口试或笔试，内容大多为儒家经典的章句注疏。

在形式和内容上与后来的科举制度多有相近之处，但有本质不同，即前者是举荐为主而考试为辅，考试不存在黜落的问题，"对策者皆被选，但有高下耳"①。而后者则是以考试为主、察举为辅。

察举制度在当时的背景下起过一定积极作用，但同时也产生了不少流弊。它不但造成一群一党的互相吹捧，各地推举出来的都是地方大姓豪族子弟，也使一些虚伪奸诈、巧言机辩的人有可乘之机，招摇撞骗，出现了所谓"名不副实"的情况。晋人葛洪曾批评道：

> 汉末之世，灵献之时，品藻乖滥，英逸穷滞，饕餮得志，名不准实，贾不本物，以其通者为贤，塞者为愚。②
>
> 举秀才，不知书；察孝行，父别居。寒素清白浊如泥，高第良将怯如鸡。③

说那些本来应该能握笔杆子的"秀才"，连字也不认识；那些被称为"孝行"的人，竟然把父亲赶出家门，另外居住；那些号称"寒素清白"的人，其实浑浊如泥；那些住在高楼内，被誉为"良将"的人，实际上比鸡还胆小。这就绝妙地讽刺了当时察举中名不副实的情况。所以，代汉建魏的曹操之子曹丕，采纳了吏部尚书陈群提出的"九品中正制"，即在各州郡设"中正"官，负责察访、评定本地士人，按其才德分为上上、上中、上下、中上、中中、中下、下上、下中和下下九品，向吏部推举出仕人选。这对改变由豪门世族操纵察举的局面无疑有积极的意义，但其实是换汤不换药，"中正"官本身是由权贵官僚兼任，这无形中又造就了新的豪门世族，渐而与汉代的察举也无分轩轾了。所谓"上品无寒门，下品无势族"④，就是明证。

隋朝结束了魏晋以来的分裂局面后，在选官制度上进行了一些重要的变革。隋文帝废除了九品中正制，设"州都"负责举荐人才，但不再划分品级。在开皇十八年（598年），隋文帝诏"京官五品以上、总管、刺史，

---

① 叶梦得：《石林燕语》卷九。

② 葛洪：《抱朴子·名实》。

③ 《抱朴子·审举》。

④ 《晋书·刘毅传》。

以志行修谨、清平干济二科举人"①。大业三年（607 年），隋炀帝又下令"选贤与能，收采幽滞"，提出分孝悌有闻、德行敦厚、节义可称、操履清洁、强毅正直、执宪不挠、学业优敏、文才美秀、才堪将略、膂力骁壮十科举荐人才。②两年后又减为四科："诸郡学业该通、才艺优洽；膂力骁壮、超绝等伦；在官勤奋、堪理政事；立性正直、不避强御四科举人。"③《旧唐书·杨绾传》载："近炀帝始置进士之科，当时犹试策而已。"刘肃《大唐新语》也说，隋代"置进士、明经二科"。后人多据此认为科举制度始于隋朝。但是，尚有几点值得商榷。第一，在正史《炀帝本纪》与《资治通鉴》中并没有关于隋代设置进士、明经二科的记载，可见即使当时已有这种制度，也不占重要地位；第二，隋代即使已有上述两科，与前面提到的二科、十科和四科并无本质的区别，并没有逃脱汉代察举实施分科与策试的窠臼；第三，根据一般的公论，科举制有三个最重要的特点：（1）"投牒自应"，读书人不论其出身、地位、财产如何，均可自行报名应试，不必由地方或中央官吏荐举；（2）考试定期举行，不必等候皇帝下达诏令；（3）严格考试，录取与否完全决定于考场文章优劣。④而这三条都是隋代选官制度所没有做到的。隋代参加选官的士人必须得到地方官员的举荐，不可自行报名；考试也无定期制度的规定，而由皇帝临时下诏举行；至于严格考试，不仅隋代没有完全执行，唐代亦未完全做到。而且，隋代帝祚短暂，据称"秀异之贡"也"不过十数"，没有形成规模和气候。不过，隋代的选官是介于两汉察举与后世科举的过渡阶段，对于唐代科举制度的正式出笼起了不可忽视的催生作用。可以说，中国古代科举制度是在汉代孕育，隋代胚胎逐渐成熟而至唐代正式分娩的。

唐代正式创立科举制度的主要标志有二：一是高祖武德五年（622 年）发布的选举诏令，规定了"自举"与"自进"⑤的合法性，下层寒士可以自己报名应试；二是明确提出"赖诸州学士及早有明经及秀才、俊士、进士，明于理体、为乡里所称者，委本县考试，州长重覆，取其合格，每年十月

---

① 《汉书·高帝纪》。

②③ 《隋书·炀帝纪》。

④ 金诤：《科举制度与中国文化》，上海人民出版社，1990，第 48 页。

⑤ 《唐大诏令集》卷一百零二。

随物入贡"①，从而使考试有了固定的时间。

二、科举的变迁

科举制度在唐代正式分娩后逐渐成长和发展，不断变革和修正，经历了一个兴盛→成熟定型→衰落终结的过程。

唐代科举考试的科目繁多，据《新唐书·选举志》记载："其科之目，有秀才，有明经，有俊士，有进士，有明法，有明字，有明算，有一史，有三史，有开元礼，有道举，有童子。"其中秀才、明经、进士、明法、明字和明算为常设科目。秀才科"试方略策五道，以文理通粗为上上、上中、上下、中上，凡四等为及第"②。由于注重博识高才，要求特高，难被录取。加之名额太少，仕途甚窄，所以士人多不热心，大多趋向于明经和进士两科。

明经科"先帖文，然后口试，经问大义十条，答时务策三道，亦为四等"③，主要看对儒家经典的掌握程度如何。儒家的经典《礼记》、《左传》（大经）、《毛诗》、《周礼》、《仪礼》（中经）和《周易》、《尚书》、《公羊》、《穀梁》（小经），以及《道德经》、《孝经》（上经）等，都为明经科的考试内容。由于要求较低，所以趋之者若鹜。

进士科则"先帖经，然后试杂文及策。文取华实兼举，策须义理恰当者为通"④。进士科注重诗赋与策问，由于仕途优于明经，所以应考者非常之多，"应诏而举者，多则两千人，少犹不减千人"⑤。但录取远较明经科难，所以有"三十老明经，五十少进士"的说法。

唐代科举的考试方法，主要有口试、帖经、墨义、策问、诗赋五种。口试为当场问答，其内容无明文可考。兹分述余四种。

（1）帖经：这是唐代科举中各科都要使用的一种重要方法，考时"以所习经掩其两端，中间开唯一行，裁纸为帖，凡帖三字，随时增损，可否不

---

① 《唐摭言》卷一。

② 《新唐书·选举志》。

③④⑤ 《通典·选举三》，《历代制下》。

一。或得四得五得六为通"①。这相当于现代的填空法，考查对于经书及注疏的熟读程度。

（2）墨义：这是由考官根据经文出题，考生笔答该句经文的前人注疏或上下文，类似于现代的简答题，也是考查对于经文和注疏的熟读程度。如有这样的考题："'见有礼于君者，事之如孝子之养父母也。'请以下文对。"考生必须知道该句出自《左传》，且笔答："'见无礼于君者，诛之如鹰之逐鸟雀也。'谨对。"这种形式有时也用于口试，称为"口义"。

（3）策问：这是由西汉射策沿袭而来的方法，要求考生就现实中的政治、吏治、教化、生产等问题提出对策性的建议，实际上是一种政论性问答题。由于各科均需通过策问这一关，所以许多士人就拼命收集历代策题和及第者的对策文章，熟读以应付考试。

（4）诗赋：由于策问逐渐流于形式，唐代开始设诗赋考试，要考生作一诗一赋。诗赋不但能反映士人的历史文化知识和思想境界，也能看出其文学和文字功力。唐代限考生作五言六韵十二句的排律诗体，且韵脚也加以限定。赋则不仅要求对偶、用典，而且同样要限韵。

由于唐代科举可以"投牒自应"，满足了庶族地主、寒门之士参与政权的强烈愿望，从而使科举在唐代大盛，以至于唐太宗看到新科进士汇集榜下时，欣然曰："天下英雄入吾彀中矣！"②

当然，唐代科举制度也有其不容忽视的弊端与缺憾。首先，唐代科举的试卷不像后世采取糊名、誊录制度，考生的姓名与笔迹均不隐去，这就给主考官"开后门"提供了条件。其次，唐代采用"通榜"的办法，即主考官根据考生在社会上的才德声望，制成名单（"榜帖"），供录取时参考。主考官可以委派专人进行这种调查，称为"通榜帖"。在调查采访中社会名流和达官贵人的推荐延誉起了举足轻重的作用，甚至在正式考试前就已内定了及第者。所以，考生们就有"行卷"③或请托、贿赂的种种行为。这也表明唐代科举仍有两汉察举、魏晋九品中正制的影响。再次，唐代科举也

---

① 载《历代制下》，《通典·选举三》。

② 《唐摭言》卷十五。

③ "行卷"，是指考生将自己平时所作诗文择其佳者，投献给当时的名公巨卿、社会贤达，求其赏识，制造声誉，向主考官推荐。

开始对学校教育有所冲击，科举与学校的拉锯矛盾从此正式展开。唐初对学校教育比较重视，但武后时开始逐渐偏重科举而轻视学校，由学校出身参加科举而能及第的人数越来越受到限制，仕途越来越窄，从而形成了"以京兆同华为荣，而不入学"①的社会风气。而且科举制度的"指挥棒"作用，对于学校教育的目标、内容和方法均有重要的影响。如唐代的国子、太学和四门学就是按照科举九经取士的要求来组织教学的。

宋代吸取晚唐五代时期的教训，强调以文官治天下，在科举制度方面也进行了一系列的整顿和改革。一是增加科举取士的名额，"广开科举之门，使人人皆有觊觎之心，不忍自弃于盗贼奸宄"。据载宋太宗在位 22 年期间，仅进士一科就取士近万名，而唐代二百九十年间的总数不过为六千余人。这对于缓解宋初人才匮乏的矛盾起了一定的作用。自然，由于取士太多，也埋下了官僚冗滥的隐患。二是提高及第者的待遇。宋代继承了唐代对科举及第者皇帝赐宴、题名金榜的做法，如太宗太平兴国二年（977 年），对出身者五百余人，皆赐绿袍靴笏，设宴于开宝寺，并亲自赋诗赐之。同时确立了得第便可授官的制度，免除了吏部考核的最终手续。三是建立了一整套反对营私舞弊的科举立法制度。如禁止"因缘挟私"的"公荐"，废除了唐代盛行的朝廷官员和社会名流推荐考生的做法；限制主考官（知贡举）的特权，有所谓"别头"（如考官有族人、亲戚参加考试，须别置考场应试）和"锁院"（主考官一旦受命，即住进贡院与外界隔离，也不得与家人接触，锁居不出，以避请求）的说法，同时还配备副主考（权知贡举）若干人，使他们互相制约、互相监督；采用"弥封"（将考卷上的考生姓名、籍贯、家世等记录封贴起来，又称"糊名"）和"誊录"（于 1015 年设置誊录院，由专人抄录试卷，以防阅卷者认识考生笔迹），从而比较有效地排除了权贵及其他关系对科举的干扰，抑制了科举中行贿请托、结党营私的不正之风。这样，经过宋代对科举的整饬，在唐代脱胎成形的古代科举制度大致成熟定型了。

宋代的科举制度改革更加强化了科举在社会政治生活中的功能，使科举有了更广泛的社会基础，加上统治者的大力提倡，几乎全社会的知识分

---

① 《新唐书·选举志》。

子都以此作为钓取富贵利禄的不二法途。[①]值得一提的是，在宋代，研究科举教育的理论也开始发展起来，如范仲淹、王安石、司马光、苏轼等对于科举改革均有很多论述。

元代初期对科举不予重视，开国 80 年才首次开科取士，其目的是为了笼络和吸引汉族知识分子为其效力。元代的科举有两个显著的特点：一是科举不公平竞争的民族倾斜政策。元代科举每三年一期，分乡试、会试和殿试三级，乡试时蒙古人、色目人只试经义和对策，汉人则要加试赋与杂文各一篇；会试时从 300 名举人中取进士 100 名，但分比例录取，蒙古、色目人各占 25 名，汉人、南人各占 25 名，人口数倍于蒙古、色目的汉人与南人只能获得一半的机会；在公布发榜时，也分左、右两榜，以示差异；授官也体现了民族的不平等，蒙古、色目所授官职比汉人、南人进士要高。二是程朱理学家注释的四书五经成为科举考试的主要内容。元仁宗于 1313 年下诏开科举之禁时就规定了考试程式："蒙古、色目人第一场经问五条，《大学》《论语》《孟子》《中庸》内设问，用朱氏章句集注。其义理精明，文词典雅者为中选。第二场策一道，以时务出题，限五百字以上。汉人、南人，第一场明经经疑二问，《大学》《论语》《孟子》《中庸》内出题，并用朱氏章句集注，复以己意结之，限三百字以上；经义一道，各治一经，《诗》以朱氏为主，《尚书》以蔡氏为主，《周易》以程氏、朱氏为主，以上三经，兼用古之注疏……"[②]这种通过科举考试定程朱理学于一尊的做法，对确立程朱理学在中国封建社会后期的地位起了重要作用，对后世科举的内容也有范式之效用。

明代洪武三年（1370 年），朱元璋诏开科举，规定"中外文臣皆由科举而进，非科举者毋得与官"[③]。其后虽有反复，但科举选官大致没有太大变

① 两宋统治者对于读书学文而科举及第的提倡达到了登峰造极的地步，如宋真宗的《劝学文》说："富家不用买良田，书中自有千钟粟。安居不用架高梁，书中自有黄金屋。娶妻莫恨无良媒，书中自有颜如玉。出门莫恨无人随，书中车马多如簇。男儿欲遂平生志，六经勤向窗前读。"司马光的《劝学歌》也云："一朝云路果然登，姓名高等呼先辈。室中若未结姻亲，自有佳人求匹配。"总而言之，科举制度可以满足古代知识分子的一切需要。

② 《元史·选举志》。

③ 《明史·选举志》。

化，且形成了一个层次、等级、条规等名目繁多的体系。明代的考生必须通过五级科举考试：一是童试，即最初级的地方县、府考试，通过者称为童生。二是院试，即在府、州的"学院"中进行的考试，分岁试与科试两种。岁试是每年举行的童生"入学"考试，录取后即为"生员"，又称为"秀才"。科试则是对已在学校学习的秀才进行考试，合格者方可参加考选举人的乡试，不合格者则受罚直至取消生员资格。三是乡试，即每三年一次在各省的贡院内进行的考试，又称"大比"。由于时间定在子、卯、午、酉年的八月初九至十五日举行，也称"秋闱"或"乡闱"。乡试合格的生员即为举人，举人的第一名称为"解元"。四是会试，即乡试后次年在京师礼部进行的考试，由于时间在二月初九至十五日，也称"春闱"或"礼闱"。会试合格的举人即为进士，进士的第一名称为"会元"。五是殿试，即在会试后一个月即三月十五日于殿中进行，内容为时务对策，题目由皇帝圈定。殿试只排名次，不予淘汰。前三名为"一甲"，依序称为状元、榜眼、探花，为"进士及第"；二甲若干人，为"进士出身"；三甲又若干名，为"同进士出身"，均授予官职。

明代科举制度最大的特点之一是采用八股文。八股文又称制义或制艺、时艺、时文、八比文、四书文等，每篇由破题、承题、起讲、入手、起股、中股、后股、束股等固定段落组成，"破题"规定两句点明题意，后四部分各由两股互相排比对偶的散体议论文字组成，四部分共八股，故称八股文。这种用规定的格式、体裁、语言和字数来应试的八股取士，助长了不务实学的僵死的形式化的浮文虚辞，从而也使科举制度愈来愈失去活力。正如后来清代的权臣鄂尔泰所说："非不知八股为无用，而牢笼志士、驱策英才，其术莫善于此。"

清代的科举大致仿明制，但更加腐朽。由于科举重在八股，许多士子为投机取巧，往往不读经书，有钱人家延请名士预拟十余篇，"令其子弟及僮奴之俊慧者记诵熟习。入场命题，十符八九，即以所记之文抄誊上卷，较之风檐结构，难易迥殊。《四书》亦然。发榜之后，此曹便为贵人"[①]。一般的人则搜集历代文人应试文章，购买八股文选本以应考试，如清代方苞

---

① 顾炎武:《拟题》卷十六，载《日知录》。

编选的《钦定四书文》就是这类文稿。这种类似于现代的试题答案汇编的东西，在清代又称为"坊稿"或"闱墨"。同时，科场的营私舞弊日趋严重，虽然政府对此严惩不贷，但科场案屡禁屡发，禁而不绝。作弊手段也是五花八门，无奇不有，如贿买、钻营、怀挟、枪替、割卷、传递、顶名、冒籍等。科举已完全沦为沽名钓誉的工具了。科举制度的腐败注定了它的历史命运，1906 年，清政府被迫废除科举。这样，绵延千余年的古代科举制度在其母体封建专制王朝寿终正寝前的几年，就先行呜呼哀哉了。

三、科举的功过

科举制度在中国古代是一种非常矛盾的存在，它对于中国古代文化教育也起着非常矛盾的作用。正如王炳照先生在《科举制度漫话》中所提到的那样，科举考试比较好地解决了中央集权和调动地方及个人积极性的关系，但助长了"万般皆下品，唯有读书高"的社会风气和侥幸心理，以致产生钻营舞弊的恶习；科举考试将读书、应试、做官联系起来，使培养人才和选拔、任用人才结合起来，但导致了科举控制教育，学校变成了科举的附庸；科举考试克服了单纯以品行、门第取人的偏向，但未能真正实现以知识能力取人，反而走向死读书、背教条、务抄袭的死胡同；科举考试建立了统一的内容、标准、程序、步骤，但滋长了形式化、教条化、呆板僵死的流弊。①但是，科举制度的上述功过是非是否是一种必然的联系？究竟怎样分析科举对古代文化教育的影响？又怎样研究科举制度由盛而衰的历史原因和文化背景？

（一）科举制度使中国建立起世界上最早、最完善的文官制度，在维系古代社会的统一和安定方面起了一定的作用

众所周知，近代西方文官制度具有公开竞争、机会均等、择优录用等基本特点。虽然中国古代科举制度与西方近代文官制度的社会基础完全不同，但后者所含纳的若干基本特点和精神，在科举制度中是可以初见端倪

---

① 连健生、刘湛编《教史撷英》，江苏教育出版社，1989，第 195–196 页。

的。因此，国内外学术界一般都认为文官制度滥觞于中国古代。正如 1983 年美国卡特总统任期内的人事总署署长艾伦·坎贝尔教授来北京讲学时所说："当我接受联合国的邀请来中国向诸位讲文官制度的时候，我是深感惊讶的，因为在我们西方所有的政治学教科书中，当谈及文官制度时，都把它的创始者归于中国。"[①]

在西方，从古希腊到中世纪，都没有关于考试的确切记载，笔试也是 18 世纪以后才开始出现于欧洲的大学。在整个中世纪，欧洲的贵族与平民是不可逾越的两大阶层，下层社会的平民根本没有机会、没有可能跻身于上层社会。而中国的科举制度却可以"投牒自应"，冲破出身、财产、地位等因素的羁绊（尽管这是很不彻底的），通过平等的（尽管有时是形式上的、表面的平等）考试竞争，谋求到政府的职位。这在当时的社会背景下的确是一项重要的变革，也是世界各国非常注意和重视的问题，尤其在 18 世纪和 19 世纪，曾成为西方社会变革的楷模，并以此为范型创造了西方的文官制度。翻开这一时期西方启蒙思想家的著作，这些伟大学者几乎都不约而同地憧憬和赞美着中国的科举制度（尽管他们也是戴着"有色眼镜"来观察中国）。如明末意大利传教士利玛窦就写道："标志着与西方的一大差别而值得注意的另一重大事实是：他们全国都是由知识阶层，即一般叫做哲学家的人来治理的，井然有序地管理整个国家的责任完全交付给他们来掌握。"[②]

在老牌资本主义国家中，法国是从 1791 年起开始试行文官考试制度的，英国则是从 1853 年开始逐渐推广文官考试的。如果以唐代高祖武德五年（622 年）的选举诏令为标界，我国的文官制度至少比西方要早一千一百多年；如果以汉代的察举（前 178 年文帝下诏"举贤良方正，能直言极谏者"）为标志的话，则要早近两千年。所以，说中国建立起世界上最早、最完善的文官制度，是不过分的。

科举制度造就了一个"脱离狭隘地域、家族利益，脱离武装实力的知识分子（儒生）阶层"[③]，这不仅在很大程度上打破了世族显贵垄断仕途的

---

① 转引自郭用宪、黄卫平主编《比较公务员制度》，广东高等教育出版社，1991，第 234 页。

② 利玛窦、金尼阁：《利玛窦中国札记》第 1 卷，何高济等译，中华书局，1983，第 59 页。

③ 金诤：《科举制度与中国文化》，上海人民出版社，1990，第 4 页。

局面，体现了庶族地主参与政治的要求，为庶族地主知识分子和部分平民出身的知识分子开辟了一条较为宽广的入仕道路，而且也逐渐形成了统一的民族国家所必需的精神凝聚力及比较广泛的社会基础，从而在维系古代社会的统一和安定方面起了不可忽视的作用。

在古代社会，以各自地域、家族为背景的世袭贵族阶层往往是国家统一的最大阻力，他们或者藩地割据、自立为王，或者控制朝廷、威逼皇权，是社会分裂的基因之一。例如，魏晋南北朝时实行有利于世族门阀的"九品中正制"，结果酿成了中国历史上最长久的分裂局面。科举考试"天然地否定着贵族政治"，剥夺了世族显贵垄断政治的特权，削弱了他们的力量。而中下层社会"寒士"直接进入政治领域的机会尽管仍很渺茫，但毕竟是"曙光在前"，从而被科举牢牢控制在最高皇权之下。同时，"文官政治树立了一个与自身高度适应的社会政治思想——儒家思想，并通过文官选拔使之成为知识分子的共同信仰，进而传导向整个社会"[①]，使统一与安定成为积淀在民族心理结构中的原始动力。这样，由科举形成的中央集权、儒生阶层和儒家思想三位一体的合力，对中国古代社会的长期统一产生了重大影响。

（二）科举考试扩大了封建国家引进、吸收人才的社会层面，对于发现和培养人才具有一定的影响

科举制度打破了世族显贵独揽政治的格局，使一般士人有可能进入国家的政权机构，从而使人才的数量和质量都有了可靠的来源和保证（尽管绝大多数的下层民众由于无法受教育而不可能享受应试权利，也尽管许多步入仕途的一般士人在达到目的后腐化变质）。尤其是在唐宋科举制度的成熟定型之初，科举显示出了其生机勃勃的一面，吸收了一大批出身中下层的"寒士"进入统治阶层，形成了唐宋时人才辈出的景象。如中唐时期的陆贽、裴度、刘晏、韩愈、柳宗元、白居易、刘禹锡等，北宋时的范仲淹、欧阳修、黄庭坚、秦观、柳永、沈括、苏颂、王安石、司马光、苏轼兄弟、周敦颐、邵雍、张载、二程兄弟、曾巩等，都是经过科举的角逐取得进士

---

① 金诤：《科举制度与中国文化》，上海人民出版社，1990，第 4 页。

从而得到进一步显露和施展才华的机会的。在某种程度上可以说，是科举给他们提供了这样的舞台。甚至连外国人也能参加科举考试，如日本人阿倍仲麻吕（晁衡），朝鲜人金可记、崔致远、崔彦，大食（阿拉伯）人李彦等，都先后中过进士。这种"门户开放"的政策对于发现和培养人才的确具有积极的作用。

（三）科举制度对中国古代的文学、史学产生了一定的影响，它直接导致了唐诗宋文的繁荣，并造就了古代知识分子勤奋读书的传统

科举制度中的考试内容一般以文学与史学为主。如唐代进士科举考试以诗赋为中心，天宝时期之后还规定如果帖经考试不合格，还可以诗来补考。所以，诗的优劣往往直接影响到考试成绩，甚至有时起决定性的作用。这样，应试者就非常重视诗歌创作，形成了中国历史上最庞大的诗歌作者群体，这对于唐诗的繁荣无疑起了举足轻重的作用。[①]就《全唐诗》收集的近五万首诗而言，比从西周至隋代一千六百余年间流传的诗歌总量还多三倍。在"群才属休明，乘运共跃鳞。文质相炳焕，众星罗秋旻"[②]的唐代诗坛，不仅涌现出李白、杜甫这样的天才诗人，也产生了许多风格多样、脍炙人口的千古名作，可谓空前绝后。

科举制度使读书与仕途直接联系起来，在很大程度上调动了古代知识分子勤奋读书的积极性，使他们在"学而优则仕"的道路上焚膏继晷、孜孜不倦。因此，中国古代流传着不少悬梁刺股、凿壁偷光、囊萤照书、鸡窗夜读、下帷攻读、目不窥园之类的佳话。至今，中国学生的勤奋精神仍为世界各国的学人所瞩目。

（四）科举制度强化了古代知识分子追求功名利禄的心理，在很大程度上腐蚀了知识分子的心灵，对他们的精神与人格也有莫大的摧残

科举制度的本质是"学而优则仕"，为学的目的是求仕。虽然为仕者永

---

① 宋代严羽《沧浪诗话·诗评》云："唐以诗取士，故多专门之学，我朝之诗所以不及也。"清康熙皇帝的《御制全唐诗序》也说："盖唐当开国之初，即以声律取士，聚天下才智英杰之彦，悉从事于六义之学，以为进身之阶，则习之者固已专且勤矣。"

② 李白：《古风》。

远只能是为学者中的极少部分，但科举制度却向每个为学者展示着为仕的可能性。这种貌似真实却又虚幻渺茫的可能性的存在，使古代知识分子无不醉心于此，"今科虽失而来科可得，一科复一科，转瞬之间其人已老"①。清代蒲松龄《聊斋志异》中《王子安》的故事曾入木三分地描写了科举制度对知识分子心灵的腐蚀与精神的摧残：

　　秀才入闱，有七似焉：初入时，白足提篮，似丐。唱名时，官呵隶骂，似囚。其归号舍也，孔孔伸头，房房露脚，似秋末之冷蜂。其出场也，神情惝恍，天地异色，似出笼之病鸟。迨望报也，草木皆惊，梦想亦幻。时作一得志想，则顷刻而楼阁俱成；时作一失志想，则瞬息而骸骨已朽。此际行坐难安，则似被絷之猱。忽然飞骑传人，报条无我，此时神情猝变，嗒然若死，则似饵毒之蝇，弄之亦不觉也。初失志，心灰意败，大骂司衡无目，笔墨无灵，势必举案头物而尽炬之；炬之不已，而碎踏之；踏之不已，而投之浊流，从此披发入山，面向石壁，再有以"且夫""尝谓"之文进我者，定当操戈逐之。无何，日渐远，气渐平，技又渐痒；遂似破卵之鸠，只得衔木营巢，从新另抱矣。

　　古代知识分子就是这样在科举考试的周期循环中消靡汩没，"衣带渐宽终不悔"，耗尽了一生的心血。

　　更有甚者，为了求得捷径以谋求功名，竟不择手段。据《唐语林》载："明皇时，士子殷盛，每岁进士到省者常不减千余人。在馆诸生，更相造诣，互结朋党，以相渔夺，号之为棚，推声望者为棚头。权门贵戚，无不走也，以此荧惑主司视听，其不第者率多喧讼，考功不能御。"对于那些既无门第做靠山，又无权势可援引的庶族士人来说，就只能卑躬屈节，请人推荐。至于贿赂主考官和推荐人，或采用各种手段进行考试作弊者，更是司空见惯、不足为奇了。

　　清初徐大椿也对科举制度下知识分子的形象进行了描绘和讽刺："读书人，最不济，烂时文，烂如泥。国家本为求才计，谁知道，变作了欺人技。

---

① 冯桂芬撰《校邠庐抗议·变科举议》。

三句破题，两句承题，摇头摆尾，便道是圣门高第。可知道三通、四史是何等文章？汉祖、唐宗是哪一朝皇帝？案头放高头讲章，店里买新科利器：读得来肩背高低、口角唏嘘，甘蔗渣儿嚼了又嚼，有何滋味？孤负光阴，白白昏迷一世。就教他骗得高官，也是百姓朝廷的晦气！"[1]吴敬梓的《儒林外史》所描写的周进、范进等，就是科举制度下读书人的典型。

（五）科举制度窄化了学校教育的功能，对学校教育的培养目标、教学内容与方法都产生了一定的负面影响

学校教育的功能是多方面的，从政治的、经济的到文化的、心理的，通过诸功能来实现其对社会和学生个体的影响。但是，科举制度诞生后却时常窄化了学校教育的功能，使学校教育成为科举的附庸。这个弊端伴随着科举制度而出现，所以科举与学校此消彼长的情况在封建社会后期从未间断。早在宋初，范仲淹就提出了变革科举、兴办学校的意见：

> 今诸道学校如得明师，尚可教人《六经》，传治国治人之道。而国家专以词赋取进士，以墨义取诸科，士皆舍大方而趋小道，虽济济盈庭，求有才有识者十无一二；况天下危困，乏人如此，固当教以经济之业，取以经济之才，庶可救其不逮。[2]

尽管范仲淹、王安石均进行过"兴学校"的改革，明清两代也规定"科举必由学校"，但学校的衰微已是势所必然，学校只能沦为"储才以应科目"之地，成为科举的附庸。所以，清代汤成烈在《学校篇》中说："国家设立学校，而以科举道（导）之，故教化不行；教化不行，故人不事学业。"这就是所谓"科举之法兴，而学校之业废"。[3]

在科举制度下，学校教育的培养目标就是准备参加科举考试，而科举考试的内容和方法，也成为学校的教学内容和检查学生学习成绩所经常采

---

① 袁枚:《随园诗话》卷十二。

② 范仲淹:《上十事子》。

③ 《经世文续编》卷六十五，《礼政五·学校下》。

用的方法。如唐代的国子、太学和四门学的教学计划，就是按照科举九经取士的要求安排的。把经书分为大、中、小三类，并规定通二经必须大小经各一或中经二，通三经必须大中小经各一，通五经必须大经并通，而《论语》《孝经》则为共同的必修课。到了清代，由于实行八股取士，又出现了"八股盛而六经衰，十八房兴而二十一史废"[①]的情形。从小学就开始讲授八股文的结构和章法，连正统的儒家经典也每受怠忽，难登学校教育的大雅之堂。学校成为科举的预备机构，若学校不能满足科举的需要，往往会"门前冷落鞍马稀"，许多学生只是在学校注册一下，便去念自己的八股文了。

（六）科举考试促成了中国封建社会的极端专制，造成了弥漫全社会的"官本位"意识，也造成了封建社会的长期停滞不前

正如金诤先生在《科举制度与中国文化》中所说，科举制度的发展过程，也就是行政用人大权向皇帝手中集中的过程。而皇帝权力的扩大与世族显贵权力的削弱是同步进行的。这一方面固然有利于社会的统一和安定，另一方面也形成了皇权的极端专制性。通过科举迈入仕途的官僚们，由于所仰仗的不是世袭地位和特权，而是以皇帝名义召集的科举考试，所以对皇权有着天然的畏惧和依附。这样，皇帝就通过科举控制了整个官僚阶层，并通过他们控制着整个社会。启蒙思想家孟德斯鸠曾说过："有权力的人们使用权力一直到遇有界限的地方才停止。"因此，"要防止滥用权力，就必须以权力约束权力"。而在中国古代君主集权的国家结构中，是不可能有什么超然皇权之外的权力来制约皇权的。所以，拥有至高无上权力的皇帝可以对天下一切人随意"生之、任之、富之、贫之、贵之、贱之"，运天下以股掌，驱百姓如奴仆。

由于科举制度把读书应举与为政当官联系起来，读书不再作为消遣享受、陶冶性情的生活构成，也不再作为获取知识、发展智力的途径，而是通向仕途的工具。而一旦成为举人、进士，便有享不尽的荣华富贵。这样，首先在社会的文化代表层继而在整个社会产生了"官本位"意识。"官本位"

---

① 《日知录》卷十六。

意识的表征之一是"求官",即朝思暮想的是步入仕途,谋得官位。表征之二是"畏官",即在官面前绝对驯服,视官的眼色行事。李大钊先生曾深刻地指出:"中国人有一种遗传性,就是应考的遗传性。什么运动,什么文学,什么制度,什么事业,都带着些应考的性质,就是迎合当时主考的意旨,说些不是发自本心的话。甚至把时代思潮、文化运动、社会心理,都看做主考一样,所说的话,所作的文,都是揣摩主考的一种墨卷,与他的实际生活都不发生关系。"[①]表征之三是"清官梦",即盼望有清白廉正的官来治理社会,包拯、海瑞之所以能成为经久不衰、为历代百姓所讴歌的对象,原因就在于此。其中"求官"是基础性的,只有"求官"无望,才会有"畏官"与"清官梦"。

中国封建社会的长期停滞无疑是多方面的原因造成的,但科举制度实际上也是合力中的一个方面。科举制度的门户开放与平等竞争,使整个知识层专注于仕途而不思变革;科举制度所促成的政治组织机构也非常完善,对社会机器的运转行使着调控和完善的功能。像自给自足的小农经济进行着简单再生产一样,整个国家机器也进行着周而复始的简单运转,从而保持着整个社会形态的凝固式长期稳定和停滞。

---

① 李大钊:《李大钊文集》(下),人民出版社,1984,第105页。

第九章 书院与中国古代教育

　　书院，是中国古代教育的一枝"红杏"。作为一种特殊的教育形式和制度，它的"出墙"是在官学衰落和私学不兴的历史条件下发生的，在某种意义上讲是中国古代教育改革的产物。

　　书院自宋以后历经盛衰，伴随着近代学堂的兴起而废。但作为古代的一种独具风格的教育机构，它不仅孕育了一代又一代的贤人志士，也形成了一整套教学与管理的优良传统。宋以后的大教育家，无一不与书院有着千丝万缕的联系。教育史家张正藩教授在评论书院时指出，书院"对于我国教育、社会、政治及学术思想等方面，均有极大之影响。仅就教育而言，如院址之优美，讲学之自由，教训之合一，以及有教无类，因材施教，注重自动自发之研究精神等等，若与现代之大学比，实有过之而无不及也"[①]。毛泽东同志早年曾在长沙创办过培养干部的湖南自修大学，也主张吸收古代书院的办学经验，"采取古代书院与现代学校二者之长，取自动的方法，研究各种学术，以期发明真理，造就人才，使文化普及于平民，学术周流于社会"[②]。可见，书院教育已成为中国教育不可或缺的重要组成部分，书院教育所积累的经验也已成为中华教育思想宝库的珍贵财富。

一、书院的起源与勃兴

　　严格意义上的书院形成于宋代，但在唐代已出现了"书院"一词，此

---

① 张正藩：《中国书院制度考略》，江苏教育出版社，1985，第 1 页。

② 毛泽东：《湖南自修大学组织大纲》。

时的"书院"系官方收藏和校勘图书的场所或私人读书治学的地方。[①]《新唐书·艺文志》说明了朝廷设立书院的大致原因和经过:"玄宗命左散骑常侍、昭文馆学士马怀素为修图书使,与右散骑常侍、崇文馆学士褚无量整比。会幸东都,乃就乾元殿东序检校。无量建议:御书以宰相宋璟、苏颋同署,如贞观故事。又借民间异本传录。及还京师,迁书东宫丽正殿,置修书院于著作院。其后大明宫光顺门外、东都明福门外,皆创集贤书院,学士通籍出入。"可见官方的"书院"类似于一个宫廷图书馆。

与此同时,唐代的民间也出现了不少私人创建的书院。陈元晖等从《全唐诗》的诗题中见到的有 11 所[②],王镜第从地方志中考查亦发现"凡十有一所"[③]。其实际情况可能远远超出这个数目。这些私人书院这大多以人命名,如李秘书院、赵氏昆季书院、沈彬进士书院等,这也反映了当时书院乃个人读书治学的地方的性质。与官方书院单纯以藏书、校勘图书为目的不同,私人书院已出现个别的讲学、教授生徒的现象,如"刘庆霖建以讲学"(皇寮书院)、"陈珣与士民讲学处"(松州书院)等。虽然这还不能与宋代书院相提并论,但这毕竟已是作为一种教育机构的书院的萌芽或雏形了。

迄至宋初,书院已有较大发展并逐渐定型。究其原因,主要是以下三个方面:一是由于官学失修,士苦无学。唐末至五代,社会动荡,天下扰乱,学校荒芜,文教衰落,读书人苦于无所就学。而宋初乱世渐平,渴求人才的社会需要又刺激着读书人的求学动机,一种替代官学而又在过去私人书院基础上发展起来的新型教育机构也就应运而生了。二是由于政府对书院的资助与恩荫。宋初书院由于填补了官学的空缺,满足了社会对于人才的需要,因而受到了政府的资助。许多书院得到了皇帝的赐书匾额和赐田。如白鹿洞书院得到皇帝所赐的印本九经(977 年),应天府书院得到赐额(1009 年),岳麓书院得到赐书(999 年)和赐额(1015 年),茅山书院也得到皇帝的赐田(1024 年)等。政府通过这种资助和支持加强对书院的

---

① 袁枚:《随园随笔》卷十四。

② 陈元晖编著《中国古代的书院制度》,上海教育出版社,1981,第 5-6 页。

③ 王镜第:《书院通征》,《国学论丛》1927 年第 1 卷第 1 期。

控制，一些书院也因此由民办转为官办。三是由于禅林讲学制度的影响。佛教自汉末传入中国后，影响日增，魏晋时大盛，而唐代尤昌。佛教徒往往就山林名胜之地，建立丛林，精修寺庙，作为佛家修习禅道讲学之所。这对于宋初书院多择山清水秀、幽静闲旷处不无影响。

宋代学者吕祖谦的《白鹿洞书院记》大致反映了宋初书院勃兴的原因："窃尝闻之诸公长者，国初斯民，新脱五季锋镝之厄，学者尚寡，海内向平，文风日起，儒生往往依山林，即闲旷以讲授，大率多至数十百人。嵩阳、岳麓、睢阳及是洞为尤著，天下所谓四书院也。"朱熹在《重修石鼓书院记》中也言及宋初兴书院的情况："予惟前代庠序之教不修，士病无所于学，往往择胜地，立精舍，以为群居讲习之所。而为政者乃或就而褒表之，若此山，若岳麓，若白鹿洞之类是也。"除嵩阳、白鹿洞、岳麓、应天府、四书院外，茅山、华林、雷塘等四书院也是颇有名气的。

二、书院的发展与沿革

宋初书院的勃兴虽名噪一时，但在昙花一现之后便沉寂衰微了。其原因有二：一是由于科举制度的冲击。宋初的科举规模甚小，太祖时每年及第者仅一二十人，所以朝廷大力奖励书院。后随着科举规模的扩大，书院之于政府则是可有可无了。宋真宗时尤重科举，曾以《劝学文》鼓励诱导天下读书之人：

富家不用买良田，书中自有千钟粟。安居不用架高梁，书中自有黄金屋。娶妻莫恨无良媒，书中自有颜如玉。出门莫恨无随人，书中车马多如簇。男儿若遂平生志，六经勤向窗前读。[①]

由于宋初诸帝大力提倡科举，士人多有骛于名利，不能安于书院而长守山林。此其一。二是北宋庆历、熙宁、崇宁三次兴学的冲击。虽然它们是对科举之弊的矫正，是社会变革的措施，但官学既盛，私学遂微，政府

---

① 《绘图解人颐》卷一。

也就无意、无暇过问书院的发展了。而最厉害的一着，是规定读书人须在官学学满三百日方可应举，这就几乎断了书院的生源。因为天下读书人梦寐以求的人生模式已经是入官学→应科举→求仕禄了。所以，书院与科举作为中国封建社会两种并行的教育制度，的确有着此消彼长、你盛我衰的互相制约规律。

北宋书院的沉寂大概达 145 年之久，直到南宋时朱熹修复白鹿洞书院，才开南宋兴盛书院之风。淳熙六年（1179 年），朱熹任南康知军。他上任伊始便出榜征询有关白鹿洞书院遗址的实情，还亲自考察，写下了"永怀当年盛，莘莘衿佩多"的诗句。在朱熹的亲自督促之下，次年便初步修复，释业开讲。他还为白鹿洞书院筹田、聚书、聘书、招徒、定规，并入院开讲，使书院名声大噪，这对于南宋书院的发展具有一定的影响，各地争相效法，或相继兴复书院，或建立新的书院，二十余年便形成了"海内书院大盛"的局面。

当然，把南宋兴盛书院之风完全归于朱熹名下是不符合实际的，这客观上首先是时代的需要。一是传播学术之需。北宋时期的学术思想趋于活跃，但学者一般致力于系统的个人探索或个别传授的讲道方式，经过理论上和组织上的双重准备之后，理学家们羽毛已丰，亟须大规模传播学术、扩大影响、壮大队伍。于是，利用或创建书院以招收门徒，培养各自的继承人和传播者，成了当时理学大师们的共同之举。如当时的理学三巨头朱熹、陆九渊和吕祖谦都以自己的书院为基地，宣扬自己的学术思想。二是官学衰落所致。北宋的三次兴学虽一度强化了官学，但最终均告失败，学校有名无实，形同虚设。造成官学衰落有两个深层原因：首先是官学发展，太学生成为一股强大的政治势力，往往使上层统治者难堪；其次是官学规模太大，政府的财政负担过重，不得不缩减或停供学校的经费。朱熹曾描述过建宁府崇安县的官学情况："崇安县故有学而无田，遭大夫之贤而有意于教事者，乃能缩取他费之赢以供养士之费。其或有故而不能继，则诸生无所仰食，而往往散去。以是殿堂倾圮，斋馆芜废，率常更十数年。"①这样，以自筹经费为主的书院也就乘隙而入，成为官学的一种补充。此外，科举的腐败、印刷业的发达、名师巨儒在书院的讲学等，都为南宋书院的东山

---

① 《建宁府崇安县学田记》。

再起和蓬勃发展注入了强大的动力。这样，书院从北宋时的 38 所一下子猛增为南宋时的 185 所，蔚为大观。[①]

　　元代书院仍有一定规模。元世祖统一中国后，许多南宋学者入元不仕，退而建立书院，收徒讲学，一时间建立了不少私人书院。而元代统治者采安抚之策，下诏令"其他先儒过化之地，名贤经行之所，与好事之家出钱粟赡学者，并立为书院"[②]。同时，政府也加强了对书院的控制和管理，书院的负责人山长由政府委派，教授、学正、学录、直学等也由礼部延聘任命，领取官俸。这样，书院开始走上了官学化的道路。所以，元代书院在数量上有了一定增长，质量上却大大下降。由于山长不再像过去由名师巨儒充任或推荐，而是由下第举人担任，这不能不影响书院的学术水平。同时，由于领取官俸，就不能不说"官话"，这也有损于书院独立精神的传统。成宗时集贤修撰虞集曾抨击当时师资猥杂的流弊："师道立则善人多。今天下教官，猥以资格注授，强加之诸生之上，而名之曰师。有司生徒，皆莫之信。如此而望师道之立可乎？"[③]官学化的倾向在明代以后表现尤为突出，那时民办书院仅占不到 20%，这对于中国封建社会后期的书院性质及特点无疑有着重要的影响。

　　明代书院经历了一个沉寂—兴盛—毁废的过程。明初虽设立洙泗、尼山二书院，但不过是官样文章，装潢门面而已。所以明代书院在沉寂了一百余年后，到成化、弘治年间才悄悄崛起。著名的白鹿洞书院就是在成化元年（1465 年）修复的。至嘉靖年间，书院大兴，自由讲学之风日盛，明代书院达到了兴盛的巅峰。此时书院兴盛与"国学之制渐隳，科举之弊孔炽"有关，而尤受王阳明、湛若水等倡导讲学之风影响。如《明史·列传第一百十九》写道："正嘉之际，王守仁聚徒于军旅之中，徐阶讲学于端揆之日，流风所被，倾动朝野，于是缙绅之士，遗佚之老，联讲会，立书院，相望于远近。"史载王阳明先后建龙冈书院，主贵阳书院，修濂溪书院，辟稽山书院，立敷文书院，所到之处，书院顿盛。湛若水的学说虽与

---

　　① 孙彦民：《宋代书院制度之研究》，转引自张正藩《中国书院制度考略》，江苏教育出版社，1985，第 12 页。

　　② 《元史·选举志》。

　　③ 《续文献通考》卷五十。

王阳明异趣，但对书院亦很钟情，史书称他"平生足迹所至，必建书院以祭白沙，从游者殆遍天下"①。他们去世以后，门人弟子亦大建书院，以为纪念。仅王门弟子就建立书院达17处之多，遍及江西、福建、浙江、湖南、广东、安徽、河南、山东、江苏等地。

明代后期，书院屡遭毁废，遂由盛转衰。其中有四次来自政府。第一次是嘉靖十六年（1537年），御史游居敬弹劾湛若水"倡其邪学，广收无赖，私创书院"②，明世宗因而下令毁其书院，从而拉开了明代官方毁废书院的序幕。第二次是次年吏部尚书许赞借口书院耗财扰民，申毁官办书院，"诏从其请"③。第三次是万历七年（1579年），宰相张居正以书院"别标门户，聚党空谈"，"大者摇撼朝廷，爽乱名实；小者匿蔽丑秽，趋势逃名"④为借口，"先后毁应天等府书院六十四处"⑤。第四次是天启五年（1625年），太监魏忠贤不满于东林书院诸儒"讽议朝政，裁量公卿"，遂矫旨尽毁国内书院。四次毁废，使明代书院元气大伤，再度衰寂。

清代初期由于政府对书院的抑制政策⑥，书院并无多大起色。直到社会比较安定，朝野上下呼吁兴复书院的雍正年代，书院才正式开禁。雍正十一年（1733年），清政府谕知各省设立书院，"择一省文行兼优之士，读书其中，使之朝夕讲诵，整躬励行，有所成就"。书院经费也由官方提供，"预为筹划，资其膏火，以垂永久。其不足者，在于存公银内支用"⑦。同时规定书院的山长由各省督抚学臣聘请，书院的学生由各省道员和布政司会同考核，私创书院须申报官府查核。这样不仅加强了政府对官办书院的领导，也形成了对私设书院的监控。但禁令既开，书院的发展就是势所必然了。据载，清代书院数量大于前代，且分布广泛，边远地区如云南、甘

---

① 黄宗羲撰《明儒学案》卷三十七。

②③ 《续文献通考》卷五十。

④ 《张太岳集》卷二十九，《答南司成屠平石论学书》。

⑤ 《明通鉴》。

⑥ 顺治九年（1652年）清政府令"各提学官督率教官、生儒务将平日所习经书义理，着实讲求，躬行实践。不许别创书院，群聚徒党，及号召地方游食无行之徒，空谈废业"（《古今图书集成·选举典·学校部》）。

⑦ 《清通考》卷七十。

肃、新疆、台湾等都先后设立了书院。^①清代书院大致可分为四种类型。一是以讲求理学为主的书院，如清初的关中书院、东林书院、紫阳书院等，它们谨守宋代书院的会讲、辩难等讲学方式。二是以博习经史辞章为主的书院，以诂经精舍（杭州）和学海堂（广州）最为著名，它们提倡因材施教与自由研究的教学方式。三是以考科为主的书院，清代书院多属此类，它们以学习应付科举的八股文为主，实为科举的附庸或预备场所。四是以学习西洋近代科学为主的书院，如上海的格致书院和直隶的河北书院，此类书院虽沿用书院之名，但已类似于近代高等学校了。^②

光绪二十七年（1901年），清政府采张之洞、刘坤一《筹议变通政治人才为先折》的奏请，下诏各省所有书院于省城改设大学堂，各府厅及直隶州改设中学堂，各州县则改设小学堂。从此，滥觞于唐末延续近千年的中国古代书院制度便瓦解冰消，宣告结束。

但是，书院的精神、书院的办学经验并未随之成为古董陈迹，而是为后世所继承，成为中华教育思想的精华之一。

三、书院教育的特色与贡献

中国古代的书院教育虽屡兴屡废，历经沧桑，但仍绵延近千年，具有旺盛的生命力。作为中国封建社会后期一种特殊的教育机构，书院强调自由讲学，重视学术研究，主张门户开放，提倡尊师爱生，确非官学和科举所能望其项背。书院以其独特的教育方式，为中国古代教育增添了绚丽多彩的一页。书院教育在办学和教育方面积累的丰富经验，也已成为中华教育思想优良传统的重要组成部分。

（一）书院教育把教学与学术研究结合起来，发挥了书院保存、创造和传播文化的功能

如前所述，最早的书院是官方藏书、校书和私人聚书治学的场所。如

---

① 陈元晖编著《中国古代的书院制度》，上海教育出版社，1981，第97页。

② 同上书，第101–108页。

唐代的丽正书院和集贤书院，就组织了一批学士、直学士、侍讲学士、修撰官、校理官、知书官等，"掌刊辑古今之经籍，以辨明邦国之大典"①。他们不仅考订、校勘图书，而且具有"顾问应对"的职能。这就要求他们潜心研究，具有较高的学术水平。至于私人的书院，往往也由于藏书甚丰而吸引莘莘学子前来问难求教、读书研讨。所以，书院自诞生起就具有浓厚的学术传统。

从宋代开始，书院就成为学问家的重要阵地。他们思想的孕育和形成往往得力于书院独特的环境、丰厚的藏书、师生的讨论。许多重要的学术著作的雏形也是来自书院的讲学，如朱熹在白鹿洞书院入院开讲的是《中庸首章》，还有《大学或问》《白鹿洞讲堂策问》等讲义。所以，有人推定，朱熹的名著《四书集注》，就是在"多年教学实践中采用的教材、讲义，然后在这个基础上最后修辑成为整部著作的"②。宋代活字印刷术的发明，使书院在以往藏书、校勘的基础上进一步发展了刻书、印书的功能，既可反映书院的教学水平和研究成果，又能传播学术信息，丰富教学内容，促进了书院的发展和文化传播。

自宋以后，"书院本"已成为中国古代重要的出版印刷力量，流传甚广。古代书院编辑刊印的图书大致有以下几种类型。一是刊印重要的古代经典著作，如广雅书院刊印的《广雅丛书》，把唐宋以来的史部书籍包揽无遗，搜集十分完善。二是刊印当代学人的研究成果，如学海堂刊印的《学海堂经解》，包括清代经师注疏的书籍 180 种，计 1400 卷，《学海堂文集》则收辑了 500 人的学术论著。三是刊印书院的史料文献，如《明史·艺文志》所载孙存《岳麓书院图志》和刘俊《白鹿洞书院志》，就是由书院刊印的重要书院史料文献。四是书院师生的教学、研究成果，如岳麓书院曾排刻铎锋的《周易》讲稿——《周易启蒙》，还刊行过《岳麓书院课艺》《岳麓书院课文》《岳麓会课》等学生的论文集。③苏州正谊书院不仅藏书达 6 万余卷，而且把师生每日读书的心得或疑惑记录下来，然后将日记汇编刊印成

---

① 《唐六典》。

② 李才栋：《白鹿洞书院考略》，《江西教育学院学刊》1985 年专刊，第 17 页。

③ 杨慎初等：《岳麓书院史略》，岳麓书社，1986，第 136-137 页。

《学古堂日记》，对于促进师生的学术研究起了重要作用。教学与学术研究互相促进，刊印出版又为两者增添了动力和压力，使书院教育的学术水平具有较高层次，对于保存、创造和传播古代文化亦颇有贡献。

（二）书院把自学与指导结合起来，注重启发学生思维，调动学习的主动积极性，培养了一大批智能型的人才

由于书院以藏书丰厚为特色，书院中的教学活动一般是围绕着书而展开的。书院中的学生大部分时间是在教师指导下认真读书、自行领会。教师的讲解或提纲挈领、重点分析，或指点迷津、回答疑问，一般随人深浅，因材施教。朱熹就曾对学生说过："为学勿责无人为自家剖析出来，须是自家去里面讲究做功夫。"①要求学生注重自修的环节。

书院教育提倡自学，但不主张放任自流，而是非常注意发挥教师的指导作用。教师的指导作用主要表现在两个方面。一是指导学生自己读书。书院都比较重视指导学生读书，从读什么书，到哪些先读，哪些后读，哪些精读，哪些略读，哪些书要背诵，哪些书仅需涉猎，都有具体的要求。许多教师还把自己读书治学的经验无保留地传给学生，如第七章提到的《朱子读书法》和《程氏家塾读书分年日程》等。二是回答学生的质疑问难。书院教育强调学生要善于提出疑问，鼓励学生问难论辩。朱熹就对学生说："读书无疑者，须教有疑；有疑者，却要无疑，到这里方是长进。"②又说："学者读书，须是于无味处当致思焉，至于群疑并兴，寝食俱废，乃能骤进。"③他不仅提倡质疑问难，还教会学生质疑的方法。许多书院还把读书与质疑的情况进行考核管理，如清代上海龙门书院规定："诸生各置行事日记册、读书日记册。""读书有心得，有疑义，按日记于读书册。所记宜实，毋伪；宜要，毋泛；不得托故不记。逢月之五、十，呈于师前，以请业请益。"④这就把读书与指导有机地结合起来了。

正因为这种以发挥学生主动积极性为鹄的，把学生自学与教师指导相

---

① 《朱子语类》卷八。

② 《朱子语类》卷十一。

③ 《朱子语类》卷十。

④ 转引自陈元晖编著《中国古代的书院制度》，上海教育出版社，1981，第159页。

结合的教育方式，书院培养了一大批智能型人才。如宋代道一书院培养出调和朱陆的理学大师吴澄；樱桃洞书院和芝台书院培养出宋庠、宋祁、黄注、黄序、黄庶等许多著名文学家和史学家，江西诗派的黄庭坚更是其中的佼佼者；宋代的二程也曾在周敦颐的书院游学；明清之际的王夫之也做过岳麓书院的弟子。几乎每一个著名的书院，都培养出一批著名的人物。许多著名的人物也不忘培植自己的书院，在功成名就时又执教于斯，培养更多的人才。如北宋时范仲淹曾在应天书院就学五年，在被称为"人杰"之后又在这里讲学八年。

（三）书院把教学与训育结合起来，提倡道德完善，注重人格教育，形成了一种重视人格陶冶的书院精神

张正藩先生曾以"教训合一"概括书院教育的这一特色，并指出："自宋、元、明以迄清代，为时经数百年之久，关于书院之内容规则，虽不无变更添补之处，然其目的之在于讲学术以正人心，补国家学校之阙失，则始终一贯。亦即我国真正之书院教育，原系人格教育，至其倡导学术自由研究之风气及知识之传授，尚余事耳。"[1]

书院重视道德完善和人格教育的特点在其"学规"中反映得最为明显。书院的"学规"最有代表性的当推朱熹为白鹿洞书院制定的《白鹿洞书院学规》。在学规中，朱熹明确规定了五教之目（父子有亲、君臣有义、夫妇有别、长幼有序和朋友有信）、为学之序、修身之要（言忠信，行笃敬；惩忿窒欲，迁善改过）、处事之要（正其义，不谋其利；明其道，不计其功）和接物之要（己所不欲，勿施于人；行有不得，反求诸己）。在列出上述要点后，朱熹明确揭示了书院要人格陶冶胜于辞章修养的办学思想。他写道："熹窃观古昔圣贤所以教人为学之意，莫非使之讲明义理，以修其身，然后推己及人，非徒欲其务记览为辞章，以钓声名取利禄而已也。"朱熹提出的书院办学思想对中国古代教育影响甚大，不仅为历代书院所恪守，且为古代教育的共同方针。如清代康熙年间受聘为岳麓书院山长的李文炤，在制定岳麓书院学规时也提出"注重于立身、敦品、养性"的主张，与朱熹

---

[1]　张正藩：《中国书院制度考略》，江苏教育出版社，1985，第65页。

一脉相承。

此外，古代书院还注重校园环境对于人格熏陶的意义，通过书院的箴碑、门楹、堂联和斋舍的命名等来教育学生。如岳麓书院门楹就写有"地接衡湘，大泽深山龙虎气；学宗邹鲁，礼门义路圣贤心"。顾宪成、高攀龙主持的东林书院则有"风声、雨声、读书声，声声入耳；家事、国事、天下事，事事关心"的对联。学生每日耳濡目染，受益良多。

古代书院这种把教学与训育结合起来，重视道德完善的传统形成了后人称为"书院精神"的风尚，对于学生的健康成长起了不可估量的作用。如前述岳麓书院，宋代出现过浴血抗金的吴猎和赵方，明末时出现过爱国志士吴道行和王夫之。其后的唐才常、沈荩、杨昌济等，也都是岳麓书院爱国主义精神的传人。[1]再以东林书院为例，在不畏权奸、刚直不阿的顾宪成、高攀龙的言传身教影响下，曾培养出一批如杨涟、左光斗这样刚正廉洁、重视气节的杰出人物。明末有不少忠能死节的人物也都出自东林书院。东林书院之所以能达到"远近名贤，同声相应；天下学者，咸以东林为归"[2]的境界，不能不归之于这种高风亮节的书院精神。

（四）书院提倡门户开放、百家争鸣，创造了独特的"讲会"制度，把学校教育与社会教育结合起来

古代书院一般"开门办学"，听讲者不受地域和学派的限制。倘有名师巨儒讲学，其他书院的学生和慕名而来的学子亦不拒之门外。如明代王阳明在稽山书院"亲临讲学"时，湖广、广东、直隶、南赣、安福、泰和等地的听讲者达三百余人。清代顺治年间白鹿洞书院还拨专款接待前来听讲的学子，并规定："书院聚四方之俊秀，非仅取才于一域。或有远朋，闻风慕道，欲问业此中者，义不可却。"[3]同时，各书院也邀请不同学派的大师来院讲学，争鸣论辩。

书院创造的"讲会"制度就是一种提倡学术争鸣和信息交流的典型。

---

① 郭仁成：《论岳麓书院的爱国主义传统（上）》，载湖南大学岳麓书院文化研究所编《书院文化史研究文集（第二集）》，湖南大学出版社，1988，第12-27页。

② 《无锡金匮县志》。

③ 陈元晖编著《中国古代的书院制度》，上海教育出版社，1981，第151页。

所谓"讲会",是大师、师友或师生甚至社会上的书生会聚在一起,自由讲学、自由争辩,从而提高学术水平的一种活动。"讲会"制度由宋代著名学者吕祖谦首创。宋孝宗淳熙二年春(1175 年),吕祖谦邀请朱熹、陆九渊、陆九龄及其门人参加学术讨论,由于地点在信州鹅湖寺,所以称"鹅湖讲会"。这次"讲会"讨论的重点是"为学之方"。朱熹主张学习应该"泛观博览,而后归之约",陆九渊兄弟则认为必须"先发明人之本心,而后使之博览"①。陆九龄以诗阐明自己的观点:

孩提知爱长知钦,古圣相传只此心。大抵有基方筑室,未闻无址忽成岑。留情传注翻蓁塞,着意精微转陆沉。珍重友朋相切琢,须知至乐在于今。②

在陆九龄看来,学习的根本在于激发"孩提知爱长知钦"的本心,犹如建筑房屋、垒成高山一样在于打好基础。陆九龄的诗刚念了四句,朱熹便对吕祖谦说:"子寿(陆九龄)早已上了子静(陆九渊)舡了也。"③诗罢,双方又展开了讨论,陆九渊和其兄诗云:

墟墓兴哀宗庙钦,斯人千古不磨心。涓流滴到沧溟水,拳石崇成泰华岑。易简工夫终久大,支离事业竟浮沉。欲知自下升高处,真伪先须辨古今。④

陆九渊进一步论证了"此心"的先验性和永恒性。他认为,只有发明"此心"的易简功夫,才能发扬光大,犹如涓涓细流聚为沧溟之水,拳拳小石垒成泰山华岳。而朱熹的学习方法不过是"支离事业",终究要漂浮沉没。

尽管朱熹听了这首诗有点儿神色黯然,不太高兴,但并未影响他和二陆兄弟的个人情谊。双方的学术观点虽然都未改变,但通过讨论,各自的长处和缺点也暴露得比较明显,成为古代学术争鸣的佳话。三年以后,朱熹又和一诗以答辩:

① 《陆九渊集·年谱》。
②③④ 《陆九渊集·语录上》。

德业流风夙所钦，别离三载更关心。偶携藜杖出寒谷，又枉篮舆度远岑。旧学商量加邃密，新知培养转深沉。只愁说到无言处，不信人间有古今。①

尽管朱熹还是不同意陆九渊兄弟的学术主张，但他们还是彼此羡佩对方的道德文章，不仅以礼相待，而且在门人面前也经常赞誉对方。1181年，朱熹又邀陆九渊到白鹿洞书院讲学。陆九渊"为讲君子小人喻义一章"，使听讲者中有人感动得掉下了眼泪。朱熹也认为陆九渊的讲学"切中学者隐微深痼之病"，并对自己过去讲得没有如此深刻感到惭愧。他还请陆九渊把讲稿书写下来，这就是著名的《白鹿洞书堂讲义》。朱熹还亲自为这份讲义写了跋。

"讲会"制度在明清有很大的发展。如明代王阳明的弟子钱德洪、王畿等，为传播王学不遗余力。史书称钱德洪"在野三十年，无日不讲学"，王畿"林下四十余年，无日不讲学，自两都及吴、楚、闽、越、江、浙，皆有讲舍"②。各地纷纷成立了讲会，如泾县的水西会、江阴的君山会、贵池的光岳会、广德的复初会等，这些讲会逐渐把书院的讲学扩展成地区性的祭祀和学术活动的中心，进一步扩大了书院的社会影响力，使书院也承担起一部分社会教育的功能。

清代的"讲会"已形成一整套完善的制度，各地书院的讲会都具有明确的宗旨（如紫阳讲会以尊朱宗孔、复宋辟明、阐扬理学、延续道统为宗旨）、详细的规约（如紫阳讲会有《紫阳讲堂会约》等）、固定的日期（如紫阳讲会分月会和大会，月会每月初八、二十三各举行一次，巳时开讲，申时散会；大会在每年九月十五日朱熹的生日举行，或在每年三月十五日朱熹忌日举行，每岁一次或两次不定，月会和大会均为三天期）、严密的组织（如紫阳讲会设会宗、会长、会正、会赞、会通等职处理会务）、隆重的仪式和专门的经费开支。紫阳讲会就是一个以书院为基地但亦面向社会的地区性学术讨论会。

① 《陆九渊集·年谱》。
② 《明儒学案》卷十一。

（五）书院通过聘请德高望重、学问渊博的名师，吸引虔诚好学的生徒前来就学，既提高了书院的知名度，也提高了书院的教学质量，且形成了融洽深笃的师生关系

中国古代的书院一般都非常注重聘请名师主持院务，因为书院山长（也称院长、洞主、山主、掌教、主讲等）的形象往往是书院声望高低、教学成败和能否使四方学子闻风而聚的关键。①中国古代自宋始，几乎著名思想家都曾讲学于书院，如陆九渊讲学于象山精舍，朱熹讲学于武彝精舍和白鹿洞书院，吕祖谦讲学于丽泽书院，张栻讲学于城南书院，魏了翁讲学于鹤山书院；元代的赵复讲学于太极书院，程端礼讲学于稼轩书院和江东书院，同恕讲学于鲁斋书院；明代王阳明讲学于龙冈书院和稽山书院，湛若水讲学于白沙书院，顾宪成和高攀龙讲学于东林书院，王夫之讲学于岳麓书院；清代孙奇逢讲学于百泉书院，黄宗羲讲学于江阴证人书院，李二曲讲学于关中书院，陆世仪讲学于东林书院和毗陵书院，颜元讲学于漳南书院，戴震和段玉裁讲学于寿阳书院，钱大昕讲学于钟山书院；等等。

这些名师掌教的书院吸引了四方游学之士闻风负笈而至，甚至不远千里，"裹粮"而来，"结庐"而居。有些名师解聘离任，讲学他院，许多弟子亦结伴随行，有些弟子还集资建院，礼请老师留住讲学。书院之所以能长期维系，代代相传，与主讲书院名师的热心教诲和慕名而来的学生的虚心求教，从而形成的良好师生关系是分不开的。这与封建社会后期官学中的情形显然大不相同。

朱熹在《学校贡举私议》中曾激烈抨击宋代官学与科举的弊端："所谓太学者，但为声利之场，而掌其教事者，不过取其善为科举之文，而尝得隽于场屋者耳。士之有志于义理者，既无所求于学，其奔趋辐凑而来者，不过为解额之滥，舍选之私而已。师生相视，漠然如行路之人。间相与言，亦未尝开之以德行道艺之实。而月书季考者，又只以促其嗜利苟得冒昧无耻之心，殊非国家之所以立学教人之本意也。"②他认为官学中师生关系冷漠

---

① 李才栋:《我国古代书院的特点和研究书院的价值》,《教育研究》1985 年第 10 期。

② 《朱文公文集》卷六十九。

疏远的根本原因在于官学成为科举的附庸，"但为声利之场"，未有"德行道艺之实"。所以，朱熹竭力倡导不为功名利禄而图穷理修身的书院教育。

在朱熹任南康知军时，他不仅复修白鹿洞书院，而且经常以地方官吏的身份去讲学授业，"每休沐辄一至，诸生质疑问难，诲诱不倦。退则相与徜徉泉石间，竟日乃反"①。在知潭州荆湖南路安抚使时，他又修复岳麓书院，并在繁忙的政治事务中抽时间过问岳麓书院的教学："先生以穷日之力，治郡事甚劳。夜则与诸生讲论，随问而答，略无倦色。多训以切己务实，毋厌卑近，而慕高远，恳恻至到，闻者感动。"②朱熹不仅循循善诱，且对学生严格要求。据说他总是隔日去岳麓书院督促勉励学生。有一次，朱熹抽查两名学生讲解《大学》，因为学生弄不清楚，讲得糊里糊涂，朱熹很不高兴，下令要书院的教授、职事等人在一日内商量出一个规程来，送他参定。他还气愤地对学生说："若只如此不留心，听其所之，学校本是来者不拒，去者不追，岂有固而留之之理！"甚至说："不理会学问，与蚩蚩横目之氓何异？"③这说明，古代书院虽不能授予学生以什么"出身""功名""官诰"，但书院名师的教学仍是既热心诲人，又严格管束，并不放松对学生的要求。因此书院中的师生关系亦格外深笃、融洽非常，因为这是一种以人格感召和学问吸引为基础的超功利的师生关系。

古代书院中情深意笃的师生关系传下了千古佳话。如理学大师朱熹去世时，尽管有人上疏称"四方伪徒聚于信上，欲送伪师之葬，会聚之间，非妄谈时人短长，则谬议时政得失。乞下守臣约束"④，宋宁宗因此下诏对送葬规模进行约束限制，但送葬的友人门徒仍多达几千人，可见师生感情之深笃。同时代的心学大师陆九渊，死后灵柩送回家乡时，亦有千名左右的弟子门生前来奔哭会丧，对老师的崇敬爱戴之心可见一斑。

明代的罗汝芳在老师因事下狱时，不仅不避嫌忌讳，而且变卖田产为老师开脱，侍养狱中六年之久，甚至放弃了参加廷试的机会。后来罗汝芳取得官职，在告老还乡时仍始终侍奉颜师，茶果等仍亲自送到颜师面前。

---

① 《朱子年谱》卷二。

② 《朱子年谱》卷四。

③ 《朱子语类》卷一百零六。

④ 《宋史纪事本末》卷八十，《道学崇黜》。

他的孙子想代为效劳，罗汝芳却说："吾师非汝辈所能事也。"[①]师生情谊胜过了父子。王阳明的师生关系也很感人。《阳明年谱》曾记载过他在书院教学时平等、亲切地对待学生，"中秋月明如昼，先生命侍者设酒碧霞池上，门人在侍者百余人。酒半酣，歌声渐动，久之，或投壶聚算，或击鼓，或泛舟，先生见诸生兴剧，退而作诗"。真是好一幅师生同乐图！他的热心育人、亲近生徒赢得了学生的敬佩和爱戴。在他死后安葬时，从千里之外赶来哀悼的门徒就达一千多人。尔后，他们中的许多人纷纷在各地设立书院，效法和纪念老师，传播王学，影响甚大。

（六）古代书院具有比较有效的管理体制和具体明确的规章制度，并吸引学生参加书院管理，体现了注重效率、效益的办学特点

书院在最初出现时，管理体制比较简单，它的主持人既负责书院的组织管理，又负担书院的教学工作。在其后的发展过程中，逐步形成了具有书院特色的管理体制。以清代白鹿洞书院为例，白鹿洞书院的管理人员人数及条件如下：

主洞（1人） 聘海内名儒，崇正学，黜异端，道高德厚，明体达用者主之。无则不妨暂缺。

副讲（1人） 主批阅文字，辨析疑义，聘本省通五经、笃行谊者为之。

堂长（1人） 负责督视课业勤惰，诱掖调和院中学徒，由主洞、副讲择学徒中之优者为之，不称职者则更易。

管干（1人）、副管干（2人） 专管洞内一切收入、出纳、米盐琐碎、修整部署诸务，即于洞中择有才而诚实者为之，不称职则更易。

典谒（2人） 专管接待宾客及四方来学者，择洞中言貌娴雅者充之，按季更易。

经长（5人） 经义斋五经各设一经长。

学长（7人） 治事斋七事（礼、乐、射、书、数、历、律）各设一学长。

引赞（2人） 负责"谒圣引礼"，择"声音洪亮，进退疾徐中节者"任之。

---

① 《明儒学案》卷三十四。

伙夫（1 人）。

采樵（2 人）。

门斗（1 人）　负责启闭院门、洒扫庭院，每夜提铃巡守轮值。

在上述 26 人中，管理人员 15 人（主洞、副讲、堂长、经长和学长），工作人员 7 人（正、副管干、典谒、引赞），勤杂人员 4 人（伙夫、采樵、门斗），只有主洞和副讲由专职人员担任，伙夫、采樵和门斗聘请临时人员，其余 20 人均选用学生充任。有时学生还参与书院志的编校、院田的清查和田租的征收。可以说，书院的管理主要是由学生自己进行的，这大大节约了书院的人力、物力、财力，也锻炼了学生的能力，提高了办学的效率和效益。

为了加强书院的管理，古代书院还制定了一整套的规章制度，以岳麓书院为例，仅清代就有各种学规、学约、学箴、戒条等 13 种，共 92 条之多。如乾隆十三年（1748 年）时，王文清订立了《岳麓书院学规》和《王九溪先生手定读书法》，并嵌于讲堂以训勉诸生。兹将全文抄录如下：

岳麓书院学规

时常省问父母。朔望恭谒圣贤。气习各矫偏处。举止整齐严肃。服食宜从俭素。外事毫不可干。行坐必依齿序。痛戒讦短毁长。损友必须拒绝。不可闲谈废时。日讲经书三起。日看《纲目》数页。通晓时务物理。参读古文诗赋。读书必须过笔。会课按刻蚤完。夜读仍戒晏起。疑误定要力争。

王九溪先生手定读书法

读经六法
一、正义。二、通义。三、余义。四、疑义。五、异义。六、辨义。

读史六法
一、记事实。二、玩书法。三、原治乱。四、考时势。五、论心术。

六、取议论。[①]

一些书院还对学生每日的课程安排加以规定。如清代龙门书院对生徒的日课规定如下：

诸生各置行事日记册、读书日记册。于行事日记册内，分晨起、午前、午后、灯下四节，按时定课大要。以晨起、午前治四子各经（一书精熟然后再读一书）及性理（每日读数章）；午后读诸史纲鉴（专取一书，从首读起，不得杂乱）及各家书（择其要，撷其精，不得观无益之书），或旁通时务（须有实际），有余力或作文辞（须当于理，不得作闲杂词章），或习书法（须端楷）；灯下或兼及科举之业（宜多读先正阐发义理之文）。虽间有参差，总以绵密无间为主。每日课程及事为，按候记于行事册。读书有心得，有疑义，按日记于读书册。所记宜实，毋伪。宜要，毋泛。不得托故不记。逢月之五、十，呈于师前，以请业请益。师有指授，必宜服膺。每月课文一次，岁终甄别，以验所学之浅深而进退焉。[②]

诸如上述的各种规约非常之多，其中有些可能失之太烦琐、太苛刻，但其对于生徒为学进德的指导作用无疑是不能忽视的。

---

① 杨慎初等：《岳麓书院史略》，长沙岳麓书社，1986，155 页。

② 转引自柳诒徵：《江苏书院志初稿》。

第十章　蒙学与中国古代教育

如果说书院是中国古代的高等教育，那么，蒙学则是古代的初等教育。何谓蒙学？《易·序卦》曰："蒙者，蒙也，物之稚也。"孔颖达《尚书正义》："蒙谓暗昧也，幼童于事多暗昧，是以谓之童蒙焉。"所以，蒙学就是启蒙教育、发蒙教育，启迪童稚，消除暗昧。

关于蒙学的年龄阶段，学术界有不同的看法。如有人认为"主要是指对8到15岁的少儿所实施的小学教育"[1]。其实，古人所说的蒙学年龄阶段是比较灵活、富有弹性的。如清代王筠说："蒙养之时，识字为先……八九岁时，神智渐开，则四声、虚实、韵部、双声叠韵，事事多须教。"[2]崔学古则说："教训童子，在六七岁时，不问知愚，皆当用好言劝谕，使知读书之高。"[3]所以，蒙学应是包括八岁以前阶段在内的，既包括婴儿教育，也包括幼儿教育，而以幼儿阶段为主的初等教育。

这个阶段的教育对人生的发展具有非常重要的意义。英国教育家洛克就认为："幼小时所得的印象，哪怕极微极小，小到几乎觉察不出，都有极重大、极长久的影响。"[4]罗素在《教育与美好生活》中也指出："儿童生来具有的各种本能和反射，能被环境发展成多种多样的习惯，从而发展成多种多样的品格。这种事情大多发生在儿童早期，所以，就在这个时期，我

---

[1]　徐梓、王雪梅：《中国传统启蒙教材概观》，载徐梓、王雪梅编《蒙学歌诗》，山西教育出版社，1991，第1页。

[2]　王筠撰《教童子法》。

[3]　崔学古：《幼训》。清代陆世仪撰《论小学》中也说："人家子弟，至多五六岁，已多知诱物化矣。又二年而始入小学，即使父教师严，已费一番手脚。况父兄之教，又未必尽如古法乎？故愚谓今之教子弟入小学者，决当自五六岁始。"

[4]　洛克：《教育漫话》，傅任敢译，人民教育出版社，1957，第4页。

们努力培养品格是最有希望的。"①中国古代教育家对此亦早有认识,如南北朝时期的颜之推就说过:"人生小幼,精神专利,长成已后,思虑散逸,固须早教,勿失机也。"②明代沈鲤在批评不重视蒙学的风气时更明确提出:"蒙养极大事,亦最难事。盖终身事业此为根本,而混沌初开,非可以旦夕取效者。乃世俗不知,反轻视之,不但教学先生自处太轻,即主家礼仪亦甚疏简,谓不过训蒙而已,庸知所系之重而用功之难,与讲授大学者反倍蓰之哉?"③他认为蒙学"所系之重""用功之难"非讲授大学可比,是最重要也是最困难的事。这是因为"终身事业此为根本",是人一生所受教育的最关键的时期。

蒙学是中国古代教育的特色之一,几乎每一个教育思想家都对蒙学问题有所阐述。所以,蒙学思想也应该是中国教育思想体系中不可忽视的重要组成部分。

一、蒙学的内容

中国古代蒙学是与中国古代的教学同步产生的。早在周代就出现了发蒙识字的课本《史籀篇》④,在此之前以口相传的启蒙教育无疑是存在的。到汉代时,已有专门从事启蒙教育的"学校"——书馆⑤,也已经有了比较稳定的启蒙教材,如教学童识字、习字的《仓颉篇》《凡将篇》《急就篇》《元尚篇》等,《论语》《孝经》则是汉代的初级经学教材。汉以后,蒙学

---

① 华东师范大学教育系、杭州大学教育系编译《现代西方资产阶级教育思想流派论著选》,人民教育出版社,1980,第106页。

② 《颜氏家训·勉学》。

③ 《文雅社约·义学约》。

④ 《汉书·艺文志》载:"《史籀篇》者,周时史官教学童书也。……《仓颉》七章者,秦丞相李斯所作也;《爰历》六章者,车府令赵高所作也;《博学》七章者,太史令胡母敬所作也:文字多取《史籀篇》。"由于该书早已失传,已无从推知其内容,但它为四字一句,且为周宣王时太史籀所作,已为共识。

⑤ 汉代王充曾描写过他自己在书馆中学习的情况:"建武三年充生。为小儿,与侪伦遨戏,不好狎侮。……六岁教书,恭愿仁顺,礼敬具备,矜庄寂寞,有臣人之志。父未尝笞,母未尝非,闾里未尝让。八岁出于书馆。书馆小僮百人以上,皆以过失袒谪,或以书丑得鞭。充书日进,又无过失。"(《论衡·自纪》)

教材更是一发而不可收，据极不完全的统计，各类蒙学书目（含丛书）已达 1215 种之多。[①]这里拟着重分析古代蒙学教材中有代表性的内容，从中可以窥见古代蒙学之一斑。古代蒙学教材按其内容的侧重，大概可分为以下五类。

（一）综合性蒙学教材

这一类教材，主要解决学童的识字任务，同时传授一些基础性知识。自汉唐以降，综合性蒙学教材中影响较大的有《急就篇》《三字经》《千字文》和《幼学琼林》等。《急就篇》是汉唐时流传最广的识字教材，由汉元帝时黄门令史游所作，内容包括姓字、衣着、农艺、饮食、器用、音乐、生理、兵器、飞禽、走兽、医药、人事等方面，全文押韵且无一复字，有七言、三言和四言句。如第十章言农艺与饮食：

稻黍秫稷粟麻粳，饼饵麦饭甘豆羹。葵韭葱薤蓼苏姜，芜荑盐豉醯酢酱。芸蒜荠芥茱萸香，老菁襄荷冬日藏，梨柿李桃待露霜。枣杏瓜棣馓饴饧，园菜果蓏助米粮。

《三字经》是宋以后流行最广的蒙学教材，相传是南宋王应麟所撰，内容包括为学之益、名物常识、历史知识、道德说教、读书次序等，三字一句，句句成韵。如开宗明义写道：

人之初，性本善，性相近，习相远。苟不教，性乃迁，教之道，贵以专。昔孟母，择邻处，子不学，断机杼。窦燕山，有义方，教五子，名俱扬。养不教，父之过，教不严，师之惰。子不学，非所宜，幼不学，老何为？

《千字文》也是古代广为流传的蒙学教材，它的编写有一个神奇的故事。说是梁武帝为教子识字，让殷铁石选了一千个不重复的字，然后交给

---

① 据《中国传统蒙学书目》（初稿）统计。参见徐梓、王雪梅编《蒙学要义》，山西教育出版社，1991，第 230—338 页。

周兴嗣，让他组织条贯，编次以韵。周兴嗣竟然"一夕编缀进上，鬓发皆白"。杂乱无章的一千个文字符号，经作者一夜的工夫，成了对仗工整的绝妙文章。《千字文》包括天文地理、历史政治、动物植物、道德规范、民间成语、农业知识等，以识字为主。如开篇数句：

> 天地玄黄，宇宙洪荒。日月盈昃，辰宿列张。寒来暑往，秋收冬藏。闰余成岁，律吕调阳。云腾致雨，露结为霜。金生丽水，玉出昆冈。剑号巨阙，珠称夜光。果珍李柰，菜重芥姜。海咸河淡，鳞潜羽翔。龙师火帝，鸟官人皇。始制文字，乃服衣裳。推位让国，有虞陶唐。

《幼学琼林》是古代蒙学教材中部头最大的一本，为明代程登吉所撰，它不拘于四言、五言或三言、七言的长短，只求偶句成对，所以比较灵活，便于成诵。全书分天文、地舆、岁时、朝廷、文臣、武职、祖孙父子、兄弟、夫妇、叔侄、师生、朋友宾主、婚姻、妇女、外戚、老幼寿诞、身体、衣服、人事、饮食、宫室、器用、珍宝、贫富、疾病死丧、文事、科第、制作、技艺、讼狱、释道鬼神、鸟兽、花木等33篇，堪称幼儿教育的百科全书，是古代难得的一部综合性蒙学教材。如该书《兄弟》篇说：

> 天下无不是底父母，世间最难得者兄弟。
> 须贻同气之光，无伤手足之雅。
> 玉昆金友，羡兄弟之俱贤；伯埙仲篪，谓声气之相应。

《讼狱》篇首亦云：

> 世人惟不平则鸣，圣人以无讼为贵。
> 上有恤刑之主，桁扬雨润；下无冤枉之民，肺石风清。虽囹圄便是福堂，而画地亦可为狱。

上述综合性蒙学教材，内容丰富，简练概括，叶韵成文，朗朗上口，便于记忆。在识字的同时，教给儿童许多普通知识，是比较符合学童身心发展规律和学习特点的。

（二）伦理道德类蒙学教材

这一类教材，主要是传授为人处世、待人接物的智慧，培养纲常伦理的道德意识。这是蒙学最重要的内容之一。明代王阳明就明确指出："古之教者，教以人伦，后世记诵词章之习起，而先王之教亡。今教童子，惟当以孝悌忠信、礼义廉耻为专务。"①这类书以《童蒙训》《少仪外传》《性理字训》《弟子规》《增广贤文》《小儿语》等较有影响。其中以《性理字训》最为著名。《性理字训》为朱熹的弟子程端蒙所作，宋元之际的程若庸又广为增补，从原来的 30 条扩充为造化、情性、学力、善恶、成德和治道六门183 条。该书四字为句，简要而较全面地介绍了理学的知识，朱熹曾称赞它"字训甚佳，言语虽不多，却是一部大《尔雅》"。兹选程端蒙原作若干条：

> 天理流行，赋予万物，是之谓命。
> 人所禀受，莫非至善，是之谓性。
> 主于吾身，统乎性情，是之为心。
> 感物而动，斯性之欲，是之为情。
> ……
> 主一无适，是之为敬。
> ……
> 始终不二，是之为一。
> 天命流行，自然之理，人所禀受，五性具焉，是曰天理。
> 人性感物，不能无欲，耳目口鼻，斯欲之动，是曰人欲。

《弟子规》也是一部颇有影响力的蒙学教材，为清代李毓秀所撰。三字一句、叶韵上口，但由于它入孝出悌的内容更为突出，所以被称为"开蒙养正之最上乘"。全篇是对孔子"弟子入则孝，出则悌，谨而信，泛爱众，而亲仁。行有余力，则以学文"思想的阐释和发挥。它问世以后风靡一时，

---

① 《王文成公全书·训蒙教约》。

几令《三字经》废弃。兹录数条如下：

> 凡是人，皆须爱，天同覆，地同载。
> 行高者，名自高，人所重，非貌高。
> 才大者，望自大，人所服，非言大。
> 己有能，勿自私，人有能，勿轻訾。
> 勿谄富，勿骄贫，勿厌故，勿喜新。
> 人不闲，勿事搅，人不安，勿话扰。
> 人有短，切莫揭，人有私，切莫说。
> 道人善，即是善，人知之，愈思勉。
> 扬人恶，即是恶，疾之甚，祸且作。
> 善相劝，德皆建，过不规，道两亏。

在伦理道德类蒙学教材中，《增广贤文》也是影响甚广的一种。它的作者已无从考究，但它自清代后期以来即风靡全国，家喻户晓。该书采集了中国古代社会的文言雅句、谚语俗话、劝善勉诫格言等，内容涵盖面广，典型地反映了中国人的人生态度和处世原则，成为学童的人生教科书。现摘部分内容如下：

> 昔时贤文，诲汝谆谆。集韵增广，多见多闻。观今宜鉴古，无古不成今。知己知彼，将心比心。酒逢知己饮，诗向会人吟。相识满天下，知心能几人？相逢好似初相识，到老终无怨恨心。近水知鱼性，近山识鸟音。易涨易退山溪水，易反易覆小人心。运去金成铁，时来铁似金。读书须用意，一字值千金。逢人且说三分话，未可全抛一片心。有意栽花花不发，无心插柳柳成荫。

综观古代伦理道德类蒙学教材，除具有综合性蒙学教材言简意赅、通俗易懂、形象生动、便于记诵的共同特点外，尤其注意把培养伦理道德规范与儿童的生活日用结合起来，使伦理道德教育以儿童能够接受的形式出现。摒弃其内容的封建糟粕，对我们改善儿童德育的方法和形式，还是有借鉴意义的。

（三）历史题材类蒙学教材

这一类教材，一般选择历史故事或历史人物的嘉言善行，以及基本历史知识为主要内容，以培养学生的情操和历史责任感。这类教材如李瀚的《蒙求》、王令的《十七史蒙求》、胡寅的《叙古千文》、黄继善的《史学提要》、陈栎的《历代蒙求》、王芮的《历代蒙求》和萧汉冲的《龙文鞭影》等，都是以介绍历史知识为主的。此外，如朱熹的《小学》、吕本中的《童蒙训》、吕祖谦的《少仪外传》等，在进行伦理道德教育的过程中也选用了不少历史故事和历史人物的嘉言懿行；《三字经》《千字文》等综合性读物也具有历史教育的功能。这里重点介绍《历代蒙求》《五字鉴》和《历代国号总括歌》三种。元代王芮撰的《历代蒙求》四字成句、文约事赅，郑镇孙为之纂注时曾赞它将数千年"人物之生也，世运之变也，君之贤否，数之短长，或一统而瓜分，既离而复合，不出千言，要提意贯，可谓博而约，简而明也"①。该书在叙述秦汉史时写道：

秦都咸阳，始称皇帝。吞灭六国，猛若虎噬。焚书坑儒，变易周制。陈项崛起，止传三世。汉高王帝，豁达大度。起自沛丰，光启炎祚。传十二君，文景富庶。二百中天，祸延平孺。新室王莽，谋窃汉玺。篡位未几，灭于更始。赤眉入关，更立盆子。自有真人，应谶复起。天授光武，庙谟雄断。奋迹南阳，削平祸乱。世传十三，号曰东汉。再二百年，坏于灵献。

《五字鉴》的作者系明代大学士李延机，该书分三皇纪、五帝纪、陶唐纪、有虞氏纪、夏后氏纪、商纪、周纪、春秋纪、战国纪、秦纪、西汉纪、东汉纪、三国纪、西晋纪、东晋纪、南朝宋纪、南朝齐纪、南朝梁纪、南朝陈纪、隋纪、唐纪、梁纪、唐纪、晋纪、汉纪、周纪、宋纪、元纪、明纪诸篇，用五言叶韵的形式叙述上古迄明的历史，是蒙学历史类著作中内容较丰、篇幅较长的一种，勾画了一条比较清晰的历史发展脉络。如该书

---

① 转引自徐梓、王雪梅编《蒙学歌诗》，山西教育出版社，1991，第245页。

这样写三国历史:

> 曹操孙权起,持衡与汉叛。操子曹丕立,窃把帝位换。改国称为魏,举兵遂灭汉。孙权国号吴,天下成大乱。立位在南京,居民遭逐窜。刘备与争锋,三国逞英雄。关张诸葛亮,扶汉气吞虹。鼎足分天下,角力而相攻。横行五十载,四海遭困穷。长江沉铁索,帝业总成空。

《历代国号总括歌》为清代鲍东里所作,他先后编过多部历史类蒙学教材,如《史鉴节要便读》《酿斋训蒙杂编》《直省府名歌诀》《廿三史评口诀》等。《历代国号总括歌》是此类著作中最言简文略的一种,兹全文抄录:

> 盘古首出传三皇,有巢燧人功难忘。五帝之说至不一,羲轩治迹犹微茫。周虞历数始可纪,夏商及周为三王。春秋战国不足数,嬴秦蔑古何猖狂。汉能顺取治杂霸,新莽篡之旋灭亡。光武中兴号东汉,蜀汉吴魏成分疆。两晋之世尤纷乱,十有六国皆称强。宋齐梁陈继南国,元魏齐周争北方。隋能一之仅再世,三百年社归有唐。朱梁虽篡不长有,后唐短促犹朱梁。晋汉迄周尽转瞬,五代国势堪怆伤。是时割据国有十,赵宋荡扫世运昌。惟辽北境西扰夏,及金崛起尤难当。二帝北狩土宇削,建炎南渡偏于杭。有元继起成混一,幅员之衰临八荒。百年未满复逊去,朱明膺命稍延长。辽海旭日自东出,爝火既息无余光。大清定鼎传万祀,敷文偃武称垂裳。尧舜及今四千载,斯民何幸生同康。

历史类蒙学教材中有一些剥削阶级史学的观点,但编写形式也是对偶联句、叶以音韵,朗朗易诵、好学好记,尤其便于系统复习,在这种意义上是值得借鉴的。同时,这类教材善于用最少的文字含最多的容量,如《历代国号总括歌》仅用266个字就叙述了自盘古迄于清的历史。现代历史教学中的《朝代歌》就滥觞于此。

(四)诗词歌赋类蒙学教材

这一类教材,选择适合儿童的诗词歌赋进行文辞、情感和美感的熏陶和教育，同时教以基本的创造技能。虽然孔子早就倡导诗歌教育，但真正倡导以诗歌训课蒙童的，当首推朱熹。他的《训蒙诗》是诗词歌赋类蒙学教材的开先河之作。但因理学味太浓未能广泛流传。其后有陈淳的《小学诗礼》、万斛泉的《童蒙须知韵语》、胡榻的《蒙养诗教》、汪洙的《神童诗》以及《唐诗三百首》和《千家诗》等问世，后三种影响最大。《神童诗》相传出于北宋末的汪洙之手，史称他八九岁即善诗长赋，自称神童，后世因此将他的诗作汇为《汪神童诗》。其实诗集中既有唐代李白的诗又有南朝陈末代皇帝陈叔宝的诗作，显然为后人增益附会以教训童蒙。诗中有不少劝诱读书的内容，如"万般皆下品，惟有读书高"之类，不仅为现代人所摒弃，亦为旧时人所非议，现录卷首四首劝学诗以作观照：

天子重英豪，文章教尔曹。万般皆下品，惟有读书高。

少小须勤学，文章可立身。满朝朱紫贵，尽是读书人。

学向勤中得，萤窗万卷书。三冬今足用，谁笑腹空虚。

自小多才学，平生志气高。别人怀宝剑，我有笔如刀。

在诗词歌赋类蒙学教材中，还有一些授以童蒙创作创造技能的课本，以作为"将来对股表启诗联对仗张本"。如祝明和潘瑛的《声律发蒙》、孟绂的《注解启蒙对偶续编》、司守谦的《训蒙骈句》、车万育的《声律启蒙》、赵畏喦的《三字锦》等。《训蒙骈句》的作者司守谦天才薄命，二十余岁即离世，诗文仅存此一篇。该篇字句两两相对、谐音成韵，比较适合儿童的兴趣。兹录数句如下：

天转北，日升东。东风淡淡，晓日蒙蒙。野桥霜正滑，江路雪初融。报国忠臣心秉赤，伤春美女脸消红。孟轲成儒，早藉三迁慈母力，曾参得道，终由一贯圣人功。

　　清代人车万育编撰的《声律启蒙》也是影响较大的童蒙教材，它把声韵格律与对偶知识有机地结合在一起，"相互依倚，互为表里，不仅节奏明快，而且谐和声韵，读起来易于上口，饶有兴味"[①]。这里也照录篇首数句：

　　云对雨，雪对风，晚照对晴空。来鸿对去燕，宿鸟对鸣虫。三尺剑，六钧弓，岭北对江东。人间清暑殿，天上广寒宫。两岸晓烟杨柳绿，一园春雨杏花红。两鬓风霜途次早行之客，一蓑烟雨溪边晚钓之翁。

　　从上可见，训蒙诗具有很浓的道德教化功能，它使儿童在背诵诗歌的过程中潜移默化地接受封建的伦理纲常和世界观、人生观，其内容许多在现在是不可取的。这些诗歌大多要求学童熟读熟记、存乎一心，即所谓"熟读唐诗三百首，不会吟诗也会诌"，对于培养诗歌鉴赏和创作能力还是有一定成效的。

　　（五）名物和自然科学知识类蒙学教材

　　这一类教材，以传授名物知识和传统的天文、地理、医学、生物等自然科学的专门常识为主要内容，以扩大学童的知识面和形成其学术上的兴趣。此类蒙学教材既有专门领域的，如宋代的《步天歌》（天文类）和《发蒙算经》、元代的《算学启蒙》、明代的《唐宋卫生歌》、清代的《交食蒙求》（天文类）和《经义韵言》等，也有综合性质的，其中以宋代方逢辰的《名物蒙求》最为著名。该书涵盖天文地理、山川城邑、林木花草、农事时令、饮食服饰、居室器物、飞鸟禽兽等的名称，包举百科，构思巧妙，内容实用，形式活泼，颇具匠心。曾被收录在《小四书》中。如其中叙述的天文现象：

　　天尊地卑，乾坤定住。轻清为天，重浊为地。丽乎天者，日月星辰。润以雨露，鼓以风霆。云维何兴？以水之升。雨维何降？以云之烝。阳为阴系，风旋飙回。阳为阴蓄，迸裂而雷。惟霁斯虹，惟震斯电。散为烟霞，

---

　　① 徐梓、王雪梅编《蒙学歌诗》，山西教育出版社，1991，第206页。

凝为雹霰。日中则昃，月满则亏。往来进退，消息盈虚。时乎阳明，宇宙轩豁。白日青天，光风霁月。时乎阴浊，霾雾混茫。曦娥受瞳，彗孛生芒。是以圣人，抑阴崇阳。《诗》防霰雪，《易》戒冰霜。

这类传授名物常识的蒙学教材也是不忽视伦理道德的浸透，如有这样的论述：

人生而群，不可无教。君仁臣忠，父慈子孝。别而夫妇，信而友朋。长幼有序，是谓人伦。

从以上五类蒙学教材的粗略浏览，我们可以看出古代童蒙教育的大致内容。这些内容有许多共同的特点，如寓伦理道德教育于各科内容之中，加强了德育的渗透性；言简意赅，形象生动，叶韵易诵，方便记忆。另外，作者多为名学者，如朱熹、王应麟等学术大师都曾亲自编书，提高了质量与权威性；有的学者以编蒙学教材为业，如清代鲍东里一生编了许多部历史类蒙学教材。

二、蒙学的特点

古代学者对蒙学特别关注。在教育家的训蒙实践中，逐渐形成了一些具有特点的蒙学理论和训蒙方法，这无疑有不少可以借鉴和继承的。鲁迅先生曾说过："倘有人作一部历史，将中国历来教育儿童的方法、用书，作一个明确的记录，给人明白我们的古人以至我们，是怎样的被熏陶下来的，则其功德，当不在禹（虽然他也许不过是一条虫）下。"①七十多年过去了，尚不见有人系统而明确地记录"中国历来教育儿童的方法"，这不能不说是一件憾事。我在这里也无法完成这项功"不在禹下"的伟业，只能做一些爬梳剔抉、拾遗补阙的探索，对古代蒙学的理论和实践的主要特点进行初步的研究。我认为，古代蒙学具有以下五方面的基本特点。

---

① 鲁迅：《我们怎样教育儿童的？》，载《鲁迅全集》第 5 卷，人民文学出版社，1981，第 255–256 页。

（一）重视早期教育

蒙学本身已是一种早期教育，而在一般认为 15 岁以前的蒙学阶段中，古代教育家提倡尽早进行启蒙，即强调早期教育。西晋时期的葛洪就认为："少则志一而难忘，长则神放而易失，故修学务早。及其精专，习与性成，不异自然也。"[①]即尽早进行教育，由于精神专一，容易接受各种知识，养成行为习惯，为以后的成长打好基础。宋代教育家二程也积极主张进行早期教育。他们说："古人自幼学，耳目游处，所见皆善，至长而不见异物，故易以成就。今人自少所见皆不善，才能言便习秽恶，日日消铄，更有甚天理？"[②]认为"幼学"是立圣之基，对人的发展具有关键的作用。如果没有这个根基，就好像"作室而无基也，成亦难"[③]。

至于早期教育的起始问题，有些教育家认为"自能食能言而教之"[④]，如清代王夫之从"习与性成"的理论出发，提出应在儿童能动作、讲话时就及时进行熏陶教育。他这样写道：

人之皆可为善者，性也；其有必不可使为善者，习也。习之于人大矣，耳限于所闻，则夺其天聪；目限于所见，则夺其天明；父兄熏之于能言能动之始，乡党姻娅导之于知好知恶之年，一移其耳目心思，而泰山不见，雷霆不闻；非不欲见与闻也，投以所未见未闻，则惊为不可至，而忽为不足容心也。故曰："习与性成。"成性而严师益友不能劝勉，醲赏重罚不能匡正矣。[⑤]

他认为，儿童教育宜早不宜迟，应在孩童知觉方萌、言语初始之时进行有关的教育，形成良好的品质和行为。这里实际上还揭示了教育的一条重要规律——塑造易，改造难。既然从人诞生之日起就已开始被塑造，教育的过程也应从此起步了。

还有一些教育家主张早期教育从胎教开始。汉代刘向的《列女传·周

① 《抱朴子·外篇·勖学》。

② 《二程集·遗书卷二》。

③④ 张伯行编《养正类编》卷二，《小学》。

⑤ 《读通鉴论》卷十。

室之母》就记载过文王之母太任的"胎教":"文王之母,挚任氏中女也。王季娶为妃。太任之性端一诚庄,惟德之行。及其有娠,目不视恶色,耳不听淫声,口不出敖言,能以胎教。溲于豕牢而生文王。文王生而明圣,太任教之以一而识百。君子谓太任为能胎教。"又指出:"古者妇人妊子,寝不侧,坐不边,立不跸;不食邪味,割不正不食,席不正不坐;目不视于邪色,耳不听于淫声。夜则令瞽诵诗道正事,如此则生子形容端正,才德必过人矣。故妊子之时,必慎所感;感于善则善,感于恶则恶。人生而肖万物者,皆其母感于物,故形音肖之。文王母可谓知肖化矣。"早于刘向的另一西汉教育家著有《胎教》的专文,并主张"胎教之道,书之玉版,藏之金柜,置之宗庙,以为后世戒"[①]。此后,东汉的王充,南北朝的颜之推,西晋时的张华,唐代的孙思邈,宋代的朱熹、二程、陈自明,元代的朱震亨,明代的万金、许相卿等均有大量论述。[②]这些论述虽不乏荒诞无稽、不合科学之言,但其中也有若干合理的内核。[③]如"视恶色""见丑恶物"或"出乱言"及"怒"等,会对孕妇的情绪产生消极影响,导致胎儿对环境的不适,造成中枢神经失调,结果有可能成为低能儿;而"淫声"之类的噪声,也会使胎儿躁动不安,出世后也可能会适应不良。反之,弹琴抚瑟、心神安静、情绪平和,对于胎儿的健康成长自然是十分有益的。所以,通过良好的"胎教"给胎儿创造良好的胎内环境,这个古人提出的命题如何用现代科学的

---

① 《贾子新书·胎教》。

② 如王充说:"聋跛盲,气遭胎伤,故受性狂悖,羊舌似我初生之时,声似豺狼,长大性恶,被祸而死。在母身时,遭受此性,丹朱、商均之类是也。性命在本,故《礼》有胎教之法。"(《论衡·命义篇》)颜之推说:"古者,圣王有胎教之法:怀子三月,出居别宫,目不邪视,耳不妄听,音色滋味,以礼节之。"(《颜氏家训·教子》)张华《博物志》曰:"妇人妊身,不欲令见丑恶物、异类鸟兽,食当避异常味;不欲令见熊罴虎豹、射雉,食牛心、白犬肉、鲤鱼头。席不正不坐,割不正不食。听诵诗书讽咏之音,不听淫声,不视邪色。以此产子,必贤明、端正、寿考。所谓父母胎教之法。"孙思邈《千金方·养胎》曰:"旧说凡受胎三月,逐物变化,禀质未定。故妊娠三月,欲得观犀象猛兽、珠玉宝物,欲得见贤人君子、盛德大师,观礼乐、钟鼓、俎豆、军旅、陈设,焚烧名香,口诵诗书、古今箴诫,居处简静,割不正不食,席不正不坐,弹琴瑟,调心神,和情性,节嗜欲,庶事清净。生子皆良,长寿、忠孝仁义、聪慧无疾。斯盖文王胎教者也。"万金的《妇人秘科·养胎》云:"受胎之后,喜怒哀乐,莫敢不慎。盖过喜则伤心而气散,怒则伤肝而气上,思则伤脾而气郁,忧则伤肺而气结,恐则伤肾而气下。母气既伤,子气应之,未有不伤者也。"

③ 武杰、蔡鼎文:《中国古代儿童心理学思想述评》,《江西师范大学学报》1984 年第 1 期。

理论和技术去诠释、发展，仍是需要进一步探索的课题。

（二）重视家庭教育

在中国古代，家庭不仅是生产和生活的单位，而且是实施教育的基本单位。儿童无论是否进学校，家庭的教育总是须臾不可离的，对于小学之前的孩童而言，家庭更是他们的第一所学校，父母则是他们的第一任老师。因此，古代教育家非常重视家庭的教育功能，如清代陆世仪说："教小儿，不但是出自外传谓之教，凡家庭之教最急。"①另一清代教育家孙奇逢也指出："端蒙者，是家庭第一关系事。"②都把家庭教育视为童蒙教育的关键和基础。也正因为如此，中国历史上流传着许多动人的家庭教育佳话，如"孟母三迁""岳母刺字""三娘教子"等；涌现出许多家庭教育的理论文献，如颜之推的《颜氏家训》、袁采的《袁氏世范》、庞尚鹏的《庞氏家训》、吴麟徵的《家诫要言》、陈宏谋的《五种遗规》、孙奇逢的《孝友堂家训》，等等；至于以家长身份用诗歌格言等形式教诲子女的书文，更是汗牛充栋、不计其数了。在家庭教育方面，古代教育家比较强调以下几方面的问题。

1. 重视父母自身言行对子女的影响

清初陆世仪说："教子功夫，第一在齐家，第二在择师。若不能齐家，则其子自孩提以来，爱憎笑，必有不能一轨于正者矣，虽有良师，化诲亦难。"③这说明，家庭在儿童教育中具有、学校所无法替代的重要作用，如果父母不能"齐家"，虽然以后有"良师"的教诲，其效果也甚微。所以，他特别强调父母用自身的行为去影响儿童："教子须是以身率先，每见人家子弟，父兄未尝著意督率，而规模动定，性情好尚，辄酷肖其父，皆身教为之也。念及此，岂可不知自省。"④

张履祥也认为"人各欲善其子，而不知自修，惑矣"⑤，强调父母的"自修"对于教育子女的意义。为什么要强调父母的作用呢？这是由于父母与子女有着亲情、血缘关系，朝夕相处，甘苦与共，子女离开母体后仍与父母有

---

① ③ 陆世仪撰《思辨录辑要》。

② 孙奇逢撰《孝友堂家训》。

④ 《思辨录辑要》卷十。

⑤ 《杨园先生全集》卷二十六。

直接的千丝万缕的联系。耳濡目染之中，自然能接受父母潜移默化的影响。颜之推称之为"风化"的过程。他说："夫风化者，自上而行于下者也，自先而施于后者也。"①这是一种上行下效的"风化"，不需要任何的强制作用。

2. 主张"爱"与"教"相结合，"不可妄憎爱"

爱孩子是父母的天性。但如果爱之不以其道，陷于一味的溺爱，也会适得其反，给孩子以消极的影响。所以，古代教育家强调正确处理疼爱与教育两者的关系。如颜之推说："父母威严而有慈，则子女畏慎而生孝矣。吾见世间，无教而有爱，每不能然；饮食运为，恣其所欲，宜诫翻奖，应诃反笑，至有识知，谓法当尔。骄慢已习，方复制之，捶挞至死而无威，忿怒日隆而增怨，逮于成长，终为败德。"②他认为做父母的关键是"威严而有慈"，威严中有慈爱，慈爱里寓威严；当慈爱时慈爱，当威严时威严。否则，则会使孩子无所适从，不识好歹，"终为败德"。陆世仪也指出，父母的教子不慎对子女终身无益："每见人家养子，当其知识乍开时，即戏教以打人骂人，及玩以声色玩好之具，此等气习，沁人心腋，人才何缘得成就？"③

宋代教育家袁采对于"爱"与"教"的关系颇有创意，在他那本被尊称为家庭教育专著"《颜氏家训》之亚"的《袁氏世范》中，写了如下一段值得玩味的话：

人之有子，多于婴孺之时，爱忘其丑，恣其所求，恣其所为。无故号叫，不知禁止，而以罪保母；陵轹同辈，不知戒约，而以咎他人。或言其不然，则曰小未可责，日渐日渍，养成其恶，此父母曲爱之过也。及其年齿渐长，爱心渐疏，微有疵失，遂成憎怒，摭其小疵，以为大恶，如遇亲故，妆饰巧辞，历历陈数，断然以大不孝之名加之，而其子实无他罪，此父母忘憎之过也。爱憎之私，多先于母氏，其父若不知此理，则徇其母氏之说，牢不可解。为父者须详察此，子幼必待以严，子壮无薄其爱。

---

① 《颜氏家训·治家》。

② 《颜氏家训·教子》。

③ 张伯行编《养正类编》卷二，《小学》。

在袁采看来，父母一般易出现两种倾向，即在子女婴孺之时倍加溺爱，所求必应，袒护纵容；而在子女年齿渐长之后，则严加苛责，吹毛求疵，小错重罚。这表现了父母教养无方、妄憎爱的通病。因此，在教育过程中不妨反其道而行之，"子幼必待以严，子壮无薄其爱"，使幼童从小养成良好的行为习惯。其实，袁采所指出的弊病，也是现代父母经常出现的两种倾向。所以，这段论述仍有其现实意义。这也从另一侧面突出了袁采"教子当在幼"的观点。

除上述两点外，中国古代家庭教育还具有几个显著特点。首先，中国古代的家庭教育是与生俱来、至死方休、周期极长的教育。在中国古代，个人从生命诞生起直至死亡，整个生命历程始终贯穿着家庭教育。"父母之命不可违"，是中国古代社会的道德准则之一。即便父母亡故，个人仍在无形之中接受父母的影响，遵守父母的遗训。父辈的思想品德和事业上的成就，以及既定的家规、家训、家诫等并不随着父辈的逝去而消失，而是成为继续影响子女的教育因素和手段，成为约束、激励和鞭策子女的教育力量源泉。

其次，中国古代的家庭教育是注重子女的社会生活的指导和监控的教育。在中国古代，子女无论是长于身边还是远离他乡，无论是位高官大还是职卑力弱，父母们都给予特别的关注。子女的行为也无时不受父母的监督调控，极少有家庭对子女的所作所为视而不见、置若罔闻，即使子女已成家立业、建功获爵也是如此。如《列女传》载，战国时楚将子发攻秦绝粮，"士卒并分菽豆而食之"，而子发却独自享用珍馐美味。及待破秦而归，其母闭门不纳，遣人告子曰："夫使人于死地，而自康乐于其土……子非吾子也，无入吾门。"直至子发对母认错，方准进屋。

再次，中国古代的家庭教育是以父亲为主要教育主体的教育。父亲是古代家庭至高无上的权威，儒家的"三纲五常"伦理长期统治中国社会，支配人们的生活，"父为子纲""夫为妻纲"是古代社会的行为准则。父亲的经济地位和社会的道德支持决定了父亲"占据一种无需有任何特别的法律特权的统治地位"①。父亲可以干预、操纵子女的一切，可以调节母亲训

---

① 恩格斯：《家庭、私有制和国家的起源》，载《马克思恩格斯选集》第 4 卷，人民出版社，1995，第 72 页。

育子女的方式。相形之下，作为家庭一员的母亲则没有父亲具有的权威。女子在成为妻子之前，生活资料由自己的父亲分给；成为妻子和母亲后，生活资料从丈夫那里得到；丈夫去世，则由儿子提供赡养。所以女子恪守着"在家从父，出嫁从夫，夫死从子"的畸形道德规范。而另一方面，儒家的孝悌道德又要求子女必须尊重和孝顺母亲，并由此派生出来母亲作为家庭教育次要主体的地位。这样，母亲既是被"统治"的，又是家庭教育的次要主体。

"贤妻"与"良母"的双重责任由此而产生。家庭教育的成败也主要由父亲承担，如《三字经》所说的"养不教，父之过"，就是明证。

（三）重视行为教育

古代教育家从孩童的身心特点出发，强调蒙学应侧重于行为教育，加强行为习惯的训练，即所谓"教之以事"。如朱熹说："古之教者有小学，有大学，其道则一而已。小学是事，如事君、事父兄等事。大学是发明此事理，就上面讲究所以事君、事父兄等事是如何。"①他在《童蒙须知》中更明确地指出："夫童蒙之学，始于衣服冠履，次及言语步趋，次及洒扫涓洁，次及读书写文字，及有杂细事宜，皆所当知。"很显然，童蒙阶段的主要任务就是对儿童进行行为习惯的训练，让他们知道做什么和怎么做，即所谓"使由之"；而大学阶段则是给他们讲解为什么要这样做，即所谓"使知之"。宋代吕大临也系统阐述了这两个阶段的教育内容与辩证关系。他说："小学之教，艺也，行也；大学之教，道也，德也。礼乐射御术数，艺也；孝友睦姻任恤，行也；自致知至于修身，德也；所以治天下国家，道也。古之教者，学不躐等，必由小学然后进于大学。自学者言之，不至于大学所止则不进；自成德者言之，不尽乎小学之事则不成。"②在他看来，小学教育的内容是礼乐射御书数之艺和孝友睦姻任恤之行，而大学教育的内容则是致知修身之德和治国平天下之道。前者是基础，侧重于道德的陶冶；后者是前者的发展，侧重于理论的指导。要做一个品德完善的人，"不尽乎小学之事"是不

---

① 张伯行撰《小学集解·小学辑说》。

② 《小学集解·小学辑说》。

行的；而要做一个学问渊博的人，"不至于大学所止"也是难以办到的。这说明，侧重于行为训练的蒙学是为人的基础。正因为如此，中国古代教育家编著的蒙学教材无不侧重阐明行为训练的基本要求，如朱熹的《童蒙须知》、屠羲英的《童子礼》、陈瑚的《小学日程》、程端蒙和董铢的《程董二先生学则》、真德秀的《家塾常仪》、高贲亨的《洞学十戒》等，都明确而具体地规定了学童的行为规范。如《童子礼》分检束身心、入事父兄出事师长和书堂肄业三部分，盥栉、整服、叉手、肃揖、拜起、跪、立、坐、行、言语、视听、饮食、洒扫、应对、进退、温清、定省、出入、馈馔、侍坐、随行、邂逅、执役、受业、朔望、晨昏、居处、接见、读书、写字三十目，明示了行为规范的每一个细节。如"居处"的内容是：

> 端身正坐。书籍、笔砚等物，皆令顿放有常。其当读之书、常用之物，随时从容取出，不得信手翻乱。读用已毕，复置原所，毋使参错。其借人书物，当置簿登记，及时取还，毋致遗失。

这一类的规范便于操作运用，学童循之有据，所以对于行为习惯的训练作用颇大。从现代心理学的观点来看，重视儿童的行为训练也是合乎儿童身心发展的客观规律的。在感知运动阶段，儿童的表现和模仿特别强，所以对行为的模仿与习得有重要意义。从7岁左右，儿童进入具体运算阶段，逐步脱离自我中心，产生初步的责任感和自律。在12岁左右，少年期（或青年前期）的儿童迈入了形式运算阶段。这时，儿童"从具体事物中逐渐解放出来，有利于把兴趣朝着不在当前的而在未来的事物方向发展。这年龄阶段除对当前现实作出适应外，还具有远大理想，同时也是掌握理论的开始"（皮亚杰语）。这就清楚地表明，儿童只是在12岁左右才能接受比较抽象的理论，在此之前，主要还是通过表象、模仿等能力获得行为形成习惯。这不能不说与中国古代学者对15岁以前的蒙学"教之由之"和15岁以后的学生"使之知之"的设想有暗合之处。自然，古人没有也不可能达到今人的境界。

事实上，重视行为教育也是重视道德伦理的教育。在蒙学阶段，伦理道德教育是通过行为规范、行为训练形式出现的，两者是二而一、一而二的关系。在行为训练的各种规章条约中，无不容纳了爱整洁、讲礼貌、守规矩、贵谦让等品德教育的内容。

（四）重视正面教育

中国古代教育家比较注意对童蒙的正面引导，通过正面教育对他们施加积极的影响。明代教育家王廷相就说过："童蒙无先人之杂，以正导之而无不顺受。……壮大者已成驳僻之习，虽以正导，彼以先人之见为然，将固结而不可解矣，夫安能变之正？故养正当于蒙。"①这里所说的"正导"，就有正面引导的意思。也就是说，只有以正确的东西去影响儿童，才能取得先入为主的效果，德育工作才不致陷于被动。明代王阳明从儿童的心理特点论述了正面教育的意义：

大抵童子之情，乐嬉游而惮拘检，如草木之始萌芽，畅舒之则条达，摧挠之则衰萎。今教童子，必使其趋向鼓舞，中心喜悦，则其进自不能已。譬之时雨春风，沾被卉木，莫不萌动发越，自然日长月化。若冰霜剥落，则生意萧索，日就枯槁矣。故凡诱之歌诗者，非但发其志意而已，亦以泄其跳号呼啸于泳歌，宣其幽抑结滞于音节也；导之习礼者，非但肃其威仪而已，亦所以周旋揖让而动荡其血脉，拜起屈伸而固束其筋骸也；讽之读书者，非但开其知觉而已，亦所以沉潜反复而存其心，抑扬讽诵以宣其志也。是盖先王立教之微意也。②

王阳明认为，儿童的心灵总是向着一切美好的东西敞开的，必须循循善诱，调动儿童的积极性，就像有经验的园丁应该让幼苗有充分舒展的余地，而不是摧挠拘检之。正面教育犹如时雨春风，能发其意志，肃其威仪和开其知觉，使儿童的天性得到尊重；而如果反之，则犹如冰霜剥落，使儿童畏首缩尾，从而怨恨师长，得不到健康成长。清代张行简有更简洁明了的表述："人生童年，得春令发生之气。善教者，总以诱掖奖劝为主，即施

---

① 《雅述·上篇》。

② 《王文成公全书·训蒙大意示教读刘伯颂等》。

教刑时，亦须用诱掖奖劝语。"①要求在教育童蒙不得已采用惩罚手段时，也不忘记正面教育，采用"诱掖奖劝"语。

清代王筠还论述了正面教育对于那些"笨拙执拗"儿童的教育意义。他说："孔子善诱，孟子曰教亦多术，故遇笨拙执拗之弟子，必多方以诱之，既得其机之所在，即从此鼓舞之，蔑不欢欣，而唯命是从矣。若日以夏楚为事，则其弟固苦，其师庸乐乎？"②在他看来，那些"笨拙执拗"的儿童尤其需要正面教育。因为只有通过正面教育，才能使他们产生愉快的心理体验，从而听从老师的教导；反之，如果动辄体罚，"以夏楚为事"，或使他们畏惧而不学，或使他们顽拗而违抗，教师也只能陷于无能为力、进退两难的窘境。

三、训蒙的方法

中国古代很注重训蒙之道，许多教育家关于训蒙的方法颇具创见，并出现了若干专门研究训蒙方法的理论著作，如宋代王日休的《训蒙法》，明代佚名的《教子良规》，清代陈芳生的《训蒙条例》、王筠的《教童子法》、唐彪的《父师善诱法》、张行简的《塾中琐言》和石天基的《训蒙辑要》等。

由于训蒙一般是由蒙师来执掌进行的，蒙师的水平高低、方法正误直接影响到训蒙的效果。所以，古代教育家对蒙师提出了较高要求，也主张应慎重选择蒙师。如清崔学古说："为师难，为蒙师更难。蒙师失，则后日难为功；蒙师得，则后来易为力。甚矣，不可不慎也！"③认为蒙学之师是所有教师中最困难、任务最艰巨、作用最大的一种，因为蒙学的效果如何，直接影响到后来的教育效果。也正因为如此，古代有远见的教育家都反对轻视蒙师的不良社会风气。如清代张履祥说："蒙师之责至重，而世轻贱之；举世之学至陋，而世尊隆之，可谓不知类矣。"④另一清代教育家唐彪则从蒙师的工作强度之艰苦、待遇之微薄低下、影响之深远持久论述了尊重蒙师

① 张行简撰《啸孙轩制艺文稿·塾中琐言》。

② 《教童子法》。

③ 《檀几丛书·幼训》。

④ 《杨园先生全集》卷三十九。

的必要性。他写道：

> 人仅知尊敬经师，而不知尊敬蒙师。经师束犹有加厚者，蒙师则甚薄，更有薄之又薄者。经师犹乐供膳，而蒙师多令自餐，纵膳亦亵慢而已矣。不知蒙师教授幼学，其督责之劳，耳无停听，目无停视，唇焦舌敝，其苦胜于经师数倍。且人生平学问，得力全在十年内外。学生之言动，宜时时训诲，使归于正也；所读之经书，宜精熟也；书法与执笔，宜讲明也；切音与平仄，宜调习也；经书之注，节读宜有法也。功夫得失，全赖蒙师，非品端学优而又勤且严者不克胜任。夫蒙师劳苦如此，关系之重又如此，岂可以子弟幼小，因而轻视先生也哉！①

　　唐彪不仅对不尊敬蒙师的习俗做了尖锐批评，而且论述了蒙师对于学童生平学问的重要影响，从而提出了只有"品端学优""又勤且严"的人才有资格担任蒙师这一神圣的职责。

　　关于训蒙的具体方法，古代教育家的论述主要集中在识字、写字、阅读和写作四个方面，这也体现了古代蒙学偏重语文教学并通过语文教学进行伦理道德教育的传统。现对此做一简要分析。

（一）识字教学法

　　蒙学教育的第一步就是识字。正如崔学古所说："五六岁时，方离襁褓，未脱孩心，眷眷堂前，依依膝下，乃其天性本真，若令就学，每日先令习坐、习静、识字。"②王筠也主张"蒙养之时，识字为先。"③为了提高识字的效率，古代教育家总结了若干行之有效的方法。

　　一是四方木块识字法。唐彪说："生子至三四岁时，口角清楚，知识稍开，即用大小木板方寸许、四方者千块，漆好，朱书《千字文》，每块一字，盛以木匣，令其子每日识十字，或三五字（识字多者，或乳媪，或仆婢，

---

① 唐彪撰《父师善诱法》。

② 《檀几丛书·幼训》。

③ 《教童子法》。

量予奖赏，则终日引诱认字，胜于引诱戏骂矣）。复令其凑集成句读之，或聚或散，或乱或齐，听其顽耍，则识认是真，如资质聪慧者，百日可识完。再加以《三字经》《千家诗》等书，一年可识一二千字。"[①]这有些类似于现代的拼字板游戏，让儿童在识得单个字的基础上"或聚或散"，拼句成意，同时辅以奖励强化，以调动幼儿的学字积极性。

二是纸上识字法。如崔学古写道："何谓纸上识字？凡训蒙，勿轻易教书，先截纸骨，方广一寸二分，将所读书中字，楷书纸骨上，纸背再书同音，如'文'之与'闻'，'张'之与'章'之类，一一识之。又遇姿敏者，择易讲字面，粗粗解说。识后，再线穿之，每日温理十字，或数十字，周而复始，至千字外，方用后法。"[②]这里所说的纸骨与小方木块原理类似，强调从认识某个特定的具体字入手。但崔学古主张在纸背再加上一同音字，这样就能学一记二，起一箭双雕之效用。他还注意及时复习，"每日温理"，以巩固所识之字。

三是书上识字法。这也是崔学古提出的。他说："何为书上识字？凡教生书，先令本生就书上字，逐字挨认，遇不识字，用朱笔圈出，又用黑笔写在书头，最为易记。"[③]这实际上是在纸上识字的基础上，运用初步获得的文字进行阅读，并把阅读中出现的生字用红颜色的笔醒目地标出，再用黑颜色的笔加以练习巩固。所以，这是识字与阅读相结合的方法。

四是先集中识字，后进行阅读法。清代王筠对识字问题颇有研究。他主张集中识字，然后再进行阅读："识字为先，不必遽读书。如弟子钝，则识千余字后，乃为之讲；能识二千字，乃可读书。"[④]他认为必须掌握基本的识字量（2000字）后才可读书。从现代教育心理学的观点来看，王筠的方法是有一定道理的，因为集中识字便于根据汉字特点归类比较，突出了构词规律，简化了识字过程；同时能突出学习重点，加快识字速度，增强学习兴趣，提高识字效率。当学生掌握了一定数量的汉字之后，便可大量阅读课文。[⑤]

五是由简及繁，形象直观法。王筠写道："先取象形、指事之纯体字教

① 《父师善诱法》。

②③ 《檀几丛书·幼训》。

④ 《教童子法》。

⑤ 燕国材：《明清心理思想研究》，湖南人民出版社，1988，第422页。

之。识'日''月'字，即以天上日月告之，识'上''下'字，即以在上在下之物告之，乃为切实。纯体字既识，乃教以合体字。"①众所周知，汉字包括形、音、义三个要素，用辨认字形的方法，发挥了汉字象形的直观功能，便于学童牢固掌握字形和字义。同时，汉字的合体字是由偏旁、部首、纯（独）体字构成的，先掌握少量的偏旁、部首和独体字，便为进一步掌握大量汉字奠定了基础。这合乎由简及繁、由易到难的认识规律。

同时，古代教育家为了使识字不至于太简单枯燥，并及时巩固识字的成果，为初步阅读作准备，还编制了许多识字教材。这些教材大多句短叶韵，形象有趣，朗朗上口，《三字经》《千字文》就是典型。

（二）写字教学法

中国古代蒙学教育中学习写字也是一项重要任务，但教育家们主张写字在识字，甚至在阅读之后，这与现在的小学教育大不相同，后者是两者同步进行的。其原因有三：一是古代写字牵涉到纸墨笔砚等一大堆复杂的书写工具，二是幼儿生理发展尚不够运笔自如的条件，三是古代写字一开始就是一种书法艺术的训练。所以王筠说："学字亦不可早，小儿手小骨弱，难教以拨镫法。八九岁不晚，学则学元秘塔、臧公碑之类。不可学小字，大有三分好，缩小便五分好也。"②古代蒙学中写字训练的方法主要有以下要点。

一是明确告以身法、手法、把笔法、作字法，进行基本功训练。如崔学古的《少学》就要求："凡作书，肩背宜直，胸宜去桌三寸许，面宜去背三寸许。"（身法）"指实掌虚，以大指推出，食指压下，中指钩入，小指衬，无名指抬起，执笔宜紧，竖笔宜直。"（手法）握笔有四要："虚（手指心不近掌）、圆（作背圆）、正（笔管正）和紧（手指贴笔紧实）。"作字有四法："横平竖直""少粗多密""勾短点圆"和"空勾横直"。寥寥数言，就把习字的要领规定得清清楚楚，学童铭记在心，进行基本功的经常性训练，定能稳定进步。

二是注意教师的指导作用。如唐彪说："书法最难，可为程式者能有几人？若先生字不佳，字式何妨请人代书。若畏人笑，不请人书，是为自欺。

---

①② 《教童子法》。

若东家因其请人书字式而轻先生，则大非矣，盖先生优劣不在乎字也，其优劣在教法之善与不善，学生之受益与不受益耳。"①他认为，教师的书法不一定非常漂亮，但用来给学生示范的字一定要为上乘，所以不妨请人代书。但教师一定要懂得书写之法，有好的教法，学生才能受益。

三是少而精。如王虚中说："童蒙初入学，止宜写两字，不得过多。两字端正，方可换字。若贪字多，便难成就矣。"②要求学生抄练认真，不要贪多求快，操之过急。

四是模拟练习。如唐彪曰："写字重在执笔，执笔之法全在掌虚指活。今童蒙初学书，势必藉先生运笔，若不将物撑于童子手中，必将五指捏拢，后欲放开，令掌虚指活，难之至矣。为之计者，莫若将小轻圆木，或缝就小布团如鸡子样者，令童蒙握手中，然后先生运笔，庶指与掌但活动，而年长字易工矣。"③他认为写字的关键是"掌虚指活"，所以开始时可用小轻圆木棍代笔，用小布团塞于掌中，教师扶手润字，手把手地进行模拟练习，这对于形成正确的书写习惯也是很有效的。此外，还有先写大字，后写小字；先写米字格，再写方格，后写无格字等。

（三）阅读教学法

在本书第七章中我已较详细地介绍了中国古代的读书法，但主要是就自学而言的。童蒙显然一时难以独立地自学，所以教师对阅读进行指导是非常必要的。古代教育家认为，蒙学教育中激发童蒙的读书兴趣至关重要。如王筠说："学生是人，不是猪狗。读书而不讲，是念藏经也，嚼木札也。钝者或俯首受驱使，敏者必不甘心，人皆寻乐，谁肯寻苦？读书虽不如嬉戏乐，然书中得有乐趣，亦相从矣。"④主张必须通过教师的生动形象、恰到好处的讲解，激发学童的读书兴趣与求知欲望，从而让他们津津有味地读书。

关于训蒙读书的具体方法，论述最系统而详尽的可能要算崔学古了。他在《幼训》中依次谈了教授童蒙阅读的具体过程及方法，现简要加以介绍。

①②③ 《父师善诱法》。

④ 《教童子法》。

　　一曰敬书。崔学古说："儿童读圣贤书，不知敬重，每至墨污指损，糜烂不堪，皆师之过也。故诸生出大小恭，及晨起未栉沐者，先令盥手就座，平日毋以手近书，夏月尤宜痛戒。摊书须去桌边两寸许，凡揭书，以右手大指，侧衬书左边尖角抬起，以食指捻之，毋以指爪乱撮，毋以唾粘。"这是要蒙童养成爱书敬书的习惯。

　　二曰点书。崔学古说："凡读书，本生高执书签，逐字挨点。"这是要蒙童逐字看清文字。

　　三曰句读。他说："书有数字一句者，有一字一句者，又有文虽数句，而语气作一句读者，须逐字逐句，点读明白。大约句尽处，侧用大点，句法稍顿处，中用小点。"这是教蒙童如何通过句读掌握文意。

　　四曰念书。他提出这样的要求："毋增、毋减、毋复、毋高、毋低、毋疾、毋迟。最可恨者，兴至则如骂詈、如蛙鸣，兴衰则如蛩吟、如蝇鸣，凡此须痛惩之。"对读书的细心、声调、语速有具体的规定。

　　五曰探书。他主张："以五首为率，每日每首读二十遍，读至五日，非百遍乎？然须正日又读百遍，则每首二百遍矣。况今日读，明日后日又读，至五日，心口渐顺，自不涩。生者探至五日，背者带前五日，则每首而读十日，何患书之不熟也？"这实际上是一种连环阅读法，即每天限量阅读，当天学习的读百遍，以前学习的读20遍，逐日更进。从艾宾浩斯的遗忘曲线来看，这是颇为暗合记忆规律的。

　　六曰带书。他说："额定五首，其差处、生处，全赖此处稽查。若先生苦难，少至三二首，则书不熟矣。生徒若多，挑背亦可，盖师虽偷力，生则全理矣。"即对探书的情况进行检查，以了解学生是否熟背。

　　七曰理书。他要求蒙童"逢十总理十日书文，限午前看完，下午念探书。逢廿总理廿日书文，作两日理，限次日午前完，下午念探书。逢月总理一月书文，作三日理，限第三日午前完。逢季总理一季书文，作五日理。凡书念完一本，则通本理一遍，年终将一岁书文总理一遍。"这是要求学生定时系统整理所阅读的书文。

　　八曰默书。他主张在"背生书后，掩卷默写，忌写变体小字。遇重字，不可用两点，须连写二字。有一节书，分两首念者，须连写前半节"。这是对默写提出要求。

九曰兼理。他认为，"凡课读，必兼理熟书，不得一本放空。如《大学》已完，进读《中庸》，是《庸》为生书，《学》为熟书。……随读随理，旋转不穷，书无不熟矣"。这是要求蒙生不定时地复习过去所学过的知识。

十曰背书。他要求在背书时，"师生须口耳相接，生涩差讹，切勿提过"。

十一曰讲书。他指出，"子弟八九岁时，聪明渐开，当随其每日所读之书，即与逐句讲解。姿性高者，一讲即明，其未敏者，日与讲论，久之亦可渐晓"。这是为了帮助学生更好地理解所读材料，教师要及时地、耐心地讲解。这样，"子弟即至愚者，日聆嘉言，必能警悟，自寻向上，甘心愿学矣"。

（四）写作教学法

写作教学亦称作文教学，也是蒙学教育的重要内容之一。王筠的《教童子法》和崔学古的《少学》对此论述颇详。综其所论，有如下之要。

一是要给予必要的写作指导，让学生学会审题。如崔学古说："教生徒作文，须先与之讲明书旨。每出题目，先将通章本意，逐句逐节，从头至尾，何者当重，何者当轻，一一讲明，令其通晓。"只有让学生学会了审清题意，才能使写作具有章法，紧扣题目。

二是要让学生自拟文题，写自己熟悉的生活。王筠说："我见何子贞太史教其侄作诗，题目皆自撰，以目前所遇之事为题，是可法也。"学童自己命题，可以使他们有话可说、有文可作，从而写出充满情趣的文章，这对于培养写作兴趣也是有所帮助的。

三是要让学生不受拘束，先"放"后"收"。王筠说："作诗文必须放，放之如野马，踶跳咆嗥，不受羁绊，久之必自厌而收束矣。此时加以衔辔，必俯首乐从。"他认为，开始让学童练习写作时，要让他们放胆放手去写，敞开思路去写，不要有任何条条框框。经过一段时间的练习后，再引导他们注意取舍剪裁，考虑结构，由繁入简，从而提高写作水平。他还举一例加以佐证："诸城王木舟先生，十四岁入学，文千余字；十八岁乡魁第四，文七百字；四十岁中会元，文不足六百字矣。此放极必收之验也。"

四是作文批改要以鼓励、表扬为主。古代教育家主张对初学写作者的文章不能删改过多，以免挫伤其写作积极性。如王筠说："以放为主，越多越好。但于其虚字不顺者，少改易之，以圈为主。"张行简也写道："改窜过多，阻其兴致，强者愤怒，弱者颓安，势必束高阁，而不加捉摸。我费苦心，彼仍隔膜，师弟之凿枘不相入也。"[①]如果不以鼓励、表扬为主，不仅影响学生写作的兴趣，使其失去写作的自信心，甚者还会危及师生关系。

五是要帮助学童克服写作练习中的高原现象。王筠说："且弟子将脱换时，其文必变而不佳，此时必不可督责之；但涵养诱掖，待其自化，则文境必大进。譬如蚕然，其初一卵而已，渐而有首有身，蠕蠕然动，此时胜于卵也；至于作茧而蛹又复块然，此时不如蚕也，徐俟其化而为蛾，则成矣。作文而不脱换，终是无用才也；屡次脱换，必能成家者也。若遇钝师，当其脱换而夭阏之，则戚矣。"这里实际上揭示了写作练习中的波浪式前进的规律，即练习效果在一段时间内，总是停留在同一水平，几乎既不提高，也不后退或下降（也有下降的），这就是写作的"高原现象"。在学童出现这种"文变而不佳"的高原现象时，教师"必不可督责之"，而应当"涵养诱掖，待其自化"，这样其"文境必大进"。

六是要指导学童多读佳文，烂熟于心，积累写作文辞与素材。如崔学古说："多选多读，若能日诵数千言，而时时记于胸次，何患文词之不富，而下笔之难就也？其第一着尤在看书，另有神会。"经常诵读精选的佳文范本，熟记其中的精彩内容，久之自然文词丰富、下笔自如。

七是要传授写作的具体步骤。古代写作教学，根本目的是为了以后的应用，很大程度是应科举考试之需。由于科举大都有固定的程式，所以在学童初学时，教师应注意教以这些具体的内容。如崔学古就详尽地论述了"八法"（破承、起讲、入题、起股、虚股、中股、后股和束语结句）、"五要"（晓得宾主虚实、正反开合，晓得脉理，晓得步骤，晓得能转，晓得生造）、"四十字诀"（扼顶、提振、反正、宾主、开合、翻跌、挑代、转折、擒纵、起伏、照应、生发、顿宕、点缀、渡接、推掉、省补、拖缴、插带、锁结）以及"行文变化"等，这些虽有失于烦琐之弊，亦有具体的指导作用。

---

① 《啸孙轩制艺文稿·塾中琐言》。

附录　朱永新：大写一个"人"

英雄，呼之欲出

这是一次马拉松式的采写。

记得第一次见他，是在新世纪的第一个五月。那天阳光格外灿烂，在张家港高级中学刚落成的阶梯式礼堂内，参加"苏霍姆林斯基教育思想讲习班"的一批中小学教师，一个个打扮得体体面面的，正恭候着他——苏州市分管教育的副市长做《理想的德育》专题演讲。我作为一家媒体记者受邀前往。有意无意地，我选了最后一排的位子，想离那些个冠冕堂皇的官腔官调远点儿。

可"意外"还是发生了！正当我心不在焉"思想开小差"时，有些个词语竟如雷贯耳，让我为之一振，赶紧"刮目相看"——"我们这个时代，缺少英雄，中国的教育缺少英雄，我们需要呼唤英雄！需要进行英雄主义教育！……我们的一些教师如今正担当着警察的角色、刽子手的角色，看不见孩子们天性中的善良与闪光点……我们的教育还谈不上公民教育，还只是居民教育……"

远处，那个模糊的面影让我目不转睛，不想再错过那浑厚的声音所传递的每一句内涵——"有时候，一个简单的沟通，对孩子就有很大的帮助……自信对一个人太重要了，'说你行，不行也行；说你不行，行也不行'，这也可看作我朱永新的一条教育定律……而事实上，我们现今的教育则往往在摧毁自信！……"感觉着一种爽朗，荡气回肠……

没想到，身为政府官员的他，众目睽睽之下竟如此直言不讳！切中时弊，还入木三分！尤其是关于英雄和英雄主义的呼唤，差点没把我的魂给唤了出来！——是一种久违的豪迈与激越，让人震颤！让人昂奋！不经意间，发觉自己的两手已然握出一层薄薄的细汗。

中途休息, 掌声如潮, 荡漾着共鸣的心声。他走下台来, 魁伟的身躯洋溢着激情, 笑容一如五月的阳光, 灿烂着, 关照着每一个人。目光相遇, 你看到了一视同仁。有一种温润, 沁人心脾, 让人想起杜甫的"随风潜入夜, 润物细无声"。他原是如此地平易可近, 近得如同自家兄弟。体体面面的人们, 不再正襟危坐, 蜂拥着的(队列)人群组合出一个"众星捧月"。

从此, 我的眼睛多了一分留意……

父亲的礼物, 受用终身

2001 年的一个秋日, 我去了大丰。这是一座靠海的城市。他就出生在那儿, 一个叫作南阳的镇子上。

小镇沿街的三间红瓦小平房, 曾是他们一家五口温馨的家。他是家中长子, 有俩妹妹。父亲是一位小学教员, 后来当过一所村小学的校长, 再后来还当过聋哑学校校长, 荣获"全国模范教师"的称号, 正昭示着老人家一生敬业的精神。母亲在一个招待所工作, 勤俭持家, 她是行家里手, 除工作之外, 一家子的柴米油盐、缝补浆洗, 都让她给安排得妥妥帖帖、井然有序。

我曾见识过他母亲用小碎花布细针密线缝补过的拖鞋, 两双, 紧挨着, 摆在进门处, 干净, 亦不失美观。不过, 即便是我这个物质贫乏年代的过来之人, 多少还是有些惊讶: 都什么年代了! 真会过日子呀! 面对这种老传统, 你内心里自会萌生出一种"心酸"的感动。他们并不缺钱花, 他们是珍惜这点点滴滴呢! 真的是这样, 就在他们的卫生间里, 我还看到了一些桶啊盆的, 里边盛着淘米水或洗衣、洗菜的水, 备着二次利用——或洗拖把, 或冲厕所, "哪怕搓搓抹布也好呀, 国家号召节水呢! 自家也好省两个……"这便是一位母亲的境界。

感动之余, 我似乎闹明白了点什么——这不就是他的成长背景吗? 难怪他在两会期间要发问: 纳税人的钱怎么花? 难怪他要呼吁: 目前教科书太浪费了, 应当循环使用! 难怪他要建议: 今后各类会议资料实行"无纸化"……

家教原就是这么一脉相承! 顺带插一句: 回到南京后, 我家厨房和厕所的隔墙上便多出一个洞来，一根塑料管通出的是可以二次利用的水。你也不妨试试！好，言归正传——

他的父亲身材修长，足有一米八，初见他时，穿一身浅棕色休闲西装，风度翩翩，很有"派"的。老人家言语不多，但见人一笑，慈祥和蔼，可亲可近亦可敬。还记得那晚散步，老两口领着我去了聋哑学校的宿舍，孩子们无声地蜂拥而上，摸胡子的，吊膀子的，牵衣拉手，就跟自家的孙儿孙女似的那般熟络。老两口乐呵呵地沉浸在如此这般无声的"亲情"中，一边为我指指点点地介绍着，如数家珍，爱怜的目光缕缕掠过每个孩子的心头。

这位曾经的老校长，退休后便成了大家的老爷爷。据讲，他年轻时教育子女可自有一套，从不含糊。

曾看过朱永新儿时的一张习武照片，好一派"自古英雄出少年"的气势！这正是父亲要求他"闻鸡起舞"的某一瞬间的定格。

"好男儿就当自强不息！"大概从小学一年级开始，父亲就给他安排了一项功课以外的功课——每天大清早，大约五点半的样子，父亲就会准时把他从床上拖起，不论酷暑严冬，"逼"着他练字，临摹柳公帖，一天不落。"练字就跟做人一样，要坐得正，端得直，一撇一捺，稳稳当当；横当平，竖当挺，有一笔是一笔，笔笔到位……天天坚持不断，日久天长，认真地做，也就悟出了做人的基本道理……"

尽管当初他尚年幼贪玩，尽管他揉搓着惺忪睡眼，背地里管他父亲叫"周扒皮"，但他还是在这人生初始的规范里，深得个中三昧。如今他"睁眼即起"的习惯，正是从那时沿袭至今。他算了一笔账，每天早起两个小时，这样的一如既往，这样的几十年如一日，为他赢得了少说12年的有效工作日。12年，是个什么概念？多少回，他伴着寥落的晨星与大师对话；多少次黎明，他让露珠清洗自己的灵魂；多少个湿漉漉的思想，萌生在朝气氤氲时；多少奔涌的激情，随着东升的旭日一块儿喷薄……12年，他那摆摆在案头的由人民教育出版社2004年出版的十卷本文集，便是最好的佐证！12年，赢得的又何止是12年的时间！所以，每每他都要十二分地感谢他那位内向却有原则的老父亲。他总说："这是父亲送我的最珍贵的礼物！"

而今，这已然成了一位父亲留给儿子的"非物质遗产"。老人家于2006年的早春，因病医治无效，乘鹤西归了。临终，儿子从北京两会上一路赶奔，终没能见上最后一面。又一个"忠孝不得两全"！留下挥之不去的遗憾深铭于心。值得告慰的是，"子承父业"正如火如荼、继往开来……

一个文学梦，伴着海风潮涨潮落

我见过几本他家人为其保存着的笔记本，多是那个时代最通常的"工作手册"之类的，牛皮纸的封面上，印着毛泽东的手迹"为人民服务"。字是红色的，今天，醒目依旧。打开来，都是他的仿柳体，一笔一画，抄的大多是那个年代的流行语。有"高大全"的英雄人物描写，有脸谱化的反面角色的刻画，也有一些场景描绘，当然也免不了那个时代的一些豪言壮语，现在读来也还是挺带劲儿的，那个豪迈，现今的孩子是难以想见的。大概是抄着抄着嫌不过瘾吧？在一些个段落之间，便夹进了他自己的"创作"，是那种"小荷尖尖"的稚嫩，但显然一副跃跃欲试之态。

中学时代是多梦时节，尽管"文革"的风云变化莫测，但一点也无妨孩子们的梦想演绎得多彩多姿。随着习习海风，他的"诗人梦""作家梦"接踵而至。

一位叫徐鸣凤的初中语文老师，经常喜欢在他的习作后边，挥洒上大段的，甚至是"过誉"的评语，令他欢欣鼓舞。那些个闪烁的红钢笔字，就好像一簇簇火苗蹿跃在他的心头。徐老师家不多的"藏书"（那个年代是真"藏"，名副其实），让他初探了文学世界的深广与美妙，也让他头一回领受了精神上的"如饥似渴"。

初二时，有位姓刘的语文代课老师，据讲，曾是省里大干部的秘书，学问了得，博大精深。一次，朱永新在作文里用了个自己当时还似懂非懂的成语——"集思广益"，没想到，这位刘老师又是画圈又是打惊叹号的，还把这篇作文当作范文，抑扬顿挫地在课堂上朗读了一遍，读得朱永新既羞赧又兴奋。这一读，读出了他的自信，读出了他再也按捺不住的关于文学的想入非非。

高中时代，用他自己的话说，更是"一段激情燃烧的岁月。那是一个成长空间相对自由宽松的环境。在这个意义上讲，我们比现在的高中生是幸福多了。那些老师大部分来自天南海北，都是科班出身"，他们顶着"臭老九"的帽子，在特定的历史时期、特定的环境制约下，仍然忠于职守，不失"灵魂工程师"的风范，为那些学生的成长播下了希望、播下了憧憬。朱永新后来回忆道："那是我们的成长，我们的世界观和人生观形成的最关键的时期，这些名师的影响是显而易见的。"

这也可算作"文革"给予了他们一次歪打正着的"惠顾"。真可谓"得天独厚"啊！而那些个现在看来很是"背运"的"名师"，都是他日后撰写"我心中的理想教师"的活生生的原型。

也许，是一部普希金的诗集，或是别的什么，引来了缪斯的降临。正值青春年华，他开始热衷于读读写写，自认为颇具诗人气质。在某个假期里，他终于"情"不自禁地用小楷毛笔抄了一本长诗。在文学斯文扫地的非常时期，他不惜心血和汗水为自己"制作"了一本非同寻常的"藏书"。打那以后，他与书籍结下了不解之缘，书籍成了他生命中不离不弃、不可或缺的良师益友。

后来，班上从农场转来了一位姓郭的"城里人"，因为都喜欢诗，他俩成了好朋友，常在一起你吟我和的，相得益彰。学校的广播和黑板报时而会有他们的作品"发表"，"慢慢地，我们便不满足于学校内部的这点'知名度'了，开始往外投稿。那时投稿不需要贴邮票，只要在信封上注明是'稿件'，便可以送达编辑部了。虽说百分之百的杳无音信，但我们乐此不疲"。忆起这些往事，他依旧很欣然。

"到了高二，我又鬼使神差地迷上了写小说，于是'疯狂'地找来各种小说，什么《三国演义》《青春之歌》《林海雪原》《钢铁是怎样炼成的》……都是那个时期读完的。更多的书是没有封面、封底，也不知道作者、书名的残本，照样读得津津有味。因为地处偏僻，找不到更多的书看，就琢磨着自己'创作'。记得当时写过一篇《车轮滚滚》的小说，描写我们这群学'三机一泵'的学生如何学开农用手扶拖拉机的故事，还加了一些'阶级斗争'的'味精'，并开始用'过江''过海'的笔名投稿。不记得当时究竟熬过了多少不眠之夜，但那种创作的激情和完成作品的愉悦，回忆起来仍然兴奋不已。或许，我现在的教育研究风格以及论著的撰写方式，与当时不自觉的写作训练是很有关联的。"他还认为，"现在追寻教育理想的激情，也是那个时代激情的某种延续。"这种激情，带着海的印痕，裹挟着海的气息，兴许还能嗅到海的咸涩。

朦胧间，他似乎萌生了某种追求与向往。有一天，他郑重其事地跟父母说："我要改个名字，叫'永新'。"父母似乎明白了儿子的心思，点头依顺了他。可别小看了一次名字的变更，事实上，对他以后的风雨人生来说，它有着耐人寻味的意蕴。包括他用过的笔名"过江""过海"，虽说直白了点，但年轻人能够望到远处的眼光和日臻成熟的志向，是难能可贵的、值得称道的。有意思的是，日后的他，不但过了江，还果真漂洋过了海。这恐怕不是仅仅用"幸运"二字可以诠释的。

"自找苦吃"，为未来储备一座"金矿"

1975 年，他高中毕业。在苏北的那个小镇子上，毕业就意味着失业。先是闲在家里，钓鱼做饭，做得全家人胃口大开；他还曾帮着母亲加工缝制麻袋，以补贴家用，虽说粗针大脚的，但多少缝出了点做事的条理性。不过，终觉过于婆婆妈妈，太憋屈了！他便外出找活干。当年，他父亲正任着镇文教助理，虽说是个绿豆芝麻官，可对于全镇近十所中小学校来说，可谓是"现管"，要是给颇有文采的儿子谋个代课教师什么的差事干干，实非难事。可这位做人讲原则的父亲，愣是眼看着儿子整天无所事事，他那里可以"熟视无睹""若无其事"，依旧是一板一眼照章行事。这回的"周扒皮"可真是"扒"了儿子一层皮！也许，这正是做父亲的另一种"安排"！

大概前后有一年多的时间，他见什么活就干什么活，五花八门，全是"苦力的干活"。现在提起来，他母亲依然不无心疼："嗯，他这是自找苦吃呢！"他或在建筑工地给泥瓦匠当下手，和泥搬砖，泥汗一身的，站在生活的最底层，掂量着生命之重；或去乡镇小厂当翻砂工，把通红的铁水小心翼翼地灌进砂模里，同时也有棱有角地锻造着他自己；有阵子，他跑码头去扛包卸货，忽闪忽闪的跳板上，一步一个脚印，踩出来的平民情结，永系心头……他本无须如此地"自找苦吃"，但生命中的一种自觉意识好像与生俱来，催促着他去进行种种自我磨炼，以完成人生的又一次"脱胎换骨"。

这也可以看作走向未来的一种储备。

他说："那两年所吃的苦，不仅仅磨炼了筋骨，增强了体能，也为以后的人生做了多方面的铺垫，比如坚忍不拔、不畏困苦、永不言弃的精神；再比如，现今我对弱势人群的关注，也可以追根寻源至那个年代。"他感慨道："其实，青少年时代吃点苦，哪怕经受点磨难，都不是坏事，应该说是人生不可多得的一笔财富，甚至是一座取之不尽、用之不竭的金矿啊！"

在经历了"丰富多彩"的种种临时性工作之后，大丰县供销合作社的大门终于为他敞开了。经过几个月的专业培训，他被分配到老家南阳当起了棉花检验员。"这是一个技术活，手里捏有一点小权力。收购棉花时，俨然一个土皇帝，等级、品质，就凭我们一句话。但我从来凭良心说话。农民种田不容易，因此我把关特别认真，常常还手下留点情，不能让农民吃亏了。"结果，他经常为了农民的一点利益，跟县城轧花厂的技术员争个面红耳赤。那时的他，肯定说不出诸如"关心弱势群体"的道道来，那是出自本能的一种善良。

这么个正直且英俊的小伙，这时悄然被丘比特的神箭射中了！一位叫谢玲的姑娘撞进了他的视野，两颗青春萌动的心闪亮出爱的火花。那时，他十八岁。以现在的观念论，没说的——"早恋"！但他们恋得好纯情！纯得一如棉田里朵朵洁白的棉花儿。他牵着她的手，漫步在青草芬芳的田间地头，诗情愈加勃发，一行行诗句如泉涌一般。谢玲自然是他最心爱的第一读者，读了还不算，还要朗诵。乃至三十多年后的今天，谢女士还能背得那些个虽豪迈但未免有点儿程式化的诗行来："像高山，泻下千丈瀑布；似大地，擂起万面铜鼓……"

正当他俩沉湎于纯情蜜意之中时，1977 年，全国高考恢复了！热恋中的他，竟然失却了参加高考的冲动。那时，他也因文章写得好已被供销社领导看中当上了秘书。他似乎有些安于现状。工作之余，他倒是认真地帮着尚没有工作的妹妹辅导功课准备迎考。这时，他高中的一位老师专程找上门来"指点迷津"："一个没有接受过高等教育的人，是不能成为真正的优秀人才的……"他诚恳致切，甚至替他把报名表都领了来。

这位老师是他生命中的"贵人"。关键时刻的一番开导与诚意，唤醒并激发了他深心里曾欲"过江""过海"的憧憬及追求卓越的志向。他先是参加了县城组织的初考，轻松过关；接下来更是雷厉风行，除了天天晚上赶去县中学听课复习外，凡有用的、能找到的资料他都请老师，托朋友找来，好一阵密集型的猛攻猛读。

统考是在县中学进行的。"那天，我住姨妈家。一早起来，气氛有点隆重，真好像要去考状元似的。餐桌上端放着两只鸡蛋一个粽子，姨妈指了指，郑重地对我说：'吃了，讨个吉利！'这意味着考试会'中'，会拿100分。后来真的考中了，应了老人家的一片真心诚意。"

该填报什么志愿呢？"理工科！"——被"运动"整怕了的老师们几乎异口同声。"学好数理化，走遍天下都不怕。"但他最终还是"固执"地填报了文学专业，一门心思想圆自己的文学梦！可见他是很有主见的。然而，命运女神自有她的"主见"。好像就在漫不经心间，她那纤细的手指轻轻一点，便将一个文学青年的梦想给戳破了——入学通知书上一行黑白分明的文字很刺目：江苏师范学院（即现在的苏州大学），政治教育专业。尽管后来的发展证明，"塞翁失马，焉知非福"，但对当初的他来说，内心的沮丧是可以想见的。耐人寻味的是，他当年失之交臂的南京大学中文系，在事隔二十多年之后，他的儿子一脚迈了进去，好像要去为他圆梦似的。人生竟是这般地"轮回"！

"拼命三郎"，脱颖而出没商量

一艘渡轮，将他从苏北载到了江南水乡，落脚在有着两千五百年历史的姑苏城。从此，这块风水宝地就成了他钟爱的第二故乡。那时，他还不满二十。

"文革"刚过，百废待兴。"知识无用论"的惯性让一些学子喊出了"六十分万岁"的混日子口号，成天浑浑噩噩不思上进。他可不随这个大流！他要上进，他要追求卓越！他给自己立了一张作息表，贴在床头，每天严格执行。

清晨，闻鸡起舞已然成习的他，先是沿着校园的小径长跑，回到宿舍冲个冷水澡，春夏秋冬四季如一，以强健体魄、磨炼意志；然后，他背诵外语或诗词；再然后，他除了听课，便是看书。

这个来自海边的青年，犹如蛟龙得水般，一下子又一个猛子扎进了书的海洋，为着未来的腾飞储备能量。

第一次走进学校图书馆，浩瀚的书籍让他瞠目结舌！那双亮闪闪的大眼睛就像葛朗台看见金币似的，瞪得又圆又大！从此，这双大眼睛再也离不开书籍，直看到戴上眼镜，镜片儿一圈一圈日渐加厚，而他那里照旧是"为伊消得人憔悴，衣带渐宽终不悔"。

这是他生命中一次精神层面的"恶补"！他看书的效率特别高，强烈的"精神饥饿感"，令他狼吞虎咽般地狂读，速度迅猛，笔记也成本成摞地猛增！有位有心的同学发现，他每次借书，书卡上总有朱永新的名字捷足先登了。他不得不感佩！后来，朱永新的名字干脆就被演化成了"拼命三郎"。

所有的书籍里，最让他读得来劲儿、感到耐人寻味的，是古今中外的名人传记。他把自己的目光聚焦在流芳百世的伟人身上，在一本一本传记的啃噬过程中，他如饥似渴地汲取着他们出类拔萃、非同寻常的思想，崇仰并学习着他们高尚的品性，乃至他们特立独行的风范。他把这些伟人看成是一座座山头，他要一座一座地"阅"（越）过去，把自己理想的标杆插在这些高山峻岭上。

"为天地立心，为生民立命，为往圣继绝学，为万世开太平。"他的第一篇论文《张载的学习心理思想》，就是因了张载的这样一段存宇宙天地之浩然正气的话。他深心里的某种东西，某种也许是与生俱来的东西被触动被震撼了！他一遍一遍地咀嚼着，感动着，坐卧不安！他开始收集资料、拜读研究，然后立纲撰写。他完完全全是有感而发、有话要说！

1980年，他上大三。学校急需教育心理学教师，决定在高年级学生中选拔5人送上海师范大学教育心理学研修班深造。一下子几百号报名者，而初试名额只限于几十名。见如此之状非常渺茫，情急之下的他，干脆抱上厚厚的几大本有关教育心理学的读书笔记，去了系党支部书记的办公室。他要以此证明他对教育心理问题早有着浓厚的兴趣。

他的勇气，他的有备而来，包括他那一手训练有素的"柳公体"，均得到了支书的赏识："我喜欢这样的学生！"支书为他的好学精神所动，破例推荐他参加初试。这一试，他便跳上了一个新台阶！据讲，他入学时的弱项——外语，这回还拿了个高分！我们不难想见，那个刚淋过冷水浴的身影，徘徊在暑往寒来的晨雾间……功夫就是不负有心人哪！

1980 年 9 月，他拎着当年上大学时自己钉做和油漆的一只小木箱去了大上海。这座本土文化和外来文化多元交融并存的大都市，后来成了他学术生命的第二摇篮。他先后在上海师范大学、同济大学和复旦大学，从研究生、博士生，一直攻读到博士后。

他的第一个导师——燕国材教授，率先引领着他走进了一个全新的领域。开学第一天，燕教授在黑板上写下了八个大字：标新立异，自圆其说。他把"创新"作为治学的灵魂，也作为对弟子的期待。这似乎正对应了朱永新的心志，当初他改名时，不就想着要永远求新、永远创新吗？这八个字，后来就永远刻在了他的心扉上，成了他人生的座右铭。等到他自己带研究生、博士生了，这句话又常常挂在了他的嘴边，希望这样的治学精神代代相传。

燕教授讲课总是别开生面——"蜂蝶纷纷过墙去，却疑春色在邻家"，这便是他讲授《中国心理史》的开场白。没想到，这并不十分经典的诗句却激起了年轻学子的强烈冲动——研究中国心理学史，破译中国人心灵的密码！"我们再也不能让外国人首先来写中国心理学史的历史重演了！中国心理学源远流长，是一座丰富的宝藏，需要有志青年去开掘，去发扬。"他把燕教授语重心长的一番鼓励与开导铭记在心。

他第一个瞄准的是朱熹，也许他们是"本家"，甚至是"祖先"首先引发了他探究的好奇。他的第一篇习作《朱熹心理思想研究》很快就被燕教授带到了一个重要的学术会议上，向潘菽、高觉敷教授等学术界权威大力推荐，不久就被收到二老主编的《中国心理学史》文集中。长者、导师的殷切关爱和鼎力相助，让他备受感动与鼓舞。紧接着，他的第二篇习作《二程心理思想研究》，又被燕教授推荐到学术界核心期刊《心理学报》上发表，引起学界瞩目。接下来，《达尔文与心理学》《王廷相心理思想研究》《王夫之心理思想研究》《列宁教育思想初探》……连篇累牍，真叫"一发不可收也"！

其间，他和同窗好友袁振国还合作撰写了近百篇有关心理学知识的普及性文稿。这是他文学梦的延续。

上海师大研修班毕业后,他回到苏州大学(由江苏师院改名)任教,讲授教育学。同时,经燕教授的力荐,他破格参加了《中国大百科全书·心理学卷》的编纂工作。能和大师级的人物在一块儿工作,他格外珍惜!他的认真和刻苦钻研精神又一次得到了大家的赏识。他撰写的条目甚至被出版社编辑作为"样板",供其他编者参考。于是,"机会""好事"都找他来了,他也都"来者不拒":先参加了中国心理学史的第一本全国统编教材的编写工作,后来又参加了全国心理学史的第一套教学参考资料的编写工作,再后来又参加了中国心理学史第一部辞典的编写工作……他几乎参加了中国心理学史学科创建的全过程。他是正巧一脚踩在了历史的"百废待兴"的当口上,单从这点来看,他是幸运的,但他个人铆足劲儿的努力,更是让人钦敬!

那个时段,他沉潜于教学与科研,真是到了晨昏两忘的地步。有人说他"活脱脱一个'工作狂'"!儿子降世的第一声啼哭,他没听到;儿子多病多灾,肺炎、麻疹、水痘、猩红热……一回回染上,他一回回不在家里。直至今日,他对夫人和儿子总还抱有十二分的歉疚!回忆往昔,谢玲女士也只得一声"苦啊"一叹了之。

都说"苦尽甜来",随着探讨研究的深入,他一路走来,硕果累累。1989年11月,他的一篇题为《中国古代学者对于大脑研究的贡献》(*Historical Contributions of Chinese Scholars to Study of the Human Brain*)的论文发表在美国《大脑与认知》(*Brain and Cognition*)杂志上。文章指出,中国古代的大脑功能定位学说,比西方生理心理学家加尔的大脑功能定位理论要早100年!这一改写世界心理学史的观点,因其引经据典的翔实论证,得到世界各国心理学家的广泛关注,三十多位中外专家向他发函索要有关资料。

1993年8月,时年35岁的朱永新独立撰著的75万字的《中华教育思想研究——从远古到1990年中国教育科学的成就与贡献》由江苏教育出版社出版。这部获第二届全国青年优秀社科成果奖专家提名的专著可谓独辟蹊径。在纷繁芜杂的史料面前,他撇开前人往往以人物为线索、难免臃肿庞杂的章法,创立了以教育思想为主线的研究方法,把握住各个时期教育思想和教育思潮的特征,集中华教育思想之精华,成功地总结了中国教育科学的成就与贡献。当时，还没有一本如此系统全面介绍中国教育科学成就的著作，对于现代和当代教育思想的探讨，更是凤毛麟角。

江苏教育出版社将它作为重点推荐书目参加第五届国际图书博览会，香港《大公报》发表评论说，此书"系统探讨了中国有文字记载以来至1990年的教育思想，是一部由个人撰写的内容涉及面最广、时间跨度最大的著作"。《教育评论》则称：这部专著"填补了我国教育思想史研究的一项空白"。

1987年，本该参加评定讲师的他，凭着几百万字的"硬头货"，又一次被"破格"，成了当时江苏省最年轻的副教授。那年，他29岁。是年，他接替邱光先生成为他所从教的教育心理学研究部的主任。

1988年，他在前任邱光先生的影响下，加入了中国民主促进会。他崇仰叶圣陶、谢冰心、赵朴初这样的老前辈，想踩着他们的足迹走去……

1990年10月，命运女神又一次垂青，他当年"过海"的愿望终于实现——应日本上智大学之邀，东渡扶桑，在该校担任高级访问学者、德语文化圈研究所研究员。

1991年10月，他从日本回国。不久，摘掉了"副"字，成为年轻的教授。

面对如此的幸运，他总是心存感激："人的成长，也要靠天时、地利、人和，离开了苏大催人奋进的生态环境，我也许是另一个样子。一个人无论是做学问，还是搞行政，首先要学会做人。我就是从师长那里学会做人、关心人、尊重人的。"

1993年，35岁的他被校党委提拔任命为教务处处长。又是一个"最年轻"！这回是全国高校中最年轻的教务处处长。

从"纸上谈兵"的书斋，走到教学管理的前沿，这中间的角色转换，他似乎丝毫也不费劲儿。人家"新官上任三把火"，他一点四把！他在苏州大学先后推出了大学生必读书制度、学分制、激励性主辅修制度等当时在全国颇有影响的改革。他好像到哪个山头都能唱歌，不仅能唱，且唱得很动听。他把治学的"创新"精神与求实务实的作风有机结合，愣是把教务处办成了贯彻以教学为中心的苏大治校方略的高效机构。他不负众望，交了一份令人满意的"管理学"答卷。江苏省教委评定他为"省普通高校优秀教务处长"，苏州大学教务处也被教育部评为全国优秀教务处。

一边当着处长，一边继续教学做学问，同时他还照旧"笔耕不辍"。同时，他还参政议政。在 1993 年 2 月的省政协会上，他提议《省委省政府"科技兴省"的方针应改为"教育兴省"或"科教兴省"》。他真是个全能运动员，精力旺盛不说，还项项都想拿冠军，也差不多都能遂愿。

还有一个"同时"不得不提——1994 年 9 月至 1996 年 12 月，他在同济大学经济管理学院拿下了博士学位。当然是带职的，"半工半读"，也可叫作"边工边读"。他每一步都没踏空，或者说，每一步都不空踏，稳稳扎扎的，所以他总是"有备而来"。

1994 年，他获得国务院颁发的政府特殊津贴。不久，他成为苏州大学和西南师范大学的博士生导师。

1997 年 12 月，一纸任命书放在案头——39 岁的他走马上任苏州市人民政府副市长。这不仅仅是幸运，他的脱颖而出亦是自然而然、水到渠成、顺理成章。

上任不到半年，1998 年 6 月至 2000 年 6 月，他又带职在复旦大学从事城市管理的博士后研究，为将来站得更高、走得更远，继续着新一轮的储备。

"父母官"，为民做主务实求真

从大学讲堂走上政治舞台，成为一方"父母官"，这无疑是一次全新的挑战。一上任，他分管的工作就面广量大，主要有教育、文化、卫生、体育、计划生育、医疗改革、妇女儿童、新闻出版、广播电视、城区工作和城市管理等。

"记得刚上任，我就负责创建国家卫生城市工作，担任总指挥。那年苏州市创建工作已经进入第八个年头，这是一件被称为'天下第一难'的事情。曾有人相劝：'你千万不要接手，一旦搞不好，你将成为千古罪人！'但面对组织的决定，我义无反顾。当时的市委书记、市长和分管书记鼓励我：'大胆干，我们全力支持你！'有了这把尚方宝剑，我这个党外干部便大刀阔斧地干了起来……"他青少年时代"自找苦吃"的那股子劲头又给提了起来。

时间很紧迫，离国家考核仅有四个多月。虽然他的前任们打下了坚实的基础，城市面貌已经有了很大改观，但春节前后的回潮现象非常严重，一些居民区和城乡接合部的暴露垃圾成堆成片，"白色污染"、河道漂浮物随处可见，无证摊贩沿街叫卖，垃圾箱房一片狼藉，违章建筑"日新月异"，媒介的曝光、群众的怨声，使他这位令箭在身的新官员坐卧不安。他赶紧明察暗访做调研，了解实情制订方案，天天"现场办公"，抓重点、攻难点，很快就遏制了回潮的势头。

四个多月的时间里，他走遍了苏州的大街小巷，还是那个"拼命三郎"。"从政一样要追求卓越！"他不畏艰难、不辞辛劳，"一百多天走的路，超过了我在苏州 20 年所走的路。走破了两双皮鞋……"现在回忆起来，他轻描淡写，一掠而过。

功夫不负有心人。"只要付出，就必定有收获（他的信条之一）。"1998年 5 月，苏州市被正式命名为国家卫生城市。他没给自己喘息的机会，更没有居功自傲，立马组织相关人士研究制定了城乡联动、整体推进、扩大创建成果的工作思路和措施。经过几年的不懈努力，苏州所辖的六个县级市也都全面建成国家卫生城市，苏州因此成为全国第一个国家卫生城市群，得到了国家爱卫会的通报表扬。

在分管的领域里，他几乎都提出了若干积极的改革措施，其中成绩最大的，当属教育。他提出了扶贫帮困助学行动计划、改造相对薄弱学校行动计划、培养名师名校长行动计划、素质教育行动计划和教育信息化行动计划等五项教育行动计划，为苏州地区的教育夯下了扎扎实实的基础。

从 1997 年到 2007 年，他在苏州市副市长的任上整整十年，他分管的工作方方面面均卓有成效，这是有目共睹、有口皆碑的。市中心血站新大楼、市卫生监督所、苏州图书馆新馆、市体育中心，更有贝聿铭先生亲自设计的苏州博物馆……一座座拔地而起的现代化建筑犹如一座座丰碑，也都默默地在向人们诉说着他曾呕心沥血地付出过的功绩。

作为一名党外干部，他始终坚持一条大原则——"从不把自己当作局外人。既然身为'父母官'，就当为民做主，务实求真。"在共产党的领导下，他充分发挥主观能动性，以主人翁的姿态，勇于实践，敢于负责，尽自己最大的努力做好每一件工作。他深有体会地说:"与党内同志肝胆相照、荣辱与共,就没有克服不了的困难。"还有一点也特别重要——"襟怀坦白,干净做人,原则问题上从不含糊!"

一本书刮起一股"理想旋风"

他在素有"人间天堂"之称的苏州做公仆,但他从不贪恋天堂之乐,就连起码的天伦之乐都少有享受。在日常公务中,他倍加关注的是教育。他从学教育、研究教育,到分管教育,一路走来,倾注了他大量的心血与热忱。他说:"教育是我的至爱。"

坐在世纪之交的门槛上,他沉思着,教育始终是一个沉重的话题。也不知从何时起,"分数第一"竟成了"硬道理"。"人"呢?怎么变得都"目中无人"了呢?人的发展才应该是"硬道理"!古人先贤一贯倡导的"德"呢,又放在了什么位置?北大学生侮辱教授、硫酸泼熊、儿子谋杀双亲、教师猥亵学生、家长打死孩子,还有大学生、中学生,乃至小学生不惜生命跳楼、投河的,还有一件件一桩桩伤天害理、触目惊心的社会新闻每天都在发生……中国的教育怎么了?我们的国民素质到底是怎么回事?教育当是"育心"的教育,教育当是"为了一切的人,为了人的一切!""人是第一位的!""人是要讲人格的!""人是需要理想的!一个没有理想的人,他不可能走得很远。""我们当以远大的教育理想拥抱新世纪第一缕阳光!"

2000年之夏,美丽的太湖之滨风景如画,在《新教育周刊》举办的首届"树勋杯教师征文"笔会上,他应邀做报告。讲什么好呢?面对一张张年轻的、充满朝气和希望的脸,他思索着,他们都是育人的人,是所谓的"灵魂工程师",他们的状态如何,将影响一大片!他们快乐吗?他们有远大的理想吗?他们追求的是什么?他们热爱自己的工作吗?并且把它视作自己为之奉献、为之奋斗终生的事业吗?他略略整理了一下头绪,拟定了一个题目:《我心中的理想教师》。他是个理想主义者,还是个追求完美的理想主义者。他的开场白用了诗一般的语言,真情加上激情,一下子抓住了听众。他的"诗人气质",他曾经的"诗人梦",此时此刻发挥出了令人意想不到的效果——

　　我心中的理想教师应当是一个胸怀理想、充满激情和诗意的教师；

　　我心中的理想教师应当是一个自信、自强，不断挑战自我的教师；

　　我心中的理想教师应当是一个善于合作，具有人格魅力的教师；

　　我心中的理想教师应当是一个非常尊重同事、尊重领导，非常善于调动帮助他成长的各方面因素的教师；

　　我心中的理想教师应当是一个充满爱心，受学生尊敬的教师；

　　我心中的理想教师应当是一个追求卓越，富有创新精神的教师；

　　我心中的理想教师应当是一个勤于学习，不断充实自我的教师；

　　我心中的理想教师应当是一个关注人类命运，具有社会责任感的教师；

　　我心中的理想教师应当是一个坚韧、刚强，不向挫折弯腰的教师……

　　他讲了整整四个小时。他要用他远大的教育理想唤起理想的教育……他得到了预期的，甚至是出乎意料的回应——掌声经久不息。有老师的、记者的、嘉宾的，更有宾馆服务员的！他们一直站着听，听到心潮澎湃处，有的甚至都差点忘了给客人添茶加水。

　　他说，我们所处的时代是知识经济的时代，是国际化与信息化的时代，是科学精神与人文精神相融合的时代。这个时代又是充满各种诱惑、矛盾和机遇的时代。我们是跨世纪的教师，面临新的挑战，不要总是抱怨或诅咒别人，"其实在某种程度上可以说，教育是病态社会的根源，我们教师不要逃避责任"。他建议教师树立远大理想，不断挑战自我，积极地参与教育科研，尤其要写好教育日记，记录教育现象、记录自己的感受、记录自己的思考，就好比把一颗颗的"珍珠"串起来，日积月累就串成了一条美丽的"项链"。他鼓励教师创造与众不同的品牌，打出自己的旗帜。"风格即人，只有形成风格、体系，才能成为大家，成为教育家。教育家并不神秘，只要努力，人人都有可能当上的！""教育是永恒的事业，一代教师的追求，两代教师的追求，全体教师的追求，会在校园里点燃理想的火花，从而使我们民族的理想火花成燎原之势。我们教师就是桥梁！从某种意义上来讲，亦是民族的脊梁！"

他声情并茂、滔滔不绝，直讲得群情激昂！陡然间，他看到了众多的"桥梁"或"脊梁"，一根一根挺挺的，济济一堂。当掌声团团将他围住，那些"桥梁""脊梁"才发现，他居然没用讲稿！240分钟的演讲完全出自那颗睿智的头脑，出自他深思熟虑后的胸有成竹。一双双眼睛都聚焦在他的身上，惊喜又兴奋！激情激发了激情，理想碰撞着理想，他们分明看到了希望，看到了脊梁，不！是脊梁的脊梁！他们的楷模不就在眼前嘛！

2000年9月，根据演讲录音整理的文章发表在《新教育周刊》上，引起强烈反响。同年10月11日，《中国教育报》头版以《理想教师应当具备怎样的素质》为标题，摘要转载了这篇文章。随后，应《新教育周刊》主编的屡屡"追索"，《我心中的理想学校》《我心中的理想校长》《我心中的理想学生》《我心中的理想父母》亦相继见报，随即又被多家报刊转载。

2000年11月，距那次太湖之滨的演讲仅仅两月有余，一本书名为《我的教育理想》的教育理论专著问世了。一开始，由于它那打破常规，充满诗意化、散文化的独特行文风格，并没有引起理论界的太多关注；然而在基础教育界却刮起了一股来势迅猛的"理想旋风"。记者长空有一段实况记载：

书店的样书不断告罄，热心读者的预订几乎每天都有；大宗的订单发自省外，不少地区的教育主管部门和学校把它作为中小学教师岗位培训的必读教材；南方某个县市因为出版社无法及时供货，干脆冒险盗印了好几千册；山东的一位校长因为一时买不到书，竟然复印了一百本发给每一位老师……短短的一年内，这本书重版五次，并被评为2001年江苏省唯一的教育理论畅销书。

市场的火爆引来媒体关注，新华社、中央电视台、江苏电视台、中国教育电视台、江苏教育电视台、《人民日报》《光明日报》《中国教育报》《教育研究》《人民教育》《新华日报》《北京晚报》《江苏教育》《新教育周刊》《江苏工人报》《重庆日报》等数十家新闻媒体纷纷采访报道。

媒体的关注又引来众人的评说，从著名教育家顾明远、朱小蔓、班华、袁振国、李吉林，到许多奋战在教育教学第一线的中小学教师，都发表了热情洋溢的评论。天津市的一位特级教师给朱永新写信道："祝您的教育理想之花开遍神州大地，越开越艳；祝您的教育事业如日中天，越升越高！"

一石（书）激起千重浪！连他自己也久久心潮难平。这股"理想旋风"说明了什么？说明了人心所向！说明了人们内心深处尘封了许久的理想之柴被点燃了，大有燎原之势！同时也说明了中国的教育改革势在必行！

他在《我的教育理想》的后记中写道："这本小书不仅是我年末的'盘点'，也是我20年教育研究成果的'盘点'，而且可以说是我对中国教育思考的世纪末'盘点'。"盘点是为了发展。盘点意味着寻找新的起点。

快乐的"传教士"，行走无疆

经常在书籍里与世界级大师们对话的他，有一天与《管理大师德鲁克》相遇了。彼得·德鲁克告诉他，当年，处于弥留之际的著名管理学家约瑟夫·熊彼特曾对他说过这样一段话："我已经到了这样的年龄，知道仅仅凭借自己的书籍和理论而流芳百世是不够的。除非能改变人们的生活，否则我的努力没有任何重大意义。"

说者随意，听者有心。一句话，引来了朱永新对自己多年来所做一切的考问。他说："我的心灵被震撼，我写那么多书究竟是为什么？什么才是最有价值的学问？"作为一个学者，仅仅靠著作显然是不够的。他决意让理论走出书斋，走出那看似精致而事实上挡人视野、缚人胸襟的象牙塔！他是在海边长大的，他想他的理论一样要经得住风浪，见得了世面，不单是夹在书页里的一个梦，而是要让梦变成人人都可能参与、人人都可以分享的一种实践。太湖之滨演讲的反响之强烈、"理想"风暴之旋起，就好像一次投石问路或火力侦察，让他看到了希望，愈加坚定了信念。

他一改过去的行走方式，开始了"新教育之梦"的旅程。

这个梦的名字叫"新教育实验"。经过几个回合的考察之后，首先在昆山玉峰实验学校种下了第一颗理想的种子。这个实验主要做六件事：

一是营造书香校园。通过创设浓郁的阅读氛围，让阅读成为师生最日常的生活方式，进而推动书香社会的形成。他认为："读书是精神发育最好的路径，而一个养成了读书习惯的人，可以说是一个自由而幸福的人。他将受益终身。"这是他的切身体验。

其实，为给新世纪的师生营造精神家园，还在 20 世纪末，他就行动起来，主持"新世纪教育文库"编写，聘请了三十多位学者、专家担任顾问，并率先为中小学师生各精选出 100 本必读书，为"点燃他们创造才华的火花""与书本拥抱，与大师对话"，创造了良好的前提。于光远先生赞叹说："编好这个文库，其意义不亚于造一条高速公路。"

二是师生共写随笔。要想写得精彩，首先得活得精彩、做得精彩。通过日记、故事、案例分析等形式，记录或反思师生的日常教育、学习生活，促进教师的专业发展和学生的自主成长。

三是聆听窗外的声音。即采用走出去或请进来的方式，拓展师生的视野，书本与现实、学校与社会有机结合，让师生接触到具体可感的人生榜样。

四是培养卓越口才。最初为"双语口才训练"，实际上就是强调沟通和交际能力。"后来在推行中，我们发现农村大部分地区，尤其贫困落后地区还不具备可行性条件，而我们又基本走的是'农村包围城市'的路子……"行不通就变，就改！实践出真知嘛。走出书斋后，他备尝到"梨子"的滋味了。

五是构筑理想课堂。就是充分调动教师的主观能动性，生动而多样化地给学生提供所需要的知识背景，以避免"满堂灌"的刻板方式。（"有效课堂"作为第一阶段的实验，目前正在有效进行当中。）

六是创建数码社区。即突破校园围墙，营造开放式的学习环境，开发教育资源，促进学习方式多样化。

这六件事亦称为"六大行动"。"只要行动就有收获，只有坚持才有奇迹。"他是深思熟虑后的"行动"，所以底气十足。他说"要无限相信我们的教师和孩子！每个人都有潜力，每个人都可以成为他自己，每个人都可以创造奇迹！"我当下就想，眼前的他，海边小镇长大的他，不就是一个奇迹吗？他是想让一个人的奇迹变成大家的奇迹！多么有意思！让世界充满奇迹，世界就会变得更加五彩缤纷。

但现实是严峻的。"所有支持、参与实验的老师都是'戴着镣铐跳舞的义工'。"尽管他用了诙谐的口吻，可听起来却有些悲壮。可以想见，他们都一个个被应试教育绑缚着，却还在挣扎中别开生面。

这个由他发起的"新教育实验"就是有感于现时师生的生存状态，有感于人文精神的缺失——"教育本来具有无限发展的空间，具有无限的可能性，硬是被分数塑造成一个模子，把活泼泼的人弄成僵化的人。"提起此话，他不禁悲叹起来，甚而忧心忡忡："现在的孩子太苦了，每天起得最早、睡得最晚的是他们，心理负担最重的也是他们。一个从小没有快乐的孩子，一生都会蒙上阴影。（他是精通心理学的，他太明白了！）我们的教师和家长也跟着一起受苦！"

此时，他低沉的声音开始激昂起来，我们所面临的现实让他深有感触："多年来，应试教育如同片面追求GDP，经济领域以牺牲环境为代价，教育领域以牺牲学生和教师的发展为代价。教育不能只是作为工具而存在，这丧失了教育的本来面目！要让孩子们当下就活得快乐、活得精彩、活出自己、活得更有尊严，并走向崇高！"我的脑海里，即时跳出了鲁迅伯伯的影像，当年"救救孩子"的呐喊犹在耳旁。

身为分管教育文体的苏州市副市长，他在人生的舞台上还有着诸多的头衔，担当着多重角色，他在其间穿梭、转换、忙碌，但他自有一个圆心，那就是教育。围绕着这个圆心，立体交叉，全方位、多角度、多层面，呈辐射状展开、运作，他那种种头衔、角色居然都可以相辅相成、相得益彰。他可以把自己想做的事和自己必须要做的事，诸如"接待""接见""陪同"或"出访"等政务，分得很开又结合得很好。他脚底就好像装着个万向轮，四面出击，运转自如。这真正是一种天分！不，除了天分，关键还在于他站在了一个制高点，以全球性眼光审时度势，对教育有着一种全方位的透视，正所谓高屋建瓴，自然驾轻就熟。

我曾问他："这么多头衔，怎么称呼啊？"他很当真："称呼本来就无关紧要，一个符号而已。不过，我还是喜欢'老师'这个称呼，因为我说过'教育是我至爱'。"他就是这么三句不离本行，不离圆心。我逗趣说："那就叫你'市长先生'吧！首先它综合了你的身份，假如再模仿英国绅士的口吻，一声'尊敬的市长先生'，会很有些戏剧意味的……"他呵呵乐了，乐得跟个小男孩似的。

就这个"小男孩"，天天在为"新教育实验"做"义工"。他要求凡参加实验的师生都要积极行动起来，那他自己当然就得率先行动起来呀！每天除了公务，余下的时间就大多用来为新教育"打工"，大概连夜里做梦都带着新教育的遐想。

他自己号称"快乐的传教士",好像天生就是为着某种使命而来。每当寒暑假或黄金周,他便身先士卒,领着他的一帮"同志"(他们中间大多是全国鼎鼎有名的优秀教师),啃着方便面、咽着干馒头,自掏腰包走南闯北,云南、贵州、四川、湖南、湖北、江西、浙江、山东、河南、山西、陕西、甘肃……还有大东北,还有青藏高原,差不多大半个中国给跑下来了!所到之处,他们真诚倾听民众心声,悉心调研教育现状,热忱传播理想火种……真正是有着一种任劳任怨、勇往直前的布道者精神呢!这让我禁不住联想起了当年武训行乞办义学的故事,好生感动。《定边教育行》《苍南教育行》《长治教育行》《探究宝应名校转制》《中国教育缺什么?》《义务教育谁买单?》……一篇篇实打实的调研报告,带着他的思索与激情,叩击着中国教育这扇沉重的大门。

曾有人挖苦他们:"一群傻子跟着一个疯子!"但他们乐在其中,乐此不疲。他说了:"'传教士'如果不能享受传教过程的快乐,是很难坚持下去的。"他的一本文集,书名就叫《享受教育》。那是一种大享受、真享受,是享受的一种至高境界。他享受着,所以总快乐着。他说:"对于我来说,什么是让我刻骨铭心、回味无穷的东西呢?答案只有一个:教育。"

他曾多次被评选为"新长征突击手",真可谓"名副其实"。他的足迹纵横交错,印遍了高山平原、穷乡僻壤。所到之处,家长和师生们无不心潮激荡,说"欢呼雀跃"也毫不夸张。特别是在教育一线的老师们,他们爱极了他的这种"布道"方式。他从不故作高深、故弄玄虚,更不会"这个、这个……"地装腔作势,他用最平易的口吻、最明了的语言,传递着他的理想、激情与诗意,在共鸣震荡之中激发出无限创意。

全国人大常委会副委员长、民进中央主席许嘉璐先生在给朱永新文集写的总序里,对他有一段称道:"作为一名年轻的教育理论家……开始形成了自己的风格:论述、抒情、问答并举,逻辑严密的理性语言、老百姓习惯于说和听的大白话、思维跳跃富于激情的诗句兼有,依思之所至、情之所在、文之所需而施之。有的文章读时需正襟危坐,有的则不禁击节而赏,有的还需反复品味。可贵的是,这些并非他刻意为之,而是本性如此,自然流露。这本性,就是他对教育事业的爱,归根结底是对人民的爱。"正是揣着这种大爱，他才不恋"人间天堂"之安谧、不受区域所局限，甘愿自找苦吃，把他悲天悯人的目光投放开去……

他创有一首《行者之歌》，豪迈却也悲壮。让人想象着：有个胡子拉碴的行者，日夜兼程迈步在天地间，气宇轩昂；他长长的影子，倒映在湖光山色里，倒映在漫漫旅途上……这是他深心里的歌，读来感人肺腑——

我是一个行者
步履轻盈，在教育的路上我的脸上带着笑容
我的心中充满阳光
我的行囊中为教育准备了一切理想、智慧、激情、诗意和力量
我是一个行者
披星戴月，在教育的路上我计划着行程，思考着方向中国教育缺什么？义务教育谁买单？民办教育路何方？
我是一个行者
跋山涉水，在教育的路上我的使命是探索，是发现在人迹罕至的地方寻找风景我用生命去融化，去燃烧使平凡流逝的岁月充满春光
我是一个行者
行色匆匆，在教育的路上
我走遍了祖国的天涯海角、四面八方似布谷，在孟夏望田惜雨时劝耕催种如杜鹃，为沧桑荒芜沼泽里珠泪哀鸣像云雀，喜翰墨香满华夏日开蓬歌唱
我是一个行者
日夜兼程，在教育的路上
遍访教育名胜，饱饮世纪风光我要把游记献给我的母亲
我要把幸福融进我的天堂
我相信，五千年的文明一定会再度辉煌
"梦想成真"教育在线异军突起

2002年6月18日是个特殊的日子，对他来说是个值得永远珍藏的日子。那天，"教育在线"网站开通了！"新教育之梦"犹如安上了翅膀，从此可

以自由翔翔；新教育人也都成了天使，天南海北任意展翅，"远在天边，近在咫尺"——这不正是古人的梦想吗？古人的梦想不是成真了吗？！

建网站，完全是他个人掏的腰包，用的是积攒多年的书稿费、演讲费。一掷就是成千上万元，他也在所不惜。因为教育是他的"至爱"。他是抓教育的政府官员，可他建网站却完全是平民路线、草根举动。这是他的智慧！是明智的选择！他不仅为自己开启了一扇"方便之门"，当政、在野，台上、台下，正好在转换角色间换位思考；同时也为千千万万的懂教育、爱教育，或是关注教育的人，搭建了一个不分高低贵贱、人人平等，可以众说纷纭、畅所欲言、展示自我的平台。即便是市长先生，在线亦是平头百姓一个。大家"平起平坐"，让他觉得好开心，有了许多平日官场少有的新体验，自是很陶然。

那天，他一踏进网络，便来了一段开场白又是大做"理想"的文章——我理想的网络是平等的空间。没有话语的霸权／我理想的网络是学术的净土，严肃但不失幽默／我理想的网络是温馨的家园。这儿没有家长，人人都是别人的服务生／我理想的网络是教育家的摇篮。智慧在研究中充盈，理想在争论中升华／我理想的网络是互动的媒体，守一隅草舍，做天下文章。

都快五十的人了，还是一个"多梦时节"。点击"教育在线"，你会发现他的板块上永远挂着四个字——"梦想成真"！这是他心灵的一个窗口，展示着他内在的执着与追求，还有一份童真永不褪色。他坚信，只要行动、只要付出，新教育实验的梦想就总有一天会实现！这个梦想不是为了他自己，是为了孩子，为了天底下所有的孩子，为了孩子的孩子，为了我们中华民族的精神永世不衰。

他的"新教育之梦"继续张扬着理想的旗帜，谱写着理想之歌——《理想的德育》《理想的智育》《理想的体育》《理想的美育》《理想的劳动技术教育》。崇高的理想是激情、诗意、机智、活力、恒心的源头活水，是行为的动力，是人与动物的界限，是伟大与平庸的分野……

有一天，上他的博客，一条令人振奋的信息跳了出来——今天"教育在线"第200000个会员产生了！这一长串的数字意味着新教育实验的队伍在壮大、战线在延伸、影响在扩展。记得开通的那天，他说："我期盼'教育在线'能凝聚当代中国的教育才俊，为中国的伟大复兴，为中国教育的健康发展，献一份绵薄之力。我也希望通过新教育实验重塑中国教师的人文精神！"

"没有教师的成长就永远没有学生的成长！"在一次交谈中，他很振奋，你能看到他眼睛里射出来的光芒，"以往的教育实践和教育理念，都只强调一切以学生为中心，教师只是蜡烛、是工具，应燃烧自己照亮别人，压根儿忘了教师也是活生生的人！新教育实验最大的一个特点，就是把沉睡在教师心中的梦想与激情激发起来！教师应该为了精彩、为了创新、为了成功、为了发展而活着……"后来，我在他的博客上看到这一席话被演绎成了一个让所有教师都倍感温馨的理念——"过一种幸福完整的教育生活"。这是 2006 年 6 月在北京清华大学召开的新教育实验第六届研讨会上，他正式宣讲的最新理念。

同年，新教育研究中心成立，"毛虫与蝴蝶"——新教育儿童阶梯性阅读（引领孩子晨诵、午读、暮省，提倡师生、亲子共读、共写、共同生活）等重要研究项目正式启动。

正如他所希冀的那样，"让沉默的大多数不再沉默"！只要打开"教育在线"，缤纷的帖子就飘然而至，满怀激情的教师们或随笔、或反思、或讨论，天天有研究，天天有收获。老教师充了新电，年轻教师缩短了成长周期，一个个教学骨干和能手纷纷脱颖而出。

"小学教师高子阳，一年中在网上写了 120 万字的作品，在国家级刊物发表了 20 多万字！由此，他参与了苏教版义务教育教材的编写。还有昆山的'海子'吴樱花，她在写随笔的过程中，发现一个孩子频频出现在自己的笔下，于是她开始特别关注这个孩子。一年后，这个曾经的后进生，成了班级里非常出色的好学生，后来以全校第一名的优异成绩考上了响当当的昆山中学！还有滇南布衣，他的真名叫罗明，在云南最贫困的山区任教。据讲，过去他整天喝酒玩乐，从没心思好好做一名人民教师。就这么个人，偶然闯进了'教育在线'，心底尚未泯灭的良知被触动了，开始思考什么是教育、何为一名教师该有的教育实践。2002 年，'教育在线'网站召开第一次版主会，他只身一人从云南思茅的大山里赶来，汽车换到火车，几天几夜啊！临行前，他母亲不让他来，说网上没什么好人。他对母亲说：'如果中国有那样一群人，对教育抱有这样的梦想、做这样的实验，即使这些人是骗子，我也要主动去受骗！'三天的版主会结束之后，他没有流连于苏州任何一个景点，匆匆回到他那仅有12名学生的村小学。从此，他和12个孩子的命运就与所有'教育在线'的老师紧紧连在了一起。这12个孩子，从书包、书籍到衣物，都得到了网友们的资助。而滇南布衣也从此改变了他的人生轨迹……

2007年，新教育实验第七次研讨会在山西运城召开，一条条"毛虫"都悄悄插上了美丽的翅膀翩翩飞来——已经有22年教龄的苏州周素芳老师讲述了"读写绘"实验给她带来的激情与幸福的体验；她的同事顾舟群老师，用童书滋润了一个从幼儿园开始就不说话的小女孩，让她像花朵儿一样开放，拥有了本该属于她的幸福快乐的童年；被大家称为"最大最丰满的大毛虫"的山东常丽华老师为每个孩子挑选的非常贴切的"生日诗"引领着孩子向着明亮的方向飞翔，共读共写，让她和学生、家长拥有了共同的语言和密码，彼此的感情得到升华；黄芳老师用她的真诚引导曾经的电视迷、电子游戏迷变成了小书迷；沈春媚老师带领孩子们把读过的童书寄向远方，让两地的孩子互相勉励、互相交流，结下深厚友谊，让同样的童书穿越和融入孩子们的生命；山西的张巧萍老师谈她自己如何像《小王子》中的狐狸一样被童书驯养，从一个小我融进了新教育实验的"共同体"；还有原华秀老师、陈美丽老师，还有许许多多一线的老师，他们的故事也一样精彩、一样美丽动人。

"我相信，行动可以改变我们的教育现状。如果每个教育工作者都能这样去做，从自己的班级、从自己的学校做起，那么，中国教育必然会有另一番新天地，展现另一番新景色。"看来，这位教育行者、"快乐的传教士"，对前程颇为乐观。

如今，全国已有24个省（区、市）、近600所学校、14个实验区、约百万师生参与了新教育实验。此项实验2003年年底已被列为全国教育科学"十五"计划重点课题，他倡导"人文精神"、主张"育心"、注重"人格"的教育理念与理论将在更加广阔的领域被越来越多的人群所接纳、领会和传扬。早些时候，就有媒体称新教育实验为"新希望工程"，是"一项有了书桌后塑造一个什么样人的工程"。

两会，不是专为鼓掌而来

2003 年 3 月，他当选为全国政协委员，进京参加中国人民政治协商会议第十届会议。会议一开始，他就当选为主席团成员；会议结束时，他又当选为全国政协常委。消息一传开，他的网站上，一片欢呼雀跃。

他明白，两会，不是专为鼓掌而来。作为政协委员最重要的是：他应该代表人民群众的最根本利益；他能够关心群众的疾苦，适时反映民意；他应该有开阔的视野和现实智慧，能够帮助政府更好地发现问题和解决问题。

他的网友们更明白，他们的朱委员完全具备这些素养，他一定能够当好民众的代言人！

他当然不负众望。新委员一参会就不同凡响：他向大会一共递交了 13 份从民众中广泛征集整理的提案，提案几乎都是有关教育的，其中关于特殊教育的就占了 4 份。他对弱势群体一向充满着特别的关注。

会议期间的一个晚上，他通过网络相约，在北京和数十名聋人网友做了一次面对面的"倾心交谈"。在一名手语志愿者的帮助下，他"听"到一位残疾朋友的家长这样说："朱委员，我看到您为残疾人提了那么多提案，很激动，忍不住赶来见您一面，表达感谢，也反映我的心声。孩子是自己的，也是国家的。相信您的提案能让国家制定政策的部门更多地考虑到特殊人群的特殊情况，鼓励这些孩子，让他们看到希望。"他的眼睛湿润了，他掂出了自己手中话语权的分量！他一定要继续为这些生活在社会底层、人微言轻、几乎没有话语权的弱势群体奔走呼号，喊出他们难以喊出的心声。

大会上，他做了《关于我国义务教育发展的几点政策建议》的发言。他指出，近年来，我国义务教育有了长足的发展。但是，在"穷国办大教育"的背景下，义务教育仍然面临许多困境，如中小学危房、教师工资等问题依然存在。他呼吁要尽快建立国家义务教育基准、尽快建立国家教育数据库，尽快建设国家教师培训网站与基地，继续加大对于义务教育的经费投入，加大国家的统筹力度，加大对于弱势群体的教育支持力度。

这个新委员成了政协会上的"活跃分子""风光人物"。他的参政议政状况，受到了各方关注。人民网、新浪网纷纷邀请他进入网络直播室谈政议政；中央电视台、《人民政协报》、《中国青年报》、《中国教育报》等媒体也纷纷把镜头和话筒对准了他。

五年了，他每年至少收集递交十几份乃至二十多份提案，最多的一次达 24 份！倒并非是为了追求数量，更不是哗众取宠，而是听到、看到，需要反映、需要呼吁的真实情况太多太多。首先，教育在线网便是他倾听民声、收集民意、关注民生得天独厚的信息窗口，再加上他和"同志们"一线支教，调研的第一手资料，每每他都要分门别类、归纳整理成千上万条民众意见或建议；每每他都谨慎细致，生怕错过任何一个微弱的声音或细小的恳求。

陕西蓝田有一所名叫柿园子的学校，有位叫李晓峰的老师，一个人教着五个年级的 25 个孩子，长期领着 103 元的月工资，地方执行教育部清退代课教师的政策，2004 年年底，这已经少得可怜的 103 元也给一笔抹掉了！因为没有公办教师肯去那个穷山沟，李晓峰依旧坚守在岗位上。

2005 年 7 月的一天，李晓峰在一份杂志上看到朱永新倡导的新教育实验，他怀着试试看的心理，给朱永新去了封信，当时并未讲述自己的困难，只是表示自己学校的孩子也想加入新教育实验。而就在此时，朱永新看到了媒体上对李晓峰处境的报道，心境难平的他立即给李晓峰去了电话，还将李的故事发在了网上。他在网上写道："李晓峰老师的问题仍然没有解决，我们怎么帮他？"

网友纷纷跟帖：像李晓峰这样的人还有很多的，唉……帮一个解决不了大问题。既然这样的人不在少数，那就更要管！朱永新再次上网，"我的主张是帮助的同时再呼吁"。在这份帖子里，他提出 4 条建议，具体又关切：1. 先送一台电脑，让他上教育在线，并且坚持记录自己的生活；2. 送一批图书，让他和孩子们有书可读；3. 请一个老师指导他们的新教育实验；4. 尽可能为他和如他一样的老师呼吁。——殷殷之情，溢于言表。

如今，提起朱永新的名字，秦岭深处的这位代课教师李晓峰，会用一个字来描述自己内心的感受——"亲"！"先是他从遥远的地方打来电话，后来收到了他牵线捐来的电脑和书，再到后来，听说他把我们代课教师的事情提到了全国两会。"李晓峰显然陶醉在回忆里，"在我心里，他就像身边的一位亲人,跟自家的兄长似的。"

2006 年,在朱永新的诸多提案里,《关于全面解决代课教师问题的建议》便是缘起于上述这个故事。有一次闲聊,他很动情地说:"在教育界,我不一定是最有学问的,但却是与老师们走得最近的,近得能听到他们的呼吸声。"这种走近,在他那里最终升华为热爱、体恤和责任。五年来,他的提案占绝对多数是关于教育的。有媒体称他"教育市长",倒也名副其实。

这位被身边人感觉格外平易可近、富有亲和力的"市长先生",在两会上却一直锋芒毕露,被媒体称为最敢于说话的人。他从对"假民办"的批评到对独立学院政策的质疑,从限制审批大学城到公务员考试应该取消学历门槛,还有义务教育阶段公办学校应完全退出竞争市场,等等,围绕现行政策及百姓关注的深层问题,慷慨陈词,大胆建言。他胆子大,他不怕,因为他不是为谋一己之私。

在名校办民校普遍盛行的时候,他提出质疑:名校的优质师资是由国家培养出来的,名校的形成也是国家长期支持和资源倾斜的结果。而"名校办民校"在一定程度上就是在利用这种优势去赚取家长手中的钱,这样将使义务教育大打折扣。而且,这在一定程度上刺激和强化了家长的择校心态,使择校费年年攀升,加重了百姓负担;这还会导致普通中小学大批优秀生源的流失,一些普通公办学校将会因此越办越差,从而形成恶性循环。

如今,"名校办民校"已被政府叫停了。让他最感到欣慰的是,他早些年就疾呼的推进农村全面实施免费义务教育,已然全线展开;他一直关注和呼吁的设立义务教育基准的问题也已提上议事日程。"监督的目的在于建设,关键是我们要为国家、帮政府想办法。"这是他面对因忧国忧民而义愤、发牢骚的朋友们经常说的话。他也正是这么言行一致地去做的。

如今尚有一件大事,一件关系着民族国家精神建设的大事,还让他放心不下,让他耿耿于怀。那就是关于设立"国家阅读节",推进"全民阅读"的提案,差不多年年提交,年年搁浅。不能就这么不了了之。

他始终认为:"一个人的精神发育史就是他的阅读史,一个民族的精神境界很大程度上取决于这个民族的阅读水平。有调查表明,我国中小学学生不读课外书的情况非常普遍,全社会的阅读水平也有比较明显的下降。所以,我一直呼吁建立'国家阅读节'。"从 2003 年起,他已经一而再、再而三、三而四地建议，不厌其烦。

2003 年，他将阅读节的提案最先提交文化部，建议将 9 月 25 日定为"全国阅读节"（因为这天是鲁迅先生的生日，又恰逢大中小学开学不久；9 月正是收获的季节，也正应了"开卷有益"的古训）。随即就得到一些作家、教授的联名附议。第二年得知是国家法制办设定有关节日，他又将提案提交国家法制办，后来法制办批复："现在原则上不再设立节日。"而细心的他竟注意到在提案批复前后，我们国家先后批准设立了"航海节"和"文化遗产日"。

2006 年 3 月，朱永新有机会和总书记面对面。他在博客上记道："在总书记到民主党派联组会议上和委员座谈时，我特别提到读书对于中小学学生的成长非常重要。我在总书记面前打了一个'小报告'。建议要推广我们'营造书香校园'的经验，大兴读书之风，构建学习型社会。"特别令他开心的是，总书记在讲话的时候，两次提到他发言中讲的代课教师问题和读书问题。

"设立'阅读节'，看似一个形式，但从一个国家的高度来看，就意味着是号召，是提倡，而且是'以国家的名义'，会让人肃然起敬，心头陡然张扬起一面精神的旗帜！假如全社会以读书为荣、以读书为贵，社会风貌一定会因之改善，街头巷尾就会少一些麻将声、烟酒味，多一些书香袭人……"他随时随地都在用他理想的色彩描摹着理想的社会。

其实，他对"阅读节"的执着与较真，不是没由头的。首先，他自己就是一个读书人。两会期间，仅有半天金贵的自由支配时间，他都赶紧支配自个儿跑书市。他跟人说："买书、读书、写书、鼓吹读书，为书香而忙碌，似乎成了我的宿命。"

大学时代"拼命三郎"的"帽子"，不正是因了他的狂读？自个儿读还不过瘾，当教务处处长时，派人开着卡车四处去为莘莘学子张罗好书；后来，当副市长了，他又想着要让全市的百姓多看书、看好书，于是一座典雅的苏州图书馆矗立在了人民路原市政府旧址上（顺带说一句，为了百姓的精神生活，愿如此恭让黄金地段的政府，是应当致以崇高敬礼的）；再后来，有了两会话语权，他又思量着要让全国人民多看书。因为书籍是人类的良师益友，因为他坚信，阅读能改变人生，阅读会提高人文素养，阅读与民族精神的振兴、人类文明的延续无不有着密切的关联。也正因为此，他把“营造书香校园”摆在了新教育实验六大行动的第一位，可见他良苦之用心！

他就是这么改变的！他热切地希望全国人民也都能由此而有所改变。

就像农村义务教育首先在苏州实施那样，2006 年 9 月，首届“苏州阅读节”以“阅读，让苏州更美丽”为主题拉开帷幕，开展了一百多项活动；2007 年 9 月，第二届苏州阅读节以同样的主题，在更加高昂的热潮中举办。大中小学师生都有参加，民众踊跃，各类活动丰富多彩，竟达两百多项。这是他与市委、市政府的共识，他们步调一致，敢为人先。这个“精神龙头”当得好！

朱永新说，他要将“国家阅读节”的呼吁进行到底！看样子，义无反顾。

“最具人文气质的市长”

2006 年 9 月，我去四川藏区支教，半道上想起给他发个短信打声招呼，没想到即刻就有回应：“以后可以参加我们的队伍。一路平安！”顿时，我有了一种归属感，一种找到“同志”的感觉，很受鼓舞！有点当年看《红孩子》或《平原游击队》的心情；也让我联想起毛主席当年的话，“团结一切可以团结的力量”。

正回味着呢，又接到一个短信，还是他：“国庆中秋到了，别忘了给孩子们讲讲很久很久以前的事：那时候天还是蓝的，水也是绿的，河里是可以游泳的，庄稼是长在地里的，猪肉是可以放心吃的，耗子还是怕猫的，药是可以治病的，医生是救死扶伤的，学校是不图挣钱的。”尽管行文有些调侃，但我接收到的是他的认真，是他那一向怀有的忧患意识，和他那“一切为了人，为了人的一切”的大爱之心对现实的观照。

我去的地方是牧区，没电没黑板，还没有信封卖。他听说了，立马寄了鼓鼓一包信纸信封来，尽管中途被人“劫”了（大概是因为物质贫乏而按捺不住“好奇”吧），回来知道了，我还是“空欢喜”了一场——这总是“市长先生”对贫困地区的一份间接的关照嘛。想他百忙之中，真不易，真的好生感动。

走得近了，就渐渐读出他的纯粹。纯得一如高原的蓝天，湛蓝湛蓝的，蓝得深邃，蓝得透明。

自打有了博客，你看他，就这么天天毫无隐瞒地把自己晾晒在众目睽睽之下——几点几分起床，几点看书，几点接待谁谁谁……直至几点几分关灯熄火，就跟个老老实实的小学生记日记似的。谁都可以将他看个通体透明！看他率性地做自己，看他没遮没拦没城府，看他每天都早起，看他每天都看书、每天都游泳、每天都坚持记日志……看着看着，似乎看出点名堂来，看出点他的"用意"来——你们不都叫我老师嘛！那我不就得"为人师表"吗？——这是一个率真的人那点让人忍俊不禁的小"狡黠"。

我想，也只有心底无私的人，才敢如此透明，才会如此纯粹！他可以将教育认定为他的"至爱"；他可以由衷地说："一谈教育，我就来劲头儿！"遵义红军旧址旁的一座教堂，也会让他感受一次"灵魂的洗礼"。这是怎样的一个灵魂啊！有时真觉得他纯粹如圣徒一般。

在我所接触的人群里，他当属凤毛麟角，是当今世道比较稀有的正人君子。在这满世界充溢着铜钱味的时代，你在他身上还能发现一种挥之不去的书卷气，这显然是他长年累月手不释卷使然。从他的第一本"藏书"起，日积月累，如今已俨然一户书香门第。他的书房我去过，一张书桌，两面书墙，有一个很能代表他锲而不舍精神的名字——"滴石斋"。这是他精神的港湾。

每天清早五六点，他父亲早年就为他拧好的生物钟便将他"闹"醒，"一醒即起"已然成习。每天他比太阳起得还早，温馨的灯光下，或开卷有益，或梳理思绪，或激扬文字……晚间，有时间的话，他也会在此歇息，反省、思考与休整，抑或看报、上博客……他的著述和文章大多在此完稿，就这么一点一滴，点点滴滴，滴出了一个"著作等身"，滴出了一个"杰出教育家"。

许久没上他的博客看他了，因为又去了趟藏区，回来才发现，江苏省率先成立了新教育研究会，就在成立大会上，他扬起了"新教育精神"的旗帜，可谓旗帜鲜明——"第一，追寻理想的执着精神，也可以称之为'理想主义'；第二，深入现场的田野精神，也可以称之为'田野意识'；第三，共同生活的合作精神，也可简称为'合作精神'；第四，悲天悯人的公益精神，也可以称之为'公益情怀'。这就是我们新教育实验目前所追求的质朴精神。"朱永新就是朱永新，他总在创造和刷新！

细品那"质朴精神"，品出了一个活生生的朱永新——这不正是他自己人格的写照嘛！"追寻理想"他一马当先，"田野意识"他身先士卒，"合作精神"他一视同仁，"公益情怀"他悲天悯人……

为了追求教育均衡，寻找公平，寻找从起跑线就开始的公平，他马不停蹄满世界地跑，追寻可行性；有关的文章或报告或提案连篇累牍……

看到一个惊人的数据：全中国每年仅用于印制中小学教材就需伐 900 万棵树，这可了得！900 万乘上一年又一年，是个什么概念？就这么一年又一年持续着，中国的环保还怎么持续！就好像大片的森林眼睁睁倒在了他跟前。他心痛，心痛万分！这种痛，通过他的"话语权"凝成一纸提案《关于在中小学推广教科书循环使用的建议》，递交给了相关部门。去年没成，今年再提；今年落空，明年接着呼吁。

泱泱大国，开源不节流不行！

面对弱势群体，他呼吁"雪中送炭"，"帮助那些最需要帮助的人"！贫困落后地区的生存状态、城市贫民的困境、民工子女上学难的问题、特殊人群的教育问题……无不在他视线的关注之下。在苏州政府倡导的家庭结对"一帮一"活动中，他带头认养了一个患有软骨病的残疾儿童。夫人开初想不通："干吗不认养一个身体健康点的？"

"都这么想，还有谁来认养他？他不正是最需要帮助的人吗？"夫人通情达理，从此再没二话。很多年了，或夫妇双双带着孩子前往，或他没空，她领着孩子前去，带着钱物和关爱，一趟趟，送去真情实意温暖人心。

一家媒体有感于他的人文精神，称他为中国"最具人文气质的市长"。我觉得挺好，挺贴切，挺适合，他配。

还记得，在全社会喊着"血库告急"的时候，苏州的血库却储备充足。那时，他正分管着苏州的文教卫生工作，他率先卷袖献血，为民做楷模。苏州无偿献血的比例一下子从 4% 提升到 70%！前些时候还在网上看到他们夫妇双双前往血站献血的消息，好像因为他无偿献血已经超过 2000 毫升，还得了一个纪念奖牌呢。我还发现，他们相关的宣传工作也很"到位"，我的关于"献血非但无害相反还有益"的知识，就源自苏州公交车站边上的广告栏。

最让人难忘的是苏州市红十字中心血站。那年血站刚落成不久，他说："你可以去看看。"当时我没太在意，心想，血站有什么好看的？但为了多收集一些感性的东西，还是"实地考察"去了。这一去，又是一个"好生感动"！陡然进去，你会以为走错了地方。宽敞的大厅，有两面是一落到底的玻璃幕墙，采光很好。朝南的一面，透过玻璃可以看到用卵石铺就的小径，蜿蜒在花木丛中。最抢眼的是大厅中央，一架崭新的乳白色钢琴正静静地卧伏在那里，一块丝绒披它一身暗红，愈显其典雅与高贵。"让人们在优雅的乐曲声中，做一次奉献，留下一个美好的记忆……"这是他后来的补充说明，让我陶醉了许久许久！如此温情脉脉的人文关怀，谁还不乐意奉献？

2005年，他差点"感动中国"，要不是他政府官员的身份有争议而退出的话，033号（他的候选人编号）说不定就榜上有名了！其实这都无关紧要，他已经和正在感动着中国。正如中国教育学会副会长、知名的教育家陶西平所预言："新教育实验会像一条鲇鱼，把中国教育这缸水搅起来！"朱永新已经多次在正式和非正式场合宣称："十一五"期间，新教育实验总的目标是努力成为中国素质教育的一面旗帜，全力打造一个根植于本土的新教育学派。

不料，"学派"之说竟引来某专家措辞激烈、有失斯文的声讨，而他只是笑对一句：让我们在骂声中成长……这一笑，笑却了剑拔弩张，笑却了中国人惯有的毛病——无休止的内耗。一切都可以回归教育，回归我们稀缺的人文精神！

他这人天生仁厚、宽容，好像压根儿不懂憎恨、不懂记仇似的，毁誉得失置之度外。这让我感佩之余，脑子里一连串蹦出好多个词来——"涵养""雅量""有容乃大""大家之气度"，对了，还有"天下无敌"！听上去好厉害哦！这正是他儿时四季海风熏习出来的海的秉性，是为人处世的一种高境界。他总让我想起高尔基的一句话：做一个大写的"人"！

其实，说到底，他所发起的新教育实验的愿景，还不就是为了大写一个"人"！

我们看到，在他周围站着许许多多的人，站成一个大写的“人”——无锡灵山基金会的董事长吴国平，2006 年与新教育实验正式签订协议，全力支持新教育公益事业，由此，“新教育种子计划”“新教育移动图书馆计划”等特殊的支教模式已然启动；台湾一个叫慈济的组织，用 200 万基金购买了新教育的儿童图书，帮助那些需要帮助的孩子；台湾的营伟华女士把自己公司 50% 的股份无私地捐给了新教育；上海的青年企业家王海波先生一次性拨给 200 万成立昌明新教育基金会，以促进新教育发展；还有教育一线许许多多身手不凡却又脚踏实地的同志、各界关注教育的朋友们；还有高瞻远瞩的首长、领导们……为着一个共同的理想之梦，他们人人手中都高举着一颗大爱之心、光明之心，感召着这个世界越来越多的人，大家都来大写一个“人”！

一朵美丽的小尾花

稿子准备就此打住时，传来两条好消息：一、“2007 中华十大才智人物”他荣登榜首；二、他当选民进中央副主席。为他击掌，为他高兴！但并不惊讶。这是人心所向、众望所归的一个结果。

这之前，他先后当选民进中央常委、全国政协常委，同时他还担任着苏州千余名民进会员的“领头羊”——民进苏州市委主委。他充满感情的就职演说至今还温暖着会员们的心：“我是苏州民进的一号服务员，大家有什么困难，有什么事情，我责无旁贷。”他言出必信，关心会员、服务会员、以会员为师，还用一个现代管理者的理性与智慧，为苏州民进理顺了长远发展的规划。因为他的开朗率性和开明作风，他被大家称为“阳光型”的人。

阳光总是温暖着人心……

（本文刊载于《华人时刊》2008 年第 1 期，

作者吴澔瀚。选入时略有修改）

参考文献

［1］爱默生.教育理想发展史［M］.郑梦驯,译.北京:商务印书馆,1924.

［2］白新良.中国古代书院发展史［M］.天津:天津大学出版社,1995.

［3］北京师范大学教育系,等.教育史上的儒法斗争概况［M］.北京:人民教育出版社,1975.

［4］毕诚.儒学的转折:阳明学派教育思想研究［M］.北京:教育科学出版社,1992.

［5］蔡方鹿.程颢程颐与中国文化［M］.贵阳:贵州人民出版社,1996.

［6］曹锡仁.中西文化比较导论:关于中国文化选择的再检讨［M］.北京:中国青年出版社,1992.

［7］常校珍.中国古代人才思想论稿［M］.兰州:甘肃人民出版社,1986.

［8］陈东原.中国科举时代之教育［M］.北京:商务印书馆,1934.

［9］陈广忠.淮南子译注［M］.长春:吉林文史出版社,1990.

［10］陈亮.陈亮集［M］.北京:中华书局,1987.

［11］陈奇猷.韩非子集释［M］.上海:上海人民出版社,1974.

［12］陈启云.中国古代思想文化的历史论析［M］.北京:北京大学出版社,2001.

［13］陈确.陈确集［M］.北京:中华书局,1979.

［14］程颢,程颐.二程集［M］.王孝鱼,点校.北京:中华书局,1981.

［15］戴震.戴震集［M］.上海:上海古籍出版社,1980.

［16］丁钢,刘琪.书院与中国文化［M］.上海:上海教育出版社,1992.

［17］董仲舒.春秋繁露［M］.四部备要本.

［18］冯天瑜,周积明.中国古文化的奥秘［M］.武汉:湖北人民出版社,1986.

［19］高时良.中国教育史纲:古代之部［M］.北京:人民教育出版社,1991.

［20］葛兆光.道教与中国文化［M］.上海:上海人民出版社,1987.

［21］谷方．韩非与中国文化［M］.贵阳：贵州人民出版社，1996.

［22］顾春．来源·争论·特性：陆九渊教育思想三论［M］.北京：教育科学出版社，2003.

［23］顾树森．中国古代教育家语录类编［M］.上海：上海教育出版社，1962.

［24］郭庆藩．庄子集释［M］.北京：中华书局，1982.

［25］韩愈．昌黎先生集［M］.涵芬楼据东雅堂本铅印.

［26］黄书光．理学教育思想与中国文化［M］.上海：上海教育出版社，1993.

［27］惠吉星．荀子与中国文化［M］.贵阳：贵州人民出版社，1996.

［28］姜广辉．理学与中国文化［M］.上海：上海人民出版社，1994.

［29］金良年．论语译注［M］.上海：上海古籍出版社，1995.

［30］金良年．孟子译注［M］.上海：上海古籍出版社，1995.

［31］金诤．科举制度与中国文化［M］.上海：上海人民出版社，1990.

［32］康有为．大同书［M］.北京：中华书局，1959.

［33］黎靖德．朱子语类［M］.王星贤，点校．北京：中华书局，1986.

［34］李庆．中国文化中人的观念［M］.上海：学林出版社，1996.

［35］李威熊．中国文化精神的探索［M］.台北：黎明文化事业公司，1985.

［36］梁启雄．荀子简释［M］.北京：中华书局，1983.

［37］梁漱溟．中国文化要义［M］.上海：学林出版社，1987.

［38］廖其发．先秦两汉人性论与教育思想研究［M］.重庆：重庆出版社，1999.

［39］刘岱．中国文化新论：根源篇［M］.北京：生活·读书·新知三联书店，1991.

［40］刘岱．中国文化新论：思想篇［M］.北京：生活·读书·新知三联书店，1991.

［41］刘岱．中国文化新论：学术篇［M］.北京：生活·读书·新知三联书店，1991.

［42］刘劭．人物志：《笔记小说大观》第三编［M］.成都：新兴书局有限公司，1981.

［43］刘小枫．中国文化的特质［M］.北京：生活·读书·新知三联书店，1990.

［44］陆九渊．陆九渊集［M］.钟哲，点校．北京：中华书局，1980.

［45］陆忠发．林家骊，江兴祐．蒙学要览（全注本）［M］.杭州：浙江古籍出版社，

1991.

[46] 吕涛.大教育家孔子 [M].沈阳:辽宁教育出版社,1987.

[47] 毛礼锐,瞿菊农,邵鹤亭.中国古代教育史 [M].北京:人民教育出版社,

1983.

[48] 毛礼锐,沈灌群.中国教育通史:1~6卷 [M].济南:山东教育出版社,

1985—1989.

[49] 邱椿.古代教育思想论丛 [M].北京:北京师范大学出版社,1985.

[50] 任继愈译著.老子新译:修订本 [M].上海:上海古籍出版社,1985.

[51] 山东大学《商子译注》编写组.商子译注 [M].济南:齐鲁书社1982.

[52] 上海师范大学教育系.先秦法家教育思想资料 [M].上海:上海人民出版社,

1976.

[53] 沈灌群.中国古代教育和教育思想 [M].武汉:湖北人民出版社,1956.

[54] 盛朗西.中国书院制度 [M].北京:中华书局,1934.

[55] 施宣圆,林耀琛,许立言.中国文化之谜 [M].上海:学林出版社,1985.

[56] 施宣圆.千古之谜:中国文化史500疑案 [M].郑州:中州古籍出版社,

1989.

[57] 宋本成,邓永.中国古代教育家教育及教学思想评介 [M].呼和浩特:内蒙

古教育出版社,1985.

[58] 谭戒甫.墨经分类译注 [M].北京:中华书局,1981.

[59] 唐得阳.中国文化的源流 [M].济南:山东人民出版社,1993.

[60] 陶愚川.中国教育史比较研究:古代部分 [M].济南:山东教育出版社,

1985.

[61] 王安石.王文公文集 [M].唐武,标校.上海:上海人民出版社,1974.

[62] 王充.论衡(《诸子集成》第七册)[M].上海:上海书店,1986.

[63] 王夫之.读四书大全说 [M].北京:中华书局,1975.

[64] 王夫之.尚书引义 [M].北京:中华书局,1976.

[65] 王夫之.张子正蒙注 [M].北京:中华书局,1975.

[66] 王夫之.周易外传 [M].北京:中华书局,1977.

[67] 王夫之.诗广传 [M].北京:中华书局,1964.

[68] 王夫之.思问录·俟解 [M].北京:中华书局,1956.

［69］王锦贵.中国文化典籍:《汉书》和《后汉书》［M］.北京:人民出版社，1987.

［70］王筠.教童子法:《灵鹣阁丛书》第一集［M］.清1895年元和江氏刻本.

［71］王世舜.庄子译注［M］.济南:山东教育出版社，1984.

［72］王守仁.王文成公全书（国学基本全书本）［M］.北京:商务印书馆，1934.

［73］王韬.弢园尺牍［M］.北京:中华书局，1959.

［74］王一鸿.中国古代教育思潮［M］.北京:商务印书馆，1931.

［75］王永祥.中国古代同一思想史［M］.济南:齐鲁书社，1991.

［76］乌恩溥.四书译注［M］.长春:吉林文史出版社，1990.

［77］吴祥祯，戴续威，李定开.中国教育家论德育［M］.成都:四川教育出版社，1987.

［78］武夷山朱熹研究中心编.朱熹与中国文化［M］.上海:学林出版社，1989.

［79］夏禹龙.中国文化发展的转机［M］.北京:知识出版社，1989.

［80］徐梓，王雪梅.蒙学便读［M］.太原:山西教育出版社，1991.

［81］徐梓，王雪梅.蒙学歌诗［M］.太原:山西教育出版社，1991.

［82］徐梓，王雪梅.蒙学须知［M］.太原:山西教育出版社，1991.

［83］徐梓，王雪梅.蒙学要义［M］.太原:山西教育出版社，1991.

［84］许树安.古代选举及科举制度概述［M］.天津:天津人民出版社，1985.

［85］颜元.颜元集［M］.北京:中华书局，1987.

［86］杨伯峻.论语译注［M］.北京:中华书局，1980.

［87］杨伯峻.孟子译注［M］.北京:中华书局，1960.

［88］杨向奎.中国古代社会与古代思想研究［M］.北京:人民出版社，1962.

［89］叶适.习学记言序目［M］.北京:中华书局，1977.

［90］叶适.叶适集［M］.北京:中华书局，1961.

［91］张芳彦.儒道释经典译注［M］.武汉:湖北教育出版社，1993.

［92］张觉.荀子译注［M］.上海:上海古籍出版社，1995.

［93］张鸣岐.董仲舒教育思想研究［M］.北京:人民教育出版社，2000.

［94］张载.张载集［M］.北京:中华书局，1978.

［95］张正藩.中国书院制度考略［M］.南京:江苏教育出版社，1985.

［96］张智彦.老子与中国文化［M］.贵阳:贵州人民出版社，1996.

［97］章柳泉 . 南宋事功学派及其教育思想［M］. 北京：教育科学出版社，1984.

［98］章柳泉 . 中国书院史话：宋元明清书院的演变及其内容［M］. 北京：教育科学出版社，1981.

［99］赵明 . 道家思想与中国文化［M］. 长春：吉林大学出版社，1986.

［100］郑观应 . 盛世危言［M］. 北京：华夏出版社，2002.

［101］中国文化书院讲演录编委会编 . 中国文化书院讲演录［M］. 北京：生活·读书·新知三联书店，1988.

［102］朱熹 . 晦庵先生朱文公文集［M］. 四部备要本.

［103］朱熹 . 四书章句集注［M］. 北京：中华书局，1983.

主题索引

第四版后记

《中国古代教育思想史》第四版与第三版相比，主要增加了一篇附录《朱永新：大写一个"人"》。这篇附录原来收录在第八卷《中国新教育》中，考虑到修订以后的第八卷篇幅较长，而且作为一篇全面介绍作者的文字，放在第一卷，有利于读者全面了解我的所思所行，了解我教育思想的形成过程和教育实践探索的历程。

另外，根据国家新闻出版总署的出版规范和英文版的要求，为了帮助读者查找内容，增加了主题索引。同时对全书的文字做了一次梳理和校对。

写下这篇后记的时候，刚得知两个消息：第一，人民教育出版社准备出版我的插图本《中国教育思想史》，以图片的形式讲解中国教育思想发展的历程。第二，阿拉伯思想基金会将出版《中国新教育》的阿拉伯文版。这是继韩文、日文、英文之后又一个新的语种介绍我的著作，介绍中国的新教育。

任何成功的教育研究与行动，都是扎根于传统沃土之中、接受新的阳光雨露滋养而结出的果实。这正是新教育一直努力的方向。因此对我来说，这样的消息既是掌声也是号角，是给我的肯定，更是在催促我继续勉力前行。

感谢中国人民大学出版社朗朗书房的张杰先生和蔺蒙蒙小姐，他们一丝不苟的工作作风给我留下了深刻印象。

2012 年 11 月 8 日晨写于北京滴石斋

"朱永新教育作品"后记

10 年前,我的"朱永新教育作品"16 卷由中国人民大学出版社出版。

不久,这套文集就被麦格劳－希尔教育出版集团引进英文版版权,陆续出版发行。迄今为止,我的著作已经被翻译为 28 种语言,在不同国家有 87 种文本。

在版权到期之后,多家出版社希望重新出版这套文集。最后,漓江出版社的诚意感动了我。

长期以来,漓江出版社的文龙玉老师一直关注和支持新教育事业,《新教育实验年鉴》以及一批新教育人的作品都先后在漓江出版社出版,文老师也先后担任了我的《新教育》《教育如此美丽》《我的教育理想》《我的阅读观》《致教师》等书的责任编辑。这套文集在漓江出版社出版,也就成了顺理成章的事情。

这套"朱永新教育作品"沿用了中国人民大学出版社的文集名称和南怀瑾先生的题签。主要是想借重新出版之际,感谢南怀瑾先生对我的帮助和关心。在苏州担任副市长期间,我曾经多次去太湖大学堂与南怀瑾先生见面交流,请教教育、文化与社会问题。先生的大智慧经常让我茅塞顿开。

新的"朱永新教育作品"虽然沿用了原来的名称,但是内容还是有许多不同。原来的 16 卷,大部分都进行了不同程度的修订,其中一半是重新选编。全套作品按照内容分为四个系列。

一是教育理论系列,包括《滥觞与辉煌——中国古代教育思想的成就与贡献》《沟通与融合——中国近现代教育思想的起源与发展》《嬗变与建构——中国当代教育思想的传承与超越》《心灵的轨迹——中国本土心理学思想研究》《校园里的守望者——教育心理学论稿》五种。

二是新教育实验系列，包括《新教育实验——中国民间教育改革的样本》《做一个行动的理想主义者——新教育小语》《为中国而教——新教育演讲录》《为中国教育探路——新教育实验二十年》《享受教育——新教育随笔选》五种。

三是我的教育观系列，包括《我的教育理想——让生命幸福完整》《我的教师观——做学生生命的贵人》《我的学校观——走向学习中心》《我的家教观——好关系才有好教育》《我的阅读观——改变从阅读开始》《我的写作观——写作创造美好生活》六种。

四是教育观察与评论系列，包括《教育如此美丽——中国教育观察》《寻找教育的风景——外国教育观察》《成长与超越——当代中国教育评论》《春天的约会——给中国教育的建议》四种。

虽然都是现成的文字，但是整理文集却颇费时间。几年来的业余时间和节假日，大部分都用于这项工作。好在，我所在的中国民主促进会是一个以教育、文化、出版传媒为主界别的参政党，60% 的会员来自教育界，无论是调查研究、参政议政，教育一直是我们的主阵地，本职工作与业余的教育研究不仅没有矛盾，反而相辅相成。

感谢漓江出版社的文龙玉老师和她的团队认真细致和卓有成效的工作。

2022 年 10 月 17 日